中国能源环境气候外交大视野

夏义善 陈德照 编著

世界知识出版社

图书在版编目（CIP）数据

中国能源环境气候外交大视野 / 夏义善，陈德照编著.
—北京：世界知识出版社，2011.11
ISBN 978-7-5012-4156-9
Ⅰ. ①中… Ⅱ. ①夏… ②陈… Ⅲ. ①能源政策—研究—中国 ②环境政策—研究—中国 ③气候变化—对策—研究—中国 Ⅳ. ①F426.2 ②X-012 ③P467

中国版本图书馆CIP数据核字（2011）第219392号

书　　名　中国能源环境气候外交大视野
Zhongguo Nengyuan Huanjing Qihou Waijiao Dashiye

作　　者　夏义善　陈德照

责任编辑　车胜春
封面设计　凌　云
责任出版　赵　玥
责任校对　陈可望
版式设计　梁　兵

出版发行　世界知识出版社
地址邮编　北京市东城区干面胡同51号（100010）
网　　址　www.wap1934.com
经　　销　新华书店
排　　版　北京世知文化创意有限公司
印　　刷　京科印刷有限公司
开本印张　720×1020毫米　1/16　28½印张
字　　数　390千字
版次印次　2012年1月第一版　2012年1月第一次印刷
标准书号　ISBN 978-7-5012-4156-9
定　　价　59.00元

前 言

能源、环境、气候是关系世界各国经济发展、社会进步、人类生存的重大问题。这三大问题相互关联，相互作用，已成当今热门前沿课题。本书写作的目的是力求以全球视野、战略高度、发展眼光、科学态度研究能源、环境、气候问题的由来和发展，探讨中国解决这些问题的办法和措施，向读者全面介绍中国能源、环境、气候外交的目标、内涵和政策措施。

参加本书编写工作的除夏义善、陈德照外，还有李富兵（“中国应对能源变化的新视野”）和王瑞彬（“中国应对气候变化的新视野”）。同时，周晓沛大使、傅全章大使、中国国际问题研究所元简副所长和郭宪纲副所长为本书作了审改。

曲星所长对本书的写作和出版给予了宝贵的指导和帮助。

本书得到了马振岗前所长、徐锭明主任热情的关心和帮助，他们还为本书作了序。

美国能源基金会一直与我们保持良好的合作关系，本书的出版得到了他们的支持和帮助。张利军副研究员参加了本书的筹划、设计和初期写作，后因工作调动，未能成稿。以上各位对本书问世给予了大力支持，付出了辛勤地劳动。在此，我们向他们表示由衷地谢意。

本书所采用的材料截止到成稿的2011年8月；数据尽量采用2010年底前的数据。

特此说明。

夏义善　陈德照

序言一

《中国能源环境气候外交大视野》一书，是中国国际问题研究所等单位专家们多年研究的成果，凝聚着他们专业知识的智慧和辛勤劳动的汗水。无论对业内还是业外的读者来说，这部力作都具有重要的参阅价值。

发展是人类社会永恒的主题，没有发展就谈不上社会的进步和文明的提升。发展需要能源，而能源消耗就会影响环境，进而引发气候的变化。发展、能源、环境三者互相关联又互相牵制。世界发展的历史进程表明，注重其中一方而忽视其他必将带来严重后果。全面对待和妥善处理三者的关系，实现可持续发展，已成为当今国际社会日益关注和严肃面对的重大课题。

改革开放三十多年来，中国保持着高速发展的势头，成绩举世瞩目。随着经济持续增长和人民生活水平提高，中国对能源的消耗与需求量大增，对生态环境也造成较为严重的污染。中国人口多，底子薄，必须坚持“发展是硬道理”的精神，以确保人民的物质和文明生活不断改善。中国总体上能源资源不够丰足，石油、天然气难以自敷，煤炭丰富却易造致环境污染。历经几千年的开发，中国的生态环境相对脆弱。相关的矛盾越来越显现出来，应对这些挑战，需要新的发展理念，也需要着眼全局和大局的战略政策。

中国较早意识到这些问题，并采取一系列具有针对性的方针政策。在21世纪初，中国倡导科学发展观伟大战略思想，提出坚持以人为本，全面、协调、可持续的发展新观念，为正确处理发展、能源、环境三者关系指明方向。

在全球化纵深发展的年代，任何重大问题都带有国际性特点，气候变化是一个典型例证。气候是人类赖以生存的地球自然环境组成部分，其任何变化都对生态系统、人类社会产生重大影响。近些年来，世界各地频繁出现的极端天气现象、海平面悄然上升以及高山冰川逐渐消融等，使人们深受震撼。全球变暖问题已进入国际政治日程。气候变化实际是全人类面临的共同挑战，只能通过国际社会的共同努力和协作携手应对。

能源、环境和气候与发展密切相关，直接关系到人类的命运与前途。这些问题的重要性、尖锐性和复杂性是众所周知的，对这些问题，应该从历史的和现实的、一国的和全球的、局部的和全局的角度，以新的视野加以观察和研究。《中国能源环境气候外交大视野》一书，正是从战略、全球的高度对能源、环境和气候及相互关系加以审视和探索。我相信，本书将给读者了解和认识有关问题以新的启迪。

马振岗

2011年11月

序言二

能源、环境和气候是当今世界各国普遍关注的热点问题。作为单独的课题，国内外已作了许多研究并有很多著述问世。但把这些问题放在一起论述的问世之作，迄今为止并不多。可是，在实际生活中，能源、环境和气候是紧密联系在一起的。如果离开能源结构和新能源开发，离开节能减排来谈环境和气候变化，或者离开对环境和气候的影响来谈能源问题，都将是困难和不彻底的。对一个国家和地区来说是如此，对世界来说也如此。

本书的可贵之处是，它并不是简单地把能源、环境和气候三个问题放在一起就完事了，而是在分别论述各自问题的基础上，对三者之间的内在联系给予了比较深刻但又恰如其分的剖析。所以说是“恰如其分”是因为，我们目前面临的环境和气候问题是多种原因造成的。其中既有自然界自身的原因，也有大量燃烧石化燃料等人类“不良行为”带来的影响。后者既同经济的增长有关系，又同社会、政治、科技、文化乃至人口增长等因素联系在一起。就拿经济因素来说，它既同经济增长的理念，又同经济发展的模式、结构有关系。这里说的“模式”，既包括生产的模式，又包括消费的模式在内。

我们常常说污染无国界。这是非常正确的。污染是不受国界限制的，自古以来就如此。但本书除了和大家一样指出这一点外，它至少还强调了以下三点：一是发展，特别是不科学的发展是有诸多代价的。一个地方的水、土壤和空气一旦被严重污染，要恢复原来状态需要付出巨大代价，有的甚至是不可逆的。研发和生产可再生的绿色能源不但需要巨额投资，还会受到利益集团的干扰甚至抵制。发展需要统筹眼下的利益和长远的利益。二是无论解决能源还是环境和气候问题，坚持“以人为本”是一个根本原则。我们要兼顾发达国家和发展中国家与地区的利益。但在当前不合理的能源、环境和气候秩序下，我们更要关注生活在发展中国家与地区的大多数人的生存权和发展权。三是加强国际合作是解决能源、环境和气候变化的必由之路。减少而不是加剧能源、环境和气候领域的分歧与碰撞是中国走和平发展道路的重要因素。

能源、环境和气候外交是21世纪外交领域的前沿课题。无论其理论框架还是具体问题都有待进一步研究。我们生活在一个转型和变革的世界。联合国经济与社会理事会发布的一项最新调查报告认为，在未来几十年里，人类必须进行一场彻底的技术改革，否则消除贫穷和避免气候变化及环境退化带来的灾难性影响的全球承诺很可能难以实现。无论在能源还是环境和气候领域，都有很多不确定因素需要我们去进行深入的研究。本书的主要撰稿人都是中国国际问题研究所的资深研究员。他们从宽广的世界视野对上述问题的过去、现在和未来所作的探索，使本书具有一定的深度，为这方面的研究做了一个好的开头。我期待他们今后会连续地有好的作品问世！

徐锭明

2011年11月

目 录

第一篇 中国应对能源变化的新视野

第二篇　中国应对环境变化的新视野

第一篇

中国应对能源变化的新视野

能源的历史和人类的发展相伴相随，能源的开发利用促进了人类社会的发展和进步。但能源是把“双刃剑”，既可促进人类社会的发展，也在相当程度上制约人类的进步。在过去100多年间，能源从满足人们一般生活需要演变为推动人类经济社会快速发展与空前繁荣的关键因素，同时带来一系列威胁人类自身生存与可持续发展的严重问题，因而能源问题成为当今国际政治、经济、军事、外交关注的焦点。人们开始把清洁、高效、经济和安全的能源供应作为经济增长、社会进步、环境友好以及可持续发展的重要因素。这将极大地推动世界能源全球化、多元化、清洁化和高效化的发展趋势，能源的开发利用呈现出美好的发展前景。同时必须看到，进一步保障能源安全、保护生态环境与应对全球气候变化将成为今后世界能源发展面临的主要挑战。

第一章

世界能源的发展及应对能源变化的新思路和新举措

能源已从满足人们生活需要的一般要素演变为制约人类经济社会发展的重大问题。近100多年来，随着人类使用能源特别是化石能源数量越来越多，能源对人类经济社会发展的制约性越发突出，对人类赖以生存的自然环境的影响也越发深刻。从发达国家走过的历程看，没有现代化的能源体系作为支撑，就没有现代社会和现代文明，能源已成为现代经济社会发展的基础。但世界能源资源稀缺性及分布不均衡问题凸显，使得能源供需矛盾不断加剧，能源已成为经济社会发展的重要制约因素。

20世纪70年代发生的石油危机，导致主要发达国家经济陷入衰退。21世纪以来，石油价格大幅攀升并巨幅波动，对世界经济产生较大影响。主要发达国家对以油气为代表的能源资源的争夺越来越激烈，能源安全已成为事关经济社会安全的重大问题。能源特别是化石能源的大规模开发利用奠定了现代文明的基础，但也带来了严重的生态环境问题，使得人类社会的长期可持续发展面临着巨大的挑战。

第一节　人类历史是一部能源发展史

能源是人类生存和发展的重要物质基础。纵观人类能源开发利用的历史和未来的发展，可大致划分为四个阶段：薪柴时代、煤炭时代、石油时代和新能源及可再生能源时代，目前正在从石油时代向可再生能源时代迈进。

1. 薪柴时代

直至18世纪60年代，即肇始于英国的第一次产业革命发生之前，世界的经济发展和生产生活主要依赖的能源为木柴、煤炭和水力。手工作坊主要使用木柴、煤炭和水力做动力；家庭使用木柴取暖，点灯燃料是植物油、动物油。石油的开采仅限于自然露天，生产和使用规模如此之小，以至对世界历史的进程几乎毫无影响。人类生产力水平相对很低，薪柴等原始能源丰富，利用方便，虽然已有水力、煤炭的开发利用，但规模不大，能源开发利用仍处于自然状态，尚未成为人类社会发展的重大问题。

2. 煤炭时代

随着第一次工业革命的发生，煤炭开始大量开发和利用。在18世纪60年代后的100多年的时间里，以煤炭为主要能源，世界工业得到巨大的发展，世界经济、社会取得长足进步。18世纪60年代至19世纪中期，人类开始进入蒸气时代，蒸汽机、煤炭、钢铁成为了第一次工业革命技术加速发展的三项主要因素。英国开始大规模用煤炼铁，建立了强大的钢铁工业，为现代机械工业的建立奠定了雄厚的基础，同时，伴随蒸汽机的发明和改进，大大推动了纺织业以及化学、采掘、冶金、机械制造等行业的发展，把社会生产力提高到崭新的高度。19世纪下半叶至20世纪初，第二次工业革命兴起，人类开始进入电气时代，其主要标志为电力的广泛应用。从19世纪六七十年代开始，出现了一系列电气发明，如发电机、电动机等，电力开始用于带动机器，成为补充和取代蒸汽动力的新能源，电力成为工矿企业的基本动力和生产、生活照明的主要来源，而煤炭则是火力发电的主要燃料，直到现在煤炭仍然是一些国家的主要能源，如中国、印度等。

3. 石油时代

内燃机的发明拉开了石油时代的帷幕。1859年美国人德雷克（Edwin L. Drake）在美国宾夕法尼亚成功钻探了世界第一口油井，标志着现代石油工业诞生。1900年以前的石油工业被称为灯油时代，这一时期石油主要被加工成煤油用做点灯，同时被用做润滑油。随着内燃机的出现，石油逐步成为了内燃机燃料，这大大促进了工业革命的前进步伐。19世纪七八十年代，以煤气和汽油为燃料的内燃机相继诞生，汽车、内燃机车、远洋轮船、飞机等得到迅速发展，同时，内燃机的发明也极大地推动了石油工业的发展。

石油工业发展推动了西方国家经济社会的突飞猛进。生产力水平的巨大飞跃，促进了能源开发利用水平的提升。同时，人类能源开发利用水平的提升，也极大地推动了人类经济社会的快速发展。

4. 21世纪，新能源①和可再生能源②兴起

人类进入21世纪后，煤炭、石油、天然气等化石能源将逐渐达到开发利用的顶峰。鉴于化石能源的不可再生性和人类长期大规模利用，地球上的化石能源将不断减少。随着科学技术的不断进步，非常规油气资源、新能源的利用会不断增多，取之不尽的可再生能

① 新能源又称非常规能源，是指传统能源之外的各种能源形式。

② 可再生能源是指风能、太阳能、水能、生物质能、地热能、海洋能等非化石能源。

源将逐步替代化石能源，来满足人类社会经济发展的需要。

新能源和可再生能源将成为21世纪能源发展的宠儿，风能、页岩气、太阳能等的发展与利用，预示着世界新能源和可再生能源的发展前景与方向。

（1）风能。

人类开发利用风能的历史非常久远，已有数千年的历史，在蒸汽机发明以前，风能曾作为重要的动力，用于船舶航行、风车提水、排水造田等。埃及被认为是最早利用风能的国家，大约在几千年前，他们的风帆船就在尼罗河上航行。我国也是最早使用帆船和风车的国家，至少在3000多年前的商代就出现了帆船，而风车的使用更为广泛，直到20世纪50年代，江苏沿海地区仍有20万台利用风力提水的设备在使用。

19世纪末，丹麦人首先研制了风力发电机，1891年，丹麦建成了世界第一座风力发电站，20世纪70年代开始，世界利用风力发电进入了一个蓬勃发展阶段，在世界不同地区建立了许多大中型的风电场。特别是进入21世纪以来，世界风能的发展非常迅猛。据BP统计数据，1997年世界安装风电机组总量为7636兆瓦，2000年为18450兆瓦，较1997年增长了142%，2009年为160084兆瓦，较2000年增长了768%。

（2）页岩气。

页岩气属于非常规天然气，其概念为主体上以吸附和游离状态同时赋存于具有生烃能力的泥岩、页岩等地层中的天然气，具有自生自储、吸附成藏、隐蔽聚集等特点[①]。

页岩气的商业性勘探开发始于美国。美国第一口页岩气井可追溯到1821年，当时产出的气体用于纽约Fredonia地区附近村庄居民的照明。19世纪80年代，美国东部地区因临近天然气市场，页岩气

① 张金川等，页岩气及其成藏机理，《现代地质》，2003，17（4）：466。

在当时已有相当大的规模，但此后产业一直不甚活跃。直到20世纪70年代，随着第一次世界石油危机和两伊战争的相继爆发，页岩气受到重视，Mitchell能源公司在20世纪80年代Fort Worth盆地发现了页岩气田。2000年以来，美国页岩气勘探开发技术不断提高，并得到了广泛应用[①]。2009年美国页岩气探明可采储量为1.7万亿立方米，产量881亿立方米，占美国天然气产量的14%，预计2035年将占到45%[②]。

近年来，随着北美非常规气勘探开发技术突破，尤其是页岩气，已引起全世界的关注，并正在改变美国的天然气供需形势和世界天然气市场格局。美国页岩气已进入欧洲市场，西欧开始减少俄罗斯天然气进口，从长远看，西欧对俄能源依赖会逐渐减弱。俄已未雨绸缪，积极拓展中国、韩国、日本等远东国家油气市场。

美国页岩气的快速发展得益于以下因素：丰厚的资源基础、勘探开发技术突破、健全的天然气基础设施、成熟的天然气市场和政府的政策支持。

我国页岩气具有“低丰度、高技术、高投入、长周期”等特点。我国页岩气的勘探开发才刚刚起步，第一口页岩气井四川盆地威201井取得成功，第一口页岩气水平井威201—H1已成功完井，2011年2月13日钻至2823.48米完钻，2011年8月2日，开始试采。目前，我国页岩气技术如评价方法、操作程序、配套技术、关键水平井技术、微地震评价储层技术等尚处于探索阶段。

（3）太阳能。

据记载，人类利用太阳能已有3000多年的历史。将太阳能作为一种能源和动力加以利用，只有300多年的历史[③]。1954年，美国贝尔实验室研制成实用型硅电池，被广泛应用于航天工业的人造地球

---

① 李世臻等，世界页岩气勘探开发现状及对中国的启示，《地质通报》，2010年6月。

② 美国能源信息署。

③ 李锦堂，20世纪太阳能科技发展的回顾与展望，《太阳能学报特刊》（1999年）。

卫星上，并从此揭开了太阳能开发利用的新篇章。特别是20世纪70年代爆发的石油危机，大大加快了世界太阳能的开发利用。

太阳能是地球上可利用的最大的能源资源，有三种不同技术可捕获和应用太阳能，它们分别是太阳能光伏（PV）、太阳能聚热发电（CSP）和利用太阳能加热和冷却，直接提供可使用的热能（或冷却）。PV采用电池阵列把太阳辐射转变成直流电，CSP使用镜片把太阳热能反射到充满液体和气体的集热器上面，将水加热并驱动汽轮机发电。

1990年，日本东京大约有150万栋建筑使用了太阳能热水器，以色列大约30%的房屋安装了太阳能热水器系统，所有的新房子都要求安装太阳能热水系统。

21世纪以来，国际油价持续高位运行，世界太阳能产业得到了快速发展。《中华人民共和国可再生能源法》实施，中国光伏行业已成为世界第一大制造国；美国科学家提取菠菜叶绿素中的蛋白质，制成了叶绿素太阳能电池；德国造成由33500块太阳能电池组成的太阳能电站。1996年世界累计安装的光伏容量为468兆瓦，2000年为1426兆瓦，较1996年增长了205%，2009年为22929兆瓦，较2000年增长了1508%。

太阳能是一种量大、清洁、易获得的可再生能源，太阳能产业是一个朝阳产业，发展前景广阔，世界化石能源随着消费的不断增长，未来必将枯竭，可再生能源将逐步替代化石能源。

表1—1　世界累计安装的光伏容量　　单位：兆瓦

2000	2001	2002	2003	2004	2005	2006	2007	2008	2009	2010
1455	1779	2249	2840	3989	5426	7014	9572	15901	23043	39778

资料来源：BP，Statistical Review of World Energy 2011。

第二节 世界进入石油时代之后的能源发展

1859年，美国发现并钻探了第一口油井，成为了世界现代石油工业开始的标志。

1. 石油工业（勘探、开发、加工）蓬勃发展，带来人类社会的空前进步与繁荣

（1）石油工业发展极大推动了人类经济社会的突飞猛进。

*石油是现代社会不可或缺的重要物资，人们的衣食住行都离不开石油。*石油以其使用方便、高效等特点被广泛应用于诸多领域，石油已成为社会生产力发展的主要促进因素，石油工业在国民经济中的战略地位和经济可持续发展中的作用日显突出。石油被称为工业血液，不但是重要的清洁燃料，而且是重要的工业原料，可制成合成纤维、塑料、农药、化肥、医药等，成为人类社会生活的必需品，极大地改善了人们的生活，促进人类社会的物质文明。透过世界石油工业的发展史，可一窥石油工业的发展对世界经济社会的重要影响。

*石油工业逐步走上历史舞台。*1860年美国宾夕法尼亚出现了第一家大型炼油厂和第一条石油管道，1870年约翰·洛克菲勒（John D. Rokefeller）创建了标准石油公司（Standard Oil Company），随后俄罗斯、墨西哥、委内瑞拉、印尼等国家也开始了其石油资源的开发。1861年第一船煤油出口欧洲，标志着石油工业已成为了国际性产业。1873年巴库油田开始发展，诺贝尔家族开始进入俄国石油业。1882年爱迪生发明电灯，标准石油托拉斯成立。1885年皇家荷兰石油公司在苏门答腊发现石油，1892年壳牌公司创建。1908年波斯发现石油，BP前身成立。随着世界石油勘探开发的蓬勃发展，石油工

业逐步走上了历史舞台。[1]

汽车工业促进了石油工业的发展。石油最早的用途是点灯、医药、润滑剂和制墨等。用煤油点灯效果优于菜油和蜡烛。后来内燃机的问世催生了汽车工业。1896年福特建造第一辆汽车。汽车工业的发展极大地带动了石油工业的成长，汽油取代煤油成为主要的石油产品，汽车工业也成为20世纪最大的制造业。后来内燃机又被用于火车、舰船上，大大提高了石油的需求量，加上石油化工业的兴起和发展，使石油成为人类赖以生存的一种基本物质。

石油在第一次和第二次世界大战中大显身手。第一次世界大战（1914—1918）以前，工业中煤和钢铁起了主导作用，是列强疯狂争夺的对象。从一战开始，石油在经济上、军事上的重要地位无可替代，一战凸显了石油对于战争胜负的决定性影响，安全充足的燃料供应已成为战争成败的关键条件。

1922年委内瑞拉发现洛斯巴罗索油田，1932年巴林发现石油，1934年海湾石油公司和英伊石油公司获得科威特的石油开采权，1938年科威特和沙特发现石油，中国发现了玉门油田，墨西哥把外国石油公司收归国有。世界石油资源的勘探开发进入了规模发展阶段。这时，美欧工业化、城镇化的发展如火如荼，军队机械化快速推进，正是日益增加的能源需求加速了上述地区的石油勘探开发。1939年第二次世界大战的爆发更加大了对石油的需求。二战期间（1939—1945）石油消耗量约占作战物资的50%。

石油取代煤炭，成为世界第一大能源。1965年世界一次能源消费中，石油占比为40.1%，大于煤炭的38.7%，成为世界第一大能源。2009年，石油占世界一次能源消费的34.8%，煤炭占29.4%，天然气占23.8%，水电占6.6%，核能占5.5%。能源多元化趋势明显，但石油仍为世界第一大能源。

---

① 资料来源:《世界石油工业历史》，中国石油大学（北京）。

石油已成为世界主要政治力量争夺的焦点。进入20世纪以来，石油逐渐成为军用、民用交通工具不可缺少的能源，成为石油化工重要的原料，是各国经济、政治、军事及日常生活稳定的基础和保障。石油的战略价值由此凸显，各国对石油资源的争夺益发激烈。石油在平时关系到一个国家的国力，在战时关系到胜败存亡，成为各大国必争之资源。海湾战争就是因石油引起的战争。

（2）石油是世界一些主要产油国的经济支柱。

据BP数据，欧佩克（OPEC）石油、天然气剩余可采储量分别占世界的77.2%和48.7%，石油、天然气产量分别占世界的41.2%和15.4%。欧佩克的石油天然气资源大部分被国家所垄断，随着欧佩克规模的扩大，其对世界石油资源的掌控能力将进一步提高。以下以欧佩克为例，阐述石油在其国民经济中的重要作用。

从表1—2中可以看出，石油收入占欧佩克GDP的40%左右，是欧佩克成员国出口收入的主要来源。2009年，主要受国际金融危机影响，国际油价跳水，欧佩克石油收入锐减，所占比重有所下降。

表1—2 欧佩克（OPEC）成员国GDP和出口收入关系 单位：百万美元

	2005年	2006年	2007年	2008年	2009年
OPEC GDP	1282120	1565761	1870309	2370217	2079068
出口收入	675401	819993	946895	1274228	771221
出口收入占GDP的比重	52.7%	52.4%	50.6%	53.8%	37.1%
石油出口收入	531709	639772	709678	1002186	575341
石油出口收入占GDP的比重	41.5%	40.9%	37.9%	42.3%	27.7%

资料来源：OPEC，Annual Statistical Bulletin 2009。

（3）石油在未来相当长时间内，仍将是影响世界政治、经济发展的重要因素。

首先，在今后相当长时间内，石油仍将在世界能源消费中唱主角。随着世界工业化普及进程提速，石油消费量与日俱增，而石油这种化石燃料的不可再生性，让世界各国对石油枯竭前景日益担忧，加剧了人们对拥有石油财富的渴望和角逐。其二，世界油气资源分布不均，少数产油国拥有世界大部分油气资源，遭人觊觎。从两次海湾战争，到伊朗核危机；从独联体地区“颜色革命”，到巴库—第比利斯—杰伊汉石油管线的铺设；从拉美的油气国有化浪潮，到美国非洲司令部的组建；从中东北非骚乱，到美英法等对利比亚的军事干预；无一不是石油惹的祸，而且这一幕幕话剧今后还会轮番上演。其三，少数西方发达国家极力掌控世界油气勘探开发、管道运输、油气贸易、技术等，美英通过能源期货交易所操控世界能源价格，石油集团与金融寡头沆瀣一气，通过能源价格的暴涨暴跌赚得盆盈钵满，祸害着世界经济，往往还会造成地区政治动荡。其四，一批新兴国家经济的高速发展，极大提升了对油气资源的需求，为满足工业化、城镇化的需要，这些后来者在世界各地寻找能源资源的合理诉求不可避免地与捷足先登者发生利益碰撞，后者认为前者动了原本属于他们的奶酪。其五，拥有油气资源的欧佩克和非欧佩克国家为谋取利益最大化，越来越频繁地使用能源为外交武器，从而加剧了能源生产国与消费国之间的矛盾。

最后，上述多对矛盾并非完全不可调和。目前的态势是，各方既为保持自己的石油利益明争暗斗，同时又谋求妥协与合作。苏丹与新成立的南苏丹休兵，通过谈判分割石油利益。中国与美国在核能及开发页岩气领域合作，中国与印度在苏丹、与英国在伊拉克共同开发油气田方面均有良好的合作，就是鲜活的例证。总之，石油在相当长时间内还将影响世界的政治、经济、军事和外交。

2. 能源资源分布不均，造成能源贸易大发展

世界能源资源分布极不平衡。石油探明剩余可采储量主要集中在中东（56.6%）、中南美地区（14.9%）、前苏联地区（9.2%）；天然气探明剩余可采储量主要分布在中东（40.6%）、前苏联地区

（31.2%）；世界探明煤炭剩余可采储量主要集中在美国、俄罗斯和中国，三者占世界的61.8%；世界探明铀资源工业储量主要集中在澳大利亚（33.4%）、加拿大（10.2%）、哈萨克斯坦（9.5%）、尼日尔（6.9%）、美国（5.9%）等。

全球能源资源在地域上的分布不均决定了世界绝大多数国家都不可能依靠自身的资源满足其经济发展的需要，而必须在全球范围内开拓资源，实现世界能源资源的优化配置和互补。1980年世界石油贸易量为16.2亿吨，占当年石油产量的52.3%，2009年世界石油贸易量为26.5亿吨，占当年石油产量的69.3%（图1—3）。由此可见，

图1—1　1980—2009年世界石油产量和世界石油贸易量　　单位：亿吨

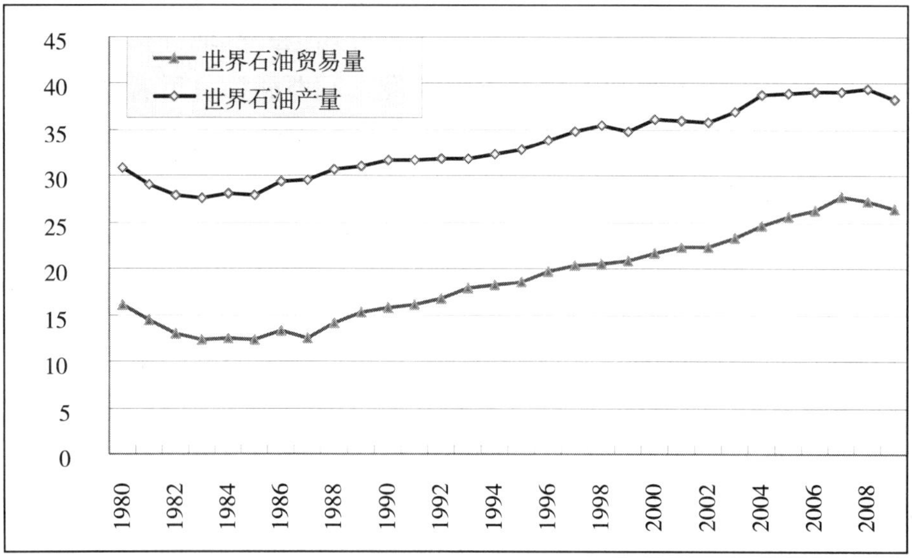

世界各国、各地区的能源互联互动日益加深，但围绕能源资源的争夺也日益加剧，经济实力、能源外交、军事较量等成了世界主要国家获得能源资源、保障国家安全的重要手段。

3. 能源开发利用不当带来消极后果

（1）环境的破坏。

能源的大量使用在给人类带来文明和繁荣的同时，也给人类的生存环境带来了巨大的灾难。酸雨、温室效应和臭氧层破坏被认为是人类面临的三大灾难性环境挑战，它们都是消耗化石燃料的产物，随着工业化发展的进程，呈现日趋扩大态势。酸雨危害几乎遍及全球，危害极大；逐年增强的温室效应，引发的全球气候变暖已是目前世界环境研究的一个主要课题；南极臭氧洞的发现立即引起了科学界和国际社会的高度关注。另外，化石燃料的开发引发生态破坏、环境污染和地质灾害等，能源耗尽后产生“资源陷阱”等。

2010年4月22日，英国石油公司的“深水地平线”石油钻井平台在美国墨西哥湾爆炸并沉入海中，随后开始漏油，2010年7月15日，英国石油公司新的控油装置经测试已封堵漏油。墨西哥湾漏油事件造成近500万桶原油泄漏，成为美国历史上最严重漏油事件，大面积浮油威胁至少600种动物安全，严重威胁9大物种生存，对当地居民造成健康隐患。这不仅对生态环境造成了巨大破坏，也将对美国政治、经济和社会生活产生深远影响，并对世界深海油气勘探开发起到一定的警示作用。墨西哥湾漏油事件发生之后，美国政府下达了深海钻探禁令。然而，2011年1月3日，美国内政部宣布已授权13家公司在不提交环境评估报告的情况下，重启墨西哥湾的深海钻探工作，但公司要严格遵守海上钻井安全条例。由此可见，在保证人类能源需求和确保不再发生类似环境灾难的较量上，明显还是人类对能源贪婪占了上风。

1986年4月26日，前苏联乌克兰加盟共和国切尔诺贝利核电厂发生严重泄漏及爆炸事故，这是迄今为止最严重的核事故。反应堆内8吨多的强辐射物外泄，事故导致31人当场死亡，上万人由于放射性物质远期影响而致命或重病，电站周围面积1000平方公里的地区遭到了放射性污染，数十万人撤离了该地区，乌克兰、白俄罗斯和俄罗斯受污染最为严重。该事件给国家经济、人民生命财产、生态环境带来了无法估量的巨大灾难。据白俄罗斯国家科学院的研究数据，在过去20多年间，该核事故受害者总计达900多万人，直接或间接死亡人数难以估算，其长期影响到目前仍是未知数[①]。另外，美国三里岛核泄漏事故（1979年）、帕洛玛雷核事故（1966年）、图勒核泄漏事故（1968年）、俄罗斯联邦托木斯克事故（1993年）、核潜艇的失事（2000年）等都给环境和生态造成了巨大破坏。截至2010年1月1日，世界在运行的核反应堆有437座，在建反应堆有55座，分布在30个国家和地区（IAEA Annual Report 2009）。核能是一种清洁能源，安全利用核能是人类生存与社会发展的必然抉择。核能安全有效利用将成为全世界共同关注的问题。

2011年3月11日，日本本州东海岸附近海域发生了9.0级地震，震源深度为10公里，引发海啸，掀起6米高的海浪，仙台市港口出现了近10米高的巨浪，福岛第一和第二核电站自动停止运转，日本发布核能紧急事态宣言，日本境内所有核电站全部关闭。福田第一核电站2号机组原子炉内水位开始下降。3月12日，女川核电站发生火灾和漏水事故，福岛第一核电站1号反应堆的中央控制室辐射量是通常的1000倍，放射性物质开始外泄，核电站周围10公里以内10万居民疏散，之后将撤离范围扩大到20公里。3月12日16点左右，福岛第一核电站1号机组发生爆炸，3月14日11时，福岛第一核电站3号机组发生爆炸，3月15日6时，福岛第一核电站2号机组发生爆炸，15日上午4号机组发生火灾爆炸。截至3月16日，福岛第一核电站1号、2号、3号、4号机组发生爆炸，5号和6号机组目前处于安全状态，福岛第二核电站四个机组处于安全状态，日方正在采取一切可能的措施缓解事故影响。东京电力公司3月28日宣

① 周晓沛，《中苏中俄关系亲历记》，世界知识出版社，2010年9月。

布，从福岛第一核电站区域内土壤中检测出微量的放射性物质钚。日本福岛核泄漏物质已在全球扩散，截至2011年3月30日，已有美国、俄罗斯、中国、英国、菲律宾、越南、韩国、法国、瑞典、冰岛、芬兰、加拿大、土耳其等国家检测到来自日本福岛的微量放射性物质。3月30日，日本东京电力公司会长胜俣恒久称，客观分析（福岛第一核电站）1至4号机组的状况，可以说将不得不报废。

日本时任首相菅直人3月13日表示，此次强震与海啸、核电站放射性物质泄漏、燃气泄漏引发的火灾等一系列灾害是日本第二次世界大战以来面临的最为严重的危机。3月29日，菅直人把本次地震、海啸、核泄漏引起的“三合一”灾难，称为日本有史以来最大危机，政府将全力应对，并称福岛第一核电站很可能报废。3月31日，菅直人称，福岛第一核电站所有机组应报废，日本现有核能发展方案将获重审。

日本东京电力公司8月1日、2日先后发布报告称，该公司作业人员在福岛第一核电站1号和2号机组厂房检测到辐射量超过每小时1万毫西弗的“致死辐射量”，这也是迄今为止福岛核电站内出现的最高辐射测定量。日本国内舆论表示，这一事故可能比想象的更严重，而且将引发外界对于东电和日本政府事故处理行动的新一轮“信任危机”。

（2）能源耗尽后的“资源陷阱”。

在世界能源资源丰富地区，很多地区的经济发展都单纯依赖能源资源的开发，我们称之为“矿业地区或矿业城市”，在其资源枯竭时，该地区极易形成“资源陷阱”。以“矿业城市”为例，通常资源型城市的发展模式为：因资源建立城市（或城市扩大）→资源大量开发促使城市繁荣→资源枯竭（城市转型或消亡），“矿业城市”的经济简单依靠原材料和初级产品，极易形成贫穷经济、不可持续的经济、没有前途的经济。但资源型城市如及早做产业规划、转型，经济发展将是另外一个新天地，中东的迪拜就是一个典型事例。

资源是区域经济发展的基本要素，资源的丰富程度对于区域经济发展具有决定性意义，尤其是工业化的早期和中期，能源、矿产资源对地区的产业结构的形成具有决定性影响。但过度依赖资源的地区或城市，经济具有严重的弊端。一是单纯的资源开发型经济是一种短期经济。资源型产业有一个从兴盛到衰减的过程，一个城市或地区如长期维持单一的资源型产业结构，一旦资源耗竭，油尽灯枯，就后继无业。二是单纯的资源开发型经济对国家来说是实体经济，但对地方来说则不过是一种“虚拟经济”和贡献经济。很多重要的能源资源和矿产资源归国家所有，由政府和国有企业垄断开发，如大多数发展中国家的油气资源均由国家掌控的国有石油公司进行勘探开发，资源地的收益通常较低。三是资源开发易造成污染和生态环境破坏。资源的过度开发严重破坏生态环境，资源型城市大多是污染严重、生态恶化的城市，如煤矿开采容易造成地面塌陷，地下水系统、植被和森林遭到破坏，空气污染严重等，而这种生态赤字通常得不到足够补偿。

中国一些“先发展”的资源型城市（地区），资源程度不同地枯竭。许多城市都是因为能源资源而建立的城市，如甘肃的玉门市、山东的东营市、新疆的库尔勒市等。2008年国务院确定第一批资源枯竭城市12个，2009年确定了第二批32个资源枯竭城市。资源枯竭城市的共性特点是①资源枯竭，产业效益下降；②产业结构单一，资源产业萎缩，替代产业尚未形成；③经济总量不足，地方财力薄弱；④大量职工收入低于全国城市居民人均水平。例如玉门市、抚顺市等，他们都遇到了前所未有的困难。严重的环境污染，大量的废弃矿井、矿物，资源枯竭后没有后继产业跟进，工人下岗等问题成堆。[①]

国外资源型城市（地区）掉进“资源陷阱”也不乏其例。

---

① 百度网站，资源枯竭城市的解释。

俄罗斯是油气大国，2009年石油产量居世界第一位，天然气产量居世界第二位。北高加索的石油经过苏联时期多年大量开采，大型油田全部进入开发后期。由于前苏联当时在北高加索推行“重开采、轻发展、只索取、不回报”的政策，北高加索在产油高峰期虽有数十年的辉煌，但一旦钻井和石油工人撤走，这里又重现昔日的贫困和荒凉，而且环境严重破坏，居民的生活境况比以前更差。这里是民族聚居区，贫困是民族问题产生和激化的根源。苏联解体后，这里爆发了持续多年的车臣战争，这在很大程度上是前苏联推行错误的石油开发政策的恶果。

日本北海道蕴藏着较为丰富的煤炭资源，从1891年开始，日本的三井、三菱等大公司先后进入北海道从事大规模的煤炭开采，建立了二十多个煤城，这里曾风光一时，经过百年开采，煤炭资源逐渐枯竭，大公司纷纷撤离，这些煤城开始衰落逐渐变成了“鬼城”。夕张市是一个典型例子，这里在开采顶峰时期人口达12万，而现在剩下不到1万人，富人和有劳动能力的人都离开了夕张市，留下来的全是老人和无力搬迁的穷人。

4. 世界一次能源消费持续增长，消费结构趋于多元，但化石能源仍是主体

据国际能源署数据，2008—2035年期间，世界一次能源需求以年均0.6%的速度递增，预计2035年前煤炭、石油和天然气在世界一次能源需求比重仍将保持70%以上，化石能源主体地位不可替代，天然气增长较快，以年均1.4%的速度递增。能源消费结构趋于多元，新能源和可再生能源增长强劲，核能、水电以年均2.2%和2%速度递增，生物质能以年均1.7%的速度递增，其他新能源如风能、太阳能、潮汐能等增长迅猛，以年均7.9%的速度递增。

5. 世界主要能源丰富，产储量持续增长，可用相当长时间

世界石油剩余可采储量稳步增长，储采比波浪式稳定增长。1980—2009年，世界石油剩余可采储量从910亿吨增长至1817亿吨，储采比从29.5提高至45.7。

世界石油产量持续增长。1965年以来，除1973年和1979年两次石油危机爆发后石油产量短期内有所下降外，整体上呈稳定增长态势。1965—1980年，世界石油产量从15.7亿吨增长至30.9亿吨，年均增长率达到4.6%。近20多年来，石油产量增速明显减缓，1980—2009年，石油产量从36.1亿吨增至38.2亿吨，年均增长速度仅为0.6%。

图1—2 1965—2009年世界石油剩余可采储量和产量增长趋势图 单位：亿吨

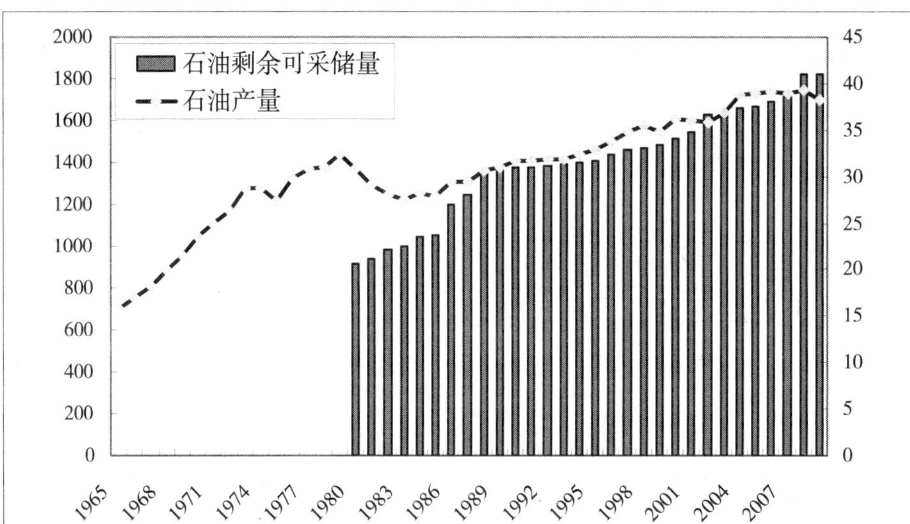

世界天然气剩余探明可采储量持续增长，储采比总体稳定。1980—2009年，世界天然气剩余可采储量从82.52万亿立方米增长至187.49万亿立方米，年均增长率为9.5%，储采比从57提高至62.8。

图1—3 1965—2009年世界天然气剩余可采储量和产量增长趋势图 单位：万亿立方米

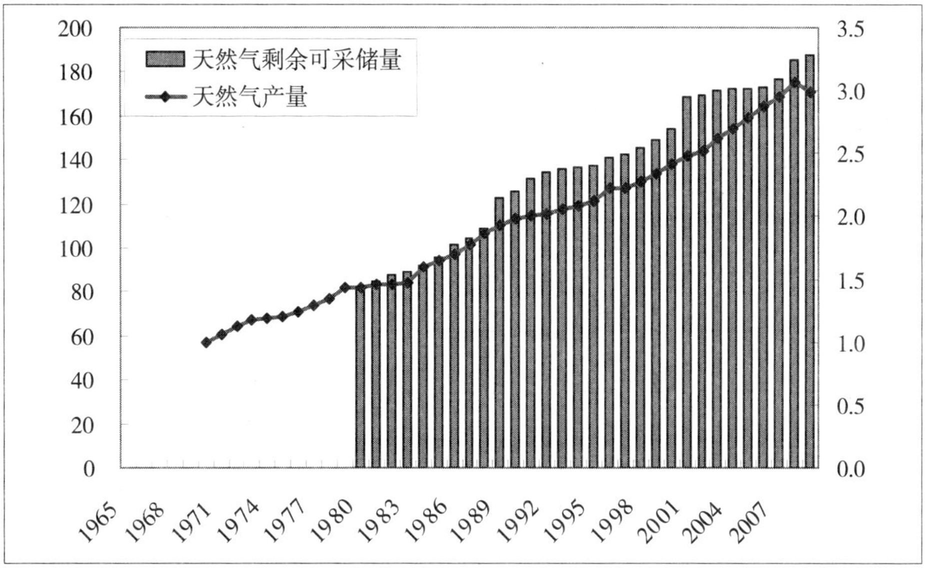

世界天然气产量持续较快增长。1970—2009年，世界天然气产量从10081亿立方米增长至29870亿立方米，年均增长率达到2.75%。

第三节 世界能源资源蕴藏和供需现状及趋势

1. 世界能源资源蕴藏情况及发展前景

（1）世界油气资源潜力较大，呈逐年增长趋势。

世界石油天然气资源丰富，石油资源量达6000亿吨以上，目前仍呈逐年递增态势。但地域分布不均，主要集中于中东、前苏联、非洲、北美和北极地区。

据美国地质调查局（USGS）2008年7月公布的北极圈以北地区的油气资源评价结果显示，25个含油气盆地待探明石油资源量为184亿吨，天然气资源量为47万亿立方米。65%的待探明油气资源分布在三个盆地，即西西伯利亚（West Siberian）盆地，北极阿拉斯加（Arctic Alaska）盆地，西巴伦支海（West Barents）盆地。

当前，世界已累计产出石油1591亿吨，世界石油剩余可采储量为1888亿吨，老油田可采储量增长1000亿吨，待探明石油资源量1470亿吨（该数据明显偏小，原因有二，一个是USGS2000的数据截止日期为1994年底，虽不断修订，但总体变化不大；二是评价的含油气盆地数量较少，如中国仅评价了六个盆地）。

表1—3 世界待探明油气资源量

区 划	石油（亿吨）	占世界比重（%）	天然气（万亿立方米）	占世界比重（%）
前苏联	233.96	15.91	45.63	31.01
中东与北非	426.89	29.03	38.80	26.36
亚太	61.86	4.21	10.74	7.30
欧洲	49.26	3.35	8.85	6.01
北美	221.84	15.09	19.30	13.11
中南美	171.65	11.67	13.80	9.38
北非以南与南极洲	112.71	7.67	6.66	4.53
南亚	8.47	0.58	3.39	2.30
北极地区	183.63	12.49	47.26	32.11
世界	1470.26	100	147.16	100

资料来源：USGS2000；单位换算：1吨=7.3桶，10亿立方英尺=0.2832亿立方米。

表1—4 世界油气资源剩余可采储量

区 划	石油（亿吨）	占世界比重（%）	天然气（万亿立方米）	占世界比重（%）
北美	103.0	5.4	9.9	5.3
中南美	343.4	17.3	7.4	4.0
欧洲和欧亚大陆	190.2	10.1	63.1	33.7
中东	1017.8	54.4	75.8	40.5
非洲	173.8	9.5	14.7	7.9
亚太	59.7	3.3	16.2	8.7
世界	1887.9	100	187.1	100

资料来源：BP，Statistical Review of World Energy 2011。

世界天然气资源总量可达500万亿立方米以上，世界已累计采出天然气91万亿立方米，其中剩余可采储量187万亿立方米，老油田可采储量增长67万亿立方米，未探明资源量147万亿立方米。全球80%的天然气储量集中在中东和前苏联地区，其中俄罗斯为24%，伊朗为16%，卡塔尔为14%。

（2）世界非常规油气资源丰富，是常规油气重要补充。

世界非常规油气资源潜力巨大，据统计，世界超重油地质储量为2945亿吨，油砂油地质储量4560亿吨，页岩油资源量约为6893亿吨，煤层气资源量260万亿立方米，页岩气资源量419万亿立方米，天然气水合物资源量可能有3000万亿立方米（甲烷气体）。

超重油（Extra-heavy Oil）通常定义石油比重小于10°，储层石油粘度不超过10Pa·s。世界超重油资源丰富，目前，在世界21个国家发现了162个超重油矿藏。世界超重油地质储量为2945亿吨，剩余可采储量81亿吨，截至2008年底，累计采出23.4亿吨。世界超重油主要分布在委内瑞拉，其地质储量为2893亿吨，占世界的98.2%。

表1—5　世界重油的地区分布

国家或地区	探明地质储量（亿吨）	预测地质储量（亿吨）	地质储量合计（亿吨）	探明可采储量（亿吨）	累计产量*（万吨）	剩余可采储量（亿吨）
非洲合计	1		1	0.07		0.07
北美合计	4	0.04	4	0.33	3027	0.03
委内瑞拉	2633	260	2893	99	201397	79
南美合计	2636	260	2895	100	202438	79
亚洲合计	24		24	2	12274	1
欧洲合计	21		21	2	16315	0.28
中东合计	0.003		0.003	0.001		0.001
世界合计	2685	260	2945	104	234055	81

资料来源：World Energy Council，“Survey of Energy Resources 2010”；R.F. Meyer，U.S. Geological Survey。*表示数据截至2008年底。1吨＝7.3桶。

天然沥青（Natural Bitumen）定义为在油藏条件下，石油粘度远大于10Pa·s，API小于10。天然沥青又称为沥青砂或油砂，主要分布在22个国家，目前发现有598个矿藏点。世界天然沥青地质储量为4560亿吨，剩余可采储量333亿吨，截至2008年底，累计采出8.85亿吨。世界天然沥青主要分布在加拿大、哈萨克斯坦和俄罗斯，其地质储量分别为3335亿吨、576亿吨和475亿吨，分别占世界的73%、13%和10%。

表1—6　世界油砂的地区分布

国家或地区	探明地质储量（亿吨）	预测地质储量（亿吨）	地质储量合计（亿吨）	探明可采储量（亿吨）	累计产量*（万吨）	剩余可采储量（亿吨）
非洲合计	25	64	88	2		2
加拿大	2371	963	3335	242	87671	233
北美合计	2423	986	3409	242	88000	233
中国	2		2	0	0	0
哈萨克斯坦	576		576	58	0	58
亚洲合计	585		585	58	329	58
俄罗斯	405	70	475	39	192	39
欧洲合计	408	70	478	39	192	39
世界合计	3440	1120	4560	342	88521	333

资料来源：World Energy Council，“Survey of Energy Resources 2010”；R.F. Meyer，U.S. Geological Survey。

* 表示数据截至2008年底。1吨=7.3桶。

表1—7　世界页岩油资源和产量情况

国家或地区	页岩油地质资源量（亿吨）	占世界的比重（%）	2008年产量（万吨）
刚果（金）	143	2.1	
非洲合计	233	3.4	
美国	5369	77.9	
北美合计	5391	78.2	
巴西	117	1.7	20
南美合计	118	1.7	20

续表

中国	476	6.9	37.5
亚洲合计	519	7.5	37.5
意大利	104	1.5	
俄罗斯	355	5.2	
欧洲合计	528	7.7	35.5
中东合计	58	0.8	
大洋洲合计	45	0.7	
世界合计	6893	100	93

资料来源：World Energy Council，"Survey of Energy Resources 2010"；国土资源部、国家发展和改革委员会、财政部"新一轮全国油气资源评价"。1吨＝7.3桶。

油页岩（Oil Shale）：油页岩是含有大量有机物（干酪根）的细颗粒沉积物，通过低温干馏，能获得页岩油和可燃气体。世界油页岩蕴藏量十分丰富，据统计，世界页岩油资源量约为6893亿吨。主要分布在美国，占世界页岩油资源量的78%。

页岩气是指赋存在页岩中的天然气，属于非常规天然气。世界潜在资源量为419万亿立方米，主要分布在北美和前苏联地区等。页岩气的勘探开发已在美国取得重大突破，2009年，美国页岩气产量已达900亿立方米。我国页岩气的勘探开发才刚刚起步，第一口页岩气井四川盆地威201井已取得成功，并在寒武系和志留系两个页岩层段压裂产气，日产气2000—3000立方米。

表1—8　世界页岩气资源潜力估算情况

地区	潜在资源量（万亿立方米）	占世界比重（%）
北美	127	30.2
拉丁美洲	11	2.5
前苏联	153	36.5
中欧和东欧	16	3.8
西欧	16	3.8
中东和北非	37	8.8
撒哈拉以南非洲	29	6.9

续表

亚洲中部和中国（Cent.Asia & China）	11	2.5
太平洋国家	21	5.0
世界总计	419	100

资料来源：Survey of Energy Resources: Focus on Shale Gas World Energy Council 2010；IGU 2003，VNIIGAS 2007，USGS 2008，BGR 2009。

据国际能源机构（IEA）的统计数据和新一轮全国煤层气资源评价结果，全球煤层气资源量可能超过260万亿立方米，90%的煤层气资源量分布在12个主要产煤国，其中俄罗斯、加拿大、中国、美国和澳大利亚的煤层气资源量均超过10万亿立方米。

表1—9 世界煤层气资源分布

国家	煤炭资源量（万亿吨）	煤层气资源量（万亿立方米）
俄罗斯	6.5	17—113
加拿大	7	17.9—76
中国	5.95	36.8
美国	3.97	21.2
澳大利亚	1.7	8—14
德国	0.32	3
波兰	0.16	3
英国	0.19	2
乌克兰	0.117	2
哈萨克斯坦	0.17	1
印度	0.16	0.8
南非	0.15	0.8
合计	26.387	113.5—273.6

资料来源：于IEA，有修改。

（3）世界煤炭资源储量丰富，主要分布在中国、美国、俄罗斯。

截至2010年底，世界煤炭剩余可采储量为8609亿吨，储采比为118。世界煤炭资源主要集中在美国、俄罗斯和中国，三者占世界的59.1%。澳大利亚、印度、德国、乌克兰、哈萨克斯坦和南非等分别占世界的8.9%，7.0%、4.7%、3.9%、3.9%和3.5%（表1—10）。

表1—10　世界主要国家煤炭剩余可采储量

序号	国家/地区	煤炭剩余可采储量（亿吨）	占世界的份额
1	美国	2373.0	27.6%
2	俄罗斯	1570.1	18.2%
3	中国	1145.0	13.3%
4	澳大利亚	764.0	8.9%
5	印度	606.0	7.0%
6	德国	407.0	4.7%
7	乌克兰	338.7	3.9%
8	哈萨克斯坦	336.0	3.9%
9	南非	301.6	3.5%
10	哥伦比亚	67.5	0.8%
	世界	8609.4	100%

资料来源：BP，Statistical Review of World Energy 2011。

（4）世界水电资源丰富，发展潜力大。

世界水电资源十分丰富，世界总的理论水电资源潜力为39842十亿千瓦时/年。主要分布在亚太（占世界41.7%）、南美（18.9%）、北美（13.8%）、欧洲（12.3%）等地区。中国水电资源最为丰富，理论水电资源潜力为6083十亿千瓦时/年。

表1—11　世界水电潜力分布（截至2008年底）　　单位：十亿千瓦时/年

地区	总的理论潜力	占世界比重（%）	技术可利用潜力	占世界比重（%）
非洲	3909	9.8	1834	11.5
北美	5511	13.8	2416	15.1
南美	7541	18.9	2843	17.8
亚太	16618	41.7	5590	35.0
欧洲	4919	12.3	2762	17.3
中东	690	1.7	277	1.7
大洋洲	654	1.6	233	1.5
世界	39842	100	15955	100

资料来源：World Energy Council，“Survey of Energy Resources 2010”。

(5) 世界天然铀资源较为丰富，分布比较集中。

在世界铀资源探明工业储量中，成本低于130美元/千克的铀资源为352.5万吨，主要分布在澳大利亚（占世界的33.4%）、加拿大（10.2%）、哈萨克斯坦（9.5%）、尼日尔（6.9%）、美国（5.9%）、南非（5.5%）、俄罗斯（5.1%）、巴西（4.5%）、纳米比亚（4.5%）、中国（3.3%）等，这10个国家的探明工业储量占世界的88.8%。

表1—12 世界主要国家铀探明工业储量

序号	国家	万吨铀（U）	占世界的份额
1	澳大利亚	117.6	33.4
2	加拿大	36.1	10.2
3	哈萨克斯坦	33.6	9.5
4	尼日尔	24.2	6.9
5	美国	20.7	5.9
6	南非	19.5	5.5
7	俄罗斯	18.1	5.1
8	巴西	15.8	4.5
9	纳米比亚	15.7	4.5
10	中国	11.6	3.3
	世界	352.5	100%

资料来源：World Energy Council，“Survey of Energy Resources 2010”；Uranium 2009: Resources，Production and Demand，2010，OECD Nuclear Energy Agency/International Atomic Energy Agency。数据截至2009年1月1日。

(6) 世界可燃冰资源发展前景良好。

天然气水合物是一种新型的潜在能源，亦称“可燃冰”。世界各研究机构对这一资源的估算结果相差较大，初步估算为3000万亿立方米，主要分布在两极和大洋边缘。尽管全球天然气水合物资源前景十分看好，但目前还远未达到可商业开发程度。如果此类资源仅开发利用1%，就有可能改变世界天然气供应格局。

表1—13　世界天然气水合物资源分布

排位	地区	资源量（万亿立方米）	占全球比例（%）
1	大西洋	1146	38.2
2	南极洲	591	19.7
3	太平洋	462	15.4
4	印度洋	432	14.4
5	北冰洋	369	12.3
世界总计		3000	100

另外，世界的可再生能源，如泥炭、生物质能源、太阳能、地热能、风能、潮汐能、波浪能等资源非常丰富，目前发展势头良好，前景广阔。

2. 世界能源供需现状及趋势

（1）能源需求趋势。

2008年的世界金融危机的阴影尚未完全消退，世界经济增长前景乏力，世界能源需求减缓。在2008—2035年，世界一次能源需求将以1.2%的速度递增，天然气、核能、水电和生物质能需求增长较快，大约以2%的速度递增。新能源需求增长迅速，以7.9%的速度激增（表1—14）。

表1—14　世界一次能源需求趋势（新政策方案）　　单位：百万吨油当量

能源种类	1980	2008	2015	2020	2030	2035	2008—2035*
煤炭	1792	3315	3892	3966	3984	3934	0.6%
石油	3107	4059	4252	4346	4550	4662	0.5%
天然气	1234	2596	2919	3132	3550	3748	1.4%
核能	186	712	818	968	1178	1273	2.2%
水电	148	276	331	376	450	476	2.0%
生物质能和废弃物	749	1225	1385	1501	1780	1957	1.7%
其它新能源	12	89	178	268	521	699	7.9%
总计	7229	12271	13776	14556	16014	16748	1.2%

资料来源：IEA，World Energy Outlook 2010。

*　表示年平均增长率。

（2）油气供需及趋势。

全球油气供需总体上基本平衡，生产量略高于消费量。国际金融危机后，世界经济增长速度减缓，但部分国家及地区呈现复苏态势，促进了新一轮石油、天然气消费需求的增加。

需求分析　据IEA数据显示，按照新政策方案，在2035年之前，世界石油需求仍将稳定增长，2009—2035年平均增长率大约为0.6%。石油需求从2009年的84百万桶/天，增加到2035年99百万桶/天。石油需求主要来源于非经济合作与发展组织（OECD）国家，其需求增长率为1.6%（表1—15）。

表1—15　世界石油需求预测　　　　**单位：百万桶/天**

	1980年	2009年	新政策方案		目前政策方案	
			2020年	2035年	2020年	2035年
OECD	41.3	41.7	39.8	35.3	40.5	38.7
非OECD	20	35.8	44.1	54.6	45.4	59.4
国际燃料*	3.4	6.5	7.5	9.1	7.5	9.3
世界总计	64.8	84	91.3	99	93.5	107.4

资料来源：IEA，World Energy Outlook 2010。

* 包括国际轮船和飞机燃料。

世界天然气消费持续增长，在2008—2035年间，世界天然气需求年均增长率为1.4%，从2008年的31490亿立方米增加到2035年的45350亿立方米（表1—16）。天然气需求的增长主要来源于非OECD国家，以年均2%的速度递增，亚洲（年均增长率3.8%）、中东（2.2%）、拉美（2.1%）和非洲（1.9%），特别是中国、印度和巴西增长较快，其年增长率分别为5.9%、5.4%和4.2%。

表1—16 世界天然气需求预测 单位：亿立方米

	1980年	2008年	新政策方案		目前政策方案	
			2020年	2035年	2020年	2035年
OECD	9580	15410	16250	17580	16370	18400
非OECD	5590	16080	21690	27770	21980	30470
世界总计	15170	31490	37940	45350	38350	48880

资料来源：IEA，World Energy Outlook 2010。

供给分析 世界石油供给仍将稳定增长，年均增长率为0.6%。欧佩克仍将继续占据世界石油生产的半壁江山，尤其是中东，以其丰富的油气资源和低生产成本将仍是世界石油供给增长的主要来源地。按照新政策方案，预计欧佩克所占世界石油供给份额由2009年的40%上升到2035年的50.4%（表1—17）。

表1—17 世界石油供给预测 单位：百万桶/天

	1980年	2009年	新政策方案		目前政策方案	
			2020年	2035年	2020年	2035年
欧佩克	25.5	33.4	40.5	49.9	41.9	54.2
原油	24.7	28.3	30.9	35.8	32.0	38.6
天然气液	0.9	4.6	8.0	11.1	8.2	12.3
非常规	0	0.5	1.6	3.0	1.7	3.2
非欧佩克	37.1	47.7	48.2	46.1	48.9	49.9
原油	34.1	39.6	37.6	32.8	38.2	35.0
天然气液	2.8	6.2	6.8	6.8	6.9	7.1
非常规	0.2	1.8	3.7	6.5	3.9	7.8
加工获得	1.2	2.3	2.6	3	2.7	3.3
世界供给	63.8	83.3	91.3	99	93.5	107.4

资料来源：IEA，World Energy Outlook 2010。

* 表示年平均增长率。

按新政策方案，2008—2030年期间，预计世界天然气产量以年均1.3%的速度递增。增长主要来自非OECD国家，年均增长率1.9%，如非洲（年均增长2.8%）、中东（2.7%）、拉美（2.4%）和亚洲（2.1%）。伊拉克增长速度最快，以年均14%的速度递增，预计2035年其天然气将达到650亿立方米。

表1—18 世界天然气供给预测 单位：亿立方米

	1980年	2008年	新政策方案		目前政策方案	
			2020年	2035年	2020年	2035年
OECD	8890	11570	11580	11880	11730	12030
非OECD	6400	20100	26360	33470	26610	36850
世界总计	15290	31670	37940	45350	38350	48880

资料来源：IEA，World Energy Outlook 2010。

图1—4 世界天然气分类型供给预测

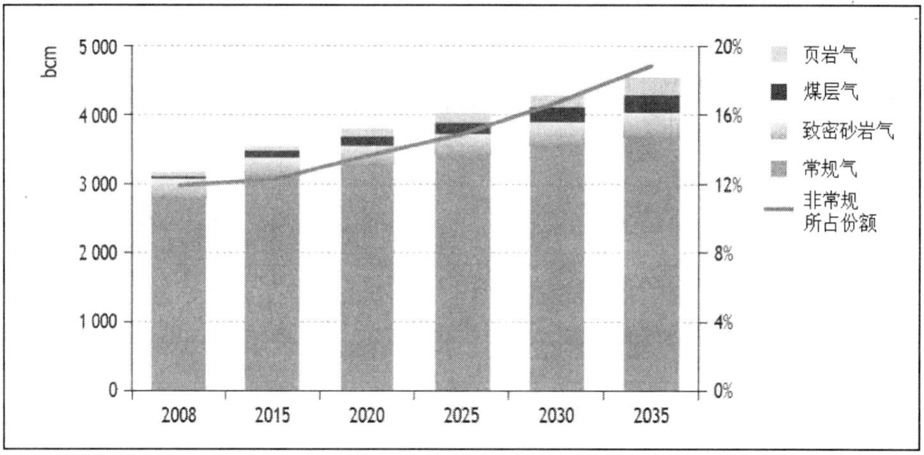

（3）煤炭供需及趋势。

需求分析 按照新政策方案，2008—2035年世界煤炭需求年平均增长率为0.6%。煤炭需求从2008年的47.4亿吨标准煤增加到2035年的56.2亿吨标准煤。煤炭需求主要来源于亚洲国家，其需求增长率为1.7%，中国、印度和印尼是世界煤炭需求的主要增长国，其年平均增长率分别为1.2%、2.8%和4.4%（表1—19）。

表1—19　世界煤炭需求预测　　单位：亿吨标准煤

	1980年	2008年	新政策方案		目前政策方案	
			2020年	2035年	2020年	2035年
OECD	13.79	16.12	14.52	10.21	15.96	15.07
非OECD	11.81	31.24	42.13	46.0	45.57	60.37
世界总计	25.6	47.36	56.65	56.21	61.53	75.44

资料来源：IEA，World Energy Outlook 2010。

供给分析　据IEA数据显示，2008—2030年期间，世界煤炭产量年平均增长率大约为0.5%。煤炭产量从2008年的48.8亿吨标准煤增加到2035年56.21亿吨标准煤。煤炭生产主要来源于非OECD国家，其生产增长率为1.1%（表1—20）。

表1—20　世界煤炭产量预测（新政策方案）　　单位:亿吨标准煤

	1980年	2008年	2015年	2020年	2025年	2030年	2035年	2008—2035*年
OECD	13.84	14.78	14.61	13.82	13.06	12.19	11.06	-1.1%
非OECD	11.96	34.01	40.99	42.84	43.88	44.73	45.14	1.1%
中国	14.44	20.76	26.05	27.47	28.14	28.39	28.25	1.1%
世界总计	25.79	48.8	55.61	56.65	56.94	56.92	56.21	0.5%

资料来源：IEA，World Energy Outlook 2010。

*　表示年平均增长率。

第四节　一个多世纪来，大国围绕石油的争夺与竞争，以及国际能源秩序的建立和演变

1. 争夺石油产地的斗争连绵不断

1859年，美国发现并钻探了第一口油井，石油开始进入人类的历史舞台，围绕石油资源的战争也拉开了帷幕。过去100多年的历史，是攫取石油资源控制世界的斗争历史，同时也是石油生产国和石油消费国之间的斗争史。英国和美国交替充当主角，之后更多的重要角色登台亮相，演绎了围绕世界石油资源争夺，并掌控世界政

治和经济的一幕幕战争剧。

（1）争夺石油资源是第一次世界大战的深层原因。

1914年6月28日，奥国王储在萨拉热窝市被塞尔维亚爱国者刺死，此事成为第一次世界大战的导火索。这是帝国主义两大集团（德、奥、匈对英、法、俄）为重新瓜分殖民地和争抢石油资源而进行的战争。19世纪90年代，英国在世界范围内拥有无与伦比的政治、经济和军事实力。但德国的工农业快速发展，极大促进技术进步，无论生产效率还是质量均超越了英国。德国为促进工业快速发展，获得潜在石油供应，决定建设柏林到波斯湾的铁路。由此引发了德英之间关于波斯湾石油的争夺战，成为了1914年8月第一次世界大战爆发的背景。大约在1910年，英国决定断然采取措施对付德国的经济崛起。石油第一次作为战争中最重要的地缘政治因素出现在国际舞台上。从1914年战争开始到1918年战争结束，对于军事战略的革命，石油起到了举世公认的关键作用。

1908年，在伊朗发现石油。1918年后，英国在中东驻扎了上百万的军队，其目的就是波斯湾的石油。其实，自1905年以来，波斯湾一直在英国的掌控之下，1912年第一次世界大战前夕，英国通过其石油公司控制的世界石油产量不足12%，到1925年，英国控制了世界大部分石油供应。

（2）英美掌控世界石油资源的霸权形成。

1910年，在墨西哥湾的墨西哥坦皮科市发现了巨大的石油储量。为了墨西哥的石油，在整个20世纪20年代，英美石油利益集团一直在明争暗斗，这种争斗甚至持续到20世纪30年代后期，直到墨西哥的卡德纳斯政府对其石油工业实施国有化。

1927年，盎格鲁—波斯石油公司（现为BP石油公司）和洛克菲勒新泽西标准石油公司签署和平协议，组建经济卡特尔。英国和法国同意让美国进入中东，从达达尼尔海峡往下穿过巴勒斯坦到也门，往上直到波斯湾，划了一条红线。红线内，三国的石油利益集团划定了大部分延续至今的利益版图。

1928年，该协议正式称为《阿奇纳卡里协议》。英国和美国的石油巨头同意接受现有的市场划分和份额，同意制定保密的世界石油卡特尔价格，同意停止破坏性竞争和打了十年的价格战。两国政府在同一年批准了这一私人协议，这就是后来广为人知的“红线协议”。之后，英美控制世界石油资源的霸权形成。到1932年时，英美的七大公司全部成为阿奇纳卡里卡特尔的组成部分，俗称石油“七姐妹”。这七家公司是：埃索（新泽西标准石油）、美孚（纽约标准石油）、海湾石油、德士古、加州标准石油（雪佛兰）、皇家荷兰壳牌石油公司和盎格鲁—波斯石油公司。1934年，海湾石油公司和英伊石油公司获得科威特石油开采权，1938年，科威特和沙特发现石油。从表1—9可以看出，英美石油公司控制了中东大多数石油资源。

表1—21　二战前西方石油公司在中东租让情况

租让国	承租的跨国石油公司所在国	租让时间（年）	租让区域占该国领土比例（%）
伊朗	英国	60	76.4
伊拉克	英美荷法	75	100
巴林	美国	59	73.7
沙特	美国	60	74.1
科威特	英美	92	100
卡塔尔	英美荷法	75	100
阿曼	英美荷法	75	63.4

资料来源:《世界石油工业历史》，中国石油大学（北京）。

（3）世界国有化浪潮和世界石油危机挑战美英霸权。

1947年底，伊朗政府向英国提出了修改1933年石油协定的要求，1951年4月，伊朗在公平补偿的基础上对盎格鲁—伊朗石油公司进行国有化，并得到议会批准。

1960年9月，沙特阿拉伯、伊拉克、伊朗、科威特和委内瑞拉五国成立石油输出国组织（简称：欧佩克），世界第一次石油资源国有化浪潮慢慢拉开了帷幕，并逐渐推向高潮。

1968年，欧佩克在《石油政策宣言性声明》中已经提出，把逐步参股作为维护石油主权的重要方式，有的国家则干脆一步就把外国公司在本国土地上的石油资产收归国有。这样，到20世纪70年代末，欧佩克成员国程度不同地实现了石油工业国有化，从西方跨国公司手中收回了资源控制权。

1973年10月6日，埃及和叙利亚为收复失地突袭以色列，取得重大胜利。10月16日，欧佩克召开会议，之后将油价从每桶3.01美元提高到5.11美元。10月17日，沙特阿拉伯、科威特、伊拉克、利比亚、阿联酋、卡塔尔和阿尔及利亚宣布石油产量逐月减产5%，直到以色列完全撤离阿拉伯领土，到年末，第一次世界石油危机爆发。1974年石油价格暴涨，迪拜原油价格由上年的每桶2.83美元飙升至1974年的10.41美元，给世界造成了巨大的经济和金融冲击，但到1975年下半年，世界部分地区的工业才开始恢复发展。

（4）美元主宰了世界石油市场。

1971年8月15日，美国总统尼克松宣布美元与黄金脱钩。

在1973年的第四次中东战争中，为打击以色列及其支持者，欧佩克阿拉伯成员国宣布收回石油标价权，并将原油价格从每桶3.011美元提高到10.651美元，使油价暴涨了两倍多，触发了第二次世界大战后最严重的全球经济危机。在这场危机中，美国的工业生产下降了14%，日本的工业生产下降了20%以上，所有的工业化国家的经济增长都明显放慢。

1975年欧佩克开会决定，同意接受美元作为石油交易的唯一结算货币。该事件开启了美元主宰世界的时代。世界各国被迫不断地购买大量美元，用来支付石油的进口。直到今天，美元在世界石油交易中仍然充当着最重要的角色。“石油+美元+航母”成为美国维护世界霸权的三位一体的利器。

20世纪90年代末，世界能源需求进入新的扩张期，世界石油市场在一定程度上由买方市场向卖方市场过渡。能源市场全球化、多元化趋势明显。当前，国际能源格局加速演变，主要政治力量、经济力量全力争夺石油资源和市场控制权，一些新的能源组织正在孕育之中，围绕石油展开的斗争加剧但相互合作也在升温，能源安全被提到新的战略高度。[①]

2. 国际能源组织和跨国石油公司的发展

（1）欧佩克。

欧佩克，全称为石油输出国组织（OPEC），成立于1960年9月14日，是伊朗、伊拉克、沙特、科威特和委内瑞拉五个创始成员国建立的政府间组织。欧佩克目前的成员国达到了12个，除五个创始国外，还有卡塔尔、利比亚、阿联酋、阿尔及利亚、尼日利亚、厄瓜多尔和安哥拉。印度尼西亚和加蓬曾是欧佩克成员。

目前，欧佩克成员国的石油探明储量占全球的77.2%，石油产量的41.2%，是最具影响力的石油生产国组织，对调控国际油价发挥着关键作用。欧佩克的核心作用可以用“产量—配额—价格”六个字来概括。它从1982年开始采用配额制度，上、下半年各召开一次成员国大会，根据市场的变化，审议确定下一个半年的总产量上限和各成员国的产量配额，以通过调节供应量来调节价格。这种机制受内外因素制约，协调困难，行动并非总是有效，但影响巨大。

欧佩克20世纪60年代初成立的主要目的就是海湾主要产油国与委内瑞拉为统一、协调中东地区的石油政策，以集体的力量对抗西方跨国石油公司的垄断。中东海湾产油国从西方石油公司收回石油

① 威廉·恩道尔，《石油战争》，知识产权出版社，2008年4月1日。

资源主权，控制石油标价权后，欧佩克在国际政治和世界能源市场上的影响力迅速提升，同时，中东地区局势的变化和地区产油国政策的调整都直接影响着欧佩克在国际石油市场的运作。

欧佩克的性质实质上是一个卡特尔。其宗旨是协调和统一各成员国的石油政策，共同垄断石油市场，确保国际市场石油价格的稳定，保证各成员国获得稳定的石油收入，瓜分垄断利润。通常他们以“限产保价”的方式来抗衡西方发达国家，通过讨价还价，实现行业的利润最大化。从成立以来的50多年里，欧佩克对世界的石油市场产生了重要影响。但欧佩克并无能力控制国际石油定价权，国际石油话语权和定价权仍然操控在美国等西方国家手中。加上国际金融资本利用石油大肆投机，造成国际油价跌宕起伏，损害欧佩克成员利益。欧佩克国家并不追求石油价格一味走高，而是希望石油生产国和消费国协商一个合理价格，保证产油国稳定收入，同时确保世界石油稳定供给。遗憾的是，这一美好构想难以实现。

（2）国际能源机构。

国际能源机构成立于1973—1974年的石油危机期间。这是20世纪70年代以来第一次石油危机，起因是第四次中东战争，部分石油输出国实行减产和禁运。1974年2月召开了石油消费国会议，决定成立能源协调小组来指导和协调与会国的能源事务。同年11月15日，由发达国家组成的经济合作与发展组织（OECD）各国在巴黎通过了建立国际能源机构的决定。最初成员国为16个，目前的成员国为26个，均为OECD成员国。

国际能源机构是消费型的国际性组织，国际能源机构具有经济合作和发展组织框架内的自治组织地位，只有经济合作和发展组织的成员国才有权参加，它代表了OECD的利益。国际能源机构的作用主要是通过石油储备来应对石油危机、调节国际原油价格，以促进全球能源市场的稳定，保障各成员国的利益。OECD石油资源占有率相对较低，但石油消费相对较高。OECD石油剩余可采储量占世界6.8%，但OECD石油消费量却占世界的53.4%。

至此，石油生产国组织和石油消费国组织形成了两极结构，两极的竞争和垄断、利益的争夺一直持续到现在。

（3）跨国石油公司。

世界石油公司可分为跨国石油公司和国家石油公司。按照跨国经营程度又可分为全球性大型公司和地区性大型公司。全球石油公司的竞争与垄断的背后其实就是石油生产国和石油消费国之间的较量，跨国石油公司在本质上代表着所在国的政府意志，是为其所在国的国家利益服务的。目前，跨国石油公司已成为全球石油业的重要力量。

据美国《石油情报周刊》数据，在2009年世界50家最大石油公司排名中，跨国石油公司占了21家。据有关数据，在石油化工领域，跨国公司大约控制了世界生产的33%、贸易的67%、直接投资的70%、技术开发与转让的80%以上。

1963年后，随着国际石油业的发展形成了七大跨国石油公司，一系列兼并重组后，世界七大石油公司演变为的五巨头，形成了今天跨国石油公司与国家石油公司并存的格局。世界五大跨国石油公司不仅是地区石油工业的领导者，而且在世界石油工业中占有重要地位，他们对石油资源勘探开发、炼油化工、终端销售的全方位控制以及对国际油价的影响力日益深刻。国家石油公司则凭借控制所在国的油气资源同跨国公司展开竞争。

世界石油市场的竞争最终都体现在石油公司之间的竞争，各国通过石油公司的市场活动来体现国家的能源战略和意志，故石油公司之间的竞争其实就是国家与国家之间的竞争。跨国石油公司在本质上代表着所在国政府的意志，是为其国家利益服务的，它们以资金、技术、设备和经验等垄断优势，形成超强竞争力，在全球范围内，争夺世界优质资源，获取垄断利润，成为全球500强企业的排头兵。据美国《财富》杂志，在2010年世界500强公司排名前10位中，跨国石油公司占了30%，其中美国石油公司就有3家。

3. 国际能源秩序的建立和演变

国际能源秩序大致经历了三个发展阶段。

（1）19世纪下半期到20世纪70年代，发达国家“单中心”统治阶段。

在此阶段，西方发达国家在国际能源秩序中占据统治地位，生产和出口石油的殖民地和不发达国家成为被控制、被掠夺的对象。当时的国际能源秩序是以殖民主义性质的“石油租借地”制度及完全由西方国家控制的石油定价制度为基础的。

所谓石油租借地制度就是殖民地或不发达国家与西方公司签订为期数十年的租借合同，依据该合同，外国公司只需缴纳一定的矿区使用费和少量租税就可享有在租借地上任意勘探、开采和经营的权利。西方石油公司一度控制了世界各地绝大多数的石油生产，其中由美、英石油公司组成的“石油七姐妹”占据着主要的地位。以中东地区为例，“石油七姐妹”占据的石油租借地当时占全部租借地的91%，包括伊拉克、卡塔尔、阿布扎比、科威特的全部。

除了石油租借地制度外，西方国家主导的石油定价制度也是旧国际能源秩序的重要内容和组成部分。这一时期的定价制度经历了单一基点价格制向双重基点价格制的演进。二战前，一个很长时期内，美、英大石油公司采用“基点价格制”（Basing-Point System）确定原油价格。根据石油巨头间达成的协议，不考虑原油的实际产地，统一认定原油由美国墨西哥湾装船，采取统一的基准价，即“墨西哥湾港口船上交货价”（FOB—Price in the Gulf of Mexico），外加由这里到消费中心的运费。这就是所谓的“墨西哥湾加价制”（Gulf Plus System）。美国石油产量占世界石油总产量的一半以上，并且其石油成本普遍高于世界其他国家，采取这种定价制度，可以确保美国原油生产商的利益，有利于美国石油工业的发展；从中东等不发达地区开采的石油虽然获得了较高的售价，但由于实行石油租借地制度，比当地开采成本高的油价所带来的利益并没有落到当地政府的手中，而是落入了西方石油公司的腰包。1948年前后，石油定价制度发生变化，从单一的基点价格制度向双重基点价格制过渡。所谓“双重基点价格制”就是把中东原油的价格同美国的原油价格脱钩，实行两种基点价格制度。但价格制度的这种变化并没有给中东产油国带来实际利益，中东的油价被人为地压低了。大量从中东进口低价石油，给战后欧洲经济复苏带来了巨大的机遇，并且有利于西方石油公司打入西欧市场，同前苏联争夺战后的世界石油市场。

（2）20世纪70年代到90年代，供求双方“双中心”对立阶段。

这个阶段的特点是，西方国家完全垄断世界石油市场的局面被打破，成立了全球性的石油生产国和消费国组织，形成某种意义上的能源“双中心”格局。

最具影响力的石油生产国组织是1960年成立的石油输出国组织“欧佩克”（OPEC）。欧佩克是一个通过控制石油产量调节油价以维护成员国利益的政府间能源国际组织，其宗旨是稳定油价并扩大市场份额。欧佩克成员国通过成立国有石油公司和对西方石油公司进行国有化逐步回收本国油气资源的所有权和使用权，从而打破了“石油七姐妹”控制西方世界绝大多数原油生产、运输、炼制和销售，既是生产者，又是消费者，集买方与卖方于一身的垄断局面。1973年中东产油国借助欧佩克通过集体减产、禁运手段，以石油为武器，对美国等西方国家的中东政策施加压力。从1973年10月到1974年1月，欧佩克的原油供应量从每天3256万桶减少到1632万桶；同期，国际油价从每桶2.89美元上涨到11.65美元，上涨了303%。国际油价的决定权一时落入了欧佩克手中。欧佩克初试牛刀，收到了政治、经济双获利之效。

为了对OPEC进行反制，1974年发达的石油消费国在欧佩克框架下，发起成立国际能源机构（IEA）。国际能源机构成立于国际石油危机、油价暴涨的背景下，其关注的目标主要是如何稳定油价，建立石油储备，保证石油安全。国际能源机构的成立标志着以美国和欧洲为首的西方石油消费大国决心在能源政策方面加强协调，在世界能源市场上采取一致行动，维护对西方有利的能源秩序和游戏规则，它是发达国家反制欧佩克的重大举措。

从此，无论是发展中的石油生产国，还是发达的石油消费国都加强了各自的联合，更加注重通过国际组织进行竞争和合作，以维护对己有利的能源游戏规则。

（3）20世纪90年代至今，国际能源秩序的新变革。

从20世纪90年代开始国际能源秩序进入第三个发展阶段。国际能源秩序再次出现重大变革。

由双中心主导向多中心演变　石油输出国越来越倾向于以能源作武器，谋取国家政治、经济、安全利益。石油进口国越来越重视通过外交运筹，确保国家的能源安全，石油问题在国际地缘政治格局中的分量在逐年增加。美国、俄罗斯等大国及欧盟正激烈争夺世界新能源秩序话语权和主导权；中国、印度等新兴经济体作为能源消费大国纷纷崛起，力争在国际能源领域占有一席之地。各国都追求独立自主的能源战略目标和自己能源利益诉求，世界将逐渐形成多中心、多元化的能源供给体系新格局。

两大石油公司阵营力量对比发生巨大转变，石油市场国家控制力加强　多年来，在国际石油舞台上一直存在着两大阵营：国际石油公司阵营（简称IOCs，即 International Oil Companies）和国家石油公司阵营（简称NOCs，即National Oil Companies）。随着国际原油价格的高位运行，发展中国家对石油资源的控制程度越来越高，国有石油公司居主导地位，国有化程度呈加强态势。跨国石油公司虽然在资金、技术、设备等方面具有绝对优势，但它们在油气资源的获取上将呈下降趋势，对世界石油市场的控制力会逐渐弱化。据“油

气杂志”数据显示，截至2008年底，发展中国家（主要为欧佩克国家和前苏联地区）国有石油公司占世界石油剩余可采储量的93.3%，石油产量的89%；占世界天然气剩余可采储量的56%，天然气产量的87%。

美国主导的石油金融体系面临重大挑战　1973年以来，美国凭借纸币美元储备体系和强大的军事实力，极力维持“石油美元”体系的稳固发展。20世纪80年代成功推出的成品油和原油期货，又进一步巩固了美元在世界油气流通市场的垄断地位和国际石油定价权的主导地位。

但随着各国金融工具创新的加速和经济发展水平的提高，各主要石油生产国和消费国为维护自身利益，纷纷加入对国际石油定价权的争夺战，部分国家争相建设石油交易所，以争夺国际石油市场话语权。印度大宗商品交易所（MCX）已于2005年2月上市了原油期货，阿联酋已经与美国纽约商业交易所合作建立了迪拜商业交易所，俄罗斯原油期货交易所、伊朗石油期货交易所等正准备成立。

一批交易所的建立和原油、成品油期货的上市，进一步推动了世界石油现货、和期货市场的多元化发展，石油定价权的争夺日趋激烈，“石油美元”体系面临重大挑战。

（4）国际能源秩序的未来发展趋势。

从大趋势看，2030年前国际能源秩序可能发生以下重要变化：

第一，国际能源秩序的经济基础将有重要变化。继工业革命、信息革命之后，“低碳经济革命”正在改变世界经济的面貌。低能耗和零排放将成为未来经济生活的主流模式。迄今为止，世界经济和全球基础设施以及各国的制造技术和设备，都建立在石化燃料的基础之上。到2030年前后，这种状况将有重大改变。“低碳经济”的建立和运作将使国际能源秩序的规则、体系和制度逐步发生变化，出现一批基本上“不依赖石化燃料的城市和国家”。使用石化燃料的企业也将按照新的节能减排要求改造自己的设备和管理体系。由于“低碳经济”不仅仅涉及环境和技术问题，而且涉及经济和政治问题，因此有关问题只有通过全球合作才能解决。

第二，随着世界多极化趋势进一步发展，“多中心”的国际能源格局可能形成。俄罗斯以及中国、印度等新兴大国在国际能源领域的话语权将明显增大，各国围绕石油资源以及油价和石油安全体系的合作与竞争并行发展。欧佩克等资源国地位将越来越突出，对外合作将越来越追求其利益最大化，合作合同由产量分成合同向服务合同转变。

第三，世界石油市场各行为体之间的合作与竞争将有新的发展。在今后二三十年里，新兴经济体随着经济高速增长，将进入工业化与城市化的快速发展期。这些国家对进口油气的依赖程度将会有较大的提高，在获得海外油气资源方面的相互竞争与合作将会有新的发展。而发达的石油消费国，由于经济结构向低能耗的方向发展，加上目前开始实施的新能源战略到那时大体到了结果期，其对中东等地区的能源依赖将明显下降。目前发达石油消费国和发展中石油生产国围绕国际能源秩序的斗争，很可能为发展中石油生产国和新兴发展中经济体之间的矛盾和竞争部分取代。

第四，由于新能源在能源结构中的比重进一步上升，未来各国关于国际能源秩序的斗争与合作，在相当大的程度上将围绕新能源的技术标准、贸易、运输和使用规则及其管理制度展开。2030年前，在新能源研发、生产、贸易、使用等方面，制定技术标准和游戏规则的权力仍将基本掌握在发达国家手里，但俄罗斯以及中国、印度等新兴发展中国家的作用将会有明显上升。如何通过国际合作，在可再生能源领域实现“互利共赢”，是我国能源国际合作的重要课题。

第五节　世界战略格局变化和能源在当今的地位与作用

世界格局正在发生深刻变化，以美国为首的西方发达国家仍在主导整个世界，但发展中国家尤其是一批新兴经济体发展势头迅猛。合作、互利和共赢始终是全球发展的主题。能源是人类社会赖以生存和发展的重要物质基础，能源是国际能源合作的重要内容。其中，石油是当代能源的核心。石油是现代工业的血液，谁控制了石油，谁就控制了世界。能源资源问题已成为国际争夺和竞争的制高点，国家间军事冲突和战争的重要原因，同时能源的安全供应也成为世界各国压倒一切的首要任务。

1. 世界战略格局变化

进入21世纪，尤其是自国际金融危机以来，世界战略格局发生了巨大而深刻的变化。世界力量向均衡化方向发展，世界权力出现分散化趋向，国际治理机制为适应这些变化也开始调整和重组，20国集团和金砖五国机制应运而生。然而，世界战略格局的这些变化并未完全改变北富南贫、西强东弱的力量对比关系，发达国家在国际事务中仍保持主导、强势。但新兴力量崛起势头不可阻挡，推动着世界战略格局良性发展。

世界战略格局重大而深刻变化的主要特征是：

世界力量均衡化　21世纪前10年，新兴大国经济高速增长。尽管他们也受到国际金融危机的冲击，但较快地走出危机的阴影，新兴大国整体平均经济增长率超过8%，远远高于全球4.1%和发达国家2.6%的平均增长率。2010年，金砖国家经济总量占世界的15%，但对世界经济增长的贡献率超过60%，其中中国的贡献率超过30%。在新兴大国经济高速增长的同时，发达国家经济增长缓慢，有些发达国家至今仍受债务危机的困扰，以致发达国家与新兴国家之间的经济实力差距在不断缩小。世界一些权威研究机构一致认为，新兴大国的经济总量最终将超过美、日、德、法、英、意等6个传统经济强国的总和，有的认为需要20年，有的认为需要10年。随着世界经济均衡化不断发展，世界经济实力排名顺序不断变化，2010年中国的国内生产总值超过日本，名列世界第二，今后其他新兴大国的排名顺序也会提前。世界经济力量的对比向均衡化方向发展。

世界权力分散化　西方国家由于经济实力的削弱，无力应对重大的国际问题。为解决这些问题，西方国家或吸收新兴国家参与合作，或增加他们在国际机构的影响力和发言权。世界权力分散化出现在经济、金融领域是在国际金融危机之后。危机发生后，发达国家主动向新兴大国出让国际货币基金组织和世界银行的部分职位、份额和表决权，这既是对新兴大国力量崛起的承认，也是希望新兴大国今后能够协同发达国家共同应对可能出现的各种危机和问题。

国际治理机制可能调整和重组　随着世界力量均衡化和权力分散化而不断发展，国际治理机制也相应发生变化。二十国集团、金砖国家和基础四国（中国、印度、巴西、南非）应运而生便是国际治理机制变化的新生事物。但世界战略格局的深刻变化仍不足以改变西方发达国家主导世界的大局，世界多极化将是长期发展过程。

2. 能源在社会发展中的地位和作用

能源是人类社会生存和发展的重要物质基础。人类的生存和发展离不开能源的利用，没有能源的供给，工厂因缺乏电力而停产；汽车没有石油、天然气和电力将无法运行；家庭没有燃气、电力将使得生活蒙上阴影，电视、电脑无法运行，娱乐和信息传输受到限制。由上分析，人类如果离开了能源的供给，仿佛又回到了原始社会，人类的发展将寸步难行。

能源是经济发展的重要动力源泉，经济发展是能源发展的必要前提条件。能源与经济发展的关系表现为后者对前者的依赖和需求，可以说一部世界经济发展史也是一部能源开发利用史。

经济发展为能源发展提供了经济基础，能源本身也是经济发展的重要组成部分。从发展历史看，农业时代经济发展主要依靠物质资源，同时利用能量和信息资源，工业时代经济发展主要依靠能量资源，同时利用物质和信息资源；知识经济时代主要依靠知识、信息资源，同时利用能量和物质资源。尽管能量资源对经济发展的作用趋于降低，但能量资源作为推动整个经济社会发展的基本要素，无论是现在还是将来，在人类发展进程中发挥着基础性推动作用。

3. 能源在国际政治和国际安全中的地位和作用

基辛格曾经说过，如果你控制了石油，你就控制住了所有国家；如果你控制了粮食，你就控制住了所有的人；如果你控制了货币，你就控制住了整个世界。

能源是各国间交往的重要内容，能源是各国和地区间政治、经济、外交的焦点，能源已成为各国压倒一切的首要任务。气候变化和能源安全是当今时代两个重要挑战。

进入新世纪，国际政治经济舞台所发生的许多重大事件往往都与能源问题密切相关。能源问题日益成为牵动国际政治格局发展的重要因素。

能源问题促进了国际关系主体间的利益互动。世界主要能源消费国普遍意识到，过分依赖中东油气资源将使本国能源安全变得十分脆弱，纷纷出台多元化的能源进口战略，加大对世界主要油气富集地区的政治、经济投入，加强对油气资源的控制。为提高非洲石油在进口石油中的比例，美国增加了对非洲地区的政治与经济渗透；为保障油气资源的稳定供应，欧盟积极推动欧俄能源对话，并大力开发北非油气资源；为推行能源多元化战略，日本拉紧了同中亚国家的政治、经济关系。各国能源利益不尽相同，但维护能源市场稳定和运输通道安全及因应气候变化和环境污染成为共同的目标，跨越不同地区、包涵不同类型能源主体的多边能源对话更加频繁。

能源问题加速了国际政治格局的变化。通过阿富汗战争和伊拉克战争，美国的军事政治势力从中东扩展到中亚里海地区，其在国际能源格局中的影响得以扩大。俄罗斯利用其能源资源优势，极力打造“能源超级大国”，在国家关系中大打“能源牌”，其国际地位及影响力明显提升。原来不为各方所重视的非洲、中亚地区，也主要因为丰富的油气资源而成为世界热切关注的地区。目前，中东和北非发生的骚乱可能对世界政治经济格局产生重大影响。对别国乃至全球能源资源的控制力已成为决定该国国际话语权的重要砝码，国家和地区的资源储量及战略储备等情况已成为衡量其国际地位的重要标准。①

第六节　当今世界发展能源的新思路、新政策及总体趋势

1. 大国发展能源新思路和新政策

（1）美国。

美国能源发展战略和能源政策的制定引领世界能源发展潮流，尤其是在新能源领域的发展独占鳌头。其未来能源发展战略的重点是：大力开发国内能源资源，开发新能源，发展低碳经济，继续执行进口保障战略，进一步通过能源期货交易控制世界原油市场，遏制其他能源消费大国拓展的同时加强合作。

奥巴马政府能源政策调整　奥巴马上任后，对前任的能源政策采取了总体继承、部分调整的政策，奥巴马政府能源政策的调整主要表现在以下两个方面：

一是重视对清洁能源和可再生能源的开发和利用。在2009—

① 中国能源外交战略总报告，2010年3月。

2011年期间，为发展风能、太阳能、生物质能、清洁煤炭、高效汽车和卡车，政府每年投资150亿美元，其目标是实现清洁能源和可再生能源供应翻番，将其在能源结构中的比例提高到35%。奥巴马提出，当代“哪个国家在清洁能源技术中领先，哪个国家将引领21世纪全球经济”，“美国要在新能源中占据领先地位”，“领跑21世纪全球经济”。

二是建设智能电网。该电网最大的特点是可并入和传输风能、太阳能等清洁能源，实现电力在美国东西两岸（距离约4500公里）之间传输。奥巴马宣布拨款40亿美元用于开发人工智能电网技术，而实施既有电网现代化改造和新的智能电网的建设则计划拨款数千亿美元。

奥巴马政府调整能源战略的目的是降低石油等传统能源在能源结构中的比重，减少对中东能源的依赖，增加本国能源的安全度，同时降低温室气体排放，减少国际社会的压力。在2030年之前将石油消费降低35%。2009年奥巴马签署《美国复兴与再投资法》，提出在1200亿美元的科研（含基建）计划中，新能源和提高能源使用效率占468亿美元。

鼓励油气勘探开发，促进国内能源生产　通过减税、补贴等方式，继续鼓励深海、深层和边远地区的油气资源开发；出台了一系列新法案，解除近海石油开采禁令以增加国内能源生产。

政府带头，多手段促进节能减排　出台一系列法案推动节能战略的落实实施；通过现金补贴、税收优惠等鼓励政策刺激节能产业发展；政府机构在节能减排方面，发挥了模范带头作用。

出台能源保护法规，加强环境保护　根据不同发展阶段的需要制定相关环保法规，包括1970年的《清洁水法》、1972年的《清洁空气法》和1976年的《固体废弃物处置法》等；环保局一直致力于制定严格的环保标准；建立了碳排放权自愿交易制度；2009年出台《美国清洁能源安全法案》。

极力掌控世界能源资源，控制陆海运输通道　美国一方面推动西亚北非的“民主革命”，另一方面极力维护和稳住同沙特等海湾产油国的战略伙伴关系，甚至不惜两次发动伊拉克战争，其目的就是要控制最佳石油富集区；争夺中亚里海能源，积极鼓励石油公司进行能源投资，修建及筹建多条管线确保里海油气输出，力图将中亚纳入西方的能源体系；积极开发非洲能源资源，支持怂恿油气资源丰富的南苏丹独立，不断强化对非洲产油国的外交攻势，直至成立非洲司令部看管美在非洲的政治、经济及能源利益。控制全球海上通道，美国能源部列出六大“世界石油运输咽喉”，即霍尔木兹海峡、马六甲海峡、曼德海峡、苏伊士运河、博斯普鲁斯海峡和巴拿马运河；控制陆上石油运输通道，加大对中亚及整个西亚地区的军事存在，以保护新开通的“巴库—第比利斯—杰伊汉”石油管道，控制里海地区的石油运输。

积极开展双边和多边能源合作　与墨西哥、委内瑞拉和加拿大建立非正式的能源对话机制，与印度、中国开展各领域的能源合作，与欧盟的能源合作则更为广泛。同时加强多边合作，在国际能源机构的框架下与石油消费国进行合作，加强与产油国的对话。

加大能源科技创新，促进新能源和可再生能源的发展　大力推动科技研究和创新，开发清洁能源，如煤层气和页岩气，增加常规和非常规天然气的产量；大力开发核能，鼓励替代和可再生资源技术的开发；积极发展智能电网、混合动力汽车、动力电池、新一代核电设备等；投资绿色能源，积极开发下一代生物燃料和建设燃料基础设施，为相关公司提供税费优惠；政府和私营行业大举投资于先进汽车技术；在分布式能源供应、氢能、天然气水合物、清洁煤等诸多领域探索利益最大化的创新战略。

（2）欧盟。

欧盟是世界能源消费的重要地区，自给能力严重不足，故欧盟能源发展战略的重点是：不断加大境外能源资源合作，厉行节约，积极发展可再生能源。国际金融危机爆发以来，欧盟加大了对新能源技术研究的投入，以便在新能源技术竞赛中不输给日本和美国。欧盟计划在今后十年至少投资500亿欧元用于清洁能源研发，并在2020年实现清洁能源在能源结构中占20%的比例，并到2050年实现温室气体减排80%的目标。

欧盟能源战略的目标　保护公民福利及经济正常运转，以消费者（个人及企业）能够承受的价格，向市场供给充足的能源，同时按照《欧洲联盟条约》第2条及第6条之规定，保护环境，实现可持续发展。

欧盟能源战略的基本原则　可以概括为所谓的“能源三角”，即竞争性、环境保护和供应安全三者的内在统一。

所谓竞争性，是指通过鼓励能源企业之间的竞争，发挥市场在分配资源方面的决定作用，提高能源利用效率，确保消费者得到满意的服务。这是与欧盟整体经济竞争力相结合的。这个思路的基本前提是把能源问题视为经济问题，通过宏观经济调控手段，运用经济杠杆，达到调控目的。

能源战略的第二个基本原则是高度重视环境保护，把能源安全与促进环境保护有机结合起来。欧盟是推动签署关于气候变化的《京都议定书》的主要力量。欧盟把环境问题看成是自身发挥国际影响，推动有效的多边主义的重要机遇。欧盟主动为自己规定了严格的减排目标，通过调整能源消费结构，大力提倡清洁能源，希望在减少温室气体排放问题上发挥示范作用。

能源战略的第三大原则是稳定能源价格，确保能源供应安全。面对日益加深的对外能源依赖，欧盟提出要实行能源多元化政策，不仅要实现能源品种的多元化与合理搭配，而且致力于实现能源进口的多元化以及能源过境通道的分散化，降低能源供应的风险。

为实现能源战略目标，欧盟制定了内部及外部能源政策。对内促进各成员国在能源领域的深入一体化进程，建立统一内部市场，开发替代能源和强化管理措施。对外则综合运用政治、经济、贸易、资金援助等各种手段确保能源供应安全。其主要内容包括：

加强境外能源合作　与产油国建立稳定的、多元化的外交关系，增加能源的来源；注重开展国际、多边和双边的能源、环保等方面的技术研发合作；积极推动海外项目的资助计划；建立国际机制下的石油储备制度，强化该制度的国际合作。2004年12月，德国和俄罗斯宣布两国将建立战略能源伙伴关系，德俄双方将共同修建绕过波兰和白俄罗斯横跨波罗的海的天然气管道。

积极发展可再生能源　德国出台系列可再生能源项目激励政策，加大政府资金补贴。2008年11月地中海联盟启动的地中海太阳能计划，提出开发地中海南岸和东岸国家的可再生能源；2008年年底，法国环境部公布了旨在发展可再生能源的一揽子计划，涵盖生物质能源、风能、地热能、太阳能以及水力发电等多个领域；2010年，法国在地中海太阳能计划的框架内正式启动地中海“输送绿能”项目。

大力发展能源科技　德国的能源研究以开发新能源为主，同时重视传统能源的有效利用，其节能环保产品和技术出口占世界市场的18.7%。目前，德国风能发电和太阳能利用都处于世界领先水平。法国政府计划于2012年建成第三代核反应堆的首台机组，2015年至2020年具备批量建设第三代反应堆的能力，2035年完成第四代反应堆的开发。2009年12月14日，法国总统府公布的一项总额350亿欧元的政府借贷计划中，有10亿欧元将用于发展第四代核反应堆。

（3）俄罗斯。

俄罗斯是世界能源大国，其能源发展战略是建立在丰富的能源资源、巨大的生产和出口潜力之上的。未来世界对能源资源的争夺日趋激烈，俄将不断强化能源资源的控制，利用资源优势，重整大国雄风。俄罗斯早在2003年就出台了《2020年前能源发展战略》，旨在发展能源产业，开展国际能源合作，维护国家能源安全。后来，随着国际国内能源形势的变化，尤其是2008年下半年爆发国际金融危机，俄罗斯在2009年8月又提出了《2030年前能源战略》。俄罗斯政府于2009年11月批准了《俄罗斯2030年前能源战略》，2010年10月11日和10月28日，俄罗斯能源部分别向联邦政府提交并汇报了《俄罗斯2030年前天然气行业发展总体纲要》和《俄罗斯2020年前石油行业发展总体纲要》的草案。

积极推进2030年前能源战略　2030年前，俄罗斯石油年出口将达3.7亿吨，天然气出口约3700亿立方米；俄的石油天然气年产量相应要超过5亿吨和9000亿立方米。该战略确定了分三步走的目标。第一阶段（2013—2015年）的目标是加大石油勘探开发的投入，增加石油储量和适当提高产量，克服金融危机后石油产量降低和油价下跌造成的出口收入锐减的消极后果。第二阶段（2015—2022年）的目标是在发展能源行业的基础上降低能耗，提高能源效率。2030年单位GDP能耗要比2005年降低50%以上。第三阶段（2022—2030年）的目标是重点发展非常规能源，首先是核能和可再生能源：太阳能、风能、水能。将这些非常规能源在电力生产中所占的比例从32%增加到38%以上。

东北亚的地位在新时期俄罗斯的能源战略中得到进一步提升　在苏联和叶利钦时期，俄罗斯国际能源合作主要面向欧洲，亚洲被忽视。普京上台后推行能源出口多元化政策，开始重视对东方的能源外交。《俄罗斯2020年前能源战略》提出向东北亚能源出口占俄罗斯出口总量30%的目标。21世纪初，俄罗斯在东西伯利亚和远东加大了对能源勘探、开发以及能源管道和电力输送线路建设的投入，能源产量和运输能力显著提高，向东方出口有所增加。《俄罗斯2030年前能源战略》继续坚持向东方开放的政策，提出向东方出口石油由2008年占总出口量8%提高到22%—25%，天然气由2008年的零出口提高到19%—20%。俄罗斯能源战略开始重视东方是由以下因素决定的。

一是资源接替因素。俄罗斯的石油工业从1864年在巴库开始机械采油算起，走过了147年的历程。高加索产油区经过了约半个世纪，走过了产油巅峰期，接替它的是伏尔加—乌拉尔采油区。伏尔加—乌拉尔采油区的鼎盛时期在20世纪50—70年代，只有20多年，接替它的是西西伯利亚产油区。西西伯利亚产油区现在是俄罗斯主要产油区，承担向国内和向欧洲及独联体输送石油、天然气的重任。但是，西西伯利亚石油产量已达峰值，产量开始缓慢下降，亟须新的产油区来接替。当今能够接替它的只能是东西伯利亚和远东了。因为这一地区油气蕴藏丰富，勘探率和开采率很低，又与消费潜力巨大的亚洲油气市场毗邻，是西西伯利亚的理想接替区。要使这一地区成为西西伯利亚的石油接替区，必须推行西向东方的政策，通过这一政策，促进新的产油区的成长。

二是经济因素。首先，能源在俄罗斯经济中占有举足轻重的地位。俄罗斯能源行业的产值占GDP的1/4，占全国工业总产值的1/3，其收入占联邦财政预算收入的近一半，其出口创汇额也占到全国的近一半。能源行业的状况在很大程度上决定国家的兴衰。苏联解体与20世纪80—90年代石油低价有直接的关系。普京上台后俄罗斯经济复苏得益于油价暴涨和油气出口旺盛。2008年爆发的金融危机导致油价暴跌，欧洲从俄罗斯进口石油减少，再一次给俄罗斯以巨大冲击，经济严重受挫。因此，扩大同东方的能源合作是俄罗斯培育新的石油接替产区和新的油气销售市场的当务之急。其次，苏联解体近20年来东西伯利亚和远东经济发展停滞，与俄罗斯欧洲部分的差距进一步拉大，制约了整个俄罗斯的社会经济发展。从全面振兴俄罗斯出发，亟须尽快开发东西伯利亚和远东的能源，扩大同东方的能源合作。

三是地缘政治、经济因素。俄罗斯对欧洲油气出口占其油气出口总量的82%。但是近年来，出现了欧洲油气市场缩小的趋势。首先，有段时间俄罗斯以能源为武器，接连对乌克兰、白俄罗斯出手断气、断油狠招，东、西欧国家与乌、白像一根绳上的蚂蚱，油气供应安全受到威胁，欧洲国家纷纷寻求新的油气来源，以减少对俄罗斯油气的过度依赖；其次，欧洲新能源和可再生能源发展较快，油气在整个能源消费结构中的比例逐步减少；第三，美国的页岩气开始进入欧洲市场；第四，国际金融危机后欧洲经济不振，对油气的需求不旺。因此，俄罗斯亟须开辟东方市场，为欧洲消化不掉的能源寻找出路。但是，俄罗斯只会逐步、一定程度地减少对欧洲能源市场的依赖，而不可能完全摆脱对欧洲的依赖。欧洲在今后一个相当长的时间内仍将是俄罗斯油气头号销售市场。其原因是：俄罗斯主要的油气生产基地仍将位于西西伯利亚，地理上距欧洲近；通往欧洲的管网早已建成，并不断向欧洲供应油气，用不着再作大的投资；俄罗斯通过向欧洲供应油气获得可观石油美元，支撑着俄罗斯的经济，自然要全力维系这条生命线；俄罗斯通向东方的石油管道的铺设正在向前推进，中国支线已经接通并已开始供油，但中俄围绕天然气价格的谈判久拖不决，东西两线建设尚未启动。在近期东方不可能取代欧洲，成为俄罗斯最大的能源销售市场。

中国在俄罗斯东北亚能源战略中占有重要地位，被俄罗斯定为东北亚的“优先”合作伙伴。这是由于：中国是俄罗斯的近邻，两国有漫长的共同边界；中国经济持续发展，对能源的需求不断增加，是俄罗斯在东北亚最有发展潜力的销售市场。这些条件为发展中俄能源合作奠定了坚实的基础。

建立国有化为主体的能源工业，强化对能源资源的控制 主要措施包括：国家控股，国有企业改组为国家控股的股份公司；对申请石油勘查、开采和生产许可证的石油公司有各种严格要求；禁止外国公司进入战略性油气田，限制其参股油气公司；不允许私营企业拥有和经营输油管线；形成以国有大油气公司为主体的私营、外资和合资等多种成分相互竞争和合作的能源开发体系。

从1992年至2003年，俄罗斯在能源工业推行了私有化。到2004年，国有企业石油和煤炭开采量在俄罗斯总开采量中的比重均降至10%以下。但在2004年普京连任俄罗斯总统以后，俄罗斯能源政策发生了很大变化，国家对能源工业、特别是石油资产的控制不断加强。这种控制主要是通过国有俄罗斯石油公司对其他石油公司的股权收购实现的。如2004年12月，国有俄罗斯石油公司收购了尤甘斯克公司76.79%的股份；2005年6月，俄罗斯石油公司以71亿美元的价格收购了俄天然气工业股份公司10.7%的股份，从而使政府控制的总股份超过50%；俄天然气工业股份公司于2005年9月以130.91亿美元价格收购俄第五大石油公司——西伯利亚石油公司72.7%的股份等。

积极开展极地化能源战略 北极蕴藏石油资源量184亿吨，天然气47万亿立方米，并具有强大的潜在通航能力。这些丰富的能源资源及大大缩短欧亚距离的通航前景，引发了北极沿岸国家的激烈角逐。2009年俄罗斯公布“北极战略规划”，要将北极地区发展成为其“21世纪的能源基地”；在北冰洋底插旗圈地，宣示主权；组建北极集团军，以维护俄罗斯方在北极的核心利益；计划成立国家航运公司开发北极航线。

牵头组建天然气欧佩克 世界天然气出口国论坛由“结构松散的俱乐部”变成正式组织；成员国包括俄罗斯、伊朗、卡塔尔等主要天然气出口国，拥有的天然气储量占全球的70%以上；俄罗斯作为领袖，通过该组织可掌握天然气的定价权，保证俄罗斯和全球的能源安全，提升俄罗斯在世界政治经济中的地位。

但俄罗斯能源工业的发展将受到许多因素的制约，如国际金融危机影响、军事实力下降、经济薄弱、科学发展停滞、工业基础遭到破坏等，这些将对俄罗斯能源战略的实施造成一定的影响。

（4）中东。

中东产油国能源发展战略的共同点是：石油收入必须保障国民经济的良性发展；依托欧佩克，力争自身油气产量在国际市场占据合理份额；从石油资源中获取最大限度的收益，尽可能延长石油资源使用寿命；从以出口原油为主逐步转向建立完整的石油工业体系；由单一石油产业逐步向其他产业延伸；以资源换市场，实施产业经营全球化；谋求与西方在政治经济上保持良好关系。

稳定油价，扩大市场份额　欧佩克在帮助中东国家稳定国际油价、扩大市场份额方面发挥着越来越重要的作用。为此，各成员国纷纷通过欧佩克加强与其他国家关系，积极开展国际合作；加强与石油消费国之间的对话，实现共同利益；协调与其他石油生产国之间关系，增大欧佩克的影响力。

紧抓石油资源，换取更多政治经济利益　中东主要产油国对外合作的模式基本是以签订服务合同为主。如中国石油与BP联合竞得伊拉克最大的鲁迈拉油田服务合同，作为作业者中标伊拉克哈发亚油田开发作业项目；在伊朗获得了北阿扎德甘油田和南帕斯气田服务合同等。资源输出国和进口国之间永远都不是简单的经济问题，总是要附加许多政治利益，石油交易已远远超过石油资源的本身价值，石油的战略属性、金融属性、政治属性等在未来将更加凸显。

利用石油财富，拓展国际市场　各国通过国家石油公司开展其全球化经营战略，并取得了不俗的成绩。以科威特为例，科威特石油总公司积极推行国际化经营战略，从1983年至今，其油气勘探开发活动已扩展到世界各个大洲，同时其下游的国际化经营规模也不断扩展，成为了包括瑞典在内的诸多西欧国家最大的燃油零售商。

重点发展天然气工业，实现能源发展多元化　作为经济来源多样化战略的重要组成部分，中东国家一直把发展天然气工业作为本国能源战略的重点。其天然气工业的发展面向国内和国际两个市场。国内市场方面，大力发展以天然气为原料的化肥、化纤、农药、日用化工用品等工业，并且以更加清洁高效的天然气作为能源，取代一部分石油燃料。另一方面，面向出口的天然气生产也获得迅速发展，天然气出口额不断增加，各国纷纷把天然气工业和出口作为一个新的经济增长点。

石油产品多元化，不断延长石油产业链 各国积极推进油气下游产业的发展，加大了石油炼制和石油化工方面的投资，提升生产能力。以科威特为例，到2020年油气产业总投资650亿美元，其中境内炼化投资170亿美元，占总投资26.2%，用以扩建和更新现有炼油设施，提升炼油能力，改进炼油质量；石油化工投资68亿美元，用以同外国合作伙伴合作，增强科威特在境内外高增长的石化产品的生产能力，如石化产品、石蜡及后续产品等。

拓宽石油出口渠道，实现出口多元化 中东传统的出口区域为西欧和北美，1979年中东对西欧的石油出口量占出口总量的42.5%。20世纪90年代美国从中东进口石油的数量和所占份额均达到峰值。21世纪以来，中东积极拓展对东亚地区的出口，日本、中国、印度、韩国等均为其重要的石油进口国，日本更是以25.09%的比例高居中东第一进口大国的位置。

积极发展新能源，提前应对“后石油”危机 随着传统能源的大量消耗，中东各国纷纷将注意的焦点转移到核电及风能、太阳能等新能源方面。从2003年开始，各国相继提出了本国的核电发展计划，以阿联酋为代表的部分国家已经出台相关法律，将本国的核电发展提上日程。中东地区具有丰富的太阳能及风能资源，这也是各国能源发展的重点。新能源在阿联酋特别受到重视，阿联酋政府于2006年提出了新能源发展规划。根据这一名为“MASDAR行动计划”的新能源发展项目，阿联酋政府加大了对新能源行业基础建设、教育科研、技术进步等方面的投入，并且在政策上向新能源倾斜。

2010年，联合国和美国、欧盟、日本、加拿大和澳大利亚等西方国家相继通过对伊朗的制裁法案。为打击伊朗经济，美国等西方国家针对伊朗油气行业进行重点制裁，极大地影响了伊朗的国际油气合作。2011年以来，北非中东乱局持续，不稳定因素加剧，对本地区能源形势和世界能源格局产生重要影响。①

（5）日本。

日本是一个能源资源极度贫乏的国家，同时又是第三大石油进口国、第五大能源消费国、世界第三大经济强国。多年来，日本不断修改其能源政策，积极参与国际能源合作，逐步摆脱了对石油的过度依赖和束缚，实现了能源消费的多元化和能源进口多元化。日本不仅妥善解决能源安全供应问题和环保问题，并且促进了经济的可持续增长。

为保障经济的持续发展和能源的稳定供应，日本政府不断修订本国能源政策。2006年5月31日，日本经济产业省编制了以保障能源安全为核心的《新国家能源战略》，规定到2030年，实现石油在一次能源消费中所占比例从目前的50%降低到40%以下，原油自主开发程度从现在的15%提高到40%的发展目标。2007年，日本政府为了实现这些目标，出台了一系列能源计划。

2010年年初，日本以书面形式向《联合国气候变化框架公约》秘书处提交了减排目标，承诺到2020年将在1990年的排放基础上减排25%。但日本政府强调此举措的实施，要以所有主要国家共同构筑公平的具有实效性的国际框架，并拥有积极的减排愿望为前提。

2010年3月24日，日本经济产业省公布了能源基本计划修正案，这一修正案将作为日本2030年前的能源政策方针。修正案提出，在2020年前，要使下一代新能源汽车销售量占新车销售量的一半。修正案还明确提出要扩大利用太阳能和风能等可再生能源；在2020年前，新建8座核电站；并在本世纪20年代初期建成新一代输电网。作为确保能源供应稳定的措施，修正案创设了“自主能源比率”概念，这一概念不仅包括传统意义所指的国内资源，而且包括日本在海外投资的可获得资源。修正案提出2030年要使能源自主

① 马惠新、车长波、李富兵，《中东国家能源战略与应对思考》，2011年第20卷1期。

率由现在的38%提高到70%。[①]

日本经济产业省2011年2月19日制订出以“保护环境和经济增长两不误”为主题的能源基本计划草案，提出应对全球变暖、促进经济增长的基本方针。根据草案，日本将以确保安全为前提，重点发展以核电为主的低碳电源，到2030年至少增加14座核电站，核电站利用率从现在的60%提高到90%。作为家庭环保手段，草案提出除了90%的家庭普及高效热水器之外，照明灯具全部置换为发光二极管（LED）等高效照明灯具。在运输领域，汽车燃油标准提高到每升40公里左右，促进电动汽车和混合动力车等下一代汽车的普及。能源基本计划根据能源政策基本法2003年开始制订，每三年修改一次。[②]

核能是未来发展重点　日本2009年的一次能源消费结构为石油（42.6%）、天然气（17%）、煤炭（23.4%）、核能（13.4%）、水电（3.6%）。日本2009年的核能消费量为6214万吨油当量，占世界的10.2%，居世界第三位。日本能源几乎全部依赖进口，能源自给率很低。

2006年6月30日，日本经济产业省资源能源厅制定了以推广核能利用、确保能源供给为目标的中长期“核能立国计划”大纲。主要内容包括：投资新建、扩建和改建核电站，开展核能产业国际支援行动；从2006年度起电力公司为建设第二个核废料处理场进行准备；到2025年完成快中子增殖反应堆示范堆的建设并开始运行，示范堆建设费用超过普通反应堆的部分由国家负担；积极参加美国倡导的“全球核能伙伴”计划。日本“核能立国计划”的目标是以确保安全为前提，不断推进更加环保的核电建设。到2030年，日本核电在电力供应中的比例将从目前的25%至少提高到30%—40%。

① 新华网，日本公布能源基本计划修正案，2010年3月25日。

② 新华网，日本能源基本计划草案着重发展核电为主低碳电源，2011年3月2日。

2011年2月19日，日本制定的能源基本计划草案明确提出，将发展几乎不排放二氧化碳的核电事业，扩大太阳能、风能等的发电，并兼顾能源的稳定供给和环保。据国际原子能机构数据，目前，日本正在运行的核电机组有54座，总容量46823兆瓦，居世界第三位，目前在建的1座，容量为1325兆瓦。

2010年10月22日，日本国际核能源开发有限公司宣告成立，目的是取得新兴核电国家建造核电站的订单。日本目前已与12个国家签署了核电合作协议，日本外交部目前正计划启动与俄罗斯、越南、约旦和韩国的核能合作协议的审批手续。日本政府将核能设备和技术出口作为其经济支柱之一。同时，日本政府十分重视在亚洲推广先进的核技术，日本牵头成立了亚洲核能合作论坛，主要讨论各国在核能安全生产、核废处理、人力资源等领域的发展。①

2011年3月发生的核泄漏事故对日本核能计划产生重大影响。5月10日，日本首相菅直人宣布，废除政府制定的以核电为主的能源发展计划，将对国家能源发展战略进行重新研究。迄今为止，日本的电力发展依赖核电和火力发电两大支柱，今后将重点研究太阳能和风能等新能源的发展，要让自然能成为日本电力的根本。

节能先进技术基准计划　政策目标是制定中长期节能技术发展战略，优先设定节能技术领先基准，加大节能推广政策支持力度，建立鼓励节能技术创新的社会体制，显著提高能源效率，到2030年能源效率比目前提高30%。

能源资源综合确保战略　政策目标是积极有效利用政府援助贷款，促进投资交流和人员交往，全面强化与有关资源国关系。制定能源确保战略，整合政府资源，积极支持在海外承担资源开发任务的核心企业，提高石油自主开发比例。争取在2030年，拥有资源开发权的企业生产的原油占日本石油进口总量的比例，从目前的15%

① 日本能源政策核能发展是重点，《中国能源报》，2011年2月23日。

提高到40%。

亚洲能源环境合作战略　政策目标是以能源需求不断增加的中国、印度为重点，以节能为主要合作领域，在煤炭有效利用及安全生产，新能源及核电等方面，积极与亚洲各国开展能源、环境合作，促进共同发展。

强化国家能源应急战略　政策目标是以建立成品油储备为重点，完善现有以原油为中心的能源储备制度，研究建立天然气应急储备机制，充实完善能源应急对策。

引导未来能源技术战略　政策目标是研究并提出未来具体的能源技术发展战略纲要，明确政府投入方向，引导民间资源积极参与，推动全社会共同努力，使日本成为未来在能源技术，尤其在先进节能技术方面世界领先的国家。

2. 世界能源发展存在的问题及应对措施

（1）存在的主要问题。

世界人口快速增长加快能源资源的枯竭　世界人口不断增长，而且增长速度越来越快，据联合国报告2011年5月预测，全球人口将于目前的将近70亿，在2050年增长到93亿，2100年最终达到101亿。人口的快速增长将造成世界能源短缺，进而引发一系列社会矛盾和冲突，同时也大大缩短了化石能源的使用寿命。

化石能源开发利用促使环境污染加剧　能源的大量使用在给人类带来文明和繁荣的同时，也给人类的生存环境造成巨大的灾难。酸雨危害几乎遍及全球，破坏性极大。海洋漏油事件不断上演，温室效应引发全球变暖，臭氧层破坏和南极臭氧洞的发现，引起国际社会极大的关注。

新能源开发遭遇高成本　发展新能源，是实现低碳经济的一个非常重要的措施，生产成本过高是最重要的制约因素。据测算，风能发电的成本要比火力发电高一倍，太阳能发电成本是火力发电的四倍。

生物质能源的利用易引发粮荒　燃料乙醇生产主要靠玉米和甘蔗为主，生物柴油主要靠大豆、亚麻、橡胶籽、蓖麻、麻风树、小油桐等为主的油料作物。发展生物质能源会导致出现粮食供应减少，食用油价格高涨，有引发饥荒的危险。

发达国家能源消费比重高　发达国家（OECD）石油资源占有率相对较低，但石油消费相对较高，相反发展中国家资源占有率高，但石油消费相对较少。由此导致了发达国家和发展中国家围绕石油资源的竞争与垄断日趋激烈。发达国家在输出资本、关键技术与设备、原油及成品油交易、油气管输、油气信息等方面居绝对垄断地位。发展中国家仅在石油资源等少数领域具有垄断的优势。2010年，OECD在世界一次能源消费中占46.4%，而1965年占世界的70.1%，呈逐年下降趋势，世界大多数能源被发达国家所利用，发达国家消耗能源总量和温室气体排放远远超过发展中国家。

能源安全问题突出　海域油气开发中污染问题频发，油气运输屡遭海盗袭击，油气生产与运输设施面临恐怖袭击的风险，海域油气运输通道特别是扼通道咽喉的几大海峡不断受到威胁。

（2）主要应对措施。

加强能源资源的开发利用　加强海域油气资源勘探开发及利用，全球海洋占地球表面积的71%，海洋平均水深3800米。加强天然气、煤层气、页岩气等烃类气体的开发利用。加强煤炭、油页岩、油砂等化石能源的综合及清洁利用。

大力发展可再生能源　人类必须估计到，化石能源资源枯竭可能带来的危机，应将注意力转移到新能源上，尽早探索、研究、开发利用。目前，新能源还不能像常规能源资源那样大量开采，如天然气水合物、油页岩等对环境影响尚未解决。随着常规能源的日益减少和科学技术发展，新能源作为庞大的能源储备在人类社会的发展进程中必将发挥重要作用。

加强国际间的能源合作 世界能源资源分布和开发能力之间的巨大差异，使得国际能源合作欣欣向荣。克服主要能源资源分布不均，长距离贸易运输引发的各种摩擦和争端，实现资源输出国和资源输入国之间的密切沟通和合作。

增强人类节能意识 即便利用了所有可再生能源，仍不足以使人类走上可持续发展的道路，人类必须从主观意识上减少能源消耗量，实现节约能源、提高能效、低碳生活、理性消费。

理性开发生物质能源 从能源当量上看，生物质能仅次于煤炭、石油和天然气，存量丰富且可再生。在所有新能源中，生物质能与现代工业化技术和现代化生活有很大的兼容性，对常规能源有很强的替代能力。但生物质能的原料主要是玉米和大豆，美国、巴西将大量粮食转化为燃料乙醇已经对国际粮食贸易和粮价产生不小负面影响，直接威胁一些第三世界贫苦人民的生存。因此各国应全面审慎生物质能源利弊，降低对生物质能源的期待值。应从人类生存、经济收益、环境影响等方面，进行全面、系统、科学的评估，适时调整生物质能源的发展政策。

积极实施有效的能源税费政策 制定和支持可再生能源发展的法规和政策；各国应采取优惠的固定电价收购可再生能源发电量。实行可再生能源强制性市场配额政策。对可再生能源实行投资补贴和税收优惠等政策。总之，要给可再生能源创造一个良好发展空间。

探索开发利用天然气水合物 天然气水合物分布广、资源量巨大、能量密度高，被公认为21世纪最具开发潜力的新能源，天然气水合物的研究已成为许多国家政府共同关注的新能源热点。但开发天然气水合物也会引发一系列负面环境效应，如温室效应、海底滑坡和海洋生态平衡的破坏等，故在天然气水合物的开发利用上应循序渐进、趋利避害。[①]

---

① 车长波，《全球能源发展趋势》，2011年。

3. 世界能源发展趋势

化石燃料仍是今后50年世界一次能源消费主体，天然气在2030年前后将成为世界第一大能源　据IEA数据，世界一次能源需求仍将持续增长，但和最近10年相比有所放慢，2035年世界一次能源需求比2008年增加36%，其中非OECD国家占增长的93%。化石燃料仍是今后50年一次能源消费主体，但占比将有所下降，从2008年的81%降低到2035年的74%。石油需求上升18%，从2009年的84百万桶/日，增加到2035年的99百万桶/日。2035年的煤炭需求和目前相比增加20%，天然气需求增长44%。预计2030年前石油、天然气在世界一次能源需求比重仍将保持50%左右，化石能源主体地位不可替代。石油供给增长缓慢，产量增长主要依赖欧佩克，尤其是伊拉克。世界天然气产量增长较快，中东2035年天然气产量将达8000亿立方米，比2009年翻一番。

世界油气供应集中度越来越高，能源安全问题日益突出　中东、前苏联地区在全球油气供应中的地位将越来越重要。根据对全球石油生产和需求的预测分析，2050年前，亚太、北美和欧洲地区仍为三大石油净输入区，亚太地区供需矛盾最为突出，北美和欧洲相当。在全球范围内，中东地区石油净输出潜力最大，在全球石油供应中的地位将越来越重要。前苏联地区也具有较大潜力，并且输出量比较稳定。非洲和拉美地区油气输出潜力可观。天然气供需格局与石油相似，亚太、欧洲和北美地区仍将为三大天然气净输入区，亚太地区供需矛盾最为突出。未来具有大规模天然气输出潜力的地区仍然是前苏联和中东地区，并且中东地区具有超过前苏联地区成为全球最大的天然气输出区的资源潜力。但是2030年前，前苏联地区在管道输气方面的优势使其仍能保持世界天然气最大输出区的地位。世界油气供应集中度越来越高，能源供应安全成为世界地缘政治斗争的焦点。当前，能源已经成为影响国际政治的关键因素和重要筹码，油气资源竞争更加表面化，资源富集地区的政治风险不断加大。

非常规油气资源潜力巨大，发展势头迅猛　非常规石油资源潜力巨大，蕴藏量是常规石油的几倍。加拿大油砂和委内瑞拉的超重油在未来石油供给中将发挥重要作用，油页岩、煤制油等的贡献将日益增加，但非常规石油前期投资较大，回报期长。美国非常规天然气如页岩气、煤层气等的技术突破，产量大幅增加，使得全球天然气供应能力开始过剩。亚太地区的页岩气、煤层气和致密砂岩气发展势头较好。天然气的大发展将逐步减少煤炭的使用。据美国能源信息署数据，美国2009年干天然气产量中；非常规天然气（页岩气、致密砂岩气和煤层气）占了50%，其中页岩气占14%、致密砂岩气28%、煤层气8%。预测2035年非常规天然气将占到美国干天然气总量的74%，其中页岩气占45%、致密砂岩气22%、煤层气7%。美国一次能源消费中，新能源所占比例将从2009年的7%上升到2035年的10%。

国际油价仍将持续高位运行，天然气价格逐步走高　石油市场的价格是世界油气资源供需的晴雨表，是世界主要油气生产国和消费国之间讨价还价的结果。目前，世界主要石油市场被以美国为首的西方发达国家和跨国石油公司所掌控，西方发达国家利用其石油储备、政治、军事及金融等手段来操纵世界的石油市场，而主要石油出口国（欧佩克国家、俄罗斯等）主要通过“限产保价”等手段来提高石油的价格，通过双方的利益博弈影响着世界石油的供需。由于世界石油资源分布的不平衡，加剧了世界各国对石油资源的争夺。

石油价格的高低和石油的竞争与垄断呈现此消彼长的关系。石油价格高企，世界石油工业国有化程度加强，垄断起主导作用；石油价格低迷，世界石油工业市场化程度加强，竞争在市场中起积极作用。

目前，世界石油剩余产能充裕，世界经济复苏缓慢，但长期来看，世界经济仍会呈现波浪式增长态势。未来国际油价在相当长时间内仍然受石油供需状况、国际政经形势、美元走势、美国经济及货币政策、投机炒作等的影响，国际油价的金融、政治属性增强。鉴于石油的重要性和不可再生性，未来国际油价将长期高位运行。受环境和气候变化影响，天然气将越来越受到发展中国家的青睐，非常规天然气技术的突破带动产量快速增长，俄罗斯和中亚天然气管道建设加快，伴随着世界经济的复苏将必然带动天然气需求的大幅增长，天然气价格呈现上升态势。

油气地缘政治日趋复杂，围绕能源资源的竞争与争夺更加激烈　由于油气资源的分布不均，使得油气资源成了世界各国竞争与争夺的焦点。能源消费大国之间围绕油气安全供应，运用政治、经济、外交和军事等手段对全球石油天然气资源展开了激烈的竞争与争夺。石油输出国越来越倾向于以能源为武器，谋取国家政治、经济、安全利益。能源进口国越来越重视通过外交运筹，确保国家的能源安全。能源问题在国际地缘政治格局中的分量在不断加大。国际金融危机消退后，世界经济将进入新一轮的增长周期，石油需求将不断增加，围绕油气资源的竞争与争夺会进一步加剧。中东、中亚—里海、非洲各国地缘政治地位和作用凸显。

能源资源国对能源市场的掌控越来越强　石油输出国加强对石油资源的控制是国际原油价格持续高企的产物，同时也是西方石油消费大国和石油输出国之间争夺油气资源利润的体现。2004年以来，俄罗斯不断强化国家对石油资源、运输管道、石油企业等的控制。2011年，俄罗斯天然气工业股份公司以投标方式收回科维克塔气田开发权，土库曼斯坦表示不再吸收外国公司参与本国陆上天然气项目。拉美部分国家大力推行油气资源国有化政策，部分产油国收紧了油田开采政策，国际资源谈判合同条款越来越有利于资源国，2011年，委内瑞拉颁布新法，当原油价格超过40美元/桶时，政府将开征税率最高可达95%的高额暴利税。从发展趋势看，由于能源资源供需平衡脆弱，只要国际原油价格处于高位，世界主要产油国对石油资源的控制程度会越来越高，垄断竞争的趋势就会长久持续下去。

世界能源发展呈现多元化、清洁化、智能化、低碳化趋势　美国虽然在世界能源格局中居主导地位，掌控着世界能源通道、能源价格的决定权等，但中国、俄罗斯、印度等新兴大国纷纷崛起，其势力和影响将向全球能源富集地延伸，各国将追求独立自主的能源战略目标，世界将逐渐形成以各自为中心的多元能源供给体系的新格局。能源交易市场多元化、通道多元化将成为世界能源发展趋势，“合作、互利和共赢”始终是世界未来能源发展的主旋律。面对日益恶化的环境问题，能源利用的清洁化、低碳化和智能化将成为世界能源的发展方向。

全球温室气体排放持续增长，发展中国家面临环境保护与气候变化的压力将越来越大　世界经济社会要想保持稳步发展，如不采取极其严格的技术经济措施，2030年前以化石能源为主体的能源结构难以改变全球温室气体排放继续增长的趋势，大幅减排二氧化碳的设想更难实现。2010年过多极端天气是人类活动导致全球变暖的重要迹象。气候学家认为，由于人类活动导致全球变暖，地球的气候发生变化，带来了极端的天气，比如热浪和洪水。俄罗斯2010年夏天热浪温度高达44℃，创造了该国历史上的最高纪录。鉴于化石能源仍将是未来发展中国家满足能源需求增长的主要能源，发展中国家的化石能源产生的温室气体排放量将持续较快增长。

与发达国家不同，发展中国家面临环境与气候的双重压力。稍有不慎将可能陷入西方发达国家设下的圈套。发达国家在其工业化时期的环境污染要比当前严重得多。美国、欧盟、日本等发达国家通过不断优化产业结构和能源结构、发展核能和可再生能源，加强末端治理等手段，已经成功走过了工业化过程中的环境低谷，实现了环境质量由恶化到好转。而多数发展中国家仍处于工业化进程中，受技术和资金限制，对新能源和可再生能源开发力度不够，而传统能源开发利用所引起的传统生态和环境问题仍是制约能源可持续发展的瓶颈。发达国家认为自己在清洁能源技术方面具有优势，他们以“气候变化和碳减排”做幌子，抛弃《京都议定书》，在世界各大洲不断举办“气候嘉年华”，从2009年的哥本哈根，2010年的坎昆，到2011年的南非，拿“气候变化和碳减排”说事，诱压发展中国家承担相应甚至相同的义务和责任，重新制定游戏规则，推动和发展碳交易市场，赚取巨额利润，甚至蛮横地要对发展中国家出口产品课以“碳税”。发展中国家应积极探寻在气候变化大背景下，实现能源可持续发展的新道路，以最低成本控制温室气体排放获得最大经济和环境效益，既为减缓气候变暖承担应尽义务，又为国家的社会经济发展争取更大空间。

第二章

中国能源的发展及能源战略和能源外交

中国是目前世界上第二位能源生产国和消费国。能源供给持续增长，为经济社会发展提供了重要的支撑。能源消费的快速增长，不仅促进了中国经济的发展和繁荣，同时也为世界经济的发展做出了重要贡献。中国已经成为世界能源市场不可或缺的重要组成部分，对维护全球能源安全，正在发挥着越来越重要的积极作用。

第一节　中国能源资源状况

1. 油气资源丰富，非常规油气资源潜力可观

据新一轮全国油气资源评价结果显示（数据截至2003年底）：石油天然气评价了全国115个盆地，石油远景资源量1086亿吨，地质资源量765亿吨，可采资源量212亿吨，勘探进入中期；天然气远景资源量56万亿立方米，地质资源量35万亿立方米，可采资源量22万亿立方米，勘探处于早期。

煤层气评价了42个含煤盆地（群），覆盖了全国主要含煤盆地。煤层气地质资源量37万亿立方米，可采资源量11万亿立方米。

油页岩评价了全国47个盆地的80个含矿区。油页岩折合成页岩油地质资源量476亿吨，可回收页岩油120亿吨。

油砂评价了全国陆地24个盆地的106个矿带。油砂油地质资源量60亿吨，可采资源量23亿吨。

评价结果表明，我国石油储量产量进入平稳增长阶段，天然气储量产量进入快速增长阶段，到2030年，石油产量可以保持在2亿吨水平，天然气产量可以达到2500亿立方米，油气当量“二分天下”的格局可初步形成。同时，油页岩和煤层气资源潜力可观，未来可以对常规油气资源逐渐形成重要的补充。①

我国油气资源据国土资源部初步统计数据，2010年我国新增石油探明地质储量11.5亿吨，新增探明技术可采储量约2.1亿吨；天然气新增探明地质储量5945.5亿立方米，新增探明技术可采储量2875.0亿立方米。截至2010年年底，全国石油累计探明地质储量为312.8亿吨，剩余技术可采储量31.4亿吨，同比增长6.5%；天然气累计探明地质储量9.3万亿立方米，剩余技术可采储量3.9万亿立方米，同比增长3.7%。②

2010年全国石油产量超过两亿吨，为2.01亿吨，主要贡献油田为中海油渤海油田，天然气产量947亿立方米。2010年原油进口2.3931亿吨，原油出口303万吨，成品油进口3688万吨，出口2688万吨，原油对外依存度53.9%。

2. 煤炭资源丰富，但分布不均衡

据第三次全国煤炭资源预测，全国5个赋煤区、85个含煤区、542个煤田/煤产地中，共圈定了2554个预测区，预测面积39.3万km2，垂深2000米以浅的预测资源量4.55万亿吨，垂深1000米以浅的预测资源量1.84万亿吨，垂深600米以浅的预测资源量0.94万亿吨。

---

① 《新一轮全国油气资源评价：我国石油可采资源量212亿吨》，中国国土资源报，2008年8月18日。

② 丁全利，《我国重要矿产资源储量有较大增长》，中国国土资源报，2011年2月22日。

我国煤炭资源分布不均衡，呈现西多东少、北多南少的分布格局，与主要消费市场及水资源呈逆向分布。东部地区经济较发达，但煤炭保有储量仅有1200亿吨左右；中部地区，包括晋陕蒙三省区，煤炭资源极为丰富，保有储量约6500亿吨，虽然开发强度较大，但仍具相当开发潜力；西部地区煤炭资源相对丰富，保有储量2200亿吨左右，生产规模较小，开发潜力大。

2010年全国提交煤炭资源量101.3亿吨，产量32.5亿吨。煤矿瓦斯抽采量73.5亿立方米，利用量25亿立方米，同比分别增长了19.1%和41.2%。

3. 水电蕴藏量大，主要分布在西南和华中地区

我国水力资源理论蕴藏量、技术可开发量、经济可开发量及已建和在建开发量均居世界首位。据2000年启动的全国水利资源复查数据显示，我国大陆水力资源理论蕴藏量在1万千瓦及以上的河流共3886条，水力资源理论蕴藏量年电量为60829亿千瓦时，平均功率为69440万千瓦；技术可开发装机容量54164万千瓦，年发电量24740亿千瓦时；经济可开发装机容量40180万千瓦，年发电量17534亿千瓦时，主要分布在西南和华中地区。2010年水资源总量28470亿立方米，比上年增加17.7%。万元国内生产总值用水量190.6立方米，比上年下降9.1%。万元工业增加值用水量105.0立方米，下降9.6%。[①]

4. 铀资源勘探程度低，潜在总量较大

我国铀资源潜力丰富。勘查程度较低，探明有限；潜在总量较大，前景广阔。

1985—1991年，我国对铀矿资源总量进行了预测，全国（大陆）

① 国家统计局，《中华人民共和国2010年国民经济和社会发展统计公报》，2011年2月28日。

预测潜在铀矿资源总量为170万吨。

从我国地质条件，世界上的两条跨洲际的巨型铀成矿带——近东西向欧亚巨型铀成矿带以及环太平洋巨型铀成矿带均贯穿我国境内，宏观的成矿环境十分优越。国土资源部向全国地勘行业提出“向深部进军，向深部开辟第二找矿空间”的找矿战略，要求由原来500米以浅，延伸到1500米深度。铀矿已有多个矿床在1000米深度取得重要成果，工作程度低的地区和空白区其资源潜力也不可低估，我国非常规铀资源潜力也十分丰富。

按照国土资源部的统一部署，目前正在组织实施新一轮全国铀资源潜力预测评价项目，这次预测增加了北方地浸砂岩型、西部青藏等空白区、深部500—1000米找矿空间等预测内容，预计会远远超过上一次的预测量。①，据中核集团的预测，我国铀资源的总量将超过200万吨。

5. 可再生能源总量大，发展前景好

我国幅员辽阔，海岸线长，风能资源比较丰富。根据2006年中国气象局第三次风能资源普查结果，陆地上离地面10米高度处，我国风能资源理论资源量约为43.5亿千瓦，技术可开发量约为3亿千瓦。我国陆地风能资源主要分布在西北和华北。按照技术规范，可粗略推算出离地高度50米、70米和100米处陆地风能技术可开发资源量分别约为6亿千瓦、7亿千瓦和8亿千瓦。截至2010年底，中国风电装机总量达到4182.7万千瓦，首次超越美国，成为风电装机世界第一大国。由于目前风电场风力发电机轮高度一般在100米以下，2007年底，中国气象局启动了全国风能资源详查和评估工作，摸清150米以下的风能资源量，预计该工作在2011年完成。据有关机构预测，“十二五”末我国风电装机目标为9000万千瓦。

① 张金带，《中国铀资源的潜力与前景》，《中国能源报》2010年7月5日。

我国太阳能资源十分丰富，年辐射量大致在120—280瓦/平方米。据初步估算，我国陆地表面每年接收的太阳辐射能约为5×1022焦耳，约相当于17000亿吨标准煤。全国太阳年辐射总量达335—837KJ/cm2·a，我国太阳年辐射总量分布呈现西高东低、北高南低（除新疆和西藏）的特点，以内蒙古中部沿青藏高原东侧向西南至云南中部为界，可以将我国太阳能资源分为西北、东南两大部分，其中，西北地区年辐射量在180瓦/平方米以上，东南地区大部分在180瓦/平方米以下。

我国拥有丰富的生物质能源，据测算，我国理论生物质能源约为50亿吨标准煤，目前可利用的生物质能源有：农业废弃物、林业废弃物、生活废弃物、工业废弃物和潜在的人工培育生物质资源，如各类能源农作物、能源林木等。

我国地热资源比较丰富，已发现的地热显示区有3200多处，其中热储温度大于150℃、可用于发电的有255处。我国地热可采储量约相当于4626.5亿吨标准煤，资源潜力占全球总量的7.9%。

海洋能包括波浪能、潮汐能、潮流能、温差能等。我国沿岸波浪能资源理论量为1285万千瓦。潮汐能资源蕴藏量为1.1亿千瓦，可开发利用量约2100万千瓦，每年可发电580亿千瓦时。沿岸海流潮流资源理论蕴藏量为1.4亿千瓦。我国海洋温差能资源丰富，如按热效率取7%、工作时间取50%、利用资源10%估算，装机容量可达13.2亿—14.8亿千瓦。

第二节　中国能源供需形势

随着我国经济的快速发展，我国能源需求将持续增加，这一趋势在未来相当长时间内难以改变。我国以煤炭为主的能源结构在短时间内难以改变，面临国际国内环境保护与气候变化的压力将越来越大。油气等清洁能源供给相对不足，油气对外依存度不断提高，能源供给安全的压力不断增大。

1. 随着经济持续增长，能源需求不断增加，供需矛盾不断扩大

据国民经济“十二五”发展规划，随着工业化、信息化、城镇化、市场化、国际化深入发展，人均国民收入稳步增加，我国能源需求将不断攀升。到2020年实现我国人均国民生产总值比2000年翻两番的目标，能源需求也将以较大幅度增长。据国际能源署预测，2015年我国一次能源需求将达到28.87亿吨油当量，2020年31.59亿吨油当量，2030年35.68亿吨油当量，2008—2035年间，以2.1%的速度递增。

表1—22　我国一次能源需求发展趋势分析

年度	1980	2008	2015	2020	2025	2030	2035	2008—2035*
能源（亿吨油当量）	6.03	21.31	28.87	31.59		35.68	37.37	2.1%
原煤（亿吨标煤）	4.46	20.19	26.85	27.88	28.31	28.42	28.22	1.2%
原油（亿吨）	0.95	3.65	5.3	5.85	6.5	7.15	7.65	2.4%
天然气（亿方）	140	850	1690	2160	2660	3310	3950	5.9%

资料来源：IEA，World Energy Outlook 2010。

*　表示年平均增长率。

2. 煤炭产量和进口量不断增加，相当长的时间内，在能源消费结构中仍占主导地位

在我国一次能源生产结构变化中，能源生产总量逐年递增，2010年我国能源消费总量为32.5亿吨标准煤，和2000年相比，增长了134.6%，翻了一番多。在我国2009年能源消费结构中，煤炭占68.7%，石油18.7%，天然气3.8%，水电、核电和风电为8.9%。预测2015年煤炭占64.6%，石油17.8%，天然气8.4%，水电、核电和风电为9.2%。预计2015年煤炭消费量将由2010年的32.5亿吨增加到2015年的40亿吨，上涨23%。煤炭在能源消费结构中的比例也由

2008年的68.7%下降到2015年的64.6%，但煤炭仍居主导地位，该态势将持续相当长时间。

由于我国煤炭资源分布不均，使得我国煤炭进口量逐年增长。从2001年以来，我国煤炭出口呈逐年递减趋势，但进口量却逐年递增，2009年煤炭进口大幅增长，净进口超过亿吨，2010年煤炭净进口14575万吨。究其原因主要有我国煤炭资源分布不均匀、铁路运输瓶颈等因素制约，使得国内对国外煤炭进口逐年攀升（表1—23）。

表1—23　2000—2010年我国煤炭进出口现状　　单位：万吨

年度	出口量	进口量	净进口
2000	5507	218	-5289
2001	9012	266	-8746
2002	8390	1126	-7264
2003	9388	1076	-8312
2004	8593	1861	-6732
2005	7172	2617	-4555
2006	6192	3825	-2367
2007	5317	5102	-215
2008	4543	4040	-503
2009	2240	12583	10343
2010	1903	16478	14575

资料来源：中国海关总署。

3. 我国原油需求逐年增大，对外依存度不断攀升

我国油气资源总体供不应求，严重依赖进口，对外依存度逐年加大。随着GDP的持续稳定增长，工业化、信息化、城镇化、市场化、国际化深入发展，经济结构转型加快，我国对石油天然气的需求十分强劲。虽然近年来我国油气勘探开发工作取得重大进展，但我国油气资源品质一般、总体丰度不高，开采难度大，资源保障程度呈下降趋势。从1996年我国成为原油净进口国以来，我国原油对

外依存度不断攀升，2010年原油净进口已经达到2.36亿吨，同比增长了13.2%；原油对外依存度也由1995年的—1.2%逐步上升到2010年的53.8%。到2015年我国原油缺口将达到3.5亿吨，对外依存度达到62%，比2010年的53.8%上涨8个百分点（表1—24）。

表1—24　我国原油生产和消费变化表　　　　**单位：万吨**

年度	原油净进口	成品油净进口	石油合计	原油生产	原油表观消费	原油对外依存度（%）
1993	–376	1358	982	14400	14024	–2.7
1994	–621	909	289	14607	13986	–4.4
1995	–176	1026	851	14906	14730	–1.2
1996	221	1165	1387	15729	15950	1.4
1997	1564	1821	3385	16044	17608	8.9
1998	1172	1750	2922	16052	17224	6.8
1999	2945	1437	4381	16000	18945	15.5
2000	5983	978	6960	15851	21834	27.4
2001	5270	1221	6934	16335	21605	24.4
2002	6220	964	8011	16577	22797	27.3
2003	8299	1439	10606	16988	25287	32.8
2004	11732	2642	15151	17504	29236	40.1
2005	11902	1746	14361	18146	30048	39.6
2006	13884	2403	16287	18389	32273	43.0
2007	15929	1828	17757	18666	34595	46.0
2008	17516	2184	19700	18946	36462	48.0
2009	19861	1192	21053	18821	38682	51.3
2010	23628	1000	24628	20301	43929	53.8

资料来源：中国海关总署等。

4. 我国天然气产量快速增长，但赶不上需求的增长

21世纪是天然气世纪，节能减排、低碳发展已成主流，天然气是鼓励发展的清洁能源，从资源条件看，天然气增储上产势头正旺。2010年我国天然气产量达到956亿立方米，同比增长13.7%，比2000年增加了679亿立方米，居世界第六位。天然气的需求非常旺

盛，2020年国内天然气需求占一次能源消费比重将由目前的3.8%提高到10%左右。据预测，2015年消费量将达到2800亿立方米（包括液化天然气LNG）。从产业基础看，全国天然气管网已经形成，中亚天然气管道单线建成通气，中缅石油天然气管道已开工建设，液化天然气设施和储气库快速建设，资源和市场间的通道更加畅通。如中俄天然气谈判成功，俄罗斯天然气的引进成为现实，到时我国天然气市场将呈现蓬勃发展态势。

5. 新能源和可再生能源高速增长，在整个消费结构中的比例难以大幅提高

在我国2008年能源消费结构中，水电、核电、风电所占比重为8.9%，按照《国民经济社会发展第十二个五年规划纲要（草案）》要求，非化石能源占一次能源消费比重将达到11.4%，增长主要来自核电和风电。虽然非化石能源发展迅猛，但总体在能源消费结构中所占比例不大。

我国目前正在运行的核电机组有11个，910万千瓦的装机。目前国家发展改革委已经核准了11个核电项目，28个机组，已经开工建设的有24个机组①。“十二五”期间将新增4000多万千瓦，到2015年，我国核电装机容量将达到5000多万千瓦②。新能源和可再生能源发展受到限制的原因主要是：成本较高，市场竞争力弱，太阳能、风机的核心技术大部分在国外，产业体系薄弱，核心技术研发投入不足等。这些都制约了产业的规模发展。

进入21世纪以来，我国风电发展迅速（表1—25），据中国可再生能源学会风能专业委员会公布的《2010年中国风电装机容量统

① 新华网，中国政府网.，到2020年我国核电装机将达8000万千瓦，在世界排第二位。2011年3月6日。

② 新华网，中国政府网，核电“十一五”期间发展迅速，“十二五”将新增4000多万千瓦。2011年3月6日。

计》数据，截至2010年年底，中国（不包括台湾地区）新增风电装机容量18927.99MW（兆瓦），累计装机容量达到44733.29MW，预计2015年将达到90000MW，较2010年翻番。

表1—25　2000—2010年我国风电装机统计　单位:MW

年度	2000	2001	2002	2003	2004	2005
新增装机	77.29	57.21	66.31	98.3	196.75	506.91
累计装机	341.53	398.74	465.05	563.35	760.1	1267.01
年度	2006	2007	2008	2009	2010	
新增装机	1287.6	3311.25	6153.73	13803.21	18927.99	
累计装机	2554.61	5865.86	12019.59	25805.3	44733.29	

资料来源：中国可再生能源学会风能专业委员会。

2011年3月16日，温家宝主持召开国务院常务会议，会议指出：3月11日，日本东北部和关东首都圈发生里氏9级强震，并引发海啸，日本福岛第一核电站发生放射性物质泄漏事故。会议决定：立即组织对我国核设施进行全面安全检查，切实加强正在运行核设施的安全管理，全面审查在建核电站，严格审批新上核电项目。但核电作为清洁能源，仍将是我国未来能源发展的重要选择。

第三节　中国能源发展的特点、问题和战略

1. 中国能源发展的特点

（1）能源资源总量比较丰富，优质能源资源相对不足。

中国拥有较为丰富的化石能源资源。其中，煤炭占主导地位。2006年，煤炭保有资源量10345亿吨，截至2010年底，我国煤炭探明剩余可采储量占世界的13.3%，列世界第三位[①]。2010年我国煤炭勘查新增查明资源储量430.6亿吨。油页岩、煤层气等非常规化石能

① BP, Statistical Review of World Energy 2011.

源储量潜力较大。中国拥有较为丰富的可再生能源资源。水力资源理论蕴藏量折合年发电量为6.94亿千瓦时，经济可开发年发电量约1.75万亿千瓦时，相当于世界水力资源量的12%，列世界首位。

但优质能源资源相对不足，如油气资源等，对外依存度逐年攀升。在我国2008年能源生产比例中，原煤占76.7%，石油10.4%，天然气3.9%，水电、核电和风电为9.0%。能源消费中煤炭所占比例过大，占一次能源消费总量的70%左右，比世界平均水平约高出40个百分点，而油气和核电所占比重远低于发达国家水平，应对气候变化、保护生态环境等面临巨大压力。

（2）人均能源资源拥有量较低。

中国人口众多，人均能源资源拥有量在世界上处于较低水平。煤炭和水力资源人均拥有量相当于世界平均水平的50%，石油、天然气人均资源量仅为世界平均水平的1/15左右。耕地资源不足世界人均水平的30%，制约了生物质能源的开发。

（3）能源资源赋存分布不均衡。

中国能源资源分布广泛但不均衡。煤炭资源主要赋存在华北、西北地区，水力资源主要分布在西南地区，石油、天然气资源主要赋存在东、中、西部地区和海域。中国主要的能源消费地区集中在东南沿海经济发达地区，资源赋存与能源消费地域存在明显差别。大规模、长距离的北煤南运、北油南运、西气东输、西电东送，是中国能源流向的显著特征和能源运输的基本格局。

（4）能源资源开发难度较大。

与世界相比，中国煤炭资源地质开采条件较差，大部分储量需要井下开采，极少量可供露天开采。石油天然气资源地质条件复杂，埋藏深，勘探开发技术要求较高。未开发的水力资源多集中在西南部的高山深谷，远离负荷中心，开发难度和成本较大。非常规能源资源勘探程度低，经济性较差，缺乏竞争力。[①]

（5）低品位油气资源比例增大，开发成本增高。

我国石油剩余探明可采储量少，特别是优质可采储量不足。近年来新增石油储量品位变差趋势明显，低渗透和稠油储量所占比例呈上升趋势，石油企业优先开发经济性高的油气资源，也导致我国剩余已探明油气资源品位逐步变差。大部分特低、超低渗储量在现有技术经济条件下尚难以动用。随着东部主力老油田即将进入特高含水期，剩余油开采日趋复杂，开发成本增加，开发难度加大，挖潜效果变差，矛盾将更加突出。

2. 中国能源发展存在的问题

（1）能源结构不合理，煤炭所占比重较大，面临环境气候压力大。

煤炭是中国的主要能源，以煤为主的能源结构在未来相当长时期内难以改变。目前在能源消费结构中占2/3。随着天然气和可再生能源的快速发展，煤炭在能源消费结构中的比例将逐年下降。1952年煤炭在能源消费总量中所占的比重曾达95%，2008年煤炭比重68.7%，原油18.7%，天然气3.8%，水电、核电、风电8.9%。尽管煤炭比重还会有所下降，但总量仍将会不断增加，2010年煤炭产量为32.5亿吨。未来随着我国煤炭产量的进一步扩大，特别是煤炭生产重心向生态环境脆弱的西部地区转移，煤炭开采造成的生态环境问题将会更加突出。中国这种以煤炭为主的能源消费结构严重污染环境，加重中国在限制温室气体排放、应对气候变化承受国际压力。因此，改变能源消费结构，提高清洁能源在能源消费结构中的比例已成为维护中国能源安全的迫切需要。

（2）原油供需缺口逐步扩大，对外依存度不断提高。

1996年我国成为原油净进口国以来，我国原油供需缺口逐年增

---

① 中华人民共和国国务院新闻办公室，《中国的能源状况与政策》，2007年12月。

大。1996年我国原油对外依存度为1.4%，2010年达到53.9%，近五年我国原油对外依存度以年均2.9%的速度递增，据此推测，2015年原油需求将达到5.6亿—5.8亿吨，对外依存度达到62%—64%。2020年达到7.4亿—7.6亿吨，对外依存度超过72%（表1—26）。

表1—26 我国原油对外依存度及预测 单位：万吨

年度	1996	2000	2005	2010	2015	2020
原油净进口	221.4	5982.8	11875.1	23628.0	36350.6	55249.1
原油产量	15729	15851	18146	20301	22000	22000
表观消费量	15950	21834	30021	43929	58351	77249
对外依存度	1.4%	27.4%	39.6%	53.8%	62.3%	71.5%

（3）资源约束突出，能源利用效率偏低。

1980—2008年，中国能源消费以年均5.9%的增长支撑了国民经济年均9.2%的增长。按2005年不变价格，万元国内生产总值能源消耗由1980年的3.39吨标准煤下降到2006年的1.21吨标准煤，年均节能率3.9%，扭转了近年来单位国内生产总值能源消耗上升的势头。但中国优质能源资源相对不足，制约了供应能力的提高。而经济增长方式粗放、能源结构不合理、能源技术装备水平低和管理水平相对落后，导致单位国内生产总值能耗和主要耗能产品能耗高于主要能源消费国家平均水平，进一步加剧了能源供需矛盾。单纯依靠增加能源供应，难以满足持续增长的消费需求。

（4）能源市场有待进一步规范。

政府管理缺位，法律法规政策滞后。能源市场体系有待完善，能源价格机制未能完全反映资源稀缺程度、供求关系和环境成本。能源资源勘探开发秩序有待进一步规范，能源监管体制尚待健全。煤矿生产安全欠账比较多，电网结构不够合理，石油储备能力和西方发达国家仍有较大差距，有效应对能源供应中断和重大突发事件的预警应急体系有待进一步完善和加强。

3. 中国能源发展战略的形成

中国能源发展战略在其形成过程中，经历了酝酿、探索和发展三个阶段，每个阶段都深深打上了时代的烙印。不同阶段战略的演化和当时国民经济发展、国际政经形势、国内外能源形势息息相关，它们是时代的产物和实践的结晶。

（1）酝酿阶段（1993年之前）。

我国煤炭资源较为丰富，是世界上少数几个以煤为主要能源的国家，煤炭占能源消费的70%左右，居绝对的主导地位。我国石油资源禀赋不富，低品位资源所占比重较大，勘探开发难度不断增加，石油在我国能源消费结构中占20%。1949年，我国石油产量仅为12万吨（其中人造油5万吨），大部分成品油，特别是国防战备用油依靠进口。1959年发现了大庆油田，结束了中国的油荒历史，使得我国彻底甩掉了贫油国的帽子，1968年结束了石油进口，并开始了出口换汇。1976年大庆油田原油年产量突破5000万吨，并持续稳产27年。

十一届三中全会之后，我国经济持续稳定增长，能源消费快速增长。1993年能源消费较1978年翻了一番多，而国内生产总值1993年较1978年翻了近10倍。此时，国内生产的石油难以满足经济发展的需要，1993年开始，我国成为了石油净进口国，标志着我国能源形势已发生转折性变化。中央敏锐观察到了能源发展动向，及时调整了我国能源发展战略。1993年12月，国家主席江泽民在主持召开的中央财经领导小组会议上提出以“稳定东部，发展西部，国内为主，国外补充、油气并举，节约开发并重”的能源发展方向。这一思想的提出，标志着我国能源产业发展发生转折性变化，开始酝酿国际发展道路。

（2）探索阶段（1994—2000年）。

1994年到2000年是中国能源发展战略探索阶段。这期间，中国石油进口量开始增大，国内石油企业目光投向海外，能源国际化思路发生重大转变，从单纯的“引进来”发展到“走出去”。国家改革能源管理机制，推动有利于“走出去”市场竞争体系逐步形成。国内能源企业走出国门，积极参与国际竞争，逐步进入非洲、周边和拉美等地区市场。

我国1993年成为石油净进口国之后，最初两年进口量不大，增速缓慢，1993年，我国石油净进口975.7万吨，1994年为288.7万吨，1995年超过1000万吨，之后快速攀升，2000年石油净进口7384.1万吨，2010年我国石油净进口为24628万吨。受形势所迫，我国石油企业较早地将目光投向国外，迈出了境外油气资源勘探开发的步伐。1993年，中国石油在泰国邦亚区块获得石油开发作业权，开创了中国石油企业进军海外之先河，1995年中国海油从印度尼西亚马六甲区块运回我国第一批份额油。

1996年，国家主席江泽民在访问非洲六国归来后，明确指出要加紧研究“走出去”问题，做好利用国际市场和国外资源这篇大文章。在“走出去”战略的指导下，政府部门积极参与国际能源合作对话会，了解国际能源发展新动向，为企业“走出去”创造有利的国际环境。自1994年以来，中国积极参与亚太经济合作组织（APEC）能源合作与对话。1995年，中国举办了世界能源大会行政委员会会议。1996年，国家统计局与国际能源署签订了合作谅解备忘录。1997年，我国举办了第十五届世界石油大会。2000年，我国开始参与国际能源论坛，还举办了世界能源大会和国际能源署可再生能源国际研讨会。

在“走出去”战略思想指导下，中国石油企业在海外迅速拓展，在非洲、周边和拉美等地区站稳了脚跟。在苏丹，中石油先后于1996年和1999年成功进行油田勘探开发，建成我国第一个正式投产的海外大型油田。1997年中石油与哈萨克斯坦和委内瑞拉签订石油开采协议，在周边和拉美地区开拓了新的油区。与此同时，中国油气企业还进入了国际能源资本市场。2000年，中国石油天然气股份有限公司股票先后在美国纽约证券交易所和香港联合交易所挂牌交易，标志中国油气企业正式参与国际资本运作。

但是，中国油气企业“走出去”仍面临诸多挑战。由于国内企业境外经营时间短、经验少，海外油气资源占有不充足，技术、资金短缺等问题广泛存在，中国能源企业还需要积累经验，政府需要尽快制定相关配套措施，加大对企业“走出去”的扶持力度。

（3）发展阶段（2000年之后）。

2000年之后是中国能源发展战略稳定的发展阶段。在这一阶段，中国国内能源形势和国际能源形势发生转折性变化。面临新的能源安全形势，中央确定走多元化的国际能源发展路线，充分利用国际和国内两个市场，多方面参与国际能源市场竞争，确保能源安全。有关政府部门积极为油气企业国际化经营创造有利的政策环境，能源企业国际运作逐步走上正轨。

进入21世纪，中国经济进入了新一轮高速增长期，尽管高能耗工业受到政策遏制，但能源需求依然快速增长。中国石油对外依存度增大导致经济发展受到能源严峻形势的制约。随着世界各力量中心对国际能源秩序主导权的争夺加剧，中国能源安全面临的国际环境愈加严酷。

2001年以来，工业化、信息化、城镇化、市场化、国际化深入发展，我国经济增长的资源环境得到改善。国际融资方面，不仅成功引进国际资本，还参与收购国际油气资产。2001年，中国海洋石油有限公司在纽约、香港成功上市；2002年，中海油和中石油分别收购海外油田，加快石油海外融资；2003年，中石油收购了开发哈萨克斯坦北布扎奇油田的合资企业。中国油气公司多宗大型跨国收购案例在国际资本市场产生强烈反响。

在勘探开发方面，油气企业在非洲和我国周边地区业务扩大。2002年，中石油在苏丹勘探开发的第一个独资油田——苏丹富拉油田的生产设施建设开始启动。同年，苏丹油田4区获得重大油气发现，经初步估算，该井控制石油地质储量0.8亿—1.5亿桶。该井的成功不仅标志着4区勘探的良好开端，而且预示苏丹油气勘探开发具有广阔前景。此外，中国油气企业还在尼日尔、乍得、突尼斯、尼日利亚等国获得了石油勘探开发合同。

输油管道建设初见成效。2002年中石油与哈萨克斯坦国家油气公司共同出资修建了中哈原油管线首段肯基亚克—阿特劳段，长度为448公里。2006年5月，总长962公里的中哈原油管道正式开通输油。按计划，未来5年从哈输往中国的原油每年至少1000万吨，5—10年或更长一些时间，随着中哈管道二期工程和中资油田的深度开发，每年输往中国的石油将达2000万—5000万吨。特别是2009年建成的中亚天然气管道，计划每年输往中国的天然气将达600亿立方米（其中土库曼斯坦400亿方，乌兹别克斯坦100亿方，哈萨克斯坦100亿方）。截至2010年底，我国石油企业参与海外石油开发项目的数量达到160余个，分布在五大洲30多个国家和地区。

中国能源对外依存度进一步提高和能源安全面临的国际环境不确定性增加，给我国能源安全造成巨大压力。中央敏锐观察到国际能源发展形势和我国能源发展面临的挑战，从本国人民的根本利益出发，先后出台了我国能源发展的政策。2007年12月，国家在《中国的能源状况与政策》中提出了中国的能源战略，其基本内容是：坚持节约优先、立足国内、多元发展、依靠科技、保护环境、加强国际互利合作，努力构筑稳定、经济、清洁、安全的能源供应体系，以能源的可持续发展支持经济社会的可持续发展①。

2009年12月25日，中国政府决定，我国控制温室气体排放的行动目标是：到2020年单位国内生产总值二氧化碳排放比2005年下降40%至45%。

---

① 中华人民共和国国务院新闻办公室，《中国的能源状况与政策》，2007年12月。

2010年10月18日，中国共产党第十七届中央委员会第五次会议通过了《中共中央关于制定国民经济和社会发展第十二个五年规划的建议》，2011年3月，第十一届全国人民代表大会第四次会议审议通过的《国民经济社会发展第十二个五年规划纲要》，其主要能源相关发展目标是：

——非化石能源占一次能源消费比重达到11.4%。单位国内生产总值能源消耗降低16%，单位国内生产总值二氧化碳排放降低17%。主要污染物排放总量显著减少，化学需氧量、二氧化硫排放分别减少8%，氨氮、氮氧化物排放分别减少10%。

——推动能源生产和利用方式变革，构建安全、稳定、经济、清洁的现代能源产业体系。加快新能源开发，推进传统能源清洁高效利用，在保护生态的前提下积极发展水电，在确保安全的基础上高效发展核电，加强电网建设，发展智能电网，完善油气管网，扩大油气战略储备。

——积极应对全球气候变化。把大幅降低能源消耗强度和二氧化碳排放强度作为约束性指标，有效控制温室气体排放。合理控制能源消费总量，抑制高耗能产业过快增长，提高能源利用效率。

——调整能源消费结构，增加非化石能源比重。逐步建立碳排放交易市场。坚持共同但有区别的责任原则，积极开展应对全球气候变化国际合作。

——加快实施“走出去”战略。按照市场导向和企业自主决策原则，引导各类所有制企业有序地到境外投资合作。发展海外工程承包，深化国际能源资源互利合作。

2011年3月，《国民经济社会发展第十二个五年规划纲要》提出：推动能源生产和利用方式变革；坚持节约优先、立足国内、多元发展、保护环境，加强国际互利合作，调整优化能源结构，构建安全、稳定、经济、清洁的现代能源产业体系；推进能源多元清洁发展、优化能源开发布局、加强能源输送通道建设。

随着我国能源安全意识和国际合作意识的增强，国家相关政策法规体系的逐渐完善，能源发展战略正在走向成熟。

第四节 中国实现其能源战略面临的问题

1. 经济发展阶段制约着优质能源的利用

根据经济发展阶段和市场发育程度，可将世界分为发达国家和发展中国家。发达国家一般包括西方主要资本主义国家，这里主要是指1960年成立的经济合作与发展组织（OECD）的24个成员国，目前其成员国已达到30个，它们主要分布在欧洲、北美洲、大洋洲，亚洲只有日本、韩国是发达国家；发展中国家又称不发达国家或欠发达国家，是指政治上已独立，经济上比较贫穷，工业基础薄弱，人均国民生产总值较低的国家，绝大多数是二战后新独立的亚非拉国家，也包括东欧一些国家，我国属于发展中的社会主义国家。

我国仍处于并将长期处于社会主义初级阶段，发展仍是解决我国所有问题的关键[①]。我国经济的高速发展离不开能源供给的支撑，尤其是优质的能源资源，如石油、天然气、铀等，但优质能源资源的利用却受到经济发展阶段的制约。如我国石油天然气的利用。我国成品油价格长期以来一直由国家掌控，油价高涨时，我们为保护消费者，采取压制油价的策略，以免影响国民经济正常运行，结果是成品油出口大幅增加，石油公司惜售，国内油荒已上演多轮；当油价低迷时，我们为保护我国石油工业，调动石油企业的积极性，将油价提高，使得成品油进口剧增。国家一直没将成品油价格和国际接轨的原因就在于此。就其根本原因仍是我国经济还没有达到发达国家水平，虽然国内生产总值已跃居世界第二位。

天然气的利用也同样存在类似问题，我国国内天然气价格偏

① 《中华人民共和国国民经济和社会发展第十二个五年规划纲要》，人民出版社。

低，稀缺资源没有稀缺价格，石油企业的积极性难以调动，国外天然气进口谈判举步维艰，中亚天然气管线虽已通气，但也面临价格的尴尬，俄罗斯天然气的引进因价格问题迟迟未能谈妥，就其根本原因仍然受我国经济发展阶段的制约，故我国亟须理顺国内天然气价格的形成机制，促进国内天然气勘探开发和国外进口，减少煤炭的使用。

2. 环境压力较大

（1）化石能源的开采和利用对环境的负面影响。

气候变化是国际社会普遍关心的重大全球性问题。气候变化既是环境问题，也是发展问题，归根到底是发展问题。能源的大量开发和利用，是造成环境污染和气候变化的主要原因之一。如煤炭开采容易造成土地沉陷、盐渍化、水土流失、大量固体废弃物污染、燃煤发电后形成粉煤灰等。尤其是地下水资源的污染和破坏，在半干旱的中国西北部矿区可能会加剧水资源短缺，诱发矿区土地荒漠化。高含硫天然气开发难度大，风险高，稍有不慎就可能酿成灾难性事故。正确处理好能源开发利用与环境保护和气候变化的关系，是世界各国迫切需要解决的问题。中国是处于工业化初期的发展中国家，历史累计排放少，从1965年到2009年，中国化石燃料二氧化碳排放只占同期世界排放量的12.2%。但目前我国二氧化碳排放量较大，并呈递增态势。2009年，我国二氧化碳排放量占世界的24.2%，居世界首位，同比增长9.1%。随着我国经济的快速发展，能源消耗将不断上升，二氧化碳排放量也将不断攀升，使得我国在环境和气候方面的国际压力不断增大。

（2）中国为保护环境采取负责任的态度。

中国作为负责任的发展中国家，高度重视环境保护和全球气候变化。中国政府将保护环境作为一项基本国策，签署了《联合国气候变化框架公约》，成立了国家气候变化对策协调机构，提交了《气候变化初始国家信息通报》，建立了《清洁发展机制项目管理办法》，制订了《中国应对气候变化国家方案》，并采取了一系列与保护环境和应对气候变化相关的政策和措施。2009年12月25日，中国政府决定，我国控制温室气体排放的行动目标是：到2020年单位国内生产总值二氧化碳排放比2005年下降40%至45%。中国正在积极调整经济结构和能源结构，全面推进能源节约，重点预防和治理环境污染的突出问题，有效控制污染物排放，促进能源与环境协调发展。

（3）中国为改善环境做出了巨大努力。

中国为改善环境全面控制温室气体排放；加快转变经济发展方式，积极发挥能源节约和优化能源结构在减缓气候变化中的作用，努力降低化石能源消耗；大力发展循环经济，促进资源的综合利用，提高能源利用效率，减少温室气体排放；依靠科学技术进步，不断提高应对气候变化的能力，为保护地球环境作出积极贡献。当前，中国尤其重视抓好以下三方面的工作：

一是大力防治生态破坏和环境污染。中国将更加重视能源特别是煤炭的清洁利用，并作为环境保护的重点，积极防治生态破坏和环境污染。加快采煤沉陷区的治理和煤层气的开发利用，建立并完善煤炭资源开发和生态环境恢复补偿机制。推进煤炭的有序开采，限制开采高硫高灰分煤炭、禁止开采含放射性和砷等有毒有害物质超过规定标准的煤炭。积极发展洁净煤技术，鼓励实施煤炭洗选、加工转化、洁净燃烧、烟气净化等技术。加快燃煤电厂脱硫设施建设，新建燃煤电厂必须根据排放标准安装并使用脱硫装置，现有燃煤电厂加快脱硫改造。在大中城市及近郊，严禁新建纯发电的燃煤电厂。

二是积极防治机动车尾气污染。随着汽车工业的发展和人民生活水平的提高，中国机动车保有量迅速增加，防治机动车尾气污染成为环境保护的重要内容。中国正在积极采取有效措施，严格实施机动车排放标准，加强环保一致性检查，确保新生产机动车稳定达标；严格实施在用机动车环保年检制度；严格禁止制造、销售和进口超过排放标准的机动车；鼓励生产和使用低污染的清洁燃料机动车，鼓励生产混合动力汽车，支持发展轨道交通和电动公交车。

三是严格能源项目的环境管理。加强对能源项目的环境管理，是实现能源建设与环境保护协调发展的有效措施。中国严格执行环境影响评价制度，通过严格环境准入制度抑制粗放型经济增长。新建、扩建和改建能源工程项目建设与环境保护设施同时设计、同时施工、同时投入使用。加强核电项目的安全管理，强化对已运行核电站、研究堆、核燃料循环设施的安全与辐射环境的监督管理，积极做好在建核电设施安全评审和监督工作。进一步加强水电建设中的生态环境保护，在满足江河流域综合开发利用的要求下，在保护中开发，在开发中保护，注重提高水资源的综合利用和生态环境效益。

3. 世界投资环境总体趋紧，不确定因素增多

世界对能源资源的争夺将愈演愈烈，跨国石油巨头群雄割据，面对优质资源已被瓜分殆尽的国际石油市场，我国石油公司海外发展的难度越来越大，更具挑战性。

（1）资源国普遍实施收紧资源政策，国有石油公司地位不断上升。

2004年以来，委内瑞拉分步骤实行了石油国有化政策。2007年2月，总统查韦斯发布命令，将奥里诺科重油带项目国有化，国家至少要拥有60%的股份，2009年委内瑞拉国家石油公司继续在石油部门进行国有化。2010年8月，巴西总统签署法令，将组建一家新的国有石油公司，负责监管尚未许可的盐下油区，并管理新签的合同。哈萨克斯坦以债务问题为由，废除美国里海天然气公司在Shagyrly-Shomyshty气田的许可证，该气田是哈萨克斯坦最大气田之一。

（2）环境问题日益重要，能源资源国越来越重视。

2011年2月，厄瓜多尔当地一家法院裁决，责令美国雪佛龙石油公司支付95亿美元环境污染罚款。2010年7月，哈萨克斯坦政府以超量开采和环境污染为由，连续两次提出对田吉兹雪佛龙实行14亿美元和140万美元的罚款。2010年4月发生的墨西哥湾漏油事件是美国历史上最严重漏油事件，BP设立了200亿美元赔偿基金，依照美国《洁净水资源法》，BP将承担巨额民事罚款，2010年BP全年亏损49.14亿美元，其中包括为墨西哥湾漏油事件支付的税前拨付409亿美元。

（3）世界部分资源国产量分成合同逐渐向有利资源国的服务合同过渡，税费政策调整频繁。

2010年7月，厄瓜多尔总统颁布一项新法令，要求与外国公司签署的产量分成合同转签成服务合同，同时规定政府控制国内原油产量；2008年，哈萨克斯坦政府决定不再进行新的产量分成合同谈判。2009年哈新税法明确规定，哈政府不再签署产量分成合同，但2009年1月1日之前签署的产量分成合同仍然有效。2010年哈政府提出要重新审核与外国石油公司已经签署的产量分成合同，将合同中规定的税率不变改为执行2009年新税法，税率随税法变动。2010年7月，哈政府颁布总统令，恢复征收石油出口税，税额为每吨20美元，从2011年起，提高到每吨40美元；俄罗斯从2011年1月1日起，将天然气开采税提高到61%，2012年、2013年小幅增长6%和5.4%。

（4）非洲、中东油气投资环境不确定因素增多。

中东、非洲一些国家政局动荡，部分资源国政府对能源资源干预明显增多，谋求利益最大化。2010年2月，尼日利亚最大的反政府武装“尼日尔河三角洲解放运动”宣布中止单方面停火。乍得安全形势一直不稳定，2010年9月发生了绑架中国工人事件。2010年2月，尼日尔发生军事政变。进入2011年以来，苏丹南部独立公投结束，2011年7月宣布独立。2010年年底至2011年年初，突尼斯爆发的“茉莉花革命”获得成功。埃及爆发了大规模的反政府骚乱，总统穆巴拉克下台，军队接管政府，而群众并不接受军政府，前景扑朔迷离。也门、巴林、叙利亚爆发了一波又一波的大规模示威游行。巴林引沙特军队消灭内乱，而叙利亚、也门的乱象仍在发展。尤其是利比亚，政府与武装反对派厮杀半年，美、英、法拿到联合国禁飞令对卡扎菲据守的首都的黎波里狂轰滥炸，8月22日，反对派控制的黎波里。从2011年2月15日以来，骚乱和流血事件不断升级，世界各国公民纷纷撤离。中东和北非局势的动荡造成国际油价大幅攀升，已突破每桶百美元大关。非洲和中东的投资环境在不断恶化，中国在相关国家的经济利益受损，不确定因素增多。

4. 海外油气运输安全问题突出

（1）我国石油进口海运通道仍然高度依赖马六甲海峡和霍尔木兹海峡。

目前，随着中哈原油管道和中亚天然气管道、中俄原油管道、中缅油气管道、海上进口LNG通道的相继启动和建成，我国的四大油气通道格局基本形成。这有利于实现石油运输渠道多元化，保障中国能源供给安全。但2010年原油管输量为1000万吨，仅占原油总进口量的4.2%，即使原油规划管道全部建成，原油管输能力也仅为5700万吨，占不到原油总进口量的1/5。LNG2010年进口量936万吨，2015年进口将达到4000万吨。由以上分析可见，我国大部分原油、LNG进口仍需要通过海上运输。

由于我国大部分进口原油来自中东和非洲，霍尔木兹海峡和马六甲海峡成为我国最重要的海上石油运输要道。从中东进口的原油，几乎全部经过霍尔木兹海峡和马六甲海峡；从西非进口的原油，需要绕道好望角，穿过印度洋，从马六甲海峡运抵我国东部沿海；从北非进口的原油，需要穿过苏伊士运河、曼德海峡、亚丁湾，通过马六甲海峡运抵东部沿海；从西半球进口的原油，需要穿过浩瀚的太平洋运抵我国。以2010年为例，我国原油进口23931万吨，其中来自中东和非洲的原油占总进口量的76.7%，其中中东为11275.6万吨，非洲为7085.3万吨。原油约913万吨经过苏伊士运河，约2073万吨经过曼德海峡和亚丁湾，约4844万吨经过好望角，约2104万吨经过太平洋航线，约11276万吨经过霍尔木兹海峡，约18648万吨经过马六甲海峡。由此可见，马六甲海峡和霍尔木兹海峡对于我国安全进口石油至关重要。

（2）海盗猖獗，恐怖活动频发，安全问题十分突出。

我国石油进口高度依赖海运，通道非常单一，这给我国原油安全进口带来许多不确定性风险。马六甲海峡海盗猖獗、恐怖活动频发。近年来，马六甲海峡每年发生有记录的海盗袭击案近40宗，虽然袭击数量有下降趋势，但造成的损失仍不容忽视。霍尔木兹海峡地处局势动荡的中东地区，约占国际石油贸易的40%，一旦出现通道阻塞问题，后果将不堪设想。此外，保障我国进口石油海上运输安全，还包括苏伊士运河、曼德海峡、亚丁湾、印度洋、阿拉伯海等区域，如果发生局部战争、武装冲突、海盗袭击等突发事件，很可能会对我国石油安全造成严重影响。如索马里海盗，2008年以来，索马里海盗活动日益猖獗，频繁向过往货轮发动袭击，对世界航运安全构成严重威胁，2009年1月，我国海军开始赴亚丁湾、索马里海域护航，对保证我国石油运输安全发挥了巨大作用。

（3）中国海运航道受制于人，“马六甲困局”令政界与业界揪心。

鉴于这一通道的重要战略意义，美国、日本和印度等国纷纷强化控制能力。如果这些地区一旦有事，航道受阻，能源运输堪忧。

5. 国际油价高位波动

（1）国际原油价格将长期高位运行。

在历史上，原油价格经历了四次大的震荡，第一次是1973年，第四次中东战争爆发，欧佩克宣布收回石油标价权，并将原油价格从1973年的每桶3.29美元提高到1974年的11.58美元；第二次是1978年，伊朗政局发生剧变，两伊战争爆发，使得世界石油供给受到影响，油价从1978年的每桶14美元猛增至1979年的31.6美元；第三次是1990年，伊拉克攻占科威特，使得原油供应中断，国际油价迅速飙升到42美元的高点；新世纪以来，国际原油价格犹如过山车，从2003年的每桶28.8美元逐渐攀升到2008年的97.3美元，2008年7月，WTI原油期货价格一度创下每桶147.5美元的历史新高，之后由于国际金融危机而迅速回落。

目前，世界经济复苏缓慢，石油供需基本平衡，石油剩余产能充裕，但受中东、北非持续政治动乱的影响，国际油价总体仍呈高位震荡态势，预计未来5年国际油价将在80—120美元/桶之间波动。影响油价走势的主要因素是世界经济走势仍不明朗、美债降级与美元贬值、产油区局势动荡和国际资本投机炒作等，另外欧洲债务危机、突发事件等因素都对油价波动造成较大影响。

（2）中国没有原油定价权。

目前，石油政治属性、金融属性日益凸显，发达国家通过政治、军事、外交、金融等手段，不仅控制着主要海上运输通道，而且控制着影响全球石油价格的主要石油交易所。全球原油期货交易量主要集中在伦敦和纽约商品交易所（2008年3月被芝加哥商业交易所集团收购），美国高盛公司等金融机构就是石油期货交易的大户，投机炒作已成为影响国际原油价格的重要因素。我国作为世界第二大原油消费国，第二大原油进口国，却没有原油定价权，被排斥在原油定价机制之外，只能被动接受，而世界油价的高位剧烈波动对我国的经济社会发展造成极大冲击，不仅造成国内物价的大幅波动，油荒在国内多次上演，而且也影响着国家的能源安全。

（3）“亚洲溢价”不合理。

中东地区的一些石油输出国对出口到不同地区的相同原油采用

不同的计价公式。亚洲溢价的深层原因一是西方“七姊妹”曾垄断中东石油勘探开发，中东石油政策在某种程度上受历史因素影响；二是中东部分国家依赖美国军事保护，故对美国原油出口采取优惠政策；三是亚洲国家过度依赖中东石油，不同于美国和欧洲的原油进口来源较多，选择余地大，而中东国家为保证其原油在上述三个市场的竞争力，便采取了三种不同的计算公式，形成了“亚洲溢价”。目前来看，由于亚洲经济实力增强，原油进口呈多元化趋势，前苏联地区、非洲、中南美的石油供给日益增加，故“亚洲溢价”正在消失。

（4）高油价对中国的影响。

近年来，国际市场石油价格大幅波动，影响了全球及中国经济发展，其原因是多重的、复杂的，需要国际社会通过加强对话和合作，从多方面共同加以解决。国际原油价格大幅波动，不仅伤害了能源进口国的经济利益，也不利于能源出口国经济的稳定发展。同时，价格波动使得石油投资的风险大大增加。一般来说，低油价大多是需求减缓、生产能力过剩等基本面因素造成的，而高油价大多是由于金融炒作、地缘政治、自然灾害等非基本面因素造成的。油价频繁大幅波动，必将造成低油价时期石油投资减缓，生产能力后劲不足，一旦需求加大，供应能力有可能出现短缺，往往会引起石油价格的又一轮疯狂上涨。国际原油价格反复大幅波动，不利于稳定投资规模，不利于持续增加原油产能，从而不利于全球石油供应的长期稳定。高油价不仅使得我国原油进口费用增高，而且助推国内其他商品价格上涨。我国成品油价格由国家控制，高油价时期，必将导致油荒再现，影响国内经济的稳定运行，通胀压力加大。

第五节　中国实现能源战略的举措

我国解决能源安全首先要立足国内，节能增效，但鉴于我国能源现状，部分能源如油气，必须依赖进口才能保证国民经济的可持续发展，加快实施“走出去”战略，积极发展新能源和可再生能源，以支持和保障经济社会的可持续发展。在未来相当长时间内，煤炭仍将是我国依赖的主要能源资源，如何实现煤炭的洁净化使用，减少对生态环境污染将成为我国能源供给中的重大课题。

1. 立足国内，建立国内能源供应保障体系

我国是能源生产大国，同时也是能源消费大国。目前已形成了以煤炭为主体、电力为中心、石油天然气和可再生能源全面发展的能源供给新格局，能源自给率始终保持在90%以上。但我国优质能源相对短缺，如石油、天然气等仍需要大量进口才能满足国内经济发展需要。2010年生产原煤32.5亿吨，净进口1.46亿吨，石油产量2.02亿吨，净进口2.36亿吨，原油对外依存度53.8%，天然气生产956亿立方米，石油、天然气对外依存度将不断攀升。

推动能源生产和利用方式变革，构建安全、稳定、经济、清洁的现代能源产业体系。加快新能源开发，推进传统能源清洁高效利用，在保护生态的前提下积极发展水电，在确保安全的基础上高效发展核电，加强电网建设，发展智能电网，完善油气管网，扩大油气战略储备。建立国内能源供给体系，保障国家能源安全，促进国民经济可持续发展具有重要现实意义。

2. 加快实施“走出去”战略，深化国际能源资源互利合作

积极推进石油“走出去”战略的实施，深化国际能源资源互利合作，积极开展有利于改善当地民生的项目合作。鼓励和支持我国石油公司的发展壮大，提高国际化经营水平，同时政府要加强实施“走出去”战略的宏观指导和服务，以维护我国海外权益，防范各类风险。

中国作为一个人口众多、对世界的影响越来越大、正在由区域性大国向世界性大国迈进的国家，应当在全球政治、经济、军事格局的大背景下思考和设计国家的能源供给战略，应在全球范围内配置我们所亟须的能源资源，尤其是油气资源，否则单凭借国内能源资源，根本无法解决中国经济高速发展的需要。具体原因：一是中国已成为全世界重要的商品生产基地，2008年中国进出口贸易总额占世界的7.88%，2010年，我国商品进出口总额达到了29727.6亿美元，出口总额超过德国，占世界第一位。中国为世界生产物美价廉商品的同时，也需获得世界范围的能源资源；二是当今世界国际化趋势不可阻遏，虽然2008年世界金融危机之后，世界部分国家贸易保护主义抬头，但改变不了贸易全球化总的发展趋势。贸易全球化，能源配置也需要全球化，所以“中国能源威胁论”论调是没有任何道理的。

3. 提倡节能增效

十分关注替代能源和可再生能源的发展，重视风能、太阳能、生物质能的研究和开发，拓宽发展替代油气的新领域，寻求替代油气消费的其他能源资源。在全社会树立资源忧患意识，使节约油气资源成为各行各业和人们的广泛共识；综合运用投资、税收、价格等手段，鼓励社会节约石油；制定并严格执行节约油气资源的政策，坚决控制不合理消费；努力提高石油的利用效率，优化产业结构，压缩高耗油产业，建立节油型经济体系；采用新工艺、新技术提高节油效果；建立健全符合市场机制的节能新机制和用能的监督管理体系，完善国家的节能测评指标。加快天然气的开发利用，促进上中下游协调发展。加强页岩气和煤层气的发展，重视天然气水合物研究。对油砂资源进行系统全面的调查和评价，鼓励油砂油开发利用。加强油页岩的开发利用技术方法研究，使油页岩得到更好的开发利用。最后，还要大力发展可再生能源。

4. 积极发展新能源和可再生能源

着力推动科技进步，积极开发水电、风能、太阳能等清洁能源和可再生能源，培育现代能源产业，形成新的经济增长点。从长期看，改善中国能源结构，必须积极发展可再生能源和新能源，不断提高清洁能源在中国一次能源消费中的比重。中国水能资源丰富，经济可开采容量4亿千瓦，转变水电开发思路，促进地方经济发展。加大国家对风电产业的扶持力度，推进大型风电场建设，推动风电设备国产化，逐步建立中国特色的风电产业体系。加快推进太阳能的开发利用，加大生物质能源的开发利用。

5. 扩大石油战略储备能力

当前，中国战略石油储备三期工程正在规划中，2020年整个项目完成后，国家战略石油储备将提升到8500万吨，相当于90天的石油净进口量，这也是国际能源署规定战略石油储备能力的达标线。

中国国家石油储备中心于2007年12月18日成立，国家决定用15年时间，分三期完成石油储备基地建设。首期四个基地已于2008年建成运营，储备总量1640万立方米；二期八个基地也均投入建设，储备总量4240万立方米。三期待选。我国首期储备基地主要位于东部沿海城市，在二期储备基地中，西部地区扮演了重要角色。

我国战略石油储备建设刚刚起步，企业商业石油储备建设也取得明显进展。加快推进我国石油储备体系建设，保障国家能源安全将变得越来越迫切。

表1—27 我国战略石油储备情况 单位：万立方米

一期		二期		三期（待选）	
名称	储备量	名称	储备量	名称	储备量
浙江舟山	500	新疆独山子	540	重庆万州	

续表

浙江镇海	520	新疆鄯善	800	海南省	
辽宁大连	300	广东湛江	500	河北曹妃甸	
山东黄岛	320	广东惠州	500		
		甘肃兰州	300		
		江苏金坛	300		
		辽宁锦州	300		
		天津	1000		

资料来源:《国际先驱导报》,2011年1月21—27日,《中国战略石油储备基地三步走》。

6. 积极发展原油、天然气期货市场，争夺油气定价权

我国是油气消费大国，原油进口居世界第二位，但却没有定价权，在原油定价机制上没有发言权，在天然气引进的价格谈判中往往处于被动局面。目前，我国正处于亚太建立原油定价中心的战略机遇期，当前亚太地区已上市的原油合约主要有日本东京工业品交易所、迪拜商品交易所、印度大宗商品交易所等，但都尚未形成成熟的原油期货市场。目前处于群雄纷争状态，可能只有1—2家期货交易所能够生存下来，成为亚太石油定价中心。而天然气属于区域性市场，我国在天然气定价方面也没有话语权，故亟须发展我国的油气市场，逐步培育我国原油、天然气现货市场，上市我国原油和天然气期货，争夺亚太油气话语权。

第六节　推进国际能源合作是实现中国能源战略的重大举措

1992年，党中央、国务院提出了充分利用国内外“两种资源，两个市场”的战略方针。国民经济“十二五”规划中进一步明确：加快实施“走出去”战略，深化国际能源资源互利合作。中国的发展需要长期稳定的能源安全保障。经济全球化使中国的市场和世界紧密相连，世界各国都在分享“中国制造”的劳动成果，与此同时，

中国深受能源短缺、环境污染、生态恶化的困扰。能源安全是一个全球性的问题，世界大多数国家都不可能离开国际合作而获得能源安全保障。“互利互惠，合作共赢”，这是我国与世界主要能源生产国家和地区建立良好互动关系的共同诉求。

2011年3月5日，国务院总理温家宝在政府工作报告中提出：“必须坚持统筹国内国际两个大局。在经济全球化深入发展和对外开放不断深化的条件下，我国经济同世界经济的联系日益紧密，互动和依存不断增强。必须树立世界眼光，加强战略思维，善于从国际形势发展变化中充分把握发展机遇，稳妥应对风险挑战，利用好国内国际两个市场、两种资源，统筹处理好国内发展与对外开放关系，真正做到内外兼顾、均衡发展。”世界多极化、经济全球化深入发展，和平、发展、合作仍是时代潮流，在能源对外合作中坚持“互利共赢”原则，加快推进国际能源合作，保障国家能源安全。

1. 国际能源合作的现状及目标

（1）国际能源合作现状。

中国石油、中国石化、中国海油、中信、中化、兖矿集团等能源公司积极实施“走出去”战略，境外油气合作领域和规模不断扩大。境外能源合作分布于五大洲30多个国家和地区。国内对外合作项目不断增加。

①双边多边能源合作机制。

改革开放以来，我国积极参加与国际能源合作，到目前为止，已与世界主要能源生产国、消费国以及国际组织开展了合作交流，建立能源合作多边和双边机制近60个。我国是世界能源理事会、国际能源论坛、APEC能源工作组、中亚区域能源协调委员会等多边能源合作机构的正式成员，与国际能源署、海湾合作委员会、石油输出国组织、欧盟等地区性组织建立了能源合作机制。同时，我国与世界多个国家签订了政府间能源合作协议，与苏丹、尼日利亚、哈萨克斯坦、土库曼斯坦、委内瑞拉、印度尼西亚、俄罗斯、伊朗、沙特等30多个国家开展油气合作，与澳大利亚、蒙古、越南、印度尼西亚等国开展了煤炭合作，与澳大利亚、哈萨克斯坦等国签署了铀资源双边合作协议，与越南、蒙古和俄罗斯等周边国家签订了跨国输电协议。

②境外油气合作区战略布局基本完成，能源“走出去”步伐加快。

截至2010年底，我国石油公司在31个国家和地区投资油气项目，在其中20个国家获得权益油。另外，煤炭等其他能源企业境外合作成果也较为显著。

中国石油：海外业务快速发展，合作项目扩大到81个，遍布全球29个国家，基本形成了中亚—俄罗斯、非洲、中东、美洲和亚太等5个海外合作区。

2010年度五个油气合作区战略布局初步完成，合作规模和领域快速拓展，中亚天然气合作取得里程碑式进展，中东地区油气合作实现战略突破。风险勘探在尼日尔项目、乍得项目、阿姆河右岸项目新增了一批优质储量。2010年原油作业产量达到7582万吨，天然气作业产量137亿立方米。阿克纠宾公司成长为中石油在海外的第四个千万吨级油田。同时新签订一批油气项目合作协议，中俄、中亚、中缅油气合作成功推进，胡宁4重油项目、加拿大油砂及非常规天然气项目等取得重要进展，澳大利亚煤层气和卡塔尔油气勘探领域实现战略性进入。

另外，炼油化工、油气管道、工程技术服务等方面的境外合作也取得较为显著成果，较为规范的国际合作经营管理体系逐步建立，培养了一批高素质的国际化人才队伍。跨国指数在“走出去”起步之初仅有2.7%，如今已提高到20%。

中国石化：初步完成在全球战略油气区的布局，形成非洲、中东、南美、南亚太、俄罗斯—中亚、加拿大6大油气生产基地。

2010年权益油产量1839万吨，权益石油储量7.93亿吨。收购瑞士Addax公司和加拿大Syncrude油砂、安哥拉油气区块、俄罗斯UDM、Repsol巴西公司部分权益等一批油气资源项目。

中国海油：中国海油油气合作区块主要分布在亚洲、大洋洲、非洲、北美洲、南美洲，在印度尼西亚、澳大利亚、尼日利亚、特立尼达和多巴哥、墨西哥、阿根廷等18个国家获得了27个油气项目，其中风险勘探区块的总面积为16.4万平方千米。

中化集团：在叙利亚、也门、阿联酋、突尼斯、巴西、厄瓜多尔、哥伦比亚、秘鲁以及印度尼西亚拥有27个油气合同区块，2010年中化集团海外权益油气产量达251万吨，权益内剩余可采石油储量5.19亿桶油当量，基本形成中东、南美两大油气战略区。

中信集团：2010年原油产量合计1500万桶，具体项目哈KBM项目、哈EM项目、哈Lancaster项目等。哈KBM项目位于哈萨克斯坦西部曼吉斯套州，主要产重质原油，中信持有50%股权，可采储量约3.1亿桶，2010年产量1300万桶；哈EM项目位于哈阿克纠宾州，主要产轻质原油，中信持有100%股权，该项目处于老井修复，新区块勘探阶段，预计其可采储量约1亿桶；哈Lancaster项目位于哈阿克纠宾州，毗邻EM项目，中信持有100%股权，该项目盐上部分已开始小规模生产，预计其可采储量约2亿桶。

中国煤炭企业积极实施“走出去”战略，成果较为喜人。境外煤炭、铀矿资源和电力开发的国际合作取得了较大进展。煤炭方面，与澳大利亚、蒙古、吉尔吉斯斯坦、土耳其、委内瑞拉等国家开展了资源合作开发项目。如山东兖矿集团2004年以3200万美元收购了澳大利亚南田煤矿，年利润为8000多万澳元，效益非常可观；2009年兖矿集团还出资33.33亿澳元收购了菲利克斯公司100%股权。

铀资源方面，与尼日尔开展了铀矿资源勘探开发项目，购买了矿权；与哈萨克斯坦、阿尔及利亚、纳米比亚签署了铀资源合作开发协议；我国在中亚的首个铀资源合资企业谢米兹拜伊铀有限合伙企业于2009年4月成立。电力方面，与越南、蒙古、俄罗斯等周边国家签订了跨国输电协议。

③我国四大油气战略通道格局基本形成。

目前，随着中哈原油管道、中亚天然气管道、中俄原油管道、中缅油气管道、海上进口LNG通道等的相继建成和启动，我国的四大油气通道格局基本形成（见表1—28）。这有利于实现石油运输渠道多元化，保障中国能源供给安全。

表1—28　我国境外四大油气管线概况

	开工建设	建成时间	管线长度（千米）	设计能力	2010年输送量
中俄原油管道	2009年4月27日	2011年1月1日	1000	1500万吨	
中哈原油管道	2004年9月	预计2012年底全部建成	2798	2000万吨	992万吨
中缅原油管道	2010年6月3日	2013年	2402	2200万吨	
中缅天然气管道	2010年6月3日	2013年	2520	120亿方	
中亚天然气管线	2008年6月30日	2010年12月，B线建成投产	1833（单线）	300亿方	约40亿方，150亿方能力

中俄原油管道：2009年4月、5月，中俄原油管道在两国境内分别开工建设，2011年1月1日建成投产，管道起于俄斯科沃罗季诺分输站，止于我国大庆，全长近1000千米，其中俄境内管道长约65.5千米，管道年输油能力1500万吨。

中哈原油管道：全长2798千米，总体规划年输油能力为2000万吨，中哈输油管线西起阿特劳，途径肯基亚克、阿塔苏（Atasu），经阿拉山口进入中国境内，最后到达独山子，全长3023千米，管径813毫米，其中中国境内253千米。2005年12月15日，中哈原油管道一期工程（阿塔苏—阿拉山口）竣工投产。2007年12月11日，中哈原油管道二期工程开工，预计2012年底全部建成。

中缅油气管线：2010年6月3日开工建设，预计2013年建成，原油管输能力2200万吨/年，天然气管输能力120亿立方米。两条管道起于缅甸皎漂市，经云南瑞丽进入我国境内。中缅天然气管道缅甸境内段长793千米，中缅原油管道缅甸境内段长771千米。

中亚天然气管线：西起土库曼斯坦和乌兹别克斯坦边境格达伊姆，途经乌兹别克斯坦和哈萨克斯坦两国，终点位于我国新疆边境霍尔果斯口岸附近，土阿姆河右岸气田是中亚天然气管道的起点和主供气源，管道总长度1794千米，采用双线并行铺设，建成后每年将输送天然气300亿立方米，稳定供气30年。经技术改造，管线可以扩能到每年400亿立方米的输送能力。2009年12月，中亚天然气管道A线正式通气，2010年10月26日，中亚天然气管道B线投产通气。

中哈天然气管道1期于2009年12月投产，是中亚天然气管道过境哈国管道。中哈天然气管道2期于2010年12月22日开工建设，2012年底投产，管输能力100亿立方米，可扩150亿立方米。管道始于哈曼格斯套州的别伊涅乌，在南哈萨克斯坦州的奇姆肯特与中亚天然气管道相连，全长1475千米。

④我国油气对外合作项目不断增加。

我国油气勘探开发对外合作稳步发展。2010年，我国对外油气勘探开发合作的项目总数由2009年的61个增加到66个，其中勘探项目38个，开发项目26个，联合研究项目2个。

截至2010年底，全国已建成3座LNG接收站，在建9座，将于2014年前陆续投产，届时总接收能力将超过4000万吨/年（约556亿立方米）。

表1—29 我国对外油气勘探开发合作情况

国内合作方	中国海油	中国石油	中国石化	合计
项目数（个）	45	18	3	66
公司数（家）	20	11	3	30※
国际石油公司（家）	5	4		6※
独立石油公司（家）	12	1	1	13※
国家石油公司（家）	1		1	2
合同区块面积（平方千米）	192602	34523	81	227206
外资公司净面积（平方千米）	168570	19239	68	187877

资料来源：中国石油经济技术研究院。

※：与不同国内公司合作的外资公司中有重复的情况，故总数不是简单合计。

⑤我国LNG接收站初具规模。

截止2010年底，全国已建成3座LNG接收站，在建9座，将于2014年前陆续投产，届时总接收能力将超过4000万吨/年（约556亿立方米）。

表1—30 我国LNG接收站建设规划情况 **单位：万吨**

所属公司	LNG接收站	一期	一期二期合计	一期建成投产	备注
中海油	福建	260		2009年7月	
	广东	680		2006年5月	
	浙江宁波	300	900	2012年	
	珠海金湾	350	700	2013年	
	奥东揭阳	200	400	2013年	
	上海	300	600	2009年10月	二期正在建设中
中石化	山东青岛	300	600	2013年11月	
	广西	300	496.1	2014年	2020年建成
中石油	大连	300	600	2011年4月	
	江苏	350	650	2011年7月	
	唐山	350	650	2013年	
民营	东莞九丰	100		2011年6月	

（2）国际能源合作目标。

中国对外能源战略的目标是建立一个可靠的境外能源供给体系，和国内能源供给体系一起，保障国家总体能源供给安全。这个体系要达到“稳定、经济、清洁、安全”的要求。

所谓“稳定”，就是要从境外长期稳定地为国家经济社会发展提供充足的能源供给，防止供应中断。为此，应积极开拓国际能源市场，以多种方式参与国际能源的勘探开发，培育国际化大型跨国能源公司，提高国际化经营水平。

所谓“经济”就是油价要合理。要通过维护国际能源市场的稳定和增大中国在国际定价权中的话语权来争取合理的能源价格，积极发展我国油气、煤炭期货市场，用实力影响国际能源市场价格。

所谓“清洁”就是要通过国际能源合作优化能源结构，减少化石能源在整个能源消费中的比例。要节能减排，减少污染，保护生态环境，应对气候变化。当务之急是扩大清洁能源进口，引进先进节能减排和发展清洁能源技术。

所谓“安全”，就是维护能源供给通道安全，确保我国能源进口安全。加强国际合作，防范和打击恐怖和海盗活动，保障能源运输通道安全，确保境外能源能够安全、畅通无阻地运回国内。同时要加强同周边能源生产国和过境国的合作，修建陆上能源运输通道，形成多元输送网络，扩大运输能力，降低运输风险，增加境外能源运输的安全度。做好海外投资环境研究，维护我国海外资产权益，防范各类风险。

2. 新的能源安全观是实行国际能源合作的思想理论基础

随着经济全球化不断发展，能源安全正成为世界性的问题。解决当今能源安全问题不能因传统的老思路，而要有适应时代发展的新思维。在此情况下，新的能源安全观应运而生。2006年7月，中国国家主席胡锦涛在八国集团与发展中国家领导人对话会议上提出了以“互利合作、多元发展、协调保障”为内容的新能源安全观。2010年5月13日，中国国务院总理温家宝在“中阿合作论坛”第四届部长级会议表示，国际社会应树立互利合作、多元发展、协同保障的新能源安全观。新能源安全观是基于对新时期全球安全状况的估计，又着眼于未来的发展而提出的新思路。能源安全是全球性问题，每个国家都有合理利用能源资源促进自身发展的权利，绝大多数国家都不可能离开国际合作而获得能源安全保障。要实现世界经济平稳有序发展，需要国际社会推进经济全球化向着均衡、普惠、共赢的方向发展。

（1）新能源安全观以共同安全为基础。

中国的能源安全观主张共同安全，即将本国的能源安全置于世界能源安全之内，所有国家在合作过程中，彼此尊重，利益兼顾，实现总体利益平衡。维护世界和平和地区稳定，是实现全球能源安全的前提条件。国际社会应携手努力，共同维护能源生产国和输送国，特别是中东等产油国地区的局势稳定，确保国际能源通道安全和畅通，避免地缘政治纷争干扰全球能源供应。各国应通过对话与协商解决分歧、化解矛盾，不应把能源问题政治化，避免动辄诉诸武力，甚至引发对抗。

（2）新能源安全观的核心是合作。

在世界发展的现阶段，各国相互依存加深，形成了你中有我、我中有你的局面。要维护能源安全，只能通过相互合作，而不能搞恶性竞争，更不能使用武力或以武力相威胁。只有通过国际合作，才能在共同维护全球能源安全的前提下，实现本国的能源安全。加强能源出口国与消费国、能源消费国之间的对话与合作，加强各国能源政策磋商和协调，完善国际能源市场监测和应急机制，维护合理的国际能源价格，促进能源供给多元化，确保各国的能源需求得到满足。加强节能技术研发和推广，推动能源综合利用，支持和促进各国提高能效。

（3）合作的目的是保障能源安全，实现互利共赢。

只有坚持互利共赢原则，国际合作的意义才能得以体现，合作的关系才能稳定持久。

3. 开展国际能源合作的对象、领域[①]和重点

积极扩大国际能源合作，重点加强周边国家及中东、非洲、南美等地区国家的油气资源勘探开发活动，确保中俄、中哈、中缅、中亚国际大通道顺利进行，进一步扩大国际合作的领域与范围，从以油气为主扩展到煤炭、电力、重大能源装备等，加强石油定价机制、战略石油储备、能源管网建设、信息共享等方面的合作。

（1）合作对象。

第一，与国际组织的合作。国际能源组织对维护国际能源市场稳定、实现国际能源安全起着重要作用。与国际能源组织开展合作可以为中国提供多边能源外交平台，提升中国在世界能源市场影响力和话语权。目前，世界上最具影响力的国际组织有：国际能源机构（IEA）、石油输出国组织（OPEC）等。迄今为止，中国与国际能源组织的合作尚不充分。因此，与国际能源组织建立密切合作关系，是中国扩大国际能源合作的当务之急。

第二，与生产国合作。中国与能源生产国需求互补，彼此依赖。

当前，中国从生产国运进石油，主要是贸易油，份额油所占比例较小。为了缩小油价剧烈波动造成的影响，提高石油供给的稳定性，中国应加大境外油气勘探投入，通过参股、并购等形式获取更多的油田股权。鉴于绝大多数政局稳定的石油富集区为国际跨国公司所有，许多石油生产国因国际油价飙升纷纷推行能源资源国有化政策，中国企业不得不更多地到局势动荡、各种矛盾突出、恐怖活动猖獗的西非—北非—波斯湾—里海—东南亚这一弧形地带寻求合

① 夏义善，新形势下中国对外能源战略探索，《危机—博弈—变革》，世界知识出版社，2011年3月。

作，开辟新的油气资源勘探开发领域。

第三，与进口国的合作。进口国之间开展合作十分必要。由世界主要石油进口国组建的国际能源机构的成功经验表明，合作能源给消费国带来好处。消费国之间通过政策协调、信息互通、稳定市场彼此取得政治互信，就可以携手抵御石油危机，避免石油供应中断，抑制国际油价上涨。中国重视与进口国间的双边和多边合作，尤其重视与美、日、欧、印之间的合作，中国与这些国家的合作领域广泛。中国石油企业与这些国家的石油公司频繁联手收购境外油气股份。中国与这些国家的政府，特别是与美国、日本、韩国、印度四国能源部长多次聚会，共谋对策。中国今后将进一步扩大和加深进口国间的能源合作。

第四，与跨国石油公司的合作。跨国公司掌握着世界很大一部分石油储量，拥有先进技术和丰富的管理经验。中国企业应加大与跨国公司的合作。与跨国公司合作的模式很多，既可以走出去，与跨国公司在海外能源市场上通过合资、合营、参股、并购等多种方式进行合作；也可以请进来，让跨国公司到中国进行油气的勘探开发，尤其是深海和页岩气领域；还可以逐步放开下游市场，目前以壳牌为首的国际石油公司纷纷抢滩中国成品油销售市场。此外，还可以通过与跨国公司合作，学习他们的技术、管理经验和在国际能源市场的发展模式，以利于中国企业的发展。

（2）合作领域。

第一，构建石油定价机制合作。石油价格安全在国家能源安全中占有重要地位，中国原油进口量占世界原油贸易总量的12.5%，居世界第二位，而中国对国际原油价格的影响却很小。目前，美国和英国等都有完善的石油现货和期货市场，拥有国际石油市场的定价权。由于亚洲地区目前没有成功的原油期货市场，原油价格不能通过期货市场公开透明的竞价机制形成。目前，欧美国家加快向亚太地区扩张，使得国际石油市场的竞争和垄断加剧。故中国应大力发展石油期货贸易，加快国内油品定价市场化，增强国际石油市场价格的话语权。联合日本、韩国、印度等进口国建立亚洲石油定价机制。

第二，石油战略储备合作。石油战略储备是维护国家能源安全的重要手段，中国石油战略储备一期已完工投产，二期正在建设。与其他消费国发展能源战略储备合作，并建立合作机制是中国融入国际能源市场，加强多边能源合作的一项重要内容。中国开展这一合作可以在两个方面进行。一是与国际能源机构合作，参与全球范围内的能源储备合作机制。中国当前需要就建设地下石油储备设施、在紧急情况下释放原油储备的方式和信息分享等方面与其进行合作，并借鉴国际能源机构成员国的经验，尽快出台中国的战略储备制度。二是推动亚洲区域战略石油储备合作。亚洲只有日本、韩国拥有完善的石油储备制度，其他国家和地区只有石油公司义务储备制度。一旦发生紧急情况，亚洲大部分国家可动用的石油储备十分有限。因此，为保证地区各国石油供给安全，亚洲国家可以利用优势互补，运用日本、韩国的技术和经验，共同投资储备设施建设，建立地区石油储备合作机制。

第三，能源运输管网合作。巨大的油气需求和区位优势，使中国既是境外油气管道的接收国，又是通过油气管网连接俄罗斯和中亚油气生产国与亚太地区日本、韩国、印度、东盟国家等能源消费国的重要通道和纽带。中国已经同油气生产国合作，修建了中哈原油管道、中亚—中国天然气管道、中俄原油管道，中缅油气管道正在修建，并计划修建中俄天然气管道。建设通到中国和经过中国通往日本、韩国、印度、东盟、东南亚国家的油气管网是中国开展国际能源长期合作的一项战略性工程。

第四，油气勘探开发与新能源和可再生能源研发利用的合作。发达国家在能源勘探开发、节能、增效、新能源和可再生能源的研发等领域拥有技术、管理和人才优势。而中国在这些领域有着巨大的需求。引进发达国家的技术、经验、人才和资金，可以促进中国能源勘探开发，提高能源产品的利用效率和增加产品的附加值，满足高速发展新能源和可再生能源的需求。中国正积极发展与美国、欧盟、日本等国在这些方面的合作。

第五，信息共享合作。高质量的能源安全与能源技术信息共享有利于有效地实施管理、防范风险、保障能源安全。目前，中国在多边和双边层面上已经开展了能源领域的信息交流与合作，但是实现快速、高质量的信息互递还需要进一步增加互信，以不同方式加入世界某些能源多边合作机制，建立广泛的信息共享网络。

（3）合作重点。

扎实开展周边国家的能源资源合作　中国与周边国家地缘相近、文化相通、经济互补，不仅是友好邻居，也是重要的合作伙伴。毗邻国家交通便捷，成本较低，不需经过第三国，安全系数也大。深入发展与邻国的能源合作关系，有利于双方的根本利益，也有助于建立稳定、繁荣的和谐地区。从现实情况和条件看，周边地区的能源资源合作主要以中亚、俄罗斯为重点。同时加强与蒙古、缅甸等资源国的关系。中亚里海地区油气资源极其丰富，被公认为“21世纪新的能源基地”。中国和中亚各国地缘政治优势得天独厚，资源、市场强力互补，还可通过上海合作组织的平台展开能源合作，推进区域油气、电力管网的一体化建设。应继续高度重视与俄罗斯的能源合作，并将其视为深化两国战略协作伙伴关系的重要方向。同时注意把握时机，循序渐进，以中亚能源合作为突破口调动俄罗斯的积极性，发展多边合作，促进地区共同发展。

继续推进与中东地区的油气合作　在未来三十年，中东地区依然是世界石油重要的供给区，也是中国能源进口的一个重要基地。中东丰富的油气资源造就了其地缘政治复杂，各方争夺激烈，不测因素增多。中国应继续保持与沙特等石油大国的传统合作，同时相机增加对伊朗、伊拉克的投入，包括基础设施建设、油田勘探开发、油气化工等领域。这些国家投资风险大，相对机遇也多，可采取“见缝插针”、灵活多样的项目开发方式，包括合资、自主经营、并购、参股等。合作规模由小到大，争取先站住脚，再试图扩展。

进一步拓展与非洲、南美的能源合作　非洲未来油气资源增长势头较快，油气资源争夺逐年加剧。中、北非油气资源丰富，但勘探开发程度相对较低。中国和非洲具有传统友谊的优势，强调互惠、互利、共赢，不断完善合作方式，扩大合作规模，确保中国公司在这一石油勘探开发“核心战略区”的重大利益。同时，以委内瑞拉为重点，积极发展南美地区的能源合作，包括有重点地收购西方公司的资产，并寻求与当地大石油公司的项目合作。

加强与美国等西方发达国家的能源战略对话　美国作为世界的头号石油消费大国，力图通过经济、军事、高油价等手段对我国进行遏制，双方的能源竞争难以避免。如何减缓两国之间的经济摩擦，促进协调合作，对营造良好国际能源外交环境十分重要。中国宜积极参与美国等西方国家关于能源问题的双边和多边对话，建立正常合作机制。

4. 推行国际能源合作的有利条件和不利因素

当前世界正处于大发展大调整大变革之中，国际金融危机引发全球经济发展模式、供需关系、治理结构调整的变化，外部环境更趋复杂，存在较大的不确定性；国际大石油公司正积极实施全球战略调整，优化业务结构和布局；国家石油公司强力崛起，业务向综合一体化方向发展，对行业发展的影响不断增强；国际油气合作向跨国石油公司资金技术主导和向国家石油公司资源主导转变，服务合同将成为主流合作模式，外国公司不再是资源的拥有者，而只是技术和资金的提供者。因此，海外业务的发展面临诸多困难与挑战，同时存在政治、经济及人员安全等方面的许多风险。

（1）我国推进境外能源合作的有利条件。

我国经济、政治基础不断加强　经过三十几年的改革开放，我国政治稳定、社会和谐，经济规模不断扩大、经济实力显著增强。我国已成为世界第二大经济体，外汇储备名列世界前茅。2010年我国国内生产总值397983亿元，首次超过日本，居世界第二位，2010年末国家外汇储备28473亿美元，比上年末增加4481亿美元[①]。经济实力的增强，使我国开展境外能源合作的物质基础更为坚实，能源企业参与国际能源市场竞争与合作的实力得到提升。我国一贯坚持以和平共处五项原则处理国家间关系，以“睦邻、安邻、富邻”政策发展同周边国家关系，因此我国同邻国以及油气资源富集的中东、中亚、非洲、南美地区广大发展中国家一直保持着良好的政治关系。在开展国际能源合作中，我国积极倡导新能源安全观，突出“互利共赢”原则，坚持走合作对话与和平发展之路，赢得了越来越多国家的认同。我国日益扩大的能源需求本身，也是可资利用的一种市场优势。我国公平正义的国际形象、平等互利的合作精神，为我国的境外能源合作奠定了可靠的政治基础。另外，国家在宏观战略和能源政策上给予了引导和大力支持。我国在国民经济“十二五”规划中明确提出，加快实施“走出去”战略，深化国际能源资源互利合作。国家重视，企业努力，近年取得的成果显著。

我国在能源勘探开发方面具有人才、技术优势　新中国成立以来，我国石油企业经过六十多年的国内外油气勘查开发实践，积累了丰富经验，培养出了一批高科技专业人才、高技能人才、高层次人才和国际化人才，形成了素质优良、结构合理、数量充足的人才队伍。在油气勘探开发诸多技术领域已居世界前列，高含水与低渗透等复杂油气藏开发、三次采油等特色技术达到国际先进水平。这些队伍在境外走出去的勘探开发中可以发挥重要作用。辽河的稠油，长庆的“三低”油气藏取得重大突破。具有多项自主创新知识产权的第六代深水半潜式钻井平台“海洋石油981”顺利出坞，最大作业水深3000米，钻井深度可达10000米，填补了我国深水钻井特大型装备项目的空白。世界首台1.2万米超深井钻机研制成功。中石油东

① 国家统计局,《中华人民共和国2010年国民经济和社会发展统计公报》，2011年2月28日。

方物探公司的地球物理勘探业务综合实力排名已上升至全球第三位。

海外石油队伍整体实力逐步增强　自20世纪90年代中期在苏丹开始首个油气作业项目以来，我国企业的海外油气业务发展迅速，实现了由单一合作开采向跨国并购、风险勘探和上下游一体化的跨越。从美国《石油情报周刊》公布的2009年世界最大50家石油公司排名可以看出，中国石油、中国石化和中国海油的国际竞争力逐年上升，已分别位列世界第5、第25和第38位（表1—31）。在世界财富500强排名中，中国石油、中国石化和中国海油的排名分别为世界第10、第7和第252位（表1—32）。同时，我国的石油企业经过十几年的境外摸爬滚打，培养出一批高技能、高素质的国际化人才，形成了素质比较优良、结构比较合理、数量相当可观的人才队伍，并开发出一系列先进实用的海外油气勘探开发技术，建立起一套比较科学的项目评价和决策体系，积累了一定的境外项目投资经验。通过担当作业者，增长了对各类地区、各种项目的实际运作能力，积累了与国外伙伴、资源国政府成功合作的经验。另外，我国石油企业已建立起比较强大的石油工程技术服务和研发队伍。

表1—31　中国石油公司在世界财富500强综合排名

	2002	2003	2004	2005	2006	2007	2008	2009	2010
中石油	81	69	52	46	39	24	25	13	10
中石化	86	70	54	31	23	17	16	9	7
中海油	–	–	–	–	–	469	409	318	252

资料来源：美国《财富杂志》。

表1—32　中国石油公司在世界最大50家石油公司综合排名

	2001	2002	2003	2004	2005	2006	2007	2008	2009
中石油	10	10	10	9	7	7	5	5	5
中石化	23	26	28	28	28	29	25	25	25
中海油	–	–	–	–	–	51	48	48	38

资料来源：美国《石油情报周刊》。

（2）我国推进境外能源合作的不利因素。

保障能源安全的任务越来越重　依据中长期经济发展目标，2020年我国将实现GDP总量在2000年基础上翻两番，2050年达到中等发达国家水平。伴随工业化、城市化和现代化进程的加快，我国能源消费总量还将大幅增长，仅依靠自有能源远不能满足经济发展和社会进步对能源总量、质量与品种的需要。充分利用“两种资源、两个市场”，积极参与国际能源合作，从国外多元渠道稳定、安全地进口优质能源资源，已成为保障我国能源可持续发展的必由之路。随着我国能源对外依存度的不断提高，国际市场能源供需状况及能源价格、双边和多边关系及国际形势对我国能源安全的影响不断增大，能源外交的作用进一步凸显。当前，国际能源格局面临着新的调整，影响能源秩序演变的重要因素逐渐从传统的油气资源扩大到新能源和节能减排等问题。全球范围内，在新能源开发、节能减排技术应用以及环境保护等领域的国际合作不断升温，各国围绕制定新规则、争夺主导权的外交博弈日趋激烈。因此，我国的能源外交除了主要保障稳定、可靠和安全的境外油气资源供应外，还应加强在新能源和环境保护等领域的国际对话与合作，并深入研究应对可能面临的新挑战。

获取境外能源资源的难度不断增大　首先，全球范围内便于开采的油气资源越来越少。据美国《石油情报周刊》的数据，全球石油87.5%的剩余可采储量和91.6%的产量被世界50家最大的石油公司所垄断，可供勘探开采的优质油气资源要么分布在边缘地区和深海盆地，要么处于政治、经济、社会不稳定的国家和地区，投资以及安全风险大大增加。我国石油企业在海外不仅受到欧洲、美国、日本跨国石油公司的联合挤压，还受到印度、巴西等新兴大国石油公司的竞争与挑战。其次，石油资源国对本国石油市场的掌控不断加强。近几年，国际原油价格持续飙升，石油公司利润快速增长，石油资源国对本国石油市场的垄断呈逐渐加强之势。有关国家通过调整相关法律法规、税费政策，增加国家对能源公司的控股比例等手段，加强对本国油气资源的控制，收紧开采政策。国际能源领域的这种国有化趋势，将使我国直接开发国外能源资源的空间进一步缩小，投资风险进一步增大。

我国能源企业“走出去”的政治阻力依然很大　我国能源需求持续攀升，石油进口不断增长，能源企业“走出去”步伐加快，与西方发达国家的竞争冲撞增多。美国及西方发达国家的媒体不断散布“中国能源威胁”、“中国能源新殖民主义”、“中国是全球气候变暖的首要贡献国”等论调，丑化我国国际形象，恶化我国国际能源外交环境，阻碍我国能源企业开拓境外油气资源。

5. 国际金融危机以来，国际能源合作的新突破和新进展

2008年下半年爆发了国际金融危机，世界经济受到了剧烈的冲击。目前，中国、印度、巴西等新兴经济体较快地摆脱了危机，而美国、欧洲、日本等发达国家迄未完全摆脱危机的阴影。这场危机给中国既带来了机遇，也带来挑战。挑战是中国经济遇到前所未有的困难，增速减缓。机遇是给中国企业，特别是能源企业扩大国际合作提供了可能。由于国际能源需求下降、国际油价一度下跌、石油天然气等能源资源供大于求，一些大的能源资源国普遍出现与中国开展合作的意愿。中国把握机遇，扩大了国际能源合作。

（1）扩大了与美国、日本等消费大国及国际能源组织的合作。

扩大了同美国、日本、欧洲等发达国家和国际能源组织的合作。充分利用双边多边能源合作机制，围绕能源安全、气候变化和技术资金等问题，加强政策对话和交流，增进政治互信，巩固扩展合作成果，为中国企业扩大国际能源合作创造了良好条件。

（2）利用国际石油需求短时下降的机会，增加了国家石油战略储备。

金融危机爆发前中国石油战备储备第一期工程完工，第二期工程开工。中国利用国际石油市场供应充裕、油价偏低的机遇，购进并储备了一定数量的原油，避免了因中国大量购油可能引起的国际油价波动。

（3）签署了多项用贷款换资源的协议。

签署多项用贷款换石油合同。国际金融危机后，许多资源国遇到资金困难，纷纷抛售原油。此时中国同他们签署了多笔用贷款换石油大单。2009年5月，中国在短短数天内，接连同俄罗斯、巴西、委内瑞拉签署了三笔长期供油大单，中国贷款达430亿美元。此后，中国又同厄瓜多尔等多个资源国签署了用贷款换石油的长期协议。这些协议既缓解了资源国的资金紧缺，又在一定程度上满足了中国对石油的需求。

（4）签署多项海外并购协议。

国际金融危机后中国企业在收购油田项目和劳务合同方面也取得进展。签署了多项海外并购合同。其特点是：

一是并购项目多，劳务合同规模大。其中最突出的是中石油2009年在伊拉克与BP联合竞得该国最大的鲁迈拉油田服务合同，2010年1月28日，中国石油联合道达尔、马来西亚国家石油公司、伊拉克南方石油公司与伊拉克米桑石油公司签署为期20年的哈法亚油田开发生产服务合同，中国石油担任作业者并持有37.5%的权益，该油田含油面积239平方千米，可采储量约为41亿桶。

2009年中石化以72.4亿美元收购了瑞士Addax公司，这是迄今中国企业在海外最大的一笔油气资产收购。另外中石化2009年还收购了安哥拉15/06、17/06、18/06区块部分权益，加拿大Synenco公司10%权益，特多EB和Talisman资产5个项目等。中石化2010年12月10日宣布，以24.5亿美元收购美国西方石油公司阿根廷子公司

100%股份及其关联公司。

2010年3月，中海油获得英国天然气公司在昆士兰州煤层气资源区块权益以及煤层气液化生产线部分权益。2010年12月，中海油投资5000万澳元获得澳大利亚爱克索玛能源股份有限公司煤层气项目探矿权。

2010年3月，中海油与阿根廷Bridas Energy Holdings Ltd签署协议，将其全资附属公司Bridas Corporation改组为各占50%的合资公司，现金对价31亿美元①。

2010年11月16日，中海油购入切萨皮克能源公司鹰滩页岩油气项目33.3%的权益，交易金额10.8亿美元。中海油2011年2月17日宣布，公司购入切萨皮克公司丹佛—朱尔斯堡盆地及粉河盆地油气项目共33.3%的权益，交易金额5.7亿美元②。

2011年2月22日，中石油与哈萨克斯坦国家油气公司签署了《关于哈萨克斯坦乌里赫套项目合作的原则协议》，根据协议，双方将按各占50%的权益成立合资企业，联合勘探乌里赫套气田，为中哈天然气管道二期提供气源保障③。

二是地域广，规模大，品种多，范围大。地域涵盖非洲、中东、南美、北美、俄罗斯、中亚、亚太等各个地区。品种包括石油、天然气、液化气天然气、油砂、铀、煤等各个能源品种。范围不仅包括上游开采，还包括下游运输、炼制、销售。2010年我国石油公司境外单起并购金额超过30亿美元的有4起，为史上最多（表1—33）。近年海外并购呈现以非常规和深水业务为主的特点，2010年占海外并购金额的80%以上，主要集中在西非、加拿大、巴西等非常规和深水热点区域（表1—34）。

---

① 中国海洋石油有限公司，2010年中期报告。

② 中国海洋石油有限公司网站。

③ 王海燕，中哈签署新的油气合作协议，《中国石油报》，2010年2月23日。

表1—33　中国石油公司2010年境外收购情况统计

日期	收购方	出售者	交易总金额亿美元	上游资产类型	主要资产分布地区	主要资产
12月	中石化	西方石油	24.5	常规	阿根廷	阿根廷陆上石油资产
11月	中石化	雪佛龙	6.8	深水	印尼	深水天然气项目
10月	中海油	泛美能源	35.3	常规	阿根廷	阿根廷陆上常规资产
10月	中海油	Chesapeake	10.8	页岩气	美国	美国陆上非常规气
10月	中石化	Repsol	71	深水	巴西	巴西深水项目
5月	中化	挪威国家石油公司	31	深水	巴西	巴西深水项目股权
5月	中石化	康菲	46.5	油砂	加拿大	加拿大油砂项目
5月	中石油	壳牌	3.5	常规	叙利亚	幼发拉底项目
5月	中投	Penn West	7.8	油砂	加拿大	Peace River油砂项目
3月	中海油	Bridas	31	常规	阿根廷	阿根廷陆上常规资产
3月	中石化	AED	5.6	深水	东帝汶	帝汶海（Timor Sea）Puffin油田60%权益
3月	中石油	ARROW	19	煤层气	澳大利亚	澳大利亚煤层气项目

资料来源：中国石油经济技术研究院。

表1—34　中国石油公司近年境外深水和非常规收购情况统计

日期	收购方	出售者	交易总金额亿美元	上游资产类型	主要资产分布地区	主要资产
2010年11月	中石化	雪佛龙	6.8	深水	印尼	深水天然气项目
2010年10月9日	中海油	Chesapeake	10.8	页岩气	美国	美国陆上非常规气
2010年10月1日	中石化	Repsol	71	深水	巴西	巴西深水项目
2010年5月25日	中化	挪威国家石油公司	31	深水	巴西	巴西深水项目股权
2010年5月14日	中石化	康菲	46.5	油砂	加拿大	加拿大油砂项目
2010年5月5日	中投	Penn West	7.8	油砂	加拿大	Peace River油砂项目
2010年3月14日	中石油	ARROW	19	煤层气	澳大利亚	澳大利亚煤层气项目
2009年6月25日	中石化	Addax	73	深水	尼日利亚	尼日利亚深水项目

续表

2009年9月4日	中石油	阿萨巴斯卡公司	17	油砂	加拿大	加拿大油砂项目
2006年1月9日	中海油	Atlantic公司	26	深水	尼日利亚	尼日利亚深水项目
2005年4月12日	中海油	MEG能源集团	1.2	油砂	加拿大	加拿大油砂项目
2004年4月8日	中石化	壳牌	6	深水	安哥拉	深水18区块50%权益

资料来源：中国石油经济技术研究院。

三是收购方式除了独家收购外，还采取联合竞购。例如，中石油与BP石油公司联手夺得伊拉克最大油田——鲁迈拉油田。中石油与壳牌联手拿下卡塔尔Block D区块；2010年8月，中石油联合壳牌成功收购澳大利亚Anow公司，以每股现金4.7澳元的价格收购Anow公司全部股份，收购对价约为35亿澳元[①]；中海油与土耳其石油公司联手获得伊拉克Mi ssan油田的开采权。通过这些合同的签署，扩大了世界油气的投资和产量，既缓解了中国的能源供应，也有利于世界能源安全。

（5）通往中国的国际油气管道建设取得新进展。

通往中国的国际油气管道工程取得新进展。2008年10月，中俄签署贷款换石油协议的同时，达成修建中俄原油管道协议，2011年1月1日，该管道建成通油。2009年12月，中亚天然气管道建成并向中国供气，计划最终供气量为：土库曼斯坦400亿立方米，乌兹别克斯坦100亿立方米，哈萨克斯坦100亿立方米。2009年3月签署中缅油气管道政府间协议，管道已开始施工，计划年输油能力2200万吨。

① 《中国石油联合壳牌成功收购澳Anow公司》，中国石油报，2010年8月25日。

6. 加快实施“走出去”的几点思考

（1）建立海外油气风险勘查基金。

鼓励国内企业以多种形式参与境外油气资源勘探开发和投资合作，并在政策上予以扶持。鉴于国际上能源竞争加剧，企业走出去的困难增多，高油价下油气资产价格飞涨，勘探开发建设及运行成本大幅提高，加之一些地区政局动荡，安全风险较大。建议在石油特别收益金中设立境外油气资源风险勘探基金，专项用于开展国外油气资源基础性、前瞻性战略调查评估，增加优选目标国和地区的客观性、准确性，尽量减少企业境外投资的风险。

（2）建立能源安全运输的应急预案。

组建国家级油气运输船队，并采取相应措施，保障能源海上运输安全。与东北亚有关的油气资源进口国和过境国共同探讨马六甲海峡运输通道安全应急预案，在通道及海域有效防止恐怖分子和海盗的破坏，同时高度关注海啸等自然灾害的影响。对于陆路跨境油气资源通道，应遵照国际惯例和双边协议，完善有关规则，确保能源、资源的安全畅通。

（3）加强多边能源外交合作。

在世界能源国际化的背景下，能源消费国与生产国之间相互依存、积极对话的趋势在加强，地区和全球多边能源外交机制在进一步完善。坚持以双边合作为主线的同时，应更加重视国际上的能源对话与交流。需继续加强与国际能源组织在石油战略储备、能源相关信息共享、能源政策协调、能源技术推广等方面的沟通联系。以国际能源组织为平台，进一步拓展世界能源开发利用的互利合作，加强能源出口国和消费国之间、能源消费大国之间的对话协调，完善国际能源市场监测和应急机制，促进可持续能源供应，实现能源进口全球化和多元化，为我国创造良好的能源国际环境服务。

（4）建立全球油气资源投资环境风险评价预警机制。

国外资源国对外招标的项目资源条件越来越高，技术难度也越来越大，面临的投资风险越来越多。如目前中东和北非的骚乱和动荡，这将给我国境外能源企业的生产经营、人身安全、财产安全造成不可估计的损失，如何有效预测和研判世界重点油气区的发展趋势、政策走向等，将显得越来越迫切。

第七节　中国对待国际能源合作的一些重大和特殊问题的立场和原则

1. 苏丹达尔富尔和苏丹南部独立问题

2011年7月9日，非洲大陆诞生了第54个主权国家南苏丹。2010年2月，苏丹政府与达尔富尔反政府组织之间达成和平协议，结束了长达7年武装冲突，走上了分治之路。

长期武装冲突是油气资源惹的祸。据BP数据，截至2010年底，苏丹探明石油可采储量9亿吨，2010年产量2393.9万吨，是非洲第六大产油国。苏丹3/4以上的油气资源集中分布在南苏丹地区，而石油出口管道和港口、炼油厂等都集中在北部。正是围绕石油收入分配问题导致北南反目。

如今南北分治，今后石油收入的分享、边界的划分（特别是盛产石油的阿卜耶伊和南科尔多凡两地区的归属）以及未来就公民身份和对自然资源管理所做的安排都可能成为争议的焦点，甚至成为引发新的武装冲突的导火索。为防止冲突再起，联合国于南苏丹独立前一天7月8日投票成立7000人的维和部队，以维持该地区来之不易的和平。

世界大国热切关注南苏丹独立，并提前打响了石油争夺战。美国本来就是南苏丹独立的幕后推手，面对新的机遇更是摩拳擦掌。美驻朱巴总领事R·巴里·沃克利说："从某种程度上讲，游戏才刚刚开始。”美国现在每年给南苏丹提供3亿美元发展资金和1.5亿美元的食品援助，还在为该国修建首条铺石公路提供资金。而出席南苏丹独立庆典的俄罗斯总统特使米哈伊尔·马尔格洛夫则称，俄必须“尽快而且目标远大地抓住机遇并在南苏丹经济中找到自身位置”。日本、印度、马来西亚和韩国也去争抢南苏丹基础设施项目。

中国一贯尊重苏丹人民的意愿和选择。就在南苏丹独立的当日，中国即宣布两国建立正式外交关系，中国国家主席胡锦涛致电热烈祝贺南苏丹独立并派特使出席庆典。中国是苏丹北南双方共同的朋友。6月苏丹总统巴希尔访华。8月中国外长杨洁篪访问苏丹和南苏丹。杨外长语重心长地劝苏丹北南双方抓住和平发展机遇，指出“和则两利，斗则俱伤”。中国一直劝和促谈，并在多边场合积极斡旋，为缓和地区局势做出了重要贡献。

中国还为本地区的石油开发建设做出了特别贡献。15年前，苏丹是联合国确定的世界十个最不发达国家之一，15年后，苏丹已成为世界上一个重要的新兴石油生产国和出口国。这些都得益于苏丹与中国在石油领域的良好合作。苏丹石油产量的2/3出口到中国，苏丹成为中国六大石油供应国之一。南苏丹独立后，中国致力于发展同苏丹北南双方紧密的政治关系和良好的经济合作关系。

2. 伊朗核问题

伊朗是世界油气生产大国，也是中国主要的石油供应国之一。伊朗核问题十分复杂、棘手。这一问题的解决关系到世界油气供应和中国的能源安全。因此，中国十分重视伊朗核问题的解决。中国的立场是：

中国主张通过对话与协商和平解决伊朗核问题。认为使用武力后果严重，希望有关各方加大外交努力，推动对话进程，使问题得到全面、长期、妥善的解决，中国准备为此做出自己的努力。

中国对伊朗核问题的原则立场是：坚决维护国际核不扩散体制，

反对核扩散，同时也坚持各国有和平利用核能的权利。

中国对联合国对伊朗实施制裁坚持两点：一、不主张扩大制裁，以免影响伊朗民众的生活和伊朗对外正常的经济、金融、贸易交往。二、实施制裁并不意味放弃和削弱通过对话实现伊朗核问题和平解决的努力。总之，实施制裁不要损害伊朗民众的利益，不要损害其他国家的利益，要有利于维护国际核不扩散体制。

3. 索马里海盗和维和问题

近年来，索马里海盗活动猖獗，对亚丁湾和非洲之角海域航行安全构成威胁。包括中国在内的国际社会派出军舰到索马里海域巡逻、护航，对维护海上运输安全起到了一定的作用。但是，索马里内部不和及政府失能，给索马里南部的伊斯兰恐怖组织和海盗勾结以可乘之机。如果索马里和也门一旦被恐怖组织控制，亚丁湾将变成被恐怖分子包围的海上通道，“非洲之角”将成为恐怖活动的“天堂”，国际能源运输安全会受到影响。

中国的立场是：

为了保障本国和其他国家船只航行安全，中国决定与其他大国一道，出动军舰到海盗活动的海域巡逻护航。

解决海盗问题的根本办法是解决索马里内部不和、政府失能、经济恶化和民众贫困问题。索马里内部问题是产生海盗的根源。这些问题不解决，海盗问题永远也解决不了。国际社会要重视这一问题，商讨和提出解决办法。中国要为实现这一地区的航海安全做出贡献。

4. 对产油国的社会责任问题（资源国的环保及社会发展）

随着中国经济的持续发展和能源需求不断增加，中国能源企业跨出国门寻求和从事国际合作的日益增多。中国政府一直重视本国企业履行跨国社会责任，要求他们在国外保护生态环境，回报当地社会，实现“互利双赢，共同发展”。中国企业在国外应做好以下两项工作：

第一，保护好生态环境。中国企业必须"坚持能源开发与生态环境和谐"的方针，本着对资源国高度负责的态度，完善生态保护措施，推广、应用有利于生态环境保护的新技术。对跨国工程项目的立项和实施要切实做到"三不"："不符合环保要求的决不立项，决不开工，决不投入使用"。

第二，履行好社会责任，回报当地社会。中国企业必须尊重当地人民的生活习惯，与当地人民和睦相处，为当地人民创造就业机会，按时足额纳税，积极参与当地公益事业，帮助当地人民改善生活、医疗、教育和文化条件，积极推动资源国经济和社会发展。

5. 关于南海问题的立场与态度

我国与东南亚相关国家围绕南海争端主要涉及两方面问题：一是领土主权争端，即岛礁主权归属问题；二是海域管辖权争端，指专属经济区和大陆架界限问题。

中国对南海的主权，有充分的历史和国际法依据。自西汉在海南设郡以来，历代都行使了对南海的主权。直到20世纪中期，我国历代政府一再明确宣布对南海诸岛拥有主权。20世纪60年代中后期以来，南海地区丰富的油气资源，以及极其重要的战略位置和海上通道，才引起周边国家的觊觎，纷纷展开了争夺岛礁，争夺油气资源的行动。

一是中国对解决南海争端的立场和行动。中国立场"主权在我，搁置争议，共同开发"。所谓"主权在我"，即中国享有九段线[①]内全部岛礁及所属领海的主权。中国对南海的主权多少世纪以来在国

① "九段线"是我国在南海海域国界线的一种叫法。1947年，当时的中国政府内政部方域司在其编绘出版的《南海诸岛位置图》中，以未定国界线标绘了一条由11段断续线组成的线。新中国成立后，经政府有关部门审定出版的地图在同一位置上也标绘了这样一条线，而只是将11段断续线改为9段断续线。这一条线通常被称为传统疆界线。

际上未引起争议。1958年越南总理范文同就承认南海诸岛归中国所有致我国政府的照会，就是有力的证据。尽管如此，中国面对周边国家蚕食我国南海岛礁及单独开发油气资源的行径始终保持克制态度。中国一直是贯彻《南海各方行为宣言》的模范。中国至今未在南海钻探一口井，成为南海争端最大的利益受害者。

二是越南、菲律宾等周边相关国家的立法和行动。菲律宾等国声称对南海部分岛屿拥有“主权”，越南扬言南海诸岛全归其所有。南沙海域50多座岛礁中有44座被有关国家侵占，其中越南占得最多。越南、菲律宾等有关国家对中国“搁置争议，共同开发”的倡议置之不理，单方面将区块对外招标，这些区块有的完全伸入中国南海断续线以内，故意在国际上制造事端。眼下，在南海海域有越南等国的1000多口油井林立，每年在南海地区单方开采石油6000万吨和天然气400亿方[①]。这与滴油未沾的中国形成多么强烈的反差。

三是解决南海问题的出路。南海问题的解决只能是域内有关国家一对一坐下来谈判。这里不需要域外第三国插足，越南、菲律宾企图将争端复杂化、联盟化、国际化，甚至妄想利用美国“重返亚洲”的机会，联美制衡中国，乃至以为美国会为他人火中取栗，这完全不靠谱。

只有切实贯彻有关各方共同签署的《南海各方行为宣言》，把“共同开发”变为相关国家的共识，并确实付诸行动，才是解决南海问题的现实出路。

第八节　中东北非乱局和日本大地震对世界油气供需、油价、能源战略格局的影响

中东和北非地区是名副其实的火药库，其因素多种多样，主要

① 南海问题四个认识误区，《环球时报》，2011年6月28日。

包括：油气资源丰富、人口持续膨胀、环境不断恶化、经济停滞不前，再加之政治、民族和宗教关系紧张，至今仍无法调解[①]。日本核泄漏影响目前仍在发展之中，对日本及世界将产生深远影响。

1. 中东北非乱局和日本大地震、海啸及由此引发的核泄漏事故发生

（1）中东北非乱局。

中东和北非资源状况　中东地区[②]蕴藏着丰富的石油与天然气资源，据USGS数据，中东地区待探明石油资源量为232.6亿吨、天然气液95.8亿吨、天然气31.5万亿立方米，分别占世界的23.4%、32.5%和21.4%。据BP数据，2010年石油剩余可采储量1017.76亿吨，占世界总量的54.4%。天然气剩余可采储量75.8万亿立方米，占世界总量的40.5%。

北非地区[③]石油与天然气资源较为丰富，据USGS数据，北非地区[④]待探明石油资源量为82.3亿吨、天然气液16.2亿吨、天然气7.3万亿立方米，分别占世界的8.3%、5.0%和5.5%。据BP数据，2010年北非石油剩余可采储量702.47亿吨，占世界总量的5.1%。天然气剩余可采储量8.26万亿立方米，占世界总量的4.42%。

据BP数据，2010年，中东国家石油出口9.36亿吨，主要出口到亚太（占中东出口总量的75.60%）、欧洲（12.47%）、美国（9.19%）等国家及地区；北非国家石油出口为1.44亿吨，主要出口到欧洲（占

① Nicole Gnesotto, Giovanni Grevi著，范炜炜译，《2025年世界将发生什么》，东方出版社，2010年1月。

② 中东地区包括位于阿拉伯半岛上的沙特、也门、阿曼、阿联酋、卡塔尔、科威特和巴林7个国家以及伊朗、伊拉克、以色列、约旦、黎巴嫩、叙利亚，共计13个国家。

③ 北非地区指非洲北海岸，从埃及到西撒哈拉。主要包括埃及、利比亚、突尼斯、阿尔及利亚、摩洛哥、苏丹、毛里塔尼亚七个国家。

④ USGS划分的北非单元包括阿尔及利亚、厄立特里亚、利比亚、摩洛哥、苏丹、突尼斯、意大利、马耳他和土耳其。

北非出口总量的58.2%)、美国(20.5%)、中国(7.0%)和加拿大(4.1%)等国家及地区。

表1—35　中东地区待发现油气资源潜力

地区	石油(亿吨)	天然气(亿立方米)	天然气液(亿吨)
中东地区	232.6	314520	95.8
北非地区	82.3	73445	16.2
世界	992.1	1471617	294.5
中东所占比例(%)	23.4	21.4	32.5
北非所占比例(%)	8.3	5.0	5.5

资料来源：USGS，资源潜力数据不包括以色列和黎巴嫩；单位换算：1吨=7.3桶，10亿立方英尺=0.2832亿立方米。

中东北非乱局的根源　突尼斯爆发的“茉莉花革命”引发了多米诺骨牌效应，中东和北非多个国家发生了政局的动荡。尤其是利比亚，自2011年初以来骚乱不断升级，美国、欧洲等西方大国纷纷介入，前景扑朔迷离。

中东北非局势持续恶化有外因和内因两个方面。外因是世界经济低迷，美欧日都面临经济低增长和财政恶化问题，新兴国家也受通货膨胀困扰。非洲形势更为严重。国际金融危机对其冲击较大，大宗商品价格上涨，通货膨胀远高于GDP增速，物价持续攀升，失业率居高不下，下层民众贫困化加剧，金融危机发展为政治危机，另外还有西方的民主输入；内因是年事已高领导人贪权恋位、家族统治，两极分化严重，贪污腐败成灾，民怨沸腾，酿成动乱。

(2)日本核泄漏。

2011年3月11日，日本东北部近海发生里氏9级地震。

3月12日开始，福岛第一核电站1号、2号、3号、4号机组相继发生爆炸，核泄漏物质开始在全球扩散。

4月4日，日本开始向大海排放福岛第一核电站1至4号机组集中废弃物处理设施等存储的约9000吨低放射性污水。

4月12日，日本原子能安全与保安院决定将福岛第一核电站的核泄漏等级由5级提高到7级，与前苏联切尔诺贝利核电站相同，达到了核泄漏等级的最高级别。

2. 中东北非乱局和日本核泄漏事故对国际能源形势的影响

（1）对世界油气供需的影响。

2010年，利比亚原油产量为7746万吨，即使利比亚原油全部中断，欧佩克400万桶/天的石油剩余产能也可弥补其缺口。目前叙利亚、也门等国骚乱持续，可能短期难以平息，如果危机向中东北非主要产油国蔓延，将会对世界油气的供需格局产生重大影响。但美国、欧洲、中国等主要能源消费国不希望出现油气供给中断，中东北非主要产油国也不希望本国发生动乱，故这场危机对整个世界的油气供需影响可能是暂时的和有限的，不会改变世界油气供需现有格局。

（2）对国际油气价格的影响。

受到中东北非变局和日本核危机影响，国际原油价格持续攀升，美国西德克萨斯轻质原油（WTI）2011年3月份原油现货平均价格突破了每桶100美元大关，5月初飙升到2008年4—5月份的水平，WTI、布伦特原油价格分别达到113美元/桶和126美元/桶，纽约期货交易所6月2日WTI 7月份期货价格为100.6美元/桶。

中东北非局势和日本核危机是影响2011年国际油价上涨的主要原因，同时还有心理预期、市场投机、美元贬值等因素的影响。目前，利比亚及整个中东北非局势前景仍不明朗。世界石油需求增长放缓，高油价对石油需求的抑制作用已经显现，经合组织（OECD）部分国家石油需求出现下降，主要机构调低了2011年世界石油需求增长预期值。国际油价涨势趋于理性，并逐步回落。因此今后一段时间，油价将有节制地在高位运行。

（3）对世界能源消费结构的影响。

2009年，世界的能源消费总量为111.6亿吨油当量，其中核能占5.5%。由于日本核危机影响，世界主要核大国将重新审视核能的利用，如德国政府2011年5月29日决定放弃核能，核能的利用在一定时期内将受到影响，天然气和新能源在世界能源消费结构中所占比例将上升，但从未来发展趋势看，人类和平利用核能的技术水平不断提高，安全利用核能的能力也将不断提高，核能的利用前景非常广阔。

表1—36 2010年世界能源消费结构情况　　单位：亿吨油当量

石油	天然气	煤炭	核能	水电	新能源	总计
40.28	28.58	35.56	6.26	7.76	1.59	120.02
33.56%	23.81%	29.63%	5.22%	6.46%	1.32%	100%

资料来源：BP，Statistical Review of World Energy 2011。

（4）对世界能源格局的影响。

欧洲对俄罗斯能源依赖重新加深，对中东北非能源依赖减弱。日本对俄罗斯天然气需求增加，在世界能源格局中俄罗斯地位将进一步加强，多极格局进一步发展。以下主要剖析美国、欧盟、俄罗斯等大国对待中东北非变局和日本核危机的政策取向。

美国　中东北非变局对美国来讲是意料之外、猝不及防的，美国政府从开始犹豫，甚至反对到最后支持群众抗议行动。美国的意图是通过支持中东北非民主化运动改变疏美、反美政权，推动亲美国家变革，在整个地区实行和平演变，使美国在该地区的利益最大化。美国在中东北非的政策引发了该地区的动荡和不稳定，对世界油气供应和油价产生了影响。但是，中东北非的变局在油气供应方面对美国的影响远不及对欧洲等地区的影响。因为中东北非主要对美油气供应国，例如沙特，油气生产和供应未受到影响，而中断油气供应的利比亚主要对欧洲供应油气。同时，中东北非变局引发的高油价对美国的影响明显小于其他国家，因为美国对高油价的承受能力远远大于欧盟和新兴经济体。这是由于：一是自金融危机以来，美国享受了与其他地区和国家相比低得多的油气价格，美国国内进口的原油价格（以WTI为基准）要比其他地区和国家原油价格（如布伦特）低10—15美元/桶，天然气价格仅为欧洲的一半，亚洲的1/4；二是高油价产生的石油美元，大部分通过产油国购买美国产品、资产和国债等方式回流到美国。因此，中东变局打击了欧、日和新兴经济体，却巩固了美元强势地位，美国是这场变局的受惠者。

美国总统奥巴马3月15日表示，虽然福岛核电站出现了问题，但美国仍将按既定计划继续建设核电站，为降低美国对化石燃料的依赖，重要的是要确保核设施的安全性与有效性。[①]

欧盟　中东北非是法国、英国、意大利等欧洲国家的前殖民地，是欧洲油气的重要来源。因此欧洲一直直接插手这一地区的变局。2011年3月19日，法国打响了空袭利比亚的第一炮，英国也不甘落后，争当领头羊。法国力图夺回其在前殖民地北非和中东市场的权益，故主导了对利比亚的军事打击。但是，欧洲在油气供给和油价上受到的影响是负面的。利比亚中断对意大利的油气供应，中东北非对欧洲油气供应短时间受到干扰。影响到欧洲的油气供给，使欧洲重新回到原先对俄罗斯油气的依赖。中东北非油价回升增加了欧洲生产成本，增加了欧洲经济复苏的困难。中东北非的消极后果短期难以消除。

日本核泄漏事故对欧洲震动最大。事发后，欧洲部分国家宣布暂停核电计划。瑞士政府已决定暂停更新老化核能发电厂计划，中断了三座核电站的批准程序，重新考虑安全标准。德国政府宣布关闭本国7座老旧核电站，等待安全检查，关闭将持续3个月。在此期间，德国将对所有17座核电站的安全性进行毫无保留的彻底检查。

① 福岛会否成日版切尔诺贝利，《参考消息》，2011年3月17日。

芬兰决定对全国核电站进行全面检测。[①]2011年5月29日，德国政府出于政治和安全两方面考虑，决定将于2022年前彻底放弃核能，将成为首个不再使用核能的主要工业国家。2011年7月23日，德国副总理兼外长吉多·韦斯特韦勒在中国《环球时报》发表题为《德国决定建立新的能源结构》文章中说，为实现2022年最终放弃使用核电目标，从现在开始，德国将为能源政策的根本转折进一步加强投资，此举将使德国再次加快走向可持续能源经济和普遍使用可再生能源步伐。2010年，德国电力生产的17%来自可再生能源。到2020年，这一比例将提高至35%，到2030年为50%。足见德国能源转型力度之大。

俄罗斯　美国支持和鼓励的中东北非“民主变革”的矛头不仅指向该地区，而且期望向中亚、俄罗斯、中国等国家和地区扩散，在世界范围内复制“茉莉花革命”。只是由于美国、西方在利比亚等国民主化进程受挫，锋芒才有所收敛。俄罗斯从一开始就反对美国、西方武力干涉利比亚等国的企图，2011年3月22日，俄罗斯总理普京抨击联合国授权对利比亚采取军事行动的决议就像是“欧洲中世纪十字军东征”；4月26日，普京针对西方空袭卡扎菲住所称，谁也没有给某些国家领导人处决卡扎菲的权力。但后来随着局势的发展，俄罗斯的立场有所变化。5月27日，俄罗斯总统梅德韦杰夫同美欧领导人一起呼吁卡扎菲下台。8月12日，梅德韦杰夫表示，俄罗斯支持在联合国结构框架内北约对利比亚的军事干预行动，并下令制裁卡扎菲。俄外长称西方认为俄支持卡扎菲的判断“是不正确的”，并表示俄方承认利比亚反对派“全国过渡委员会”地位。在中东北非变局中，俄罗斯是最大的赢家。中东北非变局和日本大地震及核泄漏事故提升了俄罗斯在欧洲、日本油气供应中的地位，尤其是促使欧洲又回到原先对俄罗斯油气供应的依赖。油气回升更

① 搜狐网站资料。

使俄罗斯美元收入剧增，大大缓解了俄罗斯财政收入的紧张，有利于俄罗斯尽早走出金融危机的阴影，实现经济复苏。

3. 中东北非乱局对中国的影响与启示

（1）中东北非乱局对中国企业的影响。

在国际关系中，中国一贯不赞成使用武力，主张通过对话、谈判等和平方式解决有关争端和分歧。中国政府一贯奉行独立自主的和平外交政策，积极发展同世界各国的友好关系，从不损害别国利益，不干涉别国内政。在利比亚问题上，希望国际社会共同努力，尽快促使有关各方实现停火，通过政治和外交手段解决利比亚当前危机，推动利比亚局势尽快走向缓和。①

西亚北非地区油气资源丰富，和我国经贸合作较多，是中国海外投资“走出去”的重要地区。据商务部数据，目前我国在利比亚承包的大型项目一共有50个，涉及合同金额188亿美元。虽然中资企业人员已撤出，但项目和设备均受到影响。

利比亚战争将持续多久，目前尚难预料，但中国需要从这场战争中得到一些警示，汲取经验和教训，以维护中国在该地区的经济利益。据国家外汇管理局数据，截至2010年底，中国对外金融资产总计4.13万亿美元，对外直接投资3108亿美元，较2009年同比增长了650亿美元。我国海外投资逐年递增，如何保障我国海外资产安全、企业利益、人员安全，将面临重大挑战。

（2）日本核泄漏对中国核能政策的影响。

3月16日，温家宝总理主持召开国务院常务会议，听取应对日本福岛核电站核泄漏有关情况的汇报，会议决定要全面审查在建核电站，严格审批新上核电项目。

日本核事故将使得我国核电发展暂时放缓，但从长期看，不会

① 参考外交部发言人姜瑜的答记者问。

改变我国核电中长期战略。在提高非化石能源占一次能源消费比重的约束目标下，核电作为重要的清洁能源，在我国的能源消费结构中占重要地位。“十二五”期间，我国将有30台左右的核电机组建成投产，其装机容量4000万千瓦。这30台在建核电项目已全部通过审批，一旦通过安全审查，便可恢复建设。我国的核电行业需要汲取日本核事故的经验教训，重新审查行业准入标准、设计标准、事故防范标准、建设施工标准等。核电安全事关重大，应确保我国核电事业安全发展。

（3）中东北非乱局和日本大地震对中俄天然气谈判进程的影响。

对中俄天然气谈判的影响　正当中俄天然气谈判成功在望之时，2010年12月中东爆发群体性骚乱，2011年3月日本发生大地震、海啸并引发核泄漏，世界天然气供需状况、气价、天然气在能源格局中的地位、欧洲和日本对俄罗斯天然气的需求程度随之发生变化，给中国对俄天然气谈判带来了负面影响。

首先，这两起事件把天然气需求量推到新的高度。中东、北非乱局后利比亚中断向意大利供气，每年中断的供气量90亿立方米。欧洲进口天然气约30%来自中东、北非。持续的动乱使欧洲天然气的进口量减少25%，欧洲亟须从中东、北非以外的地区进口天然气。日本核泄漏事故迫使日本关闭福岛第一核电站共四个机组，每年需要进口130万吨液化天然气作补充。此后日本又宣布关闭“世界最危险的”滨冈核电站，其所在地区大地震发生几率为87%。该核电站关闭后，需要进口逾百万吨的液化天然气来补充。大地震和海啸导致一些石油加工企业停产。当前，日本对天然气的需求也大幅度增加。

其次，这两起事件引起天然气价格走高。此前，欧洲天然气价格每千立方米330—350美元，估计年中有可能达到400美元。如果中东、北非乱局持续，欧洲气价还有可能上升，亚洲和美洲的气价也会相应提高。

第三，天然气在整个能源消费结构中的地位上升。此前，许多国家大力发展核电，核能在整个能源结构中的地位很高。日本核泄漏事故后，许多国家检讨自己的能源战略，修改自己的核电计划。有的国家关闭旧的核电站，有的国家取消核电发展计划，更多的国家严格控制核电站的发展。核电在整个能源构成中所占的比例呈下降趋势。这自然就提高了传统能源，特别是天然气在能源格局中的地位。

第四，欧洲和日本对俄罗斯天然气的依赖加深。俄罗斯是世界天然气的生产和输出大国。在欧洲进口的天然气中，俄罗斯占有相当的比例。日本已开始输入俄罗斯的液化天然气。

“俄乌断气风波”后，欧洲国家纷纷推行天然气进口多元化战略，加大从俄罗斯以外的地区进口，以增加国家能源安全。最近中东、北非因动乱减少对欧洲的油气供应，迫使欧洲改变政策，扩大从俄罗斯进口，弥补中东、北非乱局造成的缺口。实际上欧洲又回到对俄罗斯天然气依赖的老路。

日本也加大了对俄罗斯能源的依赖。日本核泄漏事故后，需要进口液化天然气来弥补能源的不足。在这关键时刻，普京提出一个构想，即卡塔尔把原本供应欧洲的液化天然气转给日本，而俄罗斯就近输气给欧洲作补偿。此外，普京还提出一系列措施加大对日本的天然气出口：一是加大萨哈林气田的天然气生产、加工；二是吸引日本资金、技术开发东西伯利亚的科维克金油气田，修建天然气管道和其他基础设施；三是加大亚马尔油气田的开发，以便扩大向日本和亚洲其他国家出口。

以上变化使得俄罗斯在中俄天然气谈判中的地位得到加强，俄罗斯可以借助这些优势，尤其是天然气价格走高优势，压中方作出大的让步。

在中俄天然气谈判达成协议的关键时刻，双方在“石油付费”问题上又产生争议。中俄原油管道修通后，俄方从2011年1月1日开始通过管道向中国输油。然而，俄对华原油竟然是根据科济米诺港口的油价定价的。东西伯利亚—太平洋输油管道的运费统一，即从起点到太平洋岸边的科济米诺和到中俄边界的斯科沃罗季诺的运费是一样的，都是每吨1815卢布（约合人民币430元）这是俄罗斯从美国学来的霸王条款。中方根据起点到两终点距离不同计算，认为到中俄边界的运费应该便宜7%，并据此付费并要求降低油价。3月，俄方指责中方未按合同规定向俄方支付1、2两个月的油款，就是由此而来。俄方称，如果按中方方式付款，到2030年俄罗斯将损失282亿美元。这话反过来说，如果执行俄方霸王条款，则中方就当冤大头，无故多付282亿美元。俄方发出警告，如果中方坚持自己的付款方式，俄方将告到国际法院。减少或停止向中国供油，不同中国达成天然气协议。5月31日，俄罗斯副总理谢钦和中国副总理王岐山在能源对话框架下举行了第七次会晤，中方作出了让步，按俄方要求，偿还了俄石油公司和石油管道运输公司1.95亿美元的“欠款”。双方还决定重开天然气谈判，并在6月10日前达成最后协议，以便在6月中旬胡锦涛访俄时签署，但由于双方在价格问题上僵持不下，未能达成最后协议，以致至今中俄天然气谈判仍无结果。中俄锱铢必较并非是坏事。

中俄天然气谈判的发展前景　2011年6月，中俄两国元首会晤时未能签署天然气管道建设和供气协议，但中俄天然气谈判仍有成功的可能。

一是中俄之间存在良好的政治关系。两国在国际事务中相互支持，相互协作，互为最好的战略合作伙伴。天然气合作是两国能源合作最重要的内容。天然气合作的建立和实施将进一步巩固两国关系的基础，推动两国战略协作伙伴关系持续发展。两国会从政治大局考虑，力争使持续了10多年的天然气谈判画上圆满的句号。

二是中俄从长远考虑不会放弃同对方的天然气合作。尽管当前天然气出现了卖方市场，天然气求大于供，但是世界能源供需状况是不断变化的，今天是卖方市场，明天就有可能是买方市场。供需关系不会是一成不变的。俄罗斯从长远考虑，绝不会放弃中国市场，而中国执行多元化能源进口政策，会争取使俄罗斯成为自己重要的能源来源地。总之，双方从长远能源安全考虑，会力争使谈判获得成功。

三是两国领导人是中俄天然气谈判的最高领导者和最终决策者。两国领导人一直十分关心和重视包括天然气在内的能源谈判。他们会站在战略高度，从两国长远利益出发，推动两国天然气谈判取得最后成功。

因此，尽管中俄天然气谈判出现某些困难，但前景是光明的。

（4）启示。

中国北非乱局和日本核危机带给我们的启示如下：

一是坚持能源进口来源多元化战略，保障我国能源供给安全。目前我国能源进口渠道仍较单一，原油进口主要来源于中东（2010年占我国原油进口的47.1%）、非洲（29.6%）、前苏联地区（10.8%）等，中东占我国原油进口的近一半，目前中东北非局势仍不明朗，可能扩大到整个中东和北非地区，故我国应开辟多元化的能源进口渠道，采取多种灵活方式，加强国际合作，加快石油储备建设，增强应对突发性重大危机的能力。

二是做好海外投资可能的风险评估、预警、应对、补救工作。我国能源企业在实施“走出去”战略，扩大海外投资的过程中，要特别注重海外投资的安全性评估，因为我国“走出去”的地方多数政治环境复杂、经济较为落后、各种社会矛盾较为突出。我们在进行海外投资之前，首先要对目标国的投资环境做好评价，研究目标国的政治、自然与人文地理环境、国家能源政策、能源资源潜力、法律法规、合同条款等，并建立较为完善的风险预警机制，始终保持对外投资的审慎性。

三是国家应有坚持发展新能源和可再生能源新的能源战略，下决心加大投入，抢占未来能源制高点。为此，必须下大力气切实减少对化石能源的依赖，这不仅关系到改善环境，应对气候变化，增加能源供给安全度，更重要的是关乎整个中国经济的未来，中国不能输了这次新的能源竞争。

四是要汲取日本核电战略冒进的教训。日本无视地震多发、国土狭窄的基本国情，建设了达到美国一半多的核反应堆（55座），全国1/3电力来自核电（美国是1/5）。如此过分、过急依赖核电是日本能源战略的重大失误。中国也是地震多发国家，必须以日本为鉴，极其审慎、十分稳妥地发展核电事业，要提高核电站的安全等级，做到万无一失；充分利用世界核能发展的低潮，提高核电站的技术水平，促进核能稳定发展。

五是如何保证我国海外资产安全将是一个非常迫切并亟待解决的重大问题。我国实施“走出去”战略已将近20年了，成果是显著的，在当前经济全球化的大背景下，我们别无选择。但是如何保障我国海外经济利益，仅仅依靠现有办法是不够的，要有新思路、新办法，要采取综合性的措施，包括政治的、经济的、军事的、文化的，要依靠软实力和硬实力，保障中国海外资产安全。

第二篇

中国应对环境变化的新视野

环境问题历来不是单纯的环境问题。人类生存的环境既是大自然存在的一种状态，又是人类生存与发展赖以进行的基础和客观条件。它是人类与大自然紧密联系的纽带。今天我们所说的环境问题的产生，主要是人类生产、生活、消费等活动带来的结果，是人类与大自然发展不和谐的表现。环境问题既和大自然本身的发展及其规律有关系，更同人类的社会、经济、文化、科技等活动有着紧密联系。另一方面，环境问题从来都不是一个国家孤立的问题。污染无国界。但经济全球化的发展使环境问题成为更加引人注目的全球性问题。目前人类面临的是全球性的环境挑战。国际环境合作对于解决环境问题有着越来越重要的意义。这些都说明，国际大视野对于解决环境问题是何等地重要。

国际大视野对于解决环境问题之所以重要，还因为人类文明和世界经济目前正处在转型过程中。在人类社会发展进程中，农业社会和农业文明占了很长时期，当时中国曾经是世界先进国家，但在工业文明时期我们落后了。21世纪的世界正向生态文明演化过程中给我们提供了巨大的机遇。在这一过程中，许多方面，我们同西方国家大致处在同一个起跑线上：有些方面，比如在经济发展水平和工业技术方面，我们比他们落后；有些方面，比如在文化、理念以及在建立生态文明所需民族素质等方面，我们并不落后。这使我们在生态文明建设中有可能走在世界前列。引领21世纪世界文明和经济发展的，不是在世界GDP总量中占第一还是第二位，而是绿色技术、绿色经济和生态文明建设是否走在世界前列。对于中国和其他新兴发展中经济体来说，这是一次难得的改变自己在国际劳动分工中处于末端地位的良机。建设生态文明、发展绿色经济，也是我们解决21世纪环境问题的关键之所在。

环境问题既有非常重要的国际意义，同时又具有鲜明的民族和国家的特色。一个国家，一个民族，由于所处的地理条件不同，由于人口规模和经济发展理念、模式、速度的差异，环境问题的发生、发展与解决会表现出不同的特点。中国是一个正在实现工业化、经济迅速发展的发展中大国，人口总量占世界第一。要把当前人均低水平的国民消费提到高水平上去，中国的发展需要有新的路子，不能走发达国家“先污染、后治理”的老路，否则，中国的发展必然超出环境和生态的承载能力而无法持续下去。这决定了，创新对于解决中国环境问题有着至关重要的意义。

第三章

中国怎样看世界环境问题

对于“环境”二字，由于角度不同，可以产生许多不同的理解。我们常常讲到空间环境、生活环境、全球环境和星际环境等。我们也经常听到自然环境和社会环境的提法。在自然环境中，人们又经常把它分为大气环境、水环境（如海洋环境、湖泊环境）、土壤环境、生物环境、地质环境等。在社会环境中，则又进一步把环境分为聚落环境（如院落环境、村落环境、城市环境）和文化环境等。但这些都不是我们这里的研究对象。

我们这里所说的“环境”，指的是影响人类生存和发展的、各种天然的和经过人工改造的自然因素的总体。[①]所谓“自然因素的总体”既包括“天然的”，也包括“经过人工改造的”自然因素在内，但它并不泛指包括太阳系、银河系甚至整个宇宙在内的人类外部环境，而是指对人类生存和发展有重要影响的“自然因素”。

人类和地球都处在茫茫宇宙之中。特别是太阳和太阳系中发生的变化，对地球和人类以及人类社会有着程度不同的影响，但是，我们在本书中并没有把这种影响作为我们研究的对象。人类的生存环境自形成以来一直处在发展变化之中。这种变化有的是自然界规

---

① 参见《中国环境保护法》有关章节。

律作用的结果，有的主要是人类不当行为造成的。许多情况下，是两种不同性质的因素交叉作用的结果。以我国黄河断流为例，它既有自然成因，又有人为成因。拿自然成因来说，一是太阳辐射的改变。20世纪70年代开始，太阳辐射增强，地球气温升高，蒸发量增大，引起黄河流域干旱。二是太阳黑子的影响。20世纪90年代中期，处于太阳黑子两个极值年之间，我国黄土高原和华北地区季风势力减弱，降雨带徘徊于长江中游而不到华北地区去。三是间冰期影响。考古学家发现地球上的气候冷暖干湿相互交替，变化周期长短不一。当今处于第四纪的亚间冰期，气温逐年上升，降水量逐年下降，它对黄河流域的影响格外明显。此外，大气透明度的变化、流域状况、下游补给、上中游的补给等因素对黄河断流都有影响。人为的因素也是多方面的。如森林覆盖率低、水土流失严重、人口和经济迅速发展、耗水量剧增、水资源管理不协调等。黄河流域本来就是半干旱地区，植被稀少，保水力弱。建国后，在黄河上游建立了大大小小3000多座水库，用水库的蓄水灌溉了农田。近几十年来，随着流域社会经济的全面发展，用水量剧增，不仅农业灌溉增大，城市生活及工业用水、农村人畜用水的耗水量也增大，由20世纪50年代的122多亿立方米增加到90年代300多亿立方米，增长了1.6倍。[①]但我们在这里不研究黄河断流问题上自然规律的作用，以及它和人的行为各自占了多大比重。我们要研究的始终是：人类不当行为对环境造成了什么样的负面影响，以及我们应当采取什么战略、政策和措施去减少和消除这种影响，包括在国际活动中我们应当采取什么样的政策与措施。正像国内外许多学者强调的那样，“当前大多数的环境问题，都来自人类对生态的错误行动”。[②]

地球上的自然环境是人类生存发展的基础。包括人类在内的一

① 桂慕文：《生态与环保的故事》，江西人民出版社，2009年11月第1版，第20页。

② ［美］芭芭拉·沃德勒内·杜博斯：《只有一个地球——对一个小小行星的关怀和维护》，吉林人民出版社，1997年12月第1版，前言，第10页。

切生命本来就来自自然，是大自然长期演变的产物，是天、地、环境的一个有机组成部分。“人类既是环境的创造物，又是环境的塑造者。环境给予人以维持生存的东西，并给他提供了在智力、道德、社会和精神等方面获得发展的机会。”[①]环境影响人类的不是人类社会发展得快一些还是慢一些、经济发展得好一些还是差一些的问题，它影响的不是人类社会某个局部地区和局部性质的问题，而是人类能否健康生存的整体和根本性质的问题。环境一旦被破坏，恢复起来非常困难，有时甚至是不可能的。善待自然和环境就是善待人类自己。这是我们研究和对待环境问题的基本立场。树立这样一个基本立场和出发点，非常重要。对于地球上的任何国家、任何民族来说，不管它们处在人类文明发展的何种阶段，属于什么人种和信仰什么样的意识形态，也不管它们居住在地球的哪一部分，环境问题都是一切问题中的第一位问题。它不属于某一个国家的核心利益或重大利益，而是一切国家根本利益之所在。

第一节　我们必须关注世界环境问题

1. 地球是已知的唯一适合人类居住的星球

在浩渺无际的太空中，存在着无数个星球。仅我们肉眼能见的银河系里，就有2000多亿颗恒星，而宇宙中，像银河系那样的星系数以千亿计。但直到目前为止，我们知道的拥有生命的星球只有一个，那就是地球。地球是目前已知的包括人类在内的所有生命的唯一居所。我们并不排除在浩渺宇宙中还存在有生命的星球的可能性，甚至有的星球存在智商比人类还高出多少倍的生命，但这样的星球必然为数不多，距地球也极为遥远。

我们且不去说浩渺无际的太空和宇宙，也不说银河系，虽然银

① “联合国人类环境会议人类环境宣言”第一条，1972年6月。

河系是我们在夜空中唯一用肉眼能够看见的星系，但它也只是宇宙无数星系中的一个。银河系的直径约为太阳系的1亿倍。我们这里就说太阳系。太阳系虽然有八个行星，但地球是目前我们知道的唯一有生命的行星。太阳是一个由炽热气体组成的大火球，它是太阳系中最重要的成员，不但集中了太阳系总质量的99.87%，控制了太阳系里所有的天体，使它们时刻围绕着自己公转，而且还与行星是否能诞生生命直接相关。离太阳太近了，行星将成为一个炽热的熔炉，生命无法存在，如水星；离太阳太远了，行星将成为一座寒冷的冰窟，生命同样无法生存，如木星、土星、天王星、海王星。离太阳位置比较适中的行星，除地球外，只有金星和火星。金星是离地球最近的一个行星，大小、质量和平均密度与地球相近。科学家认为，在形成的最初阶段，金星和地球的经历大致相同，甚至和地球一样产生过原始海洋，但由于金星比地球更靠近太阳，随着太阳亮度的增加，金星地表温度迅速上升，使海水蒸发殆尽，而浓厚的二氧化碳大气所产生的温室效应使金星地表温度居高不下，持续的高温终于迫使它走上了与地球截然不同的演化之路。因此，太阳只要温度发生一些变化，它就会变得对金星合适而对地球不合适了。如果这样，“今天就可能是金星上的生命研究地球了”。[①]

火星是距地球次近的行星，也是各个行星中物理特征与地球最为接近的，但火星的体积又太小，它只有地球的七分之一大。这意味着火星在形成期所释放的重力能要比地球小得多，无法形成像地球和金星一样的岩浆海。因地表温度太低，也无法形成像地球那样的原始水蒸气大气。[②]无论是过去、现在和将来，人们向火星、金星等太阳系任何行星发射探测器，想弄清楚的是这些星体上是否有，或者是否有过生命存在的痕迹，而不是是否有人类存在，或者是否

① 膳书堂文化编著:《地球未解之谜》，中国画报出版社，2010年9月第1版，第14页。

② 郑艳秋、齐欣、朱幼文编著:《环境的演化——自然简史》，上海科学技术文献出版社，2009年3月第2版，第5—6页。

有人类存在过的迹象。太阳系除地球外，任何星体上都不存在适合人类生存、发展和居住的环境。这是目前已经清楚的。

地球所以是太阳系中唯一适合人类居住的地方，除了上面说过的原因外，还因为地球有一个月球作为卫星。月球对于人类来说决不是可有可无的。这是因为，地球当初的运动变化对于生命的诞生无疑是十分重要的。但当人类诞生后，如果地球上到处是火山，是海啸，是山崩地裂，人类也将无法生存。幸亏有了月球。月球的引力对地球的运动默默施加了40多亿年的影响。在这40多亿年时间里，地球的旋转速度大约降低了一半左右，从每天大约10个小时的昼夜更替，渐变为后来的24小时。细算一下，平均每天减少0.02秒。这是一个极小的数字，却是极重要的数字。这个数字既不能大，也不能小。大了，就会使地球的转速降低得太多，不利于地球的运动；小了，就是刹车动力不够。现在地球的一天是24小时，这使我们都有一个温馨的漫漫长夜，有一个安宁睡眠。一个比较稳固的地壳是月球送给我们人类的真正礼物。①

以上情况说明什么呢？它说明，形成一种适合生命和人类居住的环境是极为艰难和非常罕见的。“与茫茫宇宙中亿万颗星球相比，地球可谓集万千宠爱于一身”。②有幸能够在地球上生活的人们需要万分珍惜它、爱护它。因为我们所保护的是迄今为止人类所知道的唯一适合于自己生存和发展的地方。

2. 地球保护生命的屏障非常珍贵但又相当脆弱

生命所以能在地球上生存与发展，还有一个非常重要的原因：在漫长的过程中，地球形成了多种保护生命的机制和系统。它们主要是水圈、大气层、臭氧层和磁场。没有这样的机制和系统，生命

① 膳书堂文化编著：《地球未解之谜》，中国画报出版社，2010年9月第1版，第31—32页。

② 郑艳秋、齐欣、朱幼文编著：《环境的演化——自然简史》，上海科学技术文献出版社，2009年3月第2版，第12页。

与人类是不可能在地球上存在的。

在远古时代，在无数亿万年中，太阳的辐射能是直接照射到地球上的，它的频率高达每秒10^{22}周，其威力足以毁灭一切生命。但这个无生命的地球在漫长岁月中，逐渐产生了各种防护和调节机制，创造了有助于生命物质诞生的周围环境。后者的神奇之处是：既能保护地球不受太阳辐射的杀伤，又能用太阳能维持生物的生命。苏联物理学家弗·伊·维尔纳德斯基对此称之为“生物圈”。[①]

生命最初的保护是依靠水的作用。海洋挡住和吸收了部分来自太阳的辐射。由于熔融的地球的热量，水化成了蒸汽，变成包围地球、辐射线不易穿透的云层。最初从地球上放出含有氧和臭氧的保护性的大气层，介入水和太阳的致命辐射之间。在这层屏蔽物下面，一种新的生命演进过程，光合作用发生了。光合作用使有生命的细菌和藻类，利用太阳辐射能，创造出许多有机物质并释放出更多的氧气。“如果地球上空当初没有出现一种屏蔽物的话，那么生命或许仍然停留在非常原始的阶段。”[②]

对地球生命来说，大气层不仅为生命提供了它所必须的氧气、气温、气压和湿度，它还保护地球上的生物免遭太阳辐射的伤害，阻挡大部分流星体对地球表面的撞击。大气中的二氧化碳等气体具有类似于温室的功能，它们能让阳光透过大气，并阻断地面热量向外层空间散发，造成近地层增温。没有一定的温度，生命是不会在地球上出现的，也难以进化和发展。但地面的温度如果太高，生命也难以生存，原始海洋将会像在金星上一样蒸发殆尽，同样也不可能有地球40亿年的生命进化史了。对于调节地表的温度，雨水起了非常重要的作用。原始大气中的二氧化碳随雨水融入大海，和碳酸

① 一般认为，所谓“生物圈”指的是包括人类在内的一切生物所赖以生存的地球表层的生物学环境，它包括大气圈、水圈和岩石圈等。

② ［美］芭芭拉·沃德勒内·杜博斯：《只有一个地球——对一个小小行星的关怀和维护》，吉林人民出版社，1997年12月第1版，第46—47页。

氢离子和钙等发生反应，形成碳酸钙沉入海底。二氧化碳的减少减弱了温室效应，使地球气温维持在生物能够生存的程度。①

再说地球磁场的作用。地球分为地壳、地幔和地核三层，而地核又可分为外地核、过渡层和内地核三层。外地核的物质呈熔融状态，熔融物质的对流运动产生了类似磁铁棒的作用，使地球形成磁场。40亿年前左右，地核已经存在。到25亿年前左右，地球磁场已经像现在这么强了。这正是地球上的生命产生、演变和进化的时期。在这个过程中，地球上的生命受到来自太阳的高速粒子流杀伤的重大威胁，而磁场正好把地球笼罩在太阳风和宇宙线吹不到的磁层中，成为有效抵挡外来伤害物入侵的屏障。②

还有臭氧层所起的屏障作用。地球磁场虽然能够有效地防护太阳风对地球生命的杀伤，却无法抵御紫外线对地球上生命的伤害。这个作用是由臭氧层来完成的。它能够吸收99%的太阳紫外线，而过量的紫外线辐射会使人体受到严重伤害。据计算，臭氧层中的臭氧每减少1%，紫外线辐射将增加2%，皮肤癌发病率将增加7%，白内障的发病率会增加0.5%。植物的生长和光合作用受到抑制，使农作物减产歉收。同时，会使处于食物链底层的浮游生物的生产力下降，使整个水生生态系统受到损害。紫外线辐射还会使某些生物物种发生突变。臭氧层是离地面20—30公里的平流层中的一层具有特殊保护功能的空气，其臭氧的含量占这一高度空气总量的十万分之一。臭氧层的臭氧含量虽然极少，但它却有非常强烈的吸收太阳紫外线的功能，被称为地球的“保护伞”。它大致在6亿年前形成。那时，地球上的生命正从海洋向陆地繁衍。没有臭氧层的保护，这种迁徙和繁衍本来是不可能实现的。如果这样，今天地球上即使有生命，也都生活在深海中，不可能有人类出现。

---

① 郑艳秋、齐欣、朱幼文编著:《环境的演化——自然简史》，上海科学技术文献出版社，2009年3月第2版，第14页。

② 同上，第16页。

保护地球生命的各种屏障虽然都有各自不同的作用，但它们并非是彼此隔离，完全独立于对方之外的系统。它们互相交叉，紧密地联系在一起，成为地球整体环境中的各个有机组成部分。就单个屏障体系而言，它们都是在多少个亿万年中，逐渐形成的。比如臭氧分子在27亿年前就已出现了。那时，能进行光合作用的自养生物骤增，它们释放出的氧聚积在大气中，在大气的上层分解为氧原子，氧原子又和氧分子结合，形成臭氧分子。但只是到了6亿年前臭氧层才最终形成。这中间经过了20多亿年。然而，工业社会开始以来，只经过二三百年时间，极地上空的臭氧层就出现了空洞。[①]1985年，英国科学家观察到南极上空出现了臭氧空洞，并证实与来自地球的氟利昂分解产生氯原子有直接关系。到1994年，南极上空的臭氧层破坏面积达2400万平方公里，北半球上空的臭氧层比以往任何时候都薄，欧洲和北美上空的臭氧层平均减少了10%—15%，西伯利亚上空甚至减少了35%。[②]2011年4月5日，世界气象组织说：从2010年冬季至2011年3月下旬，由于大气平流层气温明显低于往年等因素，北极地区上空臭氧损失程度创新高。该组织当天发表的声明说，根据气象卫星及北极上空观测气球提供的数据，从2010年冬季至2011年3月下旬，北极地区上空臭氧损失大约40%，而此前同一时期最高损失比例为30%左右。[③]

地球磁场在35亿年前就开始有了，但只有到26亿年前左右时，才发展到像现在这样强的程度。也就是说，它经过了10多亿年的变化，才发展到足以保护地球生命免受太阳高速粒子流的伤害。现在，随着地球人口大幅度增加以及科学技术的发展，电器种类越来越多，使用范围越来越广，地球磁场正在受到严重干扰。经过多少亿年才形成的地球生命保障系统是相当脆弱的。各个系统之间既互相联系，

① 臭氧是氧分子的同素异构体，由3个氧原子组成，不稳定，易分解。

② 桂慕文著：《生态与环保的故事》，江西人民出版社，2009年11月第1版，第198—199页。

③ 《文汇报》，2011年4月6日。

又彼此独立，具有互相不可取代的性质。一种系统，比如说，臭氧层受到了破坏，不管其他的生命保障机制是否仍然完整无损，人类生存都会受到极大威胁。由于各个系统都是在长时间中逐步形成和完善的，任何机制一旦破坏，决不是短时期内所能修复的。

3. 世界有识之士敲响的警钟

联合国环境规划署前执行主任托尔巴博士曾经说过这样一句话："冷战已经结束，环境问题一跃而居世界问题的榜首。"

1986年12月，美国《基督教科学箴言报》征询16位世界著名思想家关于"21世纪议程"的看法时，被采访的大多数人指出：世界环境退化的严重性仅次于核毁灭的威胁。

1987年，欧洲发表了《关于欧洲环境状况的报告》，把生态变坏和环境污染称为"人类缓慢的死亡"。也就是说，世界环境问题已经发展到了严重的程度，人类正在自己毁灭自己！

1988年，"处于危险中的地球"被选为美国《时代》周刊的封面人物，因为"没有一个人、一件事比这个由石头、土壤、水、空气组成的人类共同居所更令人深思、更被突出报道了。"[①]

1992年6月在巴西首都里约热内卢召开了联合国第一届环境与发展大会，这次会议被称为人类第一次"地球高峰会议"。当时世界183个国家中的102位国家元首和政府首脑出席了开幕式。中国国务院总理李鹏出席了这次会议。会议开始时，时任联合国秘书长的加利首先站了起来，他提议全体代表肃立，为地球的委屈、不幸与悲哀静默两分钟。

古巴国务委员会主席卡斯特罗走上讲台。他在发表的演讲中说："有一个重要的物种正在灭亡，那就是人类！"

2005年9月5日，美国地球政策研究所所长莱斯特·布朗在中

---

① 王民主编:《地理》第二册，中国地图出版社，2007年6月第2版，第80页。

国人民政治协商会议全国委员会举办的“21世纪论坛”2005年会议上的发言中说：一个世纪前，世界经济的年增长是以十亿美元计算的，而今天则以万亿计算。这种飞速增长的结果是：森林减少、土地侵蚀、水位降低、作物减产、气温上升、鱼类衰竭、沙漠扩张、牧场恶化、珊瑚礁死亡、冰川融化、海平面上升、更强的风暴和物种消失。我们人类赖以生存的地球正在接近崩溃的边缘！

这些强烈的呼声，在当时沉闷的环境气氛中，无异起着振聋发聩的作用。它们说明，世界上属于不同社会制度和具有各种不同信仰的人，都在开始为日益严重的全球和区域环境问题，表示极大的担忧和不安。从某种意义上，可以说，世界上再没有一个问题能像保护环境那样，代表着人类的普遍利益。

但是，由于种种原因，一个相当长时期中，环境问题无论在社会主义国家还是资本主义国家、发达国家还是发展中国家、企业界还是广大社会公众中，都没有得到应有的重视。拿美国来说，1962年前，在公众政策中还没有“环境”这一条款。在某些城市，烟雾等空气污染问题虽然已经开始引起人们的关注，但这“主要是因为它太显眼，而不是真正认识到它对公众健康的威胁。”在1960年美国民主党和共和党的两党代表大会上曾经提到过资源保护问题，而资源保护是环境保护主义的前身，但也仅仅只是顺便提起而已。60年代初在美国还没有一个真正的民间环保团体。1970年，美国才在联邦政府中设立了环境保护署。而在中国，直到上世纪70年代，环境问题一直被认为是只有在资本主义制度中才存在的问题，社会主义国家不存在环境问题。中国出现真正的民间环保组织更是整整三十年之后，到90年代初的事了。

第二节　环境问题长期没有得到重视的原因

1. 对环境问题有一个认识过程

长期以来人们认为，空气和水是取之不尽，用之不竭的自然资源，而不知道地球能够为人类提供的生存空间和自然资源都是有限度的。有限的空间、资源和环境条件对于所能容纳的包括人类在内的任何生物种群的数量、规模都有一定的客观规定性。这个今天看来好像非常简单的道理，人类却是在一个较长时期中，通过惨痛的经验和教训才得知的。不了解这一道理，是人们在很长时期中，只知道发展经济，不知道保护环境的重要原因。

其次，环境污染本身具有渐进性和突发性相结合的特点。由于环境污染具有渐进性和隐蔽性的一面，平时不易引起人们的警觉，一旦环境问题突然爆发，要治理便已晚了。至于环境污染所以具有渐进性和隐蔽性主要由于两个原因，一是因为空气和水是流动的，一个地方被污染的空气和水流到其他地方后，污染被稀释了。污染并没有消失，但被分散到了广大空间和地域中去，局部地区污染了的空气和水被隐蔽在其他许多地区的没有被污染的空气和水中，污染便被淡化而有了隐蔽的性质，不被人们注目。这时，污染对人体健康的影响可能并不那么严重，但污染物一旦在人体内积累到一定程度，便成为人们致病的重要原因。二是因为环境具有自净的能力。“空气的污染与大量废水的排入河道，仍然很少引起注意。部分原因是由于工业化的规模和消费品的产量还没有那么大，空气、江河及海潮都还来得及净化它们所产生的大量污物。自然体系还在充当无报酬的清洁夫，被视为‘无偿装置’。”[①]但是，一旦当污染物积

---

① ［美］芭芭拉·沃德勒内·杜博斯:《只有一个地球——对一个小小行星的关怀和维护》，吉林人民出版社，1997年12月第1版，第26—27页。

累到一定程度时，某一地区的空气和水及土壤的质量便会发生突变，这时再来关注环境问题，为时已经晚了。

第三，人类对环境变化的耐受力到底有多大，是个至今并不怎么清楚的问题。比如拿电离辐射来说，电离辐射能增加生物的变种率，而大部分生物的突变是有害的，这是没有人怀疑的。辐射水平的提高，即使提高得很小，也可能使人类生命和生态系统受到损害，而一旦有许多核发电站在运行时，势将引起辐射水平的提高。对于这些事实，科学家的看法都是一致的。但是，人类对于辐射到底有多大耐受力，看法就有分歧了，这使人们对一般的电离辐射到底对人体健康能造成多大危害，一时难于做出结论。这种状况往往会妨碍人们去提高对环境问题的认识。

第四，随着科学技术的发展，环境污染的源头在不断变化，出现了许多新的污染物和污染源。新发明的对人类有益的化学产品，常常又会变成损害环境和人类健康的物品。现在当人们在公交车、地铁站、电梯里和卧室中用手机聊天的时候，可能并不知道，在电梯、火车、地铁等相对封闭的空间内打手机，因手机不断连接中断的信号，会大大增加辐射量。将手机带进卧室中，辐射会降低褪黑激素分泌量，既影响睡眠质量，又加速对人体自由基的破坏，最终有可能诱发癌症等疾病。最近的研究还发现，经常将手机放在裤兜的男性，其精子数量比正常男性少25%。

在目前条件下，环境对人类健康到底带来了多大影响，还需要从不同角度进一步进行研究。国外有的学者，如澳大利亚大学肥胖、糖尿病和心血管疾病研究中心学术主任大卫·库克认为，环境对健康有很重要的影响，健康问题的原因不仅仅是医学上的：其中50%取决于生活方式，20%是生物学因素，20%是环境因素。①

① 大卫·库克在澳大利亚悉尼大学和上海交通大学联合举办的题为“城市发展对社会和健康的影响”公共论坛上的发言，悉尼，2011年8月4日。转引自《中国社会科学报》2011年8月11日。

最后，一讲到环境问题我们常常想到环境污染。污染也确实是目前最引人关注的环境问题。但环境问题比环境污染有着更加广泛的内容。不能在二者之间画等号。

什么是环境问题呢？环境问题一般指的是：由于自然界的自身变化或人类的生产与生活活动作用于环境所引起的环境污染和环境破坏，以及这种环境质量的退化对人类及地球上其他生物造成的不利影响。[①]无论是环境污染，还是环境破坏和环境质量的退化，都是人们应当关注的问题。可以说，凡原本处于良性循环的生态和环境受到破坏和影响，如大量耕地被占用、森林覆盖面积大幅度减少、河流干涸和湖泊减少等引起的缺水问题及其原因等，都在环境学研究的范围之内。

2. 利益因素的作用

环境保护工作在世界上所以普遍地滞后于环境污染的发展，还由于利益因素的作用。所谓利益因素可分为宏观层面和微观层面两类不同的问题。宏观层面的利益因素主要指政府（中央政府和地方政府）由于利益的牵制在制定政策时对环境问题未能予以足够重视。比如美国政府在布什总统执政期间宣称："没有足够的证据"显示温室气体排放与全球变暖有关。布什政府所以做出这样的政策选择是由于它同石油利益集团有着千丝万缕的联系。中国的地方政府常常不顾中央政府三令五申，严禁污染环境的项目上马，也不顾环保部门的反对，继续引进污染环境的落后工艺和项目，是当地政府出于政治利益和地方利益的考虑所作的一种政策抉择。

微观层面上的利益因素是同市场经济体制下企业利益的表达相联系的。市场经济体制由于过分强调商品的销售和利润的获得，对

---

① 莫莎著:《贸易、投资与环境协调——基于区域经济合作的视角》，中国经济出版社，2006年12月第1版，第3页。

包括环境改善等一些主要的公共福利事业的投资，因为不能提供直接利润，而被牺牲或推迟了。这种现象后来被称为“私人富裕，公共污秽”。早期工业体系中成本的定义，包含极有限的内容。成本原来只是企业家不能不付的款项。至于任何其他费用，都留给别人或搁置起来置之不理了。不加处理的炼铁炉渣，小山似的堆在矿场或高炉近旁。在美国威尔士的阿伯凡地方，大量废渣演绎成为严重的惨剧。那里堆积废渣超过一个世纪，后来多得向山谷下滑去，竟埋没了儿童正在就读的一座农村小学。工业废水任意流入江河，工厂的烟气排放到空中使人窒息。“厂房内部节省得任何装饰物品都没有，只有梦魇似的噪音、高温以及由震动、撞击与没围栏的机器产生的各种危险。”对于类似的这种现象，有些经济学家也曾提出过补救办法，如处以公害罚款，课以污染税等，但直至1967年，世界上最通用的经济学课本中，只有一本在脚注和附录中谈到这类“外部不经济性”。可见这个问题仍然被忽视了。[①]更有甚的是，生产烈性农药等污染环境的企业，为了一己私利，对于揭示其产品对环境带来危害的作者，动用一切力量加以迫害。其中最令人发指的例子是利益集团对美国女生物学家卡逊的围攻与迫害了。早在1962年，蕾切尔·卡逊就以《寂静的春天》一书，为人类用现代科技手段破坏自己的生存环境发出了警报，但是在当年的美国，却遭到了与农药相关企业的猛烈抨击。美国前副总统戈尔在为此书所写的引言中专门写了这件事。当时几家大型化工公司都试图禁止《寂静的春天》出版。当该书摘录在《纽约客》杂志发表时，马上出现了反卡逊的大合唱，指责她歇斯底里，是极端主义者。“对蕾切尔·卡逊的攻击，可与当年对出版《物种起源》的达尔文的恶劣诽谤相比。”有的甚至有过之而无不及。由于卡逊是一位女性，很多冷嘲

① ［美］芭芭拉·沃德勒内·杜博斯:《只有一个地球——对一个小小行星的关怀和维护》，吉林人民出版社，1997年12月第1版，第25—27页。

热讽直接拿她的性别说事。《时代》周刊的指责中有一条说她“使用了煽情的语言”。她的科学家声誉也同样遭到攻击。她的对手出资大搞宣传，全盘否定她的研究工作。值得人们注意的是，戈尔认为：时至今日，只要有人质疑那些损害环境的既得利益者，“此类指责就会随时出现”。①

第三节　产生环境问题的主要原因

人口增长过快和旧增长模式下工业化快速发展是造成环境问题的两个主要原因。

1. 人口增长过快

人类居住的地球对于它所能承载的人口数量是有限度的。目前世人对此大致有了共同的认识。

问题是，人口增长的“限度”在哪里呢？人们至今持有非常不同的看法。

美国人口学家科恩搜集了目前关于这个问题几乎所有研究报告，发现已有的估计多达65个，从最低的不足10亿到最高的1万亿，差别惊人。有的认为，地球上的人口已经超出了地球的环境承载能力，人口若进一步增长，势必引起严重后果；有的认为，由于科学技术具有巨大的潜力，可以帮助人们找到新的资源，解决种种难题，未来世界人口不会超过地球的环境承载能力。比较多的看法是：世界人口已经接近环境承载能力。今天地球上60多亿人面临的种种资源、环境问题，在很大程度上与人口过多有直接关系。②

① 《寂静的春天》引言，Ⅵ，译文出版社，2010年7月第6次印刷。

② 王民主编:《地理》第二册，中国地图出版社，2007年6月第2版，第17—18页。

2. 旧增长模式下工业化快速发展

工业化进程既极大地促使了人类文明的发展，它使人类社会生产的物质产品和非物质产品都比过去极大丰富了，另一方面，工业化在促进人口增长的同时，又对环境带来破坏与污染。在这种情况下，重要的是要在经济发展、人口增长和环境变化三者之间保持积极的平衡。在农业文明时期，由于生产力发展水平低下，产品的产量不高，医疗水平也相对落后，它限制了人口的增长，同时也限制了经济发展对环境的污染和影响，三者之间保持了低水平的平衡。工业革命改变了这种状况，打破了这种低水平的平衡。先是英国和美国等一些工业化起步早的国家，人口和工业化开始持续较快增长。随后，从上世纪下半叶开始，从殖民地、半殖民地解放出来的广大亚非拉国家开始进入工业化发展时期，人口和环境污染都增长很快，世界人口总数进入快速增长期。然而，人们在一个很长时期中，关注多的是经济增长和如何提高产品生产能力，以及在此基础上提高人们的生活水平，对人口迅速增长和工业化对环境的污染和破坏，并未给予应有重视。经济、人口、环境三者都在迅速发展变化，但却陷入了严重失衡的泥潭之中。发展越快，三者之间的失衡也越严重。这种状况必然会给人类社会今天和明天的发展带来严重恶果。

问题是，三者失衡的原因是什么呢？至今人们并无一致意见。我们认为，这种失衡的出现并且发展到目前这样严重状况，原因是多方面的。这里需要特别注意的是以下几个问题：

（1）经济结构的影响。

无论是发达国家还是发展中经济体，在其经济发展初期阶段，主要都发展劳动—资源密集型产业。只不过英国当年发展纺织工业时，棉花、羊毛等原料是从印度、澳大利亚等英联邦国家输入的。美国发展石油工业，开始时用的是本国原油，后来则依赖从中东国家进口。到了工业化后期，资本和知识密集型产业才在发达国家产业结构中占据优势地位。1750—1910年，发达国家人口的高增长率为发展劳动—资源密集型产业提供了劳动力基础，[①]而发展劳动—资源密集型产业则为迅速增加的劳动大军提供了比较充分的食品和衣服。然而，劳动—资源密集型产业迅速发展给地球留下了大量的工业垃圾，人口迅速增加和生活水平较快提高又给地球留下大量生活垃圾。地球受到的是双重的垃圾和废弃物污染。无论是工业化时期的工业垃圾还是生活垃圾，对环境污染的程度都比以往任何时期更为严重。20世纪后半期开始，在人口增长和劳动—资源密集型产业发展速度方面，发展中经济体超过了工业化初期和中期时的发达国家：人口基数更大，劳动—资源密集型产业发展速度更快，对环境污染的范围更加广泛，程度也更为严重。发展中经济体实行工业化时期生产和使用的许多产品，特别是一些新的化工原料和成品（比如DDT）是过去没有的。它们成为环境的新污染源。发达国家的环境问题没有解决，又加上了新的环境污染问题。最近半个多世纪，可以说是自人类文明产生以来，全球环境受到破坏和污染最严重的时期。

（2）消费观和消费模式的影响。

传统的消费观认为，随着个人财富的增加和生活水平的提高，追求舒适与享受是天经地义的事。在一些发达国家有一种很常见的现象，就是可供消费的产品和服务越多，人想要的就越多，并且对已拥有的就越不珍视。随着消费的增加，废弃物也随之增长。短期使用后就被扔掉的事实并没有让多少美国人不安，因为他们喜欢买新的“更好的”产品。[②]战后，在许多地方，人们推崇这种“美国

---

① 1750—1800年，发达国家人口年均自然增长率为4%，1800—1850年提高到7%，1850—1900年提高到9%，1900—1910年进一步提高到13%。

② [美]约翰·塞兹（John L Seitz）：《全球议题》（第三版），社会科学文献出版社，2010年3月第1版，第230页。

生活方式”：一个家庭有几辆小汽车，豪华型耗油的非常舒适的大型轿车，以及个人家庭游泳池、网球场和宽广屋子周围的草坪。但是，美国的生活方式是在战后非常特殊的国内外条件下形成的。它一方面消耗世界大量资源，另一方面又形成大量浪费，同时又付出巨大环境成本和贫富差距悬殊的社会代价。人们曾经做过一个统计，目前在世界上最富的国家——美国，平均每个公民的汽车和家用设备等使用钢材约一吨，每人每年产生各种各样的废物也重约1吨。1960—2000年间，美国每年人均制造的固体废弃物增长了约60%，高达1600磅。[①]1960年每个美国人每天制造的废弃物约2.7磅，到2000年，这个数字增加到了4.5磅。[②]

《只有一个地球》一书的作者在书中写过这样一段话：勃克明斯脱·富勒曾提出过对个人享用大大增长的一种估计方法。30年前，他做过一项估算，假设当时所有的动力供应产生于体力劳动，则每个美国人使用的动力，相当于150个奴隶为其劳动。今天这个数字可能已增到将近400个奴隶。这些能量所做的，就是过去奴隶曾做的劳动，如家务劳动、烧饭、送人来往、打扇、司炉、浆洗衣物、从别处运来精细华美的服装和装饰品、根据需要演奏各种声调的音乐以及清除周围垃圾，等等。现在干这些劳动的不再是人力，而是机器。正是这些机器，代替了人的劳动，消耗了动力，排出了废物。这就是当前人类环境中最迫切问题的核心——污染问题。尽管如此，人民群众还是需要“能量奴隶”来满足个人的富裕生活。我们还不知道，那些享受当前这样生活标准的人们，将如何要求更高的标准，譬如说，在未来的20年中，是否会从400个能量奴隶推进到1000个。虽然还不知道，可是过去富豪们的所作所为并没有暗示他们的胃口会随着蚕食鲸吞而有所减退。下一个世纪开始，可能有

① “US Waste and Recycling”, *New York Times*, National edn (August 20, 2002), p.D4.

② De Souza et al., Critical links: “ Population, Health and Environment”, p.18.

70亿人口，他们每人对于能量的使用、食物和金属的消耗以及废物的丢弃，至少将达到当前美国水平的一半。[①]

以上情况表明，进入工业化时期后，人类社会及其生产技术对自然环境和资源的冲击之大，是文明史上从未有过的。

（3）社会结构的影响。

本杰明·迪斯雷利针对19世纪时的英国情况曾这样说过："同时存在着两个民族——富裕的民族和贫穷的民族。"[②]英国社会的两极分化在美国等发达国家以及许多发展中经济体同样存在。这种状况——不管它是在一个国家还是整个世界，都对地球环境带来负面影响。一方面是富人对奢侈生活的享受欲望开始像巨浪般地吞没着资源，从而使物资与能量的需要量增加到空前的程度。这种征兆很快地就在经济生活中反映出来。生产新能量的设备安装起来了，开发出来的物资，被卖掉，被耗费掉，也有的被当做废物丢弃了。另一方面是贫民区拥挤不堪的居住条件给环境带来严重污染。小棚子似的房子在方丈之地一个挨着一个搭了起来。搭的房子如此之多，竟有半数房子的光线只能从别人家的门洞里射进来。有些棚户区连水井都没有。有的在地下挖掘粪坑，有的则连粪坑都没有，根本无法解决住户的卫生要求。所以，污物就不可避免地在街道上堆积了起来。由于人口众多，租房居住的人家非常多，一般每家只有一间房，或一间阁楼。他们却为房产主提供了利润，大大地提高了城市的地价，从而更增加了供应廉价房屋的困难。在临时出租的房间里，工人轮流租用床位睡觉。铁路的拱桥下，以及公园的长凳上，都成了赤贫如洗的人们的流浪住处。目前在印度的孟买仍有这样的情况。这种天壤之别的对照在发达国家中，从贫民窟和犹太人街也明显地表现出来。在发展中国家的城市里，情况更加严重，那里有棚

---

① ［美］芭芭拉·沃德勒内·杜博斯：《只有一个地球——对一个小小行星的关怀和维护》，吉林人民出版社，1997年12月第1版，第13页。

② 本杰明·迪斯雷利（Benjamin Disraeli 1804—1881年），英国保守党领袖，曾任首相。

户、“红藻区”[①]、茅棚村和聚赌村，等等。成千上万贫穷的农村移民挤住在肮脏的帐篷和陋室中。[②]

人无疑是世上一切因素中最积极的因素，但不能因此得出人越多越好的结论。“人多力量大”、“众人拾柴火焰高”，是中国那个特殊年代非常片面的政治口号。人的积极作用和人口问题是两个不同的问题。“人口—环境—人类文明”三者之间的关系，迄今仍是一个需要进一步研究和讨论的问题。比如，对于古希腊和古罗马文明的衰落，人们至今有不同看法。斯塔夫里阿诺斯认为：技术停滞不前，生产力受阻，这些因素合在一起使得古典文明在3—6世纪中面对蛮族猛烈的冲击时无能为力。[③]但也有学者认为，古希腊由于人口的增长和聚居区的扩大，造成了耕地的减少和土地生产力的下降。尽管从公元前590年开始，历代统治者为了恢复土地的生产力，号召种植橄榄树以保护土壤、修筑台地以防止水土流失，并采取了一系列保护环境及鼓励生产的措施，但是人口增长的巨大压力仍然没能避免希腊文明在公元前339年的伯罗奔尼撒战争之后衰落。几个世纪以后，古罗马也出现了同样的问题。人口的增长引起植被的破坏、水土的流失和洪水的泛滥，使肥沃的表土被带进河流，并在河口处淤积，繁荣的都市点一个接一个地消失在沼泽和荒野中。环境的恶化就这样使辉煌的古罗马文明遭到毁灭性的打击。[④]

① 英文Favellas原意为红藻孢子团，繁殖极快。此处用来称人口密集而又增加很快的陋巷。

② [美]芭芭拉·沃德勒内·杜博斯:《只有一个地球——对一个小小行星的关怀和维护》，吉林人民出版社，1997年12月第1版，第28—31页。

③ [美]斯塔夫里阿诺斯著:《全球通史：从史前史到21世纪（第7版）（上册）》，北京大学出版社，2005年1月第1版，2005年12月第6次印刷，第224页。

④ 郑艳秋、齐欣、朱幼文编著:《环境的演化·自然简史》：上海科学技术文献出版社，2009年3月第2版，第114页。

第四节 环境问题与综合性全球大视野

研究环境问题要有综合性的全球大视野。

这是因为，环境问题的各个领域，大气、水、土壤等各个方面，处在相互关联、互相影响的链条之中，不能割裂开来研究，这是其一。其二,一切环境问题又都同社会、经济、政治、文化乃至人们的风俗、习惯紧密地联系在一起，不能孤立地就环境问题研究环境问题。其三，任何环境问题，从某种意义讲，都是全球性问题。这决定了，研究环境问题必须坚持综合性全球大视野。

人类与环境之间的关系也是复杂的、多方位、多领域的关系。人既是生产者，又是消费者。作为生产者，人的一切活动都是为了把从大自然取得的原料加工成人类可以消费的产品，并通过各种渠道提供到消费者手中。另一方面，人们只有在满足了起码的衣、食、住、行需求并获得一定社会技能后，才能作为劳动者投入到生产活动中去。从这个意义上，可以说，一切生产者同时又是消费者。而人类进行的任何经济活动，不管它是生产还是消费产品，都是在一定的社会形态中进行的，都是社会性质的活动。社会的意识形态、伦理道德以及组织形式，都会对人与环境的关系产生各种不同的影响。但工业社会与农业社会有一个重要区别：在农业社会中，人们生产和消费的基本上都是本国的产品。那时已经有对外贸易，对于某些国家和地区来说，对外贸易已经起着重要作用，但从根本性质上说，人们生产和消费的基本上是本国或本地区的产品，人类对环境的影响基本上也停留在本国或本地区范围内。工业社会则与此不同。生产与消费的全球化使其对环境的影响不再是一国范围内的事，而变得区域化和国际化了。这种状况决定了，我们应当从全球视角来研究发展与环境的关系。它说明，在工业化和全球化时代，国际环境合作对于解决环境问题具有何等重要的意义。

如果单纯从生产和消费的结果来讲，现代经济活动是一个将原料、能源和劳动力转化为产品和环境废弃物的过程。20世纪60年代，弗鲁士（R. Frosch）等人另辟蹊径，模拟生物的新陈代谢过程和生态系统循环再生过程，对人类的经济活动开展“工业代谢”研究。他们将生物学中的“代谢”概念引进到社会经济系统中来，认为经济系统是“自然生态系统的一部分”，生产过程就是一个将原料、能源和劳动力转化为产品和废弃物的“代谢”过程。他们用这种方法对生态系统进行分析，把工业生态系统同样划分为“生产者”、“消费者”、“再生产者”（分解者）和外部环境等四个部分，再对其进行结构分析与功能分析。[①]这种分析离开了社会经济结构对人类生产、消费活动以及对环境的非常复杂的影响，因此有其根本的局限性。但这种方法通过对生态系统的认识，寻找能使经济系统与生态系统保持和谐与发展的途径，仍不失为一种积极的探索。

对于发展与环境关系本身，我们也提倡多角度的研究与分析。首先生产领域无疑是对环境造成污染与破坏的主要环节，但迄今为止，我们在研究发展对环境影响时，过分偏重生产领域，有时低估甚至忽略了其他经济环节，比如交通运输领域中的环境污染等问题。实际上，交通运输领域中的环境问题对整个世界环境形势产生着越来越重要的影响。当前，很多环境问题是同化石燃料的开采使用联结在一起的，而化石燃料的很大一部分又用于交通运输部门。据美国能源部公布的最新材料，2007年，世界液体燃料消费总量中，用于交通运输的占53%；到2035年，这一比例将上升到63%，在世界液体燃料消费增长量中占87%。美国能源部材料认为，在估计对液体燃料的未来需求趋势时，了解用于交通运输的能源需求变化是“最重要的因素”。[②]此外，国际油价所以在

① 张象枢主编，邹骥、周景博副主编：《人口、资源与环境经济学》，化学工业出版社，2004年7月第1版，第18—19页。

② *International Energy Outlook*，*2010*，July 2010，U.S. Energy Information Administration，Office of Integrated Analyses and Forcasting，U.S. Department of Energy，Washington，D.C..

2008年达到历史新高点，交通运输用油强劲增加也是重要原因。

其次，任何国家为了发展经济，都要发展交通运输业。交通运输是经济发展的先行官，是发展现代化经济的重要基础设施。发展交通运输业还可以带动钢铁业、建材业等许多产业的发展，但它们大多属于资源消耗型产业，其中许多企业是“排污大户”。

再次，无论建筑铁路、公路还是建设大型机场，都要侵占大片农田，并给周围地区带来噪音污染。

最后，由于目前大部分交通运输工具是以矿物燃料为动力的，会给空气和水源带来污染。运输被看成是一个难以有效监管的“移动”的污染排放源。现在，世界上60%的石油经海上运输，海上漏油事件时有发生，成为海水污染的重要原因。统计显示，每年通过各种途径泄漏于海洋的石油和石油产品约占世界石油总产量的0.5%，对海洋生态环境造成严重破坏。1978年3月，“阿莫柯·卡迪斯”号油轮在法国布勒塔尼沿海触礁，溢出23万吨原油，造成15公里范围内大量海洋生物死亡，并在深达60米的范围内，形成油水混合物的固定油层。直到10年后整个海港和海湾才恢复原状。2002年底发生在西班牙海域的“威望”号油轮断裂事件导致7.7万桶燃油泄漏。生态学家称这是迄今为止世界上最严重的漏油事件之一，为此，仅西班牙一国为清理“威望”号漏油污染就已耗资10亿美元。[①]

一方面由于经济的发展和生活水平的提高，另一方面由于环境越来越多地受到污染与破坏，人们开始更加深刻地认识到：人类的生存质量与环境质量有着密不可分的内在联系。人们开始从一个新的角度来审视环境问题，对环境质量提出了更高的，更人性化的要求。一门新的学科，环境美学，在上世纪60年代应运而生了。“环境美学”是美学与环境科学的交叉，也就是美学理论在环境研究领

① 莫莎著:《贸易、投资与环境协调发展——基于区域经济合作的视角》，中国经济出版社，第18—19页。

域（Environmental Studies）的运用，是以环境审美（Environmental Aesthetic Appreciation）作为核心问题的美学。[1]环境美学的兴起与发展表明，总有一天，人们对待环境问题的态度会从消极的保护与防治转为积极的建设，使山变得更青，水变得更绿，环境变得更加秀美和宜人居住。"风摇其巅，韵动崖谷。视之既静，其听始远"。[2]这不才是我们对环境的最终要求吗？

我们只有一个地球。人类生活在一个共同的星球上。任何国家、任何地区的环境问题都发生在某个国家的主权领土上。任何国家的政府对于发生在其领土、领海和领空内的环境问题首先负有关注、研究、治理与解决的责任，是解决自己拥有主权的领土、领海和领空内环境问题的第一责任人。与此同时，对于发生在别国领土、领海和领空内的环境问题又负有通过环境合作，予以支援和帮助的义务。环境问题，不管它发生在世界哪个地区，哪个角落，都是地球某一部分的环境失衡的结果。环境问题的这种国际性质决定了我们看待、研究、解决环境问题必须具有全球的视野。

环境问题的国际性质具体表现在以下几个方面：

1. 污染无国界

污染物的跨国转移主要是通过三个途径实现的，这就是：空气、水和土壤。2005年11月13日发生的吉林石化爆炸造成的水污染，不但使哈尔滨全市大停水，居民的生产与生活都受到重大影响，并且由于污水流出国境，污染发生了跨国性的转移。一旦发生这种情况，污染的治理便不是一个国家的力量所能解决的。由于江水污染发生在冰封期，水域与空气被冰层隔绝，水体的自净能力弱，加之水位低，流速慢，这些都将造成污染浓度高、持续时间长的不良后果。

---

① 程相占主编：《中国环境美学思想研究》，河南人民出版社，2009年4月第1版，第1—2页。

② ［唐］柳宗元：《石渠记》。

污染跨国流转的时间也更长，范围也更广。

1991年1月17日到2月26日的海湾战争持续的时间并不长，但海湾北部海域的海水却遇到了有史以来最严重的污染：轰炸引起的石油泄漏在海上形成大片油膜并在海上漂浮移动。战争期间，科威特半数油田起火，使全球排放的二氧化碳增加了11%以上。二氧化碳引起酸雨，在科威特、伊拉克、以色列、伊朗、约旦等上空洒落，使这些国家大片土地和森林受到危害。1991年夏，登山队员在珠穆朗玛峰上发现了被黑色尘粒污染的白雪。据分析，这是此前在海湾战争中科威特油田大火所产生的烟尘随高空气流飘至青藏高原所致。①

1999年北约对南联盟持续79天的轰炸使诺维萨德、潘切沃等地的炼油厂以及其他地区油料库均被摧毁。潘切沃化工厂和化肥厂遭到轰炸时，上百米高的烟柱直冲天空，弥漫在这座城市上空的单体氯乙烯（一种致癌物质）的含量一度达到正常标准的1万多倍。轰炸也使南联盟周边一些国家的环境受到危害。据调查，轰炸期间罗马尼亚奥拉维察地区空气中二氧化硫、氨、氮等污染物，比正常水平高出5—10倍。南联盟多家石油加工企业被炸后，多瑙河水面出现了长15千米、宽400米的石油污染带，下游国家以及黑海沿岸人民均受到伤害。②

2011年3月12日，日本福岛核电站发生爆炸后，辐射的污染物通过空气和海水迅速传播到了世界许多国家和地区。先是东京电力公司从4月4日19时开始把福岛第一核电站内含低浓度放射性物质的1.15万吨受污染水排入海中，为高放射性污水让出存储空间，以此缓解福岛第一核电站设施内的高放射性污水问题。这些污水的放射性物质浓度是法定限度的约100倍。

---

① 郑艳秋、齐欣、朱幼文编著：《环境的演化·自然简史》，上海科学技术文献出版社，2009年3月第2版，第85页。

② 张凯主编：《人与环境（环境卷）》，山东科学技术出版社，2008年5月第1版第2次印刷，第17页。

福岛第一核电站1至4号机组涡轮机房等处都有大量含高浓度放射性物质的积水。东京电力公司说，由于来不及设置转移这些高放射性污水的临时水罐，现在只能把低放射性污水排入海中，为高放射性污水让出空间。这家电力巨头和内阁官房长官枝野幸男均称他们“别无选择”。

尽管宫枝野幸男称，排入太平洋海域的含有放射性物质的污水“不会立即对邻国产生辐射污染”，但来自日本媒体的另一则报道使世界许多国家对来自日本的海产品和农产品仍然充满疑虑。这则报道说，4月5日，茨城县渔业协会宣布，4日在北茨城市附近海域捕捞的玉筋鱼幼鱼体内检测出放射性铯达到每千克526贝克勒尔，超过食品卫生法放射物暂定标准值设定的每千克5贝克勒尔。这是首次从鱼类体内检测出放射物质超标。此外，在这种小鱼体内还检测出每千克1700贝克勒尔的放射性碘。4月1日，在同一地区捕捞的玉筋鱼体内也检测出每千克4080贝克勒尔的放射性碘。茨城县渔业协会已要求全县渔民不要再捕捞玉筋鱼。

受此事件影响，韩国外交通商部表示，日本向海水中排放放射性污水的行为有可能违反国际法。4月4日晚，韩方通过韩国驻日本大使馆向日本外务省转达了韩国政府的忧虑，认为日方这一行为有可能会触犯国际法，并询问了日本外务省的对策。

据韩国联合通讯社报道，韩国外交通商部第一次官朴锡焕当天在出席国会南北关系发展特委会时说，日本在排放污水时并未事前与韩国进行协调。韩国在必要时将要求日本提供相关信息并进行实地调查，追究日本政府的责任。

另外，到4月9日为止，世界许多地方都已在空气中测到福岛核辐射污染。国家核事故应急协调委员会4月8日权威发布：中国内地除云南外，其他省、自治区、直辖市部分地区均检出从日本核事故释放出的极微量人工放射性核素碘—131。其中，北京、上海、天津、河北、山西、内蒙古、辽宁、吉林、黑龙江、江苏、浙江、安徽、福建、江西、山东、河南、湖北、广东、海南、四川、陕西、甘肃、宁夏、青海和新疆等省、自治区和直辖市空气中同时还监测到更加微量的人工放射性核素铯—137和铯—134。从北京菠菜、莴笋叶，浙江的芥菜，山东和湖南的菠菜，广东的油麦菜和生菜，海南的小白菜抽检中发现了极微量的放射性碘—131。[①]

2011年6月6日，日本核能监管机构原子能安全保安院把福岛第一核电站辐射泄漏的强度上调至77万万亿贝克勒尔，相当于先前估算值的两倍多；而把福岛事故等级上调至最高的7级，为1986年苏联切尔诺贝利核事故以来最严重的一次核事故。6月7日，日本政府发布国际原子能机构专家团查报告称，核电站1号至3号机组反应堆燃料棒可能已经熔穿压力容器，外围安全壳面临遭熔穿的严重风险。一旦发生这种情况，日本福岛核电站爆炸给世界各国带来的核污染的强度将大大增加。

2. 对外贸易与投资的发展使环境问题进一步全球化

以土壤环境污染为例，这种污染不仅危及国内消费者的健康，它还通过产品的出口，把污染带到了国外，严重影响农产品外贸活动，这是绿色贸易壁垒案例屡屡出现的一个重要原因。

3. 世界任何地区环境的重大变化都带有程度不同的世界影响

一个国家的环境一旦受到严重破坏，不管它是否会对别的国家、别的地区的环境带来直接影响，它总会使地球总体环境受到一定程度的影响，因为一个国家的环境只是地球总体环境的一个有机组成部分。拿地震来说，强烈的大地震不仅在震中造成一片废墟，给环境带来极大破坏，还会使地球质量发生变化，进而影响到地球自

① 《文汇报》，2011年4月9日。

转。日本福岛大地震就使地球的自转时间减少1.6微秒，即每天的时间减少了1.6微秒，因为地震使地轴发生了微小的偏移。这种情况在印尼苏门答腊和智利大地震时也都发生过。2004年苏门答腊大地震引发的地轴偏移使每天减少了6.8微秒，2010年智利大地震使每天减少了1.26微秒。

第五节　出路和前景

工业化是人类社会发展过程中一个重要进程，一个重要阶段。“在人类发展过程中，工业化时代的发展是非常必要的一个时期，而不是一种进化的失误。”[①]它的出现和存在为科技的进步提供了物质基础，延长了大多数人的寿命，使他们生活得更加美好。这些都是需要肯定的。但是，迄今为止，不管是社会主义的工业化还是资本主义的工业化，在对地球环境的关系方面，都存在严重失误。从某种程度上说，它们都是以破坏环境为代价的。我们必须清楚地认识到，人类不是地球和大自然的主人和统治者。人类本身就是自然进化的结果。如果说，我们需要改造大自然，那也必须在人类与自然和谐相处的大前提下进行，而不能成为破坏环境的一种说辞。我们已经有了西方国家实行工业化的经验教训，现在又有了中国和许多发展中国家进行工业化的实践，这使我们对于工业化与环境的关系比过去有更多条件去进行科学的总结。工业化虽然是人类发展过程中非常必要的一个时期，但工业化是否一定要按照目前已经有过的模式进行，我们是否一定要在走完工业化历程之后，到了后工业化时期，才由“不可持续发展的工业化时代向可持续发展的信息化时代转变”[②]呢？其实早在20世纪80年代初，有的国家就开辟了走

① ［美］格雷姆·泰勒:《地球危机》，海南出版社，2010年2月第1版，前言第4页。

② 同上，前言第1页。

生态农业之路的新途径，把生态工业和企业生态建设摆上了议事日程。是不是可以说，今后的工业化时代有条件成为一个比较短的时期，或者它从一开始就同信息化和生态建设等紧密地结合在一起，基本上不再存在“不可持续发展的工业化时代向可持续发展的信息化时代转变”的问题。我们在下面，正是从这一角度出发，来介绍和分析中国在环境问题上的经验和教训，而不是一般性地介绍中国的环境问题和环保工作。

有幸的是，人类正在越来越多地认识到，对我们生存其上的地球不能进行过度开发，更不能为所欲为。我们不能把这一代人经济与社会的繁荣，建筑在子子孙孙面对满目疮痍的地球而痛苦万分与不知所措的基础上。我们必须采取各种措施，树立新的价值观念和新的体制，开创新的途径，保护和建设好我们这个“家园”，让我们子孙后代生活在一个美妙而充满朝气的大地上。如果说，人类文明并不是第一次面对由于环境破坏而引发的文明消亡的威胁，那么，现在的挑战是，我们必须赶在旧经济系统将自然环境彻底破坏之前，以更快的速度去建立新经济。

问题是，这可能吗？在下一个十年中我们有可能阻止主要生态系统免于衰退的境地吗？我们能够迅速地将我们具有毁灭性的全球体系转变成一种具有建设性的体系吗？可能性是存在的。改变的步伐以两种方式在加速前进。不仅只有加剧的破坏与毁灭，而且还有日益增长的意识和越来越具有建设性的创新。新的世界观、价值观、社会结构和技术出现在地球上的每一个角落。转变的步伐已经开始向前迈进了。[①]

中国面临环境问题的严峻挑战及其采取的战略与措施说明，形势是严峻的，但这样的转变是可能的。

---

① ［美］格雷姆·泰勒:《地球危机》，海南出版社，2010年2月第1版，第109页。

第四章

中国面临的环境问题及其发展趋势

第一节　中国面临的环境形势

同改革开放的前期比较，目前中国的环境保护工作取得了很大进展，全国环境质量严重恶化趋势基本得到了控制，但从总体看，环境形势依然严峻，经济增长的资源环境约束强化。这不但表现在污染面呈扩大之势，不少地方污染的程度也在加深。一些地区环境污染和生态恶化已经到了相当严重的程度，主要污染物排放总量明显超过环境承载能力。全国城市空气质量总体尚好，2010年比上年有所改善，2011年上半年又比上年同期好一些，但部分城市污染仍较重，不少城市大气污染影响着居民的健康。[①]土壤污染形势依然严峻，土地荒漠化和草原沙化面积仍在扩大。一些地区水资源污染和短缺以及居民饮用水安全问题突出。人多水少依然是我国的基本国情之一。生态环境恶化趋势没有根本改变。生物多样性下降趋势尚未得到有效遏制，遗传资源不断丧失和流失，外来入侵物种危害

① 目前大家都认识到，中国面临的环境形势是相当严峻的，长期积累的环境问题尚未解决，新的环境问题又在不断产生，但在具体问题上对严重的程度则存在不同估计。比如，对于大气污染问题，中国环境与发展国际合作委员会2006年度的政策报告认为，中国1/5的城市空气污染严重，但有的学者则认为，我国有“1/3的城市人口呼吸着严重污染的空气”。

严重。近年来受全球气候变暖等自然因素影响，加之人为开垦、超载放牧、破坏生态用地等影响，主要生态环境问题依然突出。近些年来，农村环境问题日益显现，农业源污染物排放总量较大，突出表现为畜禽养殖污染物排放量巨大，农村生活污染局部增加，农村工矿污染凸显，城市污染向农村转移有加速趋势，农村生态退化尚未得到有效遏制。[①]

1. 大气污染问题

空气是环境的组成部分，是人类和动植物摄取氧气的源泉，是植物进行光合作用所需二氧化碳的储存库，也是环境中能量流转的重要环节。空气是多种气体的混合物，其组成基本上是恒定的。但由于人口增多、工业发展，向大气中排放的有害气体及飘尘越来越多，远远超过大气自净能力，使大气的组成发生变化，有害气体危害着人类的生存和发展，就形成了大气污染。[②]

大气污染同气候变暖是两个既有联系但又不同的问题。温室气体排放本身就是大气污染的一种表现，两者有着几乎相同的原因，但大气污染又比气候变暖有着更加广泛的内容。我国的大气污染同气候变暖都同石化燃料，特别是煤的开采、使用有密切联系，但采煤和燃煤过程中产生的污染气体都远不止CO和NO。比如煤层气是成煤作用过程中生成的烃类气体（主要是CH_4），它在采煤过程中释放出来，成为矿井瓦斯的主要有害气体。我国的大部分煤矿都有瓦斯，并且瓦斯矿井和煤与瓦斯突出矿井约占47%左右。为了井下生产安全，通常采用通风方式将井下有害气体抽出排入大气中，成为大气污染的一个重要来源。据统计，全国煤炭系统排入大气中的废气每年约1700亿立方米，其中瓦斯每年约60亿立方米，占世界同类

① 中国环境保护部:《2010年中国环境状况公报》，2011年6月3日。

② 蒋明君编著:《生态安全学导论》，中国华侨出版社，2010年10月第1版，第158页。

瓦斯排放总量的1/4—1/3。

在包括我国在内的许多发展中国家，由于大量使用低效的燃煤设备以及传统的用煤方式，也由于煤炭的品位较低，“煤炭型污染将是未来相当长时期内大气污染的主要原因。”①这方面的问题学界已经有过许多论述。

值得注意的是，随着工业化和城市化的进一步发展，近些年来，我国大气污染的内容和组成正在发生重要变化。燃煤带来的污染，某些方面（如酸雨）还在发展。与此同时，汽车尾气、电子辐射等非煤炭型污染又在明显发展。大气污染出现了某种程度的煤炭型污染与非煤炭型污染相结合的新特点。

（1）汽车尾气日益成为大气的重要污染源。

在现代文明的今天，汽车已经成为人类不可缺少的交通运输工具。自从1886年第一辆汽车诞生以来，它给人们的生活和工作带来了极大的便利，已经发展成为近现代物质文明的支柱之一。但是，在汽车产业高速发展、汽车产量和保有量不断增加的同时，汽车也带来了对大气的污染，即汽车尾气问题。

汽车尾气给人体健康带来严重危害。欧盟环境污染监测中心最近的调查研究证实，各类机动车辆排气污染已占城市大气污染物的70%以上。汽车尾气排放的污染物正在使蓝天变少，使人们的呼吸不再那么自如。进入欧洲大气层中的氧化氮，有42%是汽车排放的。

德国科学家最近的一项研究证实了上述看法。这项研究表明，儿童患癌症与汽车尾气造成的空气污染有密切关系，孕妇吸入这些废气，其胎儿出世后更容易患上癌症。汽车尾气中的铅一般分布于地面上方1米左右的地带，正好是青少年的呼吸带。德国波恩大学曼菲·别尔逊教授领导的一个科研小组指出，对于儿童来说，汽车

① 蒋明君编著：《生态安全学导论》，中国华侨出版社，2010年10月第1版，第159页。

尾气中的一氧化碳和氮中的3—丁二烯是致癌的元凶。他们发现，在公共汽车站周围300米的区域，这些致癌物质特别集中。

亚洲开发银行日前发表研究报告也认为，空气污染每年在亚洲城市造成55万人死亡，比前10年年均增长18.5%。一份由世卫组织专家提供的报告说，全世界因城市空气污染过早死亡人数超过75万，其中亚洲国家和地区有53万人。英国报刊在《毒雾笼罩北京》一文中宣称，由于车辆增加，速度过快和低劣的汽油质量，北京成为全球汽车尾气污染最严重的城市之一。[①]2010年11月4日，中国环境保护部发布《中国机动车污染防治年报（2010年度）》，首次公布了我国机动车污染物排放情况，并系统地介绍了机动车污染防治工作的进展。年报显示，我国机动车污染日益严重，机动车尾气排放已成为中国大中城市空气污染的主要来源之一。汽车是机动车污染物的主要排放者，其排放的一氧化碳和碳氢化合物超过机动车排放的相关污染物的70%，氮氧化物和颗粒物则超过机动车排放的相关污染物90%。

我国的汽车尾气排放主要由三个部分组成：通过排气管排出的内燃机废气、曲轴箱泄漏的气体以及油箱和汽化器等燃料系统的蒸发气体。它们的成分非常复杂，有100种以上，目前已从中分离出80多种有害物质，其中最主要且危害最大的有一氧化碳、氮氧化物、碳氢化合物、醛等。

一氧化碳（CO）是烃燃料燃烧的中间产物，主要是在局部缺氧或低温条件下，由于烃不能完全燃烧而产生，混在内燃机废气中排出。当汽车负重过大、慢速行驶或空挡运转时，燃料不能充分燃烧，废气中一氧化碳含量会明显增加。而这正是我国目前普遍存在的情况。一氧化碳是一种化学反应能力低的无色无味的窒息性有毒气体，对空气的相对密度为0.9670，它的溶解度很小。一氧化碳由呼吸道

① 《中国财经报》，2007年2月14日。

进入人体的血液后，会和血液里的红血蛋白（Hemoglobin，Hb）结合，形成碳氧血红蛋白（Carboxy-hemoglobin，COHb），导致携氧能力下降，使人体出现各种不良反应，如听力会因为耳内的耳蜗神经细胞缺氧而受损害等。吸入过量的一氧化碳会使人发生气急、嘴唇发紫、呼吸困难甚至死亡。对人体无副作用的一氧化碳阈值目前虽然尚未确定，但可以肯定的是，长期吸收一氧化碳对城市居民和公路两旁农村居民的身体健康构成了不容忽视的威胁。一氧化碳是目前人类向空气排放量最大的污染物。由于燃烧和燃烧技术的改进，我国从固定燃烧装置排放的一氧化碳碳量逐渐有所减少，但由汽车等移动源燃烧产生的一氧化碳量每年都在增加，约占人为污染源排放的一氧化碳总量的70%左右，略低于发达国家城市空气中汽车所占一氧化碳的排放比重（80%）。①

氮氧化物（NOx）是在内燃机气缸内大部分气体中生成的一种有害物质，它的排放量取决于燃烧温度、时间和空燃比等因素。从燃烧过程排放的氮氧化物95%以上可能是一氧化氮，其余的是二氧化氮（NO_2）。从目前的情况看，二氧化氮对我国人体健康带来的危害日益彰显。二氧化碳是一种红棕色呼吸道刺激性气体，约为空气质量的1.5倍，对人体影响甚大。由于其在水中溶解度低，不易为上呼吸道吸收而深入下呼吸道和肺部，引发支气管炎、肺水肿等疾病。在二氧化氮浓度为$9.4mg \cdot m^{-3}$（5PPm）的空气中暴露10分钟，即可造成呼吸系统失调。世界卫生组织环境健康评价组曾做出这样的结论：二氧化氮浓度$0.94mg \cdot m^{-3}$是短期暴露引起有害影响的最低水平，$0.19—0.32mg \cdot m^{-3}$最长1小时、一个月不能多于两次，才能确保公共健康。

甲烷是一种窒息性气体，当它的浓度达到一定高度时会对人体健康造成危害。乙烯、丙烯和乙炔则主要对植物造成伤害，使路边

① 蒋明君编著：《生态安全学导论》，中国华侨出版社，2010年10月第1版，第160页。

的树木不能正常生长。苯是无色类似汽油味的气体，可引起食欲不振、体重减轻、易倦、头晕、头痛、呕吐、失眠、粘膜出血等症状，也可引起血液变化，红血球减少，出现贫血，还可导致白血病。汽车尾气中还含有多环芳烃，虽然含量很低，但由于多环芳烃含有多种致癌物质而引起人们的关注。

醛（HCO）则是烃类燃烧不完全产生的，主要由内燃机废气排放。汽车尾气排放的醛类以甲醛为主，占60%—70%。甲醛是有刺激性的气体，对眼睛有刺激作用，也会刺激呼吸道，高浓度时会引起咳嗽、胸痛、恶心和呕吐。由于空气中的这些有毒物质，很多是随着汽车的废气进入空中的，我国居民和家庭中，拥有汽车的比例越高，空气受污染的程度也越高。

（2）各种性质的辐射威胁越来越大。

我国发展核电的时间较晚。核电站使用的主要是经过严格选择的国外已经成熟的技术和设备。从设计和建设核电站的第一天起，我们就把“安全”问题置于非常突出的位置。这决定了我国的核电站和核设施基本是在安全状况下运行的。浙江秦山核电基地各核电厂、广东大亚湾/岭澳核电厂和江苏田湾核电厂都在安全运行。外围辐射环境连续监测系统所测的 γ 辐射剂量率（未扣除宇宙射线响应值）年均值分别为102.6nGy/h、122.6nGy/h和101.0nGy/h，处于所在地区的天然本底范围内。浙江秦山核电基地周围关键居民点空气、降水、地表水及部分生物样品中氚活度浓度，广东大亚湾/岭澳核电厂和江苏田湾核电厂排放口附近海域海水氚活度浓度与核电站运行前本底值相比有所升高，但对公众造成的附加剂量远低于国家规定的限值。2010年，各核电厂周围各种环境介质中除氚外其余放射性核素活度浓度与历年监测结果相比，未见明显变化。其他反应堆及核燃料循环设施周围环境电离辐射的情况是：中国原子能科学研究院、清华大学核能与新能源技术研究院、中国核动力研究设计院、陕西省西北核技术研究所等研究设施外围环境 γ 辐射剂量率，气溶胶、沉降物、地表水、土壤和生物样品中放射性核素活度浓度与历年监测结果相比未见明显变化；饮用地下水总 α 和总 β 活度浓度低于《生活饮用水卫生标准》规定的限值。[①]

对于现代社会来说，除了核辐射外，我们还面临其他各种电磁辐射的污染。所谓电磁辐射，简单说就是由于电场、磁场的交互作用而产生的一种能量，以电磁辐射形式通过空间传播的现象，类似于水波。

在日常生活中，我们接触到的电磁辐射通常可分为射频辐射和极低频辐射。手机、电视塔等产生的是射频辐射，交流电源等产生的是极低频辐射。电磁辐射的频率越高，对人体造成的伤害就越大。

电磁辐射虽然看不见，摸不着，但却可能对我们身体造成危害，如影响神经系统、心血管系统等。长时间生活和工作在这种环境中，可能会出现头晕、乏力、食欲减退等临床症状。

另外，电器开机时会形成静电场，吸附大量悬浮灰尘，灰尘也会随着热气往外扩散，所以一般电器周围都比较肮脏。静电吸附的灰尘中，可能含有多种病毒、细菌。如果水杯没盖，杯子就会成为灰尘、细菌的接收站，一旦这些有害物质进入水杯，被人喝下，久而久之就会影响健康。

近些年，继水和大气污染之后，电磁辐射已成为人们关注的新热点。有专家指出：人类生活中电磁辐射造成的污染甚至将取代噪声污染。这是因为，随着经济的发展，环境中能够产生电磁辐射的设备种类和数量都在大幅度增加。其中公共电磁辐射源包括：各种等级的变电站、移动电话机站，还有遍布城市的地铁、电车、电气化列车等；个人和家庭使用的包括手机、电视机、微波炉等电子电器产品的数量也在惊人地增加，结果城市电磁辐射总量呈几何倍数增长。今后，随着科技的进步，必将会有更多新的电器设备投入使

① http://jcs.mep.gov.cn/hjzl/zkgb/2010zkgb/201106/t20110602_211568.htm.

用。有的专家估计，今后一个时期，电磁辐射源还将以每年10%左右的速度增加。

关于多大数量的电磁辐射对人体是安全的，有关国际组织曾经提出过限值。世界卫生组织曾明确表示，支持国际非电离辐射防护委员会提出的限值。但是，目前也有不少国家，或者基于本国的国情，或者根据本国的研究成果，制定了更为严格的限值。瑞士、俄罗斯以及美国的一些州制定的限值，都比国际非电离辐射防护委员会推荐的限值严格几倍，甚至上百倍。

中国《环境电磁波卫生标准》规定，电磁辐射的强度小于10伏特／米时，属于安全范围。如果我们长时间处于电磁辐射超过10伏特／米的环境中，身体就有可能受到伤害。而要想测出辐射大小，需要借助一种专业仪器——场强测量仪。不久前，人们做过一个试验：用场强测量仪来测量笔记本电脑，结果发现，当把仪器移到电脑屏幕下方时场强最大，达到了13伏特／米，键盘区域和电脑背面的场强也都将近13伏特／米。电脑对人体的辐射已经成为现代社会中不能忽视的问题。

随后，人们又用仪器检测了一台50寸的大屏幕等离子电视机，屏幕前方辐射在4伏特／米以下，但老式的电子显像管电视，屏幕的电磁辐射却达到了100多伏特／米，是目前已测电器中辐射最大的。而冰箱背面的辐射虽然只有5伏特／米，但前面的把手位置则接近10伏特／米，之所以前后差距这么大，是因为冰箱前面把手处有一个液晶显示屏，液晶屏后面有电路板，因此辐射较大。至于微波炉，辐射最强的部分是控制面板，场强将近20伏特／米，而电吹风的辐射则超过10伏特／米。

对于个人使用的电子电器产品，有关调查显示，关注度最高的辐射源是手机，因为我国有6亿多手机用户，普及率近50%，而且使用手机时一般会紧贴头部，靠近大脑。中国目前实施的有关手机电磁辐射的强度标准，在制定时参考了欧美的标准。目前美英等国都有研究显示，超过限值的手机很可能对身体造成伤害。虽然世界对于“长期使用电磁辐射在限值以下的手机是否安全”这个问题上存在争论和分歧，但不少国家都主张让儿童多用固定电话，少用手机。欧盟的一项研究结果证实，手机辐射能够破坏细胞和带有人类遗传信息的DNA。

值得注意的是，人们常常在电脑边放杯水或者是仙人掌之类的绿色植物，用于防辐射，或者用涂隔离霜的办法防辐射，但实验证明，它们对于防辐射来说并不能起到显著效果。[①]

（3）颗粒物对空气的污染进一步发展。

空气中弥漫着固体、液体微粒，粒径大约在1.0×10^{-7}—1.0×10^{-5}m之间，长期悬浮不落的，称为“大气飘尘”。颗粒物质是大气污染物中数量很大、成分复杂、性质多样、危害较大的一种。它本身可以是有毒物质，也可以是其他有害物质在大气中的运载体、催化剂或反应床。大气中飘浮着因核爆炸而产生的放射性灰尘时，会使人引起慢性放射性病或皮肤慢性损伤。因此，颗粒物质是危害较大的大气污染物之一。颗粒物污染进一步发展有许多原因，它既同煤的生产，也同沙尘天气增加有关系。煤矿在生产、贮存、运输等各环节中产生大量粉尘。它们对人体的危害很大。一般大于10μm的粉尘，容易为鼻腔、气管黏液所捕捉，并逐渐排出体外；小于10μm的粉尘则可深入到气管深部；而小于5μm的粉尘，90%可沉积在气管、肺泡上，引起肺泡的充血反应而导致尘肺病。中国煤矿粉尘危害严重，尘肺病的发病率高，而且大量粉尘随矿井排风进入大气，造成环境污染。近些年来，北京的沙尘天气的天数明显减少了，但就全国而言，由于土壤沙化在发展，沙尘天气带来的环境影响不是减少，而是增加了。下面我们将专门论述这一问题。

环境保护部最近发布的我国2011年上半年重点城市环境空气

① 《中国电视报》2011年1月20日。

质量状况显示，2011年上半年，在113个环保重点城市中，45个城市空气质量超标，占39.8%，其中1个城市空气质量级别为劣三级。同期，113个环保重点城市空气中，二氧化硫、二氧化氮和可吸入颗粒物平均浓度分别为0.044毫克/立方米、0.037毫克/立方米和0.091毫克/立方米。与2010年上半年相比，二氧化硫平均浓度下降2.2%，二氧化氮平均浓度上升5.7%，可吸入颗粒物平均浓度持平。①

（4）酸雨现象进一步发展。

酸雨是一个20世纪50年代以后才出现的全球性环境问题。它是指pH值小于5.6的雨水、冻雨、雪、雹、露等大气降水。美国测定的酸雨成分中，硫酸占60%，硝酸占32%，盐酸占6%，其余是碳酸和少量有机酸。酸雨主要是人类生产活动和生活造成的。工厂排放的含硫污染物进入大气层后，与水汽结合形成亚硫酸和硫酸，从而使降水呈现出较强的酸酸性，落到地面即为酸雨。大量的环境监测资料表明，由于大气层中的酸性物质增加，地球大部分地区上空的云水正在变酸，如不加控制，酸雨区的面积将继续扩大，给人类带来日益严重的危害。

我国是继欧洲、北美之后世界第三大重酸雨区。酸雨分布区域主要集中在长江沿线及以南—青藏高原以东地区。主要包括浙江、江西、湖南、福建的大部分地区，长江三角洲、安徽南部、湖北西部、重庆南部、四川东南部、贵州东北部、广西东北部及广东中部地区。②值得注意的是，我国酸雨分布区域呈现明显的蔓延之势。20世纪80年代，我国的酸雨主要发生在以重庆、贵阳和柳州为代表的川贵两广地区，酸雨区面积为170万平方公里。到90年代中期，酸雨已发展到长江以南、青藏高原以东及四川盆地的广大地区，酸

---

① 新华社，北京8月1日电。

② http://jcs.mep.gov.cn/hjzl/zkgb/2010zkgb/201106/t20110602_211579.htm.

雨面积扩大了100多万平方公里。以长沙、赣州、南昌、怀化为代表的华中酸雨区现已成为全国酸雨污染最严重的地区。以南京、上海、杭州、福州、青岛和厦门为代表的华东沿海地区也成为我国主要酸雨区。华北、东北的局部地区也出现酸性降水。全国一半以上的城市，其中70%以上的南方城市及北方城市中的西安、铜川，侯马、京津、丹东、图们和青岛都下了酸雨。2010年，在监测的494个市（县）中，出现酸雨的市（县）249个，占50.4%；酸雨发生频率在25%以上的160个，占32.4%；酸雨发生频率在75%以上的54个，占11.0%。从降水酸度看，2010年与2009年相比，发生酸雨（降水pH年均值<5.6）的城市比例虽然降低3.1个百分点，但发生较重酸雨（降水pH年均值<5.0）和重酸雨（降水pH年均值<4.5）的城市比例却没有减少。[①]在长沙、赣州等地区，年降酸雨频率高于90%，几乎到了逢雨必酸的程度。

酸雨危害是非常广泛的，包括对人体健康、生态系统和农作物、森林以及建筑设施等都有直接和潜在的影响。酸雨可使儿童免疫功能下降，慢性咽炎、支气管哮喘发病率增加，同时可使老人眼部、呼吸道患病率增加。酸雨还可使农作物大幅度减产，特别是小麦，在酸雨影响下，可减产13%—34%。大豆、蔬菜也容易受酸雨危害，导致蛋白质含量和产量下降。酸雨对森林和其他植物危害也很大，常使森林和其他植物叶子枯黄、病虫害加重，最终造成大面积死亡。根据国内对105种木本植物影响的模拟实验，当降水pH值小于3.0时，可对植物叶片造成直接的损害，使叶片失绿变黄并开始脱落。叶片与酸雨接触的时间越长，受到的损害越严重。野外调查表明，在降水pH值小于4.5的地区，马尾松林、华山松和冷杉林等出现大量黄叶并脱落，森林成片地衰亡。例如，重庆奉节县的降水pH值小于4.3的地段，20年生马尾松林的年平均高生长量降低50%。酸

---

① http://jcs.mep.gov.cn/hjzl/zkgb/2010zkgb/201106/t20110602_211579.htm.

雨对中国森林的危害主要是在长江以南的省份。根据初步的调查统计，四川盆地受酸雨危害的森林面积最大，约为28万公顷，占有林地面积的32%。贵州受害森林面积约为14万公顷。根据某些研究结果，仅西南地区由于酸雨造成森林生产力下降，共损失木材630万立方米。

酸雨对森林的影响在很大程度上是通过对土壤的物理化学性质的恶化作用造成的。在酸雨的作用下，土壤中的营养元素钾、钠、钙、镁会释放出来，并随着雨水被淋溶掉。所以长期的酸雨会使土壤中大量的营养元素被淋失，造成土壤中营养元素的严重不足，从而使土壤变得贫瘠。此外，酸雨能使土壤中的铝从稳定态中释放出来，使活性铝增加。土壤中活性铝的增加能严重地抑制林木的生长。酸雨可抑制某些土壤微生物的繁殖，降低酶活性，土壤中的固氮菌、细菌和放线菌均会明显受到酸雨的抑制。酸雨还可使森林的病虫害明显增加。在四川，重酸雨区的马尾松林的病情指数为无酸雨区的2.5倍。仅江苏、浙江等7省，因酸雨造成减产的农田约1000万公顷以上，年经济损失达37亿元。①

酸雨还给建筑、名胜古迹等人文景观均带来严重危害，它对金属、石料、水泥、木材等建筑材料均有很强的腐蚀作用，因而对电线、铁轨、桥梁、房屋等均会造成严重损害。中国许多古建筑和石雕艺术品，如乐山大佛，北京卢沟桥的石狮和附近的石碑、五塔寺的金刚宝塔等均遭酸雨浸蚀而严重损坏。北京国子监孔庙院内198块进士碑林上的题名，在近十年内已迅速地模糊消逝；首都博物馆的大理石雕刻出现了越来越多的斑驳蚀痕；卢沟桥上形态各异的石狮也面目全非；山西大同云冈石窟内的佛像许多无眼无鼻。专家研究表明，绝大多数雕像和纪念碑在最近50年受到腐蚀比过去200年受到的腐蚀还严重。

---

① 桂慕文著:《生态与环保的故事》，江西人民出版社，2009年11月第一版，第213页。

总起来说，燃煤带来的大气污染，其中包括二氧化硫污染，酸雨等带来的危害，严重影响了国民经济的发展和人民群众的正常生活。对于二氧化硫排放造成的损失，根据专家计算，每燃烧1吨煤造成的污染和健康损失超过200元，与煤的市场价格几乎相等。而据世界银行估计，空气污染造成的过早死亡负担占GDP的1.6%—3.8%，加上水污染带来的疾病负担，总成本约占GDP的5.8%。[①]根据目前发展趋势计算，2020年，由于燃烧煤造成的污染导致的疾病需要中国付出的经济代价达3900亿美元，占国内生产总值13%。这里还不包括对农业、森林、建筑物等污染带来的损失。至于汽车尾气、电子辐射等非煤炭型污染给人体健康带来的危害如何计算，目前尚无一定程式。值得我们进一步研究。

（5）室内空气污染比室外更加严重。

最近，世界卫生组织对一系列致病危险因素进行了评估，室内空气污染排名第8位。造成了全球每年160万人死亡，平均每20秒就有1人死亡。据了解，全世界有半数以上人口依靠家畜粪、木柴、庄稼秸秆或煤来满足最基本的能源需求，在通风不良的住所，室内烟雾微小颗粒含量超室外100倍，容易导致肺炎和其他急性下呼吸道感染、慢性阻塞性肺病、肺癌等疾病。这个问题在我国尤为突出，许多地方，室内空气的混浊和受污染的程度远大于室外空气。目前我国农村地区很大一部分家庭依然“依靠家畜粪、木柴、庄稼秸秆或煤”取暖和做饭。另一方面，由于大量农村人口短期内迁入城市，加上城市两极分化现象越来越严重，在一家人拥有多套私宅的同时，几家人合住一套住房，一家几口人挤在一间窄小房间内的情况越来越多。一个城市的空气质量指标并不能反映这个城市居室内空气质量的状态。同世界上许多国家比较，我国又是机构（包括商店、饭店）和私宅装修频率最高的国家之一。劣质装修材料给居民健康带

① 世界银行，2007年。

来严重危害是一个非常值得关注的问题。但我们在研究环境和空气质量时，却少有室内空气状况及其对居民健康影响的研究成果问世。

2. 缺水和水污染问题

缺水和水污染问题是两个既有联系又不同的问题。我国的缺水和水污染问题都很严重。水污染带来的是“水质性”缺水，使我国的缺水问题变得更加严重。

地球是目前人类知道的宇宙间唯一的“水星”。如果把地球上所有高山和低谷都拉平，再把地球上的水都包围起来，那么地球表面的水就深达2400多米，地球真正变成一颗“水星”了。

与此同时，地球的许多地方，包括中国在内，又存在越来越严重的缺水问题。原因之一是：水在地球上的分布是不平衡的。

世界资源与环境研究所（WRI）提供的资料表明，全球大约14.1亿立方千米的水量中，98%是不适于人类利用的咸水。其中海洋覆盖着地球表面的3/4，超过2000米的深海区又占海洋面积的84%。世界水资源中，只有2%是淡水。我们通常所说的水资源主要指淡水资源。

问题还在于，这2%淡水中，约有68%储存在冰盖和冰川中，其中主要是南极洲。南极大陆面积为1400万平方千米，其冰雪的总贮量为2800多万立方千米，占全球冰雪总量90%以上。我们常常说，如果南极的冰雪全部融化，世界海平面将平均升高60米，那时世界上大多数沿海城市将被海水淹没。但我们往往忽视，无论以什么标准计算，南极都是地球上最大的淡水库，占地球淡水总量的70%，到目前为止，它们是难以利用的。其余大部分淡水储存在地下、土壤、大气圈和生物体内。除此之外，仅有约2000立方千米的河流淡水可以直接为人类利用，但它们在地球上的分布又极不平衡。

（1）世界淡水资源分布极不平衡。

第一，世界各大洲以及不同地区之间分布极不平衡。拉丁美洲人均拥有淡水每年为28300立方米，在各大洲中排位第一。其中南美洲的亚马逊河是世界上流域最广、流量最大的河流，每秒流量达12万立方米，每年流入大海的水量达3800立方千米，拥有的水量占全世界河流总流量的20%。巴西虽然有1.5亿人，但人均每年淡水拥有量却达32000多立方米。其次是北美洲，人均拥有淡水每年为17500立方米。非洲排列第三，为5100立方米。欧洲排列第四，为4100立方米。亚洲排在后面，只有3300立方米。[①]全球水资源最缺乏的是中东地区。比如阿拉伯联合酋长国人均淡水拥有量每年只有71立方米，成为世界上最缺水的国家之一。沙特阿拉伯这个面积达215万平方公里的中东大国，拥有的主要是沙漠，人均淡水每年只有119立方米。约旦和以色列也分别只有148立方米和180立方米。至于科威特，基本上没有自己的淡水资源。

第二，即使在同一个地区，水资源的分布也极不均衡。比如非洲，它并不属于缺水的地区，有的国家水资源非常充裕，但有的国家缺水问题又非常突出。刚果民主共和国人口不到300万，但河流众多，特别是拥有流量很大的刚果河，使得刚果民主共和国人均拥有淡水量达每年291000立方米。与刚果民主共和国相邻的加蓬，境内也河流众多，人均拥有淡水量也达每年136000立方米。但同为非洲的利比亚，人均拥有淡水每年只有148立方米，比有的中东国家还少，是世界上缺水最严重的国家之一。突尼斯和阿尔及利亚人均拥有的淡水量每年也只有434立方米和477立方米，也属于严重缺水国家。

第三，同一个国家，淡水资源分布也不均衡。以美国为例，在五大湖和密西西比河流域，人均拥有淡水量每年为8900多立方米，属于中等偏上水平，但有的地区仍然缺少地面水。结果美国农业灌溉中超过20%的部分主要依靠地下水。位于美国中西部的8个州，

① 蒋明君编著:《生态安全学导论》，中国华侨出版社，2010年10月第1版，第146页。

由于长期使用奥格拉勒地下蓄水层，使蓄水层每年以1米的速度下降，有的地区蓄水层下降已经超过100米，导致约100万公顷的土地再也无法灌溉。这种情况说明，“缺水”具有多方面的含义。一个地区即使拥有丰富的地下水源，但如果使用过度，使地层和水结构出现问题，都应属于缺水的范围。

（2）“水质性”缺水日益严重。

水质的污染主要包括工业污染、农业污染和生活污染，尤其以工业污染最为严重。世界上许多河流已经成了工业废水的下水道。工业废水往往排放量大、毒性大、成分复杂、净化难度大。农业污染主要是各种农药、化肥、人畜粪便等有机物。生活污染包括各种洗涤剂、粪便以及其他家庭排污。最后，这些污染都流入江河湖泊，使得有限的淡水很多都无法使用。我们生活的地球正面临安全饮用水严重缺乏的问题。

目前，全球每年排放的污水达4000多亿吨，由此造成5万多亿吨水体被污染，致使全球喝不到安全饮用水的人达14亿，23亿人饮用水的卫生条件没有得到起码的保障，并因此导致每天有6000名儿童死于卫生不良引起的疾病。非洲人口为8亿，但无安全饮用水的人数已达3亿，即有37.5%的人没有安全的饮用水。

世界自然基金会2007年3月发表的报告指出，因污染和管理不善全球10条大河面临生态危机，其严重程度不亚于气候变化。这10条河流是亚洲的湄公河、萨尔温河、长江、恒河、印度河、欧洲的多瑙河、南美洲的拉普拉塔河、北美洲的格兰德河、非洲的尼罗河和维多利亚河以及澳大利亚的墨累河及其支流达令河。

在欧洲，由于化学物质的污染，莱茵河中大量生物中毒死亡。伏尔加河两岸工业废水大量排放，使伏尔加格勒河段10%的河水成为污水。

由于地表水被大规模开采和污染，人们开始更多地使用地下水，特别是生活饮用水更加如此。其实人类的污染同样在侵蚀地下水资源。泰国曼谷的地下水位在过去几十年中下降了25米，盐水已经渗入井中。中国西北部的许多农村用水靠打井，由于水资源过度利用和污染，水井越打越深，许多村庄的水井超过100米深，抽上来的水都是盐碱含量过高的苦水，连牲畜都不愿喝。

水污染造成的危害是多方面的。水污染会直接影响渔业和农业生产，大量动植物物种因水质污染而灭绝，人类会感染钩虫病、血吸虫病、腹泻、线虫病以及沙眼等病。许多先天性疾病以及癌症等常常同饮用水中含重金属和某些化学物质有关。[①]

（3）我国是世界主要贫水国之一。

中国是世界上13个贫水国之一，水资源问题十分突出。年人均降水量630毫米，低于全球陆地面积的人均降水量（800毫米）。全国平均水资源总量为2.81万亿立方米，居世界第六位。2008年，中国人均水资源量为2071立方米，约为世界平均水平的1/4，居世界149个国家的110位。全国农业年缺水300多亿立方米，城市年缺水60亿立方米，日缺水量1600万立方米；660个建制城市有400个城市缺水，200多个城市严重缺水。此外，17个省市人均水资源拥有量低于联合国可持续发展委员会制定的1760立方米警戒线，9个省市低于500立方米的严重缺水线。预计到2030年，当中国人口接近高峰时，水供需矛盾将更加突出。

在中国的不同地区间，水资源分布又非常不均衡。中国北方地区的淡水资源人均只有南方地区1/4左右。按农业地区均摊，每公顷用水量只有南方地区的1/10。2008年入冬以来，中国北方地区8个省连续100多天没有降雨，创下38年来的新纪录，使1.45亿亩农作物受旱，370万人和185万头大型牲畜饮水困难。首都北京的人均淡水拥有量每年还不到300立方米，连世界上某些干旱国家的淡水拥有量水平都达不到。从2010年10月到2011年2月，北京100多天没

① 蒋明君编著:《生态安全学导论》，中国华侨出版社，2010年10月第1版，第146—147页。

有有效降水，山区农民有2000多人出现饮水困难。“村里60多岁的老人都说，活这把岁数，从来没有看到村里这么缺水。”从2010年11月起，房山县南窖乡就开始采取定时供水。据统计，北京每年需水量为37亿多立方米，除了水库储存等方法外，尚有近18亿立方米的缺口。即使南水北调工程在2014年能够实现送水进京，也只有10亿立方米的水，不可能完全解决北京的水资源匮乏问题。北京日常用水的2/3来自地下水。许多地下水历经千百万年形成，其补给是一个非常缓慢的过程。有一些地下水属于战备水源，不到不得已不能动用，但事实上已提前支取。由于掠夺性开采，北京的地下水水位已由1999年的平均12米左右降到2010年的平均24米左右。[①]

缺水的也不仅仅是北方地区。就拿中原地区来说，黄河一直是中华民族的“母亲河”。但是，从1972年以来，黄河出现“断流”。20世纪90年代以前，断流出现在5、6月份，后来逐年提前了。1991年5月6日断流；1992年4月30日断流，断流82天；1993年2月13日断流，断流60天；1993年2月13日断流，断流60天；1995年3月4日断流，断流118天；1996年2月14日断流，断流125天；1997年2月7日断流，断流226天；1998年1月1日断流，断流148天。由于黄河的水量入不敷出，入海水量不断减少。在利津水文站，60年代平均年入海水量492亿立方米，70年代为311亿立方米，到了90年代，只有184亿立方米，不到60年代的40%。总起来说，黄河供水地区目前需要水量538.4亿立方米，全河缺水量26.7亿立方米。预计到2030年，即使中华儿女们采取一切节水措施，（黄河）供水缺口仍然很大。

黄河断流带来巨大经济损失，给流域地区的居民生活带来许多不便。1995年，黄河断流造成的直接经济损失达42亿元，其中胜利油田损失4亿元。1995年黄河断流使沿岸居民因缺水而痛苦难

---

① “京城百日无降水陷困境”,《文汇报》，2011年2月2日。

熬。东营、滨州等城市的居民实行定时供水，家家户户用坛坛罐罐蓄水备荒。农田无水不能及时播种、浇灌，下游沿黄地区粮食年均减产7亿—8亿公斤，经济损失近10亿元。1997年黄河断流，断流河道长度超过800公里，造成粮食减产300万吨，工业损失为农业的10倍。①

（4）水污染形势严峻。

中国的水环境污染形势严峻。由于发展工业不注重治污，②全国年排放污水560亿—600亿吨，水源受到严重污染。据测定，中国现有河流46.5%河段受污染，10.6%河段严重污染。这些河段的水已经失去使用价值。目前全国地表水污染依然较重。长江、黄河、珠江等七大水系总体虽为轻度污染，浙闽区河流和西南诸河水质良好，西北诸河水质为优，但黄河、辽河为中度污染，海河为重度污染。湖泊（水库）富营养化问题突出。③全国近岸海域水质总体为轻度污染。一、二类海水比例为62.7%，三类海水为14.1%，四类和劣四类海水为23.2%。四大海区中，南海近岸海域水质尚良好，但渤海近岸海域水质差，东海近岸海域水质极差。

我国主要污染物排放量远远超过水环境自净能力。2000年，全国废水排放总量为415亿吨（其中工业废水194亿吨，生活污水221亿吨），废水中COD排放量1445万吨。由于排放总量大且相对集中，已对地表水体普遍产生了影响，对地下水水质形成威胁。从全国总体情况看，废水排放量增长速度在加快。由于废水处理率低（估计仅为20%—30%），大部分废水未经处理直接或间接排入江河，严重污染了水资源。但各个水系的情况也不相同。

长江水系的水质总体较好。2010年，105个国控监测断面中，

① 桂慕文著:《生态与环保的故事》，江西人民出版社，2009年11月第1版，第19—21页。

② 根据对中国淮河水质的监测，有75%的化学污染来自工业废水，其余来自生活污水，农业污染也占有一定比重。

③ http://jcs.mep.gov.cn/hjzl/zkgb/2010zkgb/201106/t20110602_211577.htm.

Ⅰ—Ⅲ类、Ⅳ类、Ⅴ类和劣Ⅴ类水质的断面比例分别为88.6%、6.6%、1.0%和3.8%。十大支流中，雅砻江、岷江、嘉陵江、乌江、沅江和汉江水质为优；大渡河、沱江、湘江和赣江水质良好。但岷江眉山段、湘江衡阳段和赣江南昌段为轻度污染，主要污染指标均为氨氮。省界河段水质为优。20个断面中，Ⅰ—Ⅲ类和Ⅳ类水质的断面比例分别为95.0%和5.0%，无Ⅴ类和劣Ⅴ类水质。与2009年相比，2010年的水质无明显变化。

2009年4月18日，在北京公布的《长江保护与发展报告2009》（下称《报告》）指出，2007年，在103个长江地表水监测断面中，Ⅰ类至Ⅲ类、Ⅳ类、Ⅴ类和劣Ⅴ类水质的断面比例分别为81.5%、3.9%、7.8%和6.8%。其中，长江干流劣于Ⅲ类水的河长比例控制在25%以下，支流水系劣于Ⅲ类水的河长比例控制在35%以下。监测显示，2007年，太湖、滇池、巢湖“三湖”相继暴发大面积蓝藻。目前，太湖和滇池总体水质均为劣Ⅴ类，湖体总体处于轻度到中等富营养状态；而巢湖总体水质为Ⅴ类，湖体处于轻度—中度富营养状态。值得注意的是，三峡库区自2003年蓄水以来，部分库湾和支流连续多年出现“水华”现象，且逐年加重。因此，从总体讲，长江水环境质量虽已保持稳定，但不能以此掩盖其中存在的问题。治理长江污染，维护长江“健康”的任务仍然十分艰巨。

淮河水系总体虽为轻度污染，但在86个国控监测断面中，Ⅳ类、Ⅴ类和劣Ⅴ类水质的断面比例共占58%，主要污染指标为五日生化需氧量、高锰酸盐指数和石油类。淮河支流和省界河段都属于中度污染水质，主要污染指标为五日生化需氧量、高锰酸盐指数、氨氮和石油类。这种污染更难治理。

黄河水系的情况也较差，总体水质为中度污染。2010年，44个国控监测断面中，Ⅳ类、Ⅴ类和劣Ⅴ类水质的断面总共为32%左右，其中Ⅴ类和劣Ⅴ类水质的断面比例为27.3%。主要污染指标为五日生化需氧量、石油类和氨氮。黄河支流水质污染严重，总体为重度污染。主要污染指标为五日生化需氧量、石油类和氨氮。在黄河支流中，伊河、洛河和沁河水质为优，伊洛河为轻度污染，湟水河、大黑河、北洛河为中度污染，其余支流为重度污染。渭河西安段和渭南段，湟水河西宁下游段，汾河太原段、临汾段和运城段，涑水河运城段污染严重。黄河省界河段为中度污染。11个断面中，Ⅴ类和劣Ⅴ类水质的断面比例占36.4%。主要污染指标为氨氮、五日生化需氧量和高锰酸盐指数。其中渭河渭南潼关吊桥断面（陕—豫、晋）、汾河运城河津大桥断面（晋—陕、晋）和涑水河运城张留庄断面（晋—陕、晋）污染严重。

海河水系总体为重度污染。2010年，62个国控监测断面中，Ⅳ类、Ⅴ类和劣Ⅴ类水质的断面比例共为62.6%。主要污染指标为高锰酸盐指数、五日生化需氧量和氨氮。海河干流总体为重度污染，海河大闸和三岔口断面的水质分别为劣Ⅴ类和Ⅳ类，主要污染指标为高锰酸盐指数、五日生化需氧量和氨氮。海河水系其他主要河流总体为重度污染。主要污染指标为高锰酸盐指数、五日生化需氧量和氨氮。主要河流中，除永定河水质为优，滦河和南运河水质良好外，大沙河、漳卫新河、子牙河、徒骇河、北运河和马颊河等为重度污染。省界河段为重度污染。其中19个断面中，Ⅳ类、Ⅴ类和劣Ⅴ类水质的断面比例共58%为42.1%、5.3%、21.0%和31.6%。主要污染指标为高锰酸盐指数、五日生化需氧量和氨氮。①

环境保护部最近发布的2011年上半年我国重点流域水环境质量状况显示，2011年上半年，重点流域水环境质量总体为轻度污染，主要污染指标为氨氮、高锰酸盐指数和五日生化需氧量。Ⅰ—Ⅲ类水质断面占48.8%，劣Ⅴ类水质断面占15.9%。与上年同期相比，Ⅰ—Ⅲ类水质断面比例提高0.2个百分点，劣Ⅴ类水质断面比例降低3.5个百分点。全国地表水有13项指标出现超标现象（不计化学

---

① http://jcs.mep.gov.cn/hjzl/zkgb/2010zkgb/201106/t20110602_211577.htm.

需氧量）。其中，总磷、氨氮、五日生化需氧量和高锰酸盐指数超标较为严重，超标断面占断面总数的20%以上。七大水系水质总体为轻度污染，主要污染指标为高锰酸盐指数、氨氮和五日生化需氧量。Ⅰ—Ⅲ类水质断面占53.9%，劣Ⅴ类占17.6%与上年同期相比，Ⅰ—Ⅲ类水质断面比例提高1.9个百分点，劣Ⅴ类水质断面比例降低4.4个百分点。七大水系中，长江、珠江Ⅰ—Ⅲ类水质断面比例在75%至90%，水质良好；海河劣Ⅴ类水质断面比例超过40%，为重度污染；其余河流为中度或轻度污染。①

尤其值得注意的是，目前，一些地区的饮水安全受到威胁。在开展集中式饮用水水质月报的46个环境保护重点城市中，仅28.3%的城市饮用水源地水质良好，26.1%的城市水质较好，45.6%的城市水质较差。经全国布点监测（不含西藏），农村地区饮用水卫生合格率为62.1%，全国尚有3.6亿农村人口喝不上符合标准的饮用水。全国有7亿人饮用大肠杆菌超标水，1.64亿人饮用有机污染严重的水，3500万人饮用硝酸盐超标水。淮河在评价的2000公里的河段中，78.7%的河段不符合饮用水标准，79.7%的河段不符合渔业用水标准，32%的河段不符合灌溉用水标准。据统计，全国3000家污染严重企业中，属排放工业污染的废水企业，淮河流域占了160家。流域内182个城镇中有排污单位1.55万家，工业废水排放量为16.1亿立方米，城镇生活用废水排放量7亿立方米。用淮河污水灌溉农田，造成农作物严重减产。淮河流域许多地区癌症发病率比正常地区高出十几倍到上百倍，一些村庄2/3的人肝肿大。同时由于河口的污染，溯河性鱼虾资源遭到破坏，产量大幅度下降，部分内湾渔场基本荒废。

由于饮用污染的水，中毒事件时有发生。据有关报道，滇池特产银鱼大幅度减产，鱼群种类减少，名贵鱼种基本绝迹，同填池水

① 新华社，北京8月1日电。

受到污染有直接关系。渤海是中国的内海，已严重污染。在渤海海域里，海洋生物大量减少，鱼、贝类濒于绝迹，几乎已变成没有生命的“死海”。沿岸海域的透明度明显下降，海水呈赤褐色甚至墨色。一些水产品濒于绝迹。相反，具有油臭味的鱼、绿色牡蛎（被铜严重污染）、有烂斑的海带却大量出现。因食用被污染的海产品而得病的人越来越多。

在我国的水污染中，除了日常的工业排污和生活污水外，还有两个看上去似乎与水污染没有关系，但实际上是使水质受到严重污染的重要因素。一是时有发生的包括煤矿及石化企业安全事故等突发事件给水质带来的污染。2005年11月13日发生的吉林石化爆炸造成水污染引发的哈尔滨全市大停水，是一个典型事例。事故发生后，流域的水资源、居民的生产与生活都受到重大影响。更令人担忧的是，由于江水发生在冰封期，水域与空气被冰层隔绝，水体的自净能力弱，加之水位低，流速慢，更带来污染浓度高、持续时间长的不良后果。①

2011年6月4日晚间，一辆装载有化学品苯酚的槽罐车，在新安江高速出口互通主路段内发生车辆追尾事故，导致部分泄漏苯酚随雨水流人新安江，造成部分水体受到污染。

事故发生后。建德市环保、林水、消防等相关部门，一方面控制事故现场，另一方面立即通告沿江居民及企业做好相关防范措施，严禁到新安江取饮用水，并慎用工农业生产性用水，勿食用建德市范围内新安江、富春江、兰江出现的死鱼。杭州市各自来水厂也抢储原水，开足马力生产，同时告知市民做好应急防备，利用各种容器尽可能多储水。到6月6日为止，在杭州市环境监测中心布设的8个监测点中，事故入江点及接近点两个监测点水质依然分别为劣V

---

① 《经济观察报》，2005年12月5日。

类和V类。[1]

另一个与水污染的有关问题，是水电开发对环境的影响。

长期以来，由于火电开发造成了严重的环境污染问题，发展水电便受到人们的高度重视。1949年以来，中国水电建设从小到大，常规水电站的总装机容量从建国时的16万千瓦，发展到现在的1亿千瓦左右，水电装机的总规模已超过美国居世界首位。但中国水电开发程度与发达国家（70%以上，最高近90%）相比还很低，与中国水力资源在能源资源中的重要地位不相称。50多年来，中国修建了8万多座水库，其中大多数为综合利用的水利项目，单纯水电水库仅占少数。据近期统计，所有已建和在建水电站约6000余个，装机容量30万千瓦（占全国总装机2/3）以上的水电站有160多个，5万千瓦以上为200多个。兴建水电站固然缓解了电力供应的紧张状态，但也带来了对水环境的影响。建高坝大库会改变天然河流的水温，坝前垂向水温呈现出明显分层现象，水温分层将使水库下层的水体水温常年维持在较稳定的低温状态。特别是连续的高坝大库梯级开发，将使水温更难以恢复。河段水温的改变将对水生生物等产生不利影响。另外，引水式和混合式水电开发方式，如没有安排坝下下泄生态环境流量，还将造成季节性或全年一定长度河段脱水或减水。筑坝建库后，由于水深增加，流速减小，改变了原库区河段的天然流动水体自净能力，水库蓄水初期有可能导致库区及坝下游水质短期恶化。但就水库库区整个水体而言，特别是交换较快的水库，出现富营养化的可能性较小，对局部流速小、水较浅的库湾、支流库尾则有可能出现不同程度的富营养化。但如果库区过度发展养殖业，出现富营养化的可能性会较大。这种情况说明，经济开发对自然环境的影响是多方面、多渠道、多层次的；有直接的，也有间接的影响。有的较易为人们所认识，有的很难一时认识清楚。同

① 《文汇报》，2011年6月6月专电。

样一个事物，往往既有正面的，同时又有负面的影响。全面地了解这种影响是一个复杂的、立体的认识工程。我们切不可把复杂的事物简单化，从而犯下由于认识片面导致的决策错误。

3. 土壤污染问题

（1）化学物品与土壤污染。

土壤学家把中国的土壤分成棕色针叶林土、黄壤、红壤、黑土、白浆土、草甸土、水稻土、潮土、高山草原土等28个土种。长江中下游某些地区把当地土壤分为四种，即水稻土（俗称水田）、旱地潮土（即旱地）、山地森林红壤（即山地）、湿地土壤（俗称塘泥或湖泥）。

土壤污染问题主要是各种化学物品浸入土壤后使土壤成分发生变化所致。

目前，世界已知化学品共700多万种，有9.6万种进入人类生存环境中，具有“环境优先污染物”的特征。后者主要表现在四个方面：一是在自然界难以降解；二是在环境中有一定残留，即具生物积累性；三是具有“三致”作用；四是对人体健康和生态环境具有潜在威胁。美国优先污染物“黑名单”有129种，德国水环境优先污染物有120种，中国有68种。中国农村大量使用农药、化肥和农膜，既取得了农作物增产的效果，也使土壤中大量生物死亡，土壤成分发生变化。

土壤中难降解的有机污染物种类繁多，其中多氯联苯（PCBs）、多环芳烃（PAHs）和多氯代二恶英（PCDDs/PCDFs）是近年来最引人关注的几种典型污染物。多氯联苯（PCBs）是一组氯化联苯产物的总称，由于水溶性低，土壤和底泥成为它的重要归宿，后者除直接来源于PCB s制品的废弃、泄漏外，还可能来源于大气颗粒物的沉降、水中PCBs的扩散及大气中PCBs的挥发等。多环芳烃（PAHs）主要来源于煤和石油的燃烧，焦化、煤气、煤油等工厂排出的废气、废水和汽车、飞机等交通运输工具以及采暖锅炉和家庭炉灶排放的废气，并且大多吸附在大气和水中的微小颗粒物上，通过沉降和降水冲洗作用进入土壤。多氯代二恶英（PCDDs/PCDFs）是毒性很强的一类三环芳香族有机氯化合物，由一个或两个氧原子联结两个被氯取代的苯，分别被称为多氯二苯并二恶英（PCDDs）和多氯二苯并呋喃（PCDFs）。它们不仅来源于城市生活垃圾的焚烧过程，而且还会在燃料（包括燃煤、燃油等）燃烧过程、汽车尾气的排放、化工生产如纺织、造纸的污泥，生产氯酚、六六六热解废渣和其他含氯化工生产过程，植物残余枝叶（含除草剂）、氯苯类化合物甚至香烟的燃烧过程中生成；并通过大气颗粒物沉降、废物堆放场中有害物的挥发、地表径流、污水处理、水体沉积物等进入土壤。

这些污染物毒性大，有致癌、致畸、致突变作用，进入土壤后，积累在植物和动物组织里，甚至进入生物生殖细胞，破坏或者改变决定未来的遗传物质，如导致组织发生坏死和变态反应，破坏细胞正常的信息传递，引起细胞死亡或突变，导致组织出现肿瘤。对人类健康负面影响的证据已经越来越多。近年来的隐睾症、尿道下裂、子宫内膜异位、两性人、发育不全甚至癌症的发病率明显上升、女孩青春期的提前都被认为与这些物质有关。所以有人将其比喻为威胁人类生存的“定时炸弹”。其中特别是二恶英，它的毒性是氰化物的130倍，砒霜的900倍，有“世纪之毒”之称，国际癌症研究中心将其列为人类一级致癌物。除了剧毒之外，二恶英还溶于脂肪，难以降解，半衰期长，一旦进入人体，7到10年都很难排出，积累到一定程度，会置人于死地。

（2）化肥带来的污染。

有机肥俗称农家肥，就是含有机物质的肥料，由堆肥、沤肥、厩肥、沼气肥、绿肥、作物秸秆肥、泥肥、饼肥等组成。它有优点，也有缺点。它的缺点是：体积大、分量重、又脏又臭、作用比较慢；作物需要营养时，肥力供不上，不需营养时，肥力又过头，造成作物疯长，造成减产。

无机肥就是不含有机物质的肥料，俗称化肥。1840年，德国化学家李比希提出了“植物矿质营养说”和“土壤养分归还说”，于是催生了它。化肥以空气、水、矿石、煤、焦炭、石油、天然气为原料，经过化学反应或机械加工制成，分为氮肥（尿素、硫酸铵）、磷肥（钙镁磷、过磷酸钙）、钾肥（氯化钾、硫酸钾等）。它是工业化的产物。化肥使用过多或长期使用，会使土壤板结，这是大家都已注意了的。现在的问题主要是两个。一个是使用化肥会不会对环境造成污染？研究表明，目前人们施到地里的氮素化肥利用率低，在北方旱地作物中仅为30%左右，在南方水田中也只有35%—40%；磷肥的利用率还不到15%。多余的氮肥有一部分挥发到空气中，对大气造成污染；另一部分则在土壤微生物作用下转化成硝酸或亚硝酸态，被作物吸收进入农产品中成为食品中的污染物。亚硝酸能与人体中的血红素结合，影响血液中氧的运输。如果亚硝酸进一步转化成亚硝胺，就成为致癌物了。多余的氮素肥一旦被雨水淋溶到地下水中，会对地下水造成污染；淋溶到塘、库水中，会使水体富养营化。磷肥中还常伴生许多放射物质和稀土元素，如铀、钍等，这些物质被农作物吸收再到动物体内会对人畜健康产生潜在危害。

我国是化肥用量非常多的国家。国际公认的化肥施用安全上限是225千克／公顷，但目前我国农用化肥单位面积平均施用量达到434.3千克／公顷，是安全上限的1.93倍。20世纪50年代我国一公顷（15亩）土地施用化肥8斤多，现在是868斤，以百倍速度增加。

另一个问题是化肥会对环境造成污染，施用有机肥是不是就没有污染的问题了？这是目前社会上普遍存在的一种印象。其实情况并不是这样。拿猪的屎、尿来说，如不很好处理，流入水中，同样会对河水、湖水或地下水造成人为的污染，臭气弥漫到空气中污染空气。关键在于合理施肥，科学施肥。有机肥的成分复杂、全面，宜多用于农作物的基肥；化肥的成分单纯，宜多用于农作物的追肥。[①]

（3）农药带来的污染。

农药使用的历史可以追溯到公元前2500年，那时，苏美尔人（即现在的伊拉克、伊朗西部以及叙利亚地区）就开始用硫黄杀灭庄稼上的害虫。最近40年，世界上大规模使用农药，其种类也花样翻新。农药有杀虫、灭病、除草的功能，可确保农作物丰收，但最大的弊端是在农产品和土壤中会留下农药残余。农药在农产品中的残留量如果不太多，不会损害人体健康，关键是我们施用的是什么农药以及怎么施药。据利物浦大学毒物学家维维安·霍华德研究，几种不同化学品如果混合在一起，它给身体带来的影响要比单个农药的影响叠加起来大得多，成为健康的潜在杀手。农药对胎儿的影响特别大。霍华德认为，只要有万亿分之几的残留量，就会破坏胎儿的细胞发送信号，使之激素紊乱。因此，孕妇和儿童最好是吃有机食品。

现在全世界每年要使用25亿公斤农药。中国至少有1300万—1600万公顷耕地受到农药污染，每年因土壤污染少产粮食1000多万吨，因土壤污染造成各种农业经济损失约200亿元，土壤污染已成为农业可持续发展的巨大障碍因素，更是“石油农业”一个致命弱点。

自从二战期间默勒发明滴滴涕（DDT）之后，农药的生产和使用范围不断扩大，化学农药的数量和品种不断增加，现在全世界化学农药每年总产量估计在300万吨以上。农药在使用过程中，只有一半被作物吸收（或吸附），另一半则落在土壤中。化学农药本身不易被阳光和微生物分解，对酸和热都很稳定；不易挥发且难溶于水，故残留时间长，尤其在我们的黏土和富于有机质的土壤中残留性更大。1999年，中国土壤中积累的滴滴涕（DDT）总储量约8万

---

① 桂慕文著:《生态与环保的故事》，江西人民出版社，2009年11月第1版，第225—226页。

吨，贮存的六六六约5.9万吨。滴滴涕（DDT）和六六六都属于有机氯农药，会危害神经中枢。滴滴涕（DDT）还有明显的致癌性能和致畸性能。比较容易降解的有机磷农药（如敌百虫、敌敌畏、稻瘟净、克瘟散、草特磷等），也有迟发性神经毒性。有的有机磷农药，进入生物体后，能迅速氧化成毒性更大的化合物，这类农药如在生长期短的蔬菜作物上使用，对人的毒害更大。

（4）大量使用农膜带来的污染。

在土壤的污染物中，目前大家注意多的是化肥和农药，而常常忽视过度使用农膜带来的消极影响。据统计，目前我国每年约有50万吨农膜残留于土壤中，残膜率达40%。大量残留在土壤里的农膜，在15至20厘米土层形成不易透水、透气的难耕层。而最关键的是它非常难降解，至少要140多年才可降解掉。专家认为，现在农民常常不用有机肥、秸秆等养地，覆盖一层农膜就实现了保温、保水、除草、杀虫等目的，实际上是在加速耕地“死亡”，无异于“杀鸡取卵”。农民将农膜从田里拣出来后就地焚烧，看似干净了，实际上低温燃烧排放的剧毒二恶英进入了大气中，造成了环境的严重污染。

（5）土壤中的有机质和土壤质量问题。

土壤有机质包括动植物死亡后遗留在土壤里的残体、施入的有机肥料以及经过微生物作用所形成的腐殖质。其中腐殖质是黑色的胶体物质，它已经完全没有生物残体的迹象了，并常与土壤矿物质部分结合在一起。腐殖质一般约占有机质的70%—90%。我国大多数土壤的有机质含量在1%—2%，高的可达5%—10%以上。和矿物质比较起来，土壤中有机质含量虽然不多，但对土壤肥力的影响却很大。因为土壤有机质的基本成分是纤维素、木质素、淀粉、醣类、油脂、蛋白质等。在这些成分里，包含有大量的碳、氢、氧，还有氮、硫、磷和少量的铁、镁等元素。

动植物残体和施入土中的各种有机肥料，在微生物作用下，会慢慢地腐烂分解。一般有两种情况。一种是有机质的矿质化过程，就是把这些复杂的东西分解成为能够溶解于水的无机盐类，并放出二氧化碳。矿质化了的养分，可供作物吸收利用。另一种是有机质的腐殖质化过程，就是这些动植物残体和有机肥料先进行分解，然后再重新合成新的物质——腐殖质。土壤中积累了腐殖质，在一定条件下，它又会慢慢分解释放出养分。因此，有机质对土壤肥力的提高和保护都非常重要。它是作物养分的重要来源。它能保持和改善土壤的物理性能。腐殖质含量多的土壤，能形成团粒结构，使土壤不僵不板，易于耕作；它颜色深暗，可增加土壤的吸热保暖能力。腐殖质是有机胶体物质，保水能力强，又能吸附周围的可溶性养分，避免养分流失，以后慢慢释放出来供作物吸收。腐殖质实际上是养分的"储存库"。有机质又是微生物的食物。土壤的有机质丰富，其他条件又适宜时，能促使微生物旺盛活动，使土壤的肥力提高。①

影响土壤质量的另一个问题是水土流失。据联合国粮农组织的统计，全世界水土流失面积达2500万平方千米，占陆地总面积的16.7%，占全球耕地和林草地总面积的29%。中国是世界上水土流失最严重的国家之一。根据中国第三次水土流失普查数据，全国水土流失总面积达356万平方公里，②其中水蚀165万平方公里，风蚀191万平方公里，轻度、中度、强度、极强度和剧烈水土流失面积分别占水土流失总面积的45.9%、22.7%、11.8%、9.1%和10.5%，每年流失土壤50多亿吨，相当于全国的耕地上刮去1厘米厚的土层。其中氮、磷、钾肥料元素的流失量相当于4000万吨的化肥，相当于目前全国的化肥施用总量。全国水土流失的耕地约占耕地总面积的

---

① 桂慕文著：《生态与环保的故事》，江西人民出版社，2009年11月第1版，第231—240页。

② 《2010年中国环境状况公报》称：现有水土流失面积356.92万平方千米，占国土总面积的37.2%。其中水力侵蚀面积161.22万平方千米，占国土总面积的16.8%；风力侵蚀面积195.70万平方千米，占国土总面积的20.4%。

1/3。水土流失涉及全国近1000个县，主要分布在黄土高原和西南地区。因此，虽然全国水土流失呈现面积减少、强度降低的趋势，但是总体形势仍然十分严峻。据估计，2000年中国水土流失造成的经济损失达1900亿元，相当于当年GDP的2.1%。气候变化改变温度和降雨分布，将加剧中国的水土流失状况。①

总起来说，目前我国因人为因素造成破坏而废弃的土地约两亿亩，约占耕地总面积10%以上。

（6）湿地和草地退化问题。

讲到土壤质量问题时，我们不能不讲一下湿地和草地退化问题。

国家林业局湿地资源调查统计结果表明，我国现有100平方公里以上的湿地面积3848万平方公里，其中，自然湿地面积3620万平方公里，占全国湿地面积94.1%。但是，近几十年来受气候暖干化和经济高速发展的影响，全国多数湿地遭受严重破坏，退化十分严重。据不完全统计，过去40年—50年中，我国海岸湿地面积减少了50%，红树林湿地面积减少了75%，且还有近40%具有全球意义的湿地正受到中度或重度退化威胁。

我国拥有各类天然草地3.93亿公顷，约占国土面积的40%，但人均占有草地仅相当于世界水平的43%，属于草地资源相对贫乏的国家。长期以来无计划的乱开滥垦，导致我国草地面积逐年减少。近几年，由于人工种草和改良草地，全国每年增加草地面积130万—135万公顷，而不合理的开发等其他原因使每年消失草地大约200万公顷。两者相抵，我国的草地面积正在以每年65万—70万公顷的速度迅速减少。长期超载放牧，不合理使用草地以及采樵、滥挖、滥猎、开矿、淘金等，严重破坏草原生态系统的稳定，导致我

① 林而达、罗勇、陈敏鹏、戎兵："气候与环境变化对中国影响的新认识"，全国政协"21世纪论坛"2010年会议论文。

国90%的草地不同程度的退化。[①]

中国草地是世界陆地生态系统中退化最严重的地区之一。中国草地退化始于20世纪60年代。20世纪70年代中期，全国退化草原面积约占草原面积15%，20世纪80年代中期增加到30%以上，20世纪90年代中期达到50%以上，21世纪初增加到90%。

4. 荒漠化问题

土地荒漠化之所以令全世界都感到不安，是因为它使人类赖以生存的、合适的土地和环境受到破坏，使人们加重贫困，甚至被迫迁徙。

（1）土地荒漠化的界定和概况。

根据世界各国领导人1992年在全球环发大会上的商定，荒漠化是指包括气候变异以及人类各种活动造成的干旱、半干旱和亚湿润干旱地区的土地退化。

荒漠化是一个全球性问题。全世界受荒漠化影响的国家有100多个，有12亿多人受到荒漠化的直接威胁，其中有1.35亿人在短期内有失去土地的危险。截至1996年，全球荒漠化土地已达到3600万平方公里，占整个地球陆地面积1/4，相当于俄罗斯、加拿大、中国和美国国土面积的总和。对于受荒漠化威胁的人们来说，荒漠化意味着他们将失去有生产能力的土地这一最基本的生存基础。因此，荒漠化不再是一个单纯的生态环境问题，也不是一个单纯的经济问题和社会问题，它涉及的是人类生存的根本问题。可以说，在人类当今面临的诸多环境问题中，荒漠化是最严重的问题之一。

尽管各国人民都在同荒漠化进行着抗争，但荒漠化却以每年5万至7万平方公里的速度扩大，相当于一个爱尔兰的面积。这说明，

---

① 郑艳秋、齐欣、朱幼文编著:《环境的演化·自然简史》，上海科学技术文献出版社，2009年3月第2版，第66页。

当今世界荒漠化现象仍在加剧。

中国是全球荒漠化面积较大、分布较广、危害较为严重的国家之一，共有荒漠化土地262.2万平方公里，占整个国土面积27.3%，其中风蚀荒漠化面积183.9万平方公里，水蚀荒漠化面积25.9万平方公里，冻融荒漠化面积36.3万平方公里，土壤盐渍化面积17.4万平方公里。这里还不包括12万平方公里严重和潜在的石漠化面积。

中国的荒漠化地区主要集中在新疆、内蒙古、西藏、青海、甘肃、河北、宁夏、陕西等8个省（区）。土地沙漠化导致地表植被和土壤养分损失和生产力下降。据估算，全国因荒漠化损失土壤有机质5590万吨/年，折合2.7亿吨化肥。

中国的沙漠、沙漠化和风沙化土地面积呈现扩大趋势。它从20世纪50年代的126.7万平方公里，扩展到90年代153.3万平方公里（其中沙漠、戈壁116万平方公里），占国土总面积的15.9%，约23亿亩，加上45亿亩退化草场，全国沙漠、半沙漠、退化草场合计68亿亩，相当于中国国土面积的47%。全国约有300个贫困县，1.7亿人口，在风沙地区艰难地生存。沙漠化及荒漠化的扩展速度，50年代是年平均1560平方公里，90年代增加到2300平方公里，现在是2460平方公里。有的学者认为，照这样的速度发展下去，只需要200多年功夫，北方现有9亿亩耕地，就会被沙漠吞没净尽。[①]

（2）荒漠化原因之一：草原大范围减少和退化。

从1950年到2002年，中国牛羊数量增加了三倍。中国有1.06亿头牛，比国土面积差不多大的美国多900万头；有2.98亿只羊，比美国多2.9亿只。在超载牧放的同时，人们还在草原耕垦，乱采乱挖。有史以来，全球草地资源减少了50%，其中1/3变成农田，2/3最后变成荒漠。中国草原减少更快。20世纪60年代，内蒙古有草原面积13.2亿亩，80年代减少到11.8亿亩，90年代末降到10.37亿亩。

---

① 桂慕文著:《生态与环保的故事》，江西人民出版社，2009年11月第1版，第248页。

如果地面长满了草，根就会错纵相连，把土壤牢牢地固定住，而叶和茎就会像棉被一样覆盖在表土上，降下的雨水慢慢地渗透到土中，不致把土壤冲刷掉。[①]

中国草地是世界陆地生态系统中退化最严重的地区之一。中国草地退化始于20世纪60年代，到20世纪70年代中期，全国退化草原面积约占草原面积15%，到20世纪80年代中期增加到30%以上，20世纪90年代中期达到50%以上，到21世纪初增加到90%。受气候变化和人类活动双重影响，目前中国草地仍以每年200万hm^2的速度退化。

（3）荒漠化原因之二：湿地大量减少。

湿地资源调查统计结果表明，中国现有100hm^2以上的湿地面积3848万hm^2，其中，自然湿地面积3620万hm^2，占全国湿地面积的94.1%。但是，近几十年来受气候暖干化和经济高速发展的影响，全国多数湿地遭受严重破坏，退化十分严重。据不完全统计，过去40年到50年中，中国海岸湿地面积减少了50%，红树林湿地面积减少了75%，还有近40%具有全球意义的湿地正受到中度或重度威胁。

（4）荒漠化原因之三：滥伐森林现象严重。

森林能涵养水源。森林中的树木通过枯枝落叶腐烂可以增加土壤的粗孔隙率。森林土壤的粗孔隙率为20%左右。粗孔隙可以促进降水向土层中渗透，增进森林土壤吸收降雨的能力，能把50%—80%的降雨转入地下，起到储存降水、补充河水和地下水的作用，从而防止水土流失。森林还能起到阻滞洪水的作用。国外研究表明，在森林覆盖率为100%的条件下，林地土壤渗透率为每小时250毫米，削减洪峰值50%左右。中国的研究表明，与无林地比较，有林地可削减洪水流量70%—95%，森林的综合削洪为每小时70—250毫米。就是说，森林可以轻而易举地在一小时内吞下一场50毫

① 桂慕文著：《生态与环保的故事》，江西人民出版社，2009年11月第1版，第257—258页。

米的暴雨。有树就有水，无树就无雨。保护森林就是保护水源，滥伐森林是造成荒漠化的重要原因。[①]

大约1万年前，地球上有62亿公顷森林，覆盖着近1/2陆地，现在只剩下20多亿公顷了。作为地球肺叶的热带雨林正以每年1700万公顷的速度减少。任何地域对柚木、红木等热带硬木的采伐都会破坏地球的生态平衡，不仅使野生动植物失去生活的家园，也会对全球气候变化产生不利影响。但在经济利益驱动下，非法木材砍伐和贸易愈演愈烈，并已与毒品、武器、野生动物一起并称为危害最严重的四大国际走私犯罪活动。[②]

中国的森林覆盖率与世界平均水平相比存在很大差距。最新发布的第七次全国森林资源清查（2004—2008年）结果，全国森林面积19545.22万公顷，森林覆盖率20.36%，活立木总蓄积149.13亿立方米，森林蓄积137.21亿立方米。乔木林平均每公顷蓄积量85.88立方米。中国森林面积列世界第五位，森林蓄积列世界第六位，但中国森林覆盖率为20.4%，仅为世界平均水平的2/3，居世界第139位。中国森林人工林多，人工林面积居世界首位，但是质量差、产量低；由于森林资源分布极不均衡，中国森林的生态效益有待提高。

（5）荒漠化原因之四：气候变化是祸首之一。

有的学者认为，荒漠化的发展是“不受人类控制的客观存在”，其中包括气候变暖和干旱化造成的土地沙化在内。这些学者认为，影响沙漠化形成的条件可以归纳为自然和人为两大因素。自然因素是指包括天气气候变化、地形地貌演变等情况，它们是不受人类控制的；而人为因素则是指由于人类不合理或不适当的活动，包括沙源区裸露地表面积任之扩大，草原超载过牧导致草原退化，地表状态和植被覆盖遭到破坏，工业生产发展排放大量的温室气体引起全

---

① 桂慕文著：《生态与环保的故事》，江西人民出版社，2009年11月第1版，第262页。

② 孙丹平：“‘地球之肺’已布满斑痕”，2004年4月2日，http://www.tianbao.net/jingy-antan/jsl/jsl.asp？ id=86.

球的气候变化，农、林、牧业发展改变土地利用结构，对水资源不合理利用引起自然生态系统退化等。[①]

应当说，对“土地荒漠化发展是不受人类控制”的说法需要进行具体分析。大禹治水，说明顺应了水的流动规律，水势也是可以控制得住的。事实证明，经过人类的艰苦努力，土地荒漠化的发展，至少是它的发展势头和速度，并非是不可控制的。

5. 沙尘天气和沙尘暴

人们从不同角度来描述沙尘暴的特点。有的学者认为：沙尘暴是一种灾害性天气，源于气流卷起的黄沙，其波及范围广，受害地区遮天蔽日，能见度低，细细的沙粒弥漫在空气中，影响人们的呼吸，同时会诱发多种呼吸道疾病。

沙尘天气是特定气象条件和特殊地质地理条件下的产物，是发生在干旱地区，半干旱地区、荒漠化地区和农牧交错带的特有的一种灾害性天气现象，在我国古代史书中早有记载。《春秋·左传》中的有关记载是这样的：“晋烈公二十二年，国大风，昼昏，自旦至中”。[②]《宋史》记载：“宋真宗天禧四年四月丁亥，大风起西北，飞沙折木，昼晦数刻，五月乙卯，暴风起西北，有声，折木吹砂”。《明史》则记载：“明万历四十七年二月甲戌，从未至酉，尘沙涨天，其色赤黄”。[③]

1993年5月5日特大沙尘暴席卷我国西北甘、新、宁、蒙四省区，致使85人死亡，31人失踪，264人受伤，12万头牲畜丢失或死亡，37万余公顷农田受灾，造成直接经济损失7.5亿元。

2010年3月19—20日，中国经历了一场源自蒙古国的大范围沙

① 高庆先、任阵海等著：《沙尘天气对大气环境影响》，科学出版社2010年9月第1版，第3页。

② 晋烈公二十二年即公元前394年。

③ 高庆先、任阵海等著：《沙尘天气对大气环境影响》，科学出版社2010年9月第1版，前言第ⅰ—ⅱ页。

尘天气，对中国北方地区造成巨大影响，还给江苏、安徽、湖北等南方地区带来扬沙或浮尘天气。据估计，此次沙尘天气覆盖范围约为282万平方公里，其中，沙尘暴覆盖范围约为28万平方公里，受影响人口约2.7亿人。①

沙尘天气不仅在中国，并在世界许多国家都发生过。20世纪30年代在美国、加拿大发生的“黑风暴”就是其中之一。美国由于20世纪30年代在西南大草原过度开垦和放牧，严重破坏了地表植被，形成了沙尘天气。1934年5月12日的沙尘暴东西长达2400公里，南北宽400公里，几乎横扫美国2/3领土。从西海岸到东北海岸括起了约3亿吨表土，美国冬小麦严重减产，比过去10年减产51亿公斤。②

气象学上根据沙尘天气发生时的风力、能见度和天空状况，又将它分为几个等级。2006年，国家质量监督检验检疫总局和国家标准化管理委员会批准颁布了中国的《沙尘暴天气等级》标准（GB/T 20480—2006），将沙尘暴天气分为5个等级，即浮尘、扬沙、沙尘暴、强沙尘暴、特强沙尘暴。“浮尘”指天气条件为无风或平均风速小于或等于3.0米/秒时，尘沙浮游在空中，使水平能见度小于10公里的天气现象。“扬沙”指风将地面尘沙吹起，使空气相当浑浊，水平能见度为1—10公里的天气现象。“沙尘暴”是沙暴和尘暴的总称，指强风将地面尘沙吹起，使空气很混浊，水平能见度小于1公里的天气现象。“强沙尘暴”指大风将地面尘沙吹起，使空气非常混浊，水平能见度小于500米的天气现象。“特强沙尘暴”指狂风将地面尘沙吹起，使空气特别混浊，水平能见度小于50米的天气现象。扬沙与沙尘暴都是由于本地或附近地区的沙尘被风吹起造成的，其共同特点是能见度明显下降，天空浑浊，呈现灰黄色。二者大都在冷空气过境或受冷锋影响时才出现。

---

① http：//news.qq.com/a/20100321/000018.htm.

② 高庆先、任阵海等著：《沙尘天气对大气环境影响》，科学出版社2010年9月第1版，第1—2页。

沙尘天气的形成需要有一定的条件。学界在这方面的说法不完全一样。[①]一般说来需要有三个条件。一是需要有足够的沙尘物质源。二是需要一定的自然环境条件。三是需要具备一定的气象条件。三者相互作用，彼此促进，才会出现实际生活中的沙尘天气。所以要有“足够的”（不一定是“丰富的”）沙尘源，因为它是沙尘天气出现的必不可少的物质基础。沙尘源积累到一定程度达到足够形成一场沙尘天气时，如果遇到了一定的自然环境条件和气象条件，便会出现规模和程度以及持续时间都不相同的沙尘天气。地面上的沙尘只有在下述情况下才可能被吹到空中并进而向周边地区甚至远处飘去，形成各种等级的沙尘天气：一是地面的沙尘要有足够的数量；二是沙尘所以能被风吹到空中既和风的强度，特别是同地面环境的变化有密切的关系。形成沙尘天气不一定需要强风和强对流。形成浮尘和扬沙天气不一定需要强风。当天气条件为“无风”的时候，或平均风速小于或等于3.0米/秒时，只要尘沙浮游在空中，使水平能见度小于10公里时，也会出现浮尘天气；而当风将地面尘沙吹起，使空气相当浑浊，水平能见度为1—10公里，便出现了扬沙天气，这里的“风”一般也不是强风。同时，强风也有不同的等级。形成沙尘暴的是“强风”，形成强沙尘暴的是“大风”，形成特强沙尘暴的是“狂风”。当地面上有了足够的沙尘物质源，也遇到了一定强度的风时，在这种气象条件下，也不一定就会出现沙尘天气，如果沙尘被草等沙土上的植被牢牢地牵绊在地面上。但是，如果沙源区的地表裸露、土壤疏松、草场严重退化，出现了这样的环境条件，再加上适当的气象条件，地面上的沙尘就会被风吹起，沙尘天气的出现就往往难以避免了。

我国沙尘天气主要发生在西北地区，在气候分区上它属于干旱

---

① 比如有的学者认为，沙尘天气的形成需要三个必备条件：强风、强对流不稳定和丰富的沙尘物质源。丰富的沙尘物质源是沙尘天气发生必不可少的物质条件；强风和强对流不稳定是沙尘天气形成的动力因素；大气垂直不稳定将地面沙尘卷入高空，并随高空风远距离输送。

和半干旱地区，在我国三个地势阶梯中位于第二阶梯上，自然条件相当恶劣。其特点是干旱少雨，地表植被稀疏，水资源短缺，难利用土地范围广阔，人口压力过大，人口受教育程度普遍较低，滥垦、滥伐，过度放牧等不合理活动对地表生态系统的干扰比较大。人类不合理的活动使得草原沙化、土地退化、水土流失加剧，乱垦、乱挖导致荒漠生态系统遭到毁灭性破坏，使该地区成为沙尘天气的主要沙源地之一。①

据世界银行（2007年）的报告估计，中国空气污染所造成的过早死亡负担占国内生产总值（GDP）的1.69%—3.8%；加上水污染所带来的疾病负担，总成本约占GDP的5.8%。

6. 生态形势和生态问题

我国是世界上生态形势严峻的国家之一。世界物种保护联盟公布的“2000年濒临灭绝物种红色名单”称：约有11046种动植物面临永久性从地球上消失的危险，包括1/4的哺乳类、1/8的鸟类、1/4的爬行类、1/5的两栖类和近1/3的鱼类。《濒危野生动植物种国际贸易公约》列出的640种世界性濒危物种中，我国占了156种，约为其总数的1/4。

我国共有258种动物濒临灭绝，如大熊猫、东北虎、华南虎、蒙古野驴、普氏原羚、金丝猴、丹顶鹤、白鳍豚等。野生动物濒危程度在不断加剧。有233种脊椎动物面临灭绝，约44%的野生动物呈数量下降趋势，非国家重点保护野生动物种群下降趋势明显。我国与印尼、印度、巴西被世界物种保护联盟列为哺乳类和鸟类动物最受威胁的国家。

据有关部门统计，目前我国受威胁的野生植物超过4000种，其中约1000多种处于濒危状态，受威胁的种类占全部种类的15%—

---

① 高庆先、任阵海等著:《沙尘天气对大气环境影响》，科学出版社，2010年9月第1版，第20—21页。

20%。[①]超过日本高等植物的总和。濒临灭绝的野生植物有苏铁、珙桐、金花茶、桫椤等。其中桫椤属蕨类孢子植物，又称树蕨。桫椤是1亿多年前跟恐龙同时代生长的植物，它能生存至今，具有很重要的意义，属国家一级保护植物。[②]野生高等植物濒危比例达15%—20%，其中，裸子植物、兰科植物等高达40%以上。

国家林业局于1997—2003年开展的首次全国重点保护野生植物资源调查结果显示，百山祖冷杉、银杉、华盖木和落叶木莲等55种野生植物的野外种群低于稳定存活界限。我国森林资源中，人工林占相当大的比重，但树种单一，抗病虫害能力差。

《2010年中国环境状况公报》称，目前我国部分生态系统功能有所改善，但总体生态系统服务功能不强，生物多样性下降趋势尚未得到有效遏制，遗传资源不断丧失和流失，外来入侵物种危害严重。特别是近年来受全球气候变暖、人为开垦、超载放牧、破坏生态用地等影响，主要生态环境问题突出。部分生态系统功能不断退化。90%的草原不同程度退化。内陆淡水生态系统受到威胁，部分重要湿地退化。海洋及海岸带物种及其栖息地不断丧失，海洋渔业资源减少。

我国面临的生态问题有着广泛内容。如果从社会—经济发展的角度观察，主要是三个问题。一是生态对发展的承载能力问题。二是水资源的生态问题。三是土地的生态问题。

从总体承载能力看，目前我国的生态承载力远低于生态消费需求。过去20年，生态赤字逐渐扩大。这主要是由于化石能源消费的生态占用空间迅速扩大。拿水资源状况来说，如果我国保持现有耗水水平，水资源理论上的最大人口承载量为63亿人，这是将全部水资源100%利用情况下才能达到的数据。但根据世界各国水资源开

---

① http://jcs.mep.gov.cn/hjzl/zkgb/2010zkgb/201106/t20110602_211567.htm.

② 郑艳秋、齐欣、朱幼文编著:《环境的演化·自然简史》，上海科学技术文献出版社，2009年3月第2版，第74页。

发利用的实际水平，我国能够最大限度达到的将水资源转化为供水能力的比例为40%，这样，我国能够实现的水资源最大人口承载量为25亿人。估计在今后20年间，我国实际水资源人口承载力在15亿—18亿人口之间。拿耕地资源的状况来说，我国耕地资源的最大人口承载量为14.09亿人。这就是说，仅仅依靠有限的耕地资源难以满足我国全面建设小康社会、从小康生活迈向富裕生活的食物需求。但除了耕地资源外，我国的非耕地资源同样蕴藏着巨大的食物生产潜力，我国土地对人口食物消费的承载能力可达到16.76亿人。由此可以看出，未来20年中，我国土地对粮食消费的支撑能力是有保障的。但在现有技术水平和经济发展水平下，我国农村土地劳动力的人口承载量仅为2.4亿人，这意味着农村土地对就业的承载能力非常有限。①

如果单独从水资源的生态状况看，一个值得关注的问题是水生态的失衡。目前，以江河断流、湖泊湿地萎缩、地下水位持续下降为主要特征的水生态失衡问题仍未解决，部分地区还在进一步发展。河流断流不仅发生在小河小溪，而且发生在大江大河；不仅发生在西北干旱区，而且发生在降雨量比较充沛的西南地区，断流范围在扩大。由于自然和人为的原因，黄河自20世纪70年代初以来，持续20多年出现断流，从1999年开始缓解，但工农业用水仍在增加，引水、调水及拦水工程有增无减，潜在的问题依然存在。湖泊退化是水环境恶化的重要表现。加上水电工程建坝蓄水发电运行后，连续河道变成了分段型河道，使天然河流的流量、流速、水位等水文、泥沙情势发生明显变化。工程建库蓄水将淹没一定数量的原有植被，可能会使一些珍稀动植物消失；工程施工、移民安置期间因平整、占压、开挖、新开耕地、改田改土等活动将对地表植被造成

① 中国21世纪议程管理中心可持续发展战略研究组：《发展的基础——中国可持续发展的资源、生态基础评价》，社会科学文献出版社，2004年10月，第181页。

破坏，造成新的水土流失。一些工程还可能会涉及自然保护区、风景名胜区、水源保护区等生态敏感区，成为影响水生态环境的重要因素。

至于经过30年的经济快速发展，我国的土地生态环境到底发生了一些什么变化，目前人们有不同的估计和看法。一种普遍流行的估计和看法是：生态环境急剧恶化，森林减少，草地退化，人均耕地占有量已降至国际认可的安全警戒线以下，沙尘暴的次数增加。2006年6月4日，国家环保总局首次对外发布的《中国生态保护》指出，一些重点地区的生态环境得到了有效保护和改善，但由于中国人均资源相对不足，地区差异较大，生态环境脆弱，生态环境恶化趋势仍未得到有效遏制，生态环境脆弱区占国土面积60%以上。2000年全国生态环境质量评价结果显示，我国近1/3国土生态环境质量优良，但1/3国土生态环境处于差或较差水平。第六次全国森林资源清查结果则表明，我国森林面积和森林积蓄量不断增加，森林质量趋于提高，但森林资源仍存在总量不足、分布不均、质量不高、过度采伐等问题；我国天然草原面积约占国土面积41%，但有90%的天然草原出现不同程度退化，退化、沙化草原已成为我国主要的沙尘源；中国湿地面积居亚洲第一位，世界第四位，约有40%自然湿地得到有效保护，但天然湿地大面积萎缩、消亡、退化仍很严重。我国城市的绿地面积不断扩大，但城市水资源短缺，城市绿地面积小、功效差等问题依然存在，农业面临污染等问题比较突出。在论述生态环境恶化的原因时，许多学者认为，原因是多方面的，既有自然原因，更有人为因素，主要是长期沿袭的粗放型经济增长方式和资源不合理开发利用。同时，一些地方对生态环境和资源利用监管薄弱，重开发轻保护、重建设轻养护，也是造成生态环境恶化的主要原因。比如他们说，我国耕地面积占国土面积的12.7%，是陆地生态系统的重要组成部分，但农业生产过程中大量使用化肥、农药、农膜等，对农田的生产力和周围的自然生态系统造成了一定的负面影响；我国海域面积约为陆地面积的1/3，由于沿海地区人口迅速增长，经济发展迅速，沿海滩涂、湿地生态破坏加快，海域总体污染状况仍未好转。

我国是世界上荒漠分布最多的国家之一，集中分布在西北干旱地区，造成荒漠化的主要原因是“人为的活动”，荒漠植被的过量使用和内陆河上流水资源的过度开发导致荒漠植被和荒漠区绿洲的生态退化。①有的学者还援引国外的例子来说明人的不当行为在生态环境恶化中的作用。比如2010年4月4日，联合国秘书长潘基文乘直升机视察中亚地区咸海时指出，咸海干涸是“地球上最令人惊讶的生态灾难”。咸海曾是地球第四大内陆湖，位于哈萨克斯坦和乌兹别克斯坦之间，水源主要来自中亚地区的阿姆河与锡尔河。20世纪60、70年代起，两河沿岸地区开始大量种植棉花和水稻，导致灌溉用水大大超过补充的水量，使咸海水量大减。美联社5日报道，相比多年前稳定的常态水量，咸海如今已“缩水”90%。水量减少致使盐碱析出，侵蚀裸露的湖床，干涸后的湖床几乎寸草不生，咸海出现荒漠化。坐落在咸海岸边的许多村庄，眼下置身于一片荒地之间，一些渔船已经废弃，泊在荒漠中。②

但也有一些学者认为，1980年以来，我国的土地利用格局是基本稳定的。本来，随着人口增加，“会胁迫耕地面积相应增加，草地和森林面积则相应减少”。可是实际上，随着经济的发展，我国的“耕地面积、林地面积和草地面积分别维持稳定或略有增加，并没有大幅度减少”。③这是因为，以推广使用高产品种、扩大灌溉面积、大量使用化肥农药为标志的农业技术进步大大提高了耕地的生产效率，抵消了由于人口增长导致耕地面积、森林和草地面积相应减少

---

① 肖巍:《生态安全靠科学发展》,《文汇报》，2006年6月5日。

② 中国21世纪议程管理中心可持续发展战略研究组:《发展的基础——中国可持续发展的资源、生态基础评价》，社会科学文献出版社，2004年10月，第93、103页。

③ 祝光耀在《中国的环境保护》白皮书发布会上的讲话，2006年6月5日。

的压力，虽然人均的土地和耕地面积的确明显下降了。持这种看法的学者认为，在土地利用格局基本保持稳定的前提下，中国确实存在土地荒漠化等问题。据统计，近50年来，中国因水土流失而损失的耕地达5000多万亩，目前，全国水土流失面积达356万平方公里，约占国土总面积37%；沙化土地面积达174万平方公里，且有进一步扩大趋势；土壤盐碱化面积和受盐碱限制的耕地面积都在进一步扩大。但中国土壤侵蚀、土地荒漠化和土壤盐碱化趋势“更多的是由于自然因素引起的一种自然现象”，“经济发展和经济活动对土地质量的变化起了一定的推动作用，但并不起着决定性的作用。”①

应当说，造成我国生态恶化的原因中，自然因素和人为因素都有重要影响，但是，不管认为何种因素起了主要作用，都不否认下面两个事实。一是无论中国还是外国都有许多实例，说明在这些具体的生态恶化事件中，人为因素确实起了主要作用。比如中国南海边海龟湾海龟自然保护区的情况就属于这样一种事例。早在恐龙时代之前，绿海龟就已经生活在地球上了。它们的繁殖能力极强，一生能留下几万只后代。在17世纪，全球的绿海龟数量可能高达数亿只，但如今整个南海海域内只剩下不到2000只绿海龟。造成绿海龟濒危的最重要原因是人类出于经济动机的狂捕滥杀。另外，沙滩上人类活动的增加，无时不在威胁着绿海龟的生存，因为绿海龟有种非常特殊的生活习惯，它只会回到自己出生的那片沙滩上产卵，如果那片沙滩不复存在，绿海龟也无法选择其他沙滩，它们只有将卵排进大海，导致龟卵无法存活。二是不管总体上生态恶化的主要原因是什么，人类的“不文明行为”是造成生态恶化的重要原因。

我国生态环境的破坏或者环境污染的影响对国民经济造成的损失到底有多大呢？对此，目前有不同估计。中国政府相关部门在

---

① 中国21世纪议程管理中心可持续发展战略研究组：《发展的基础——中国可持续发展的资源、生态基础评价》，社会科学文献出版社，2004年10月，第93、103页。

1990年代中期的研究认为，约占中国GDP的8%，而世界银行提出的比例是13%。中国环保总局副局长祝光耀认为，“我们在西部调查的基础上又作了一个分析，损失大约为11%左右”；认为“这几个数字强调的角度不同，总的来说大概就是10%左右”。其中土地荒漠化造成的直接和部分间接经济损失约为4700亿元，相当于2004年GDP的3%。①

从总体看，目前中国的环境质量既低于发达国家，也低于许多发展中国家的水平。耶鲁大学环境法律中心发布的2006年环境管理绩效指标（EPI）显示，在166个国家环境质量和政策绩效排名中，中国列第94位。②

第二节　中国环境问题产生的原因

我们在本文开始时说过，地球上的自然环境是人类生存发展的基础。它是人类生存、生活、生产、消费与发展赖以进行的客观条件。对于人类生存发展来说，环境是无时不在、无处不在的。反过来说，人类生存发展的各个环节也都对周围环境产生影响。因此，环境问题必须放在人类生存、生活、生产、消费与发展总体中进行研究。无论是世界环境问题，还是中国环境问题，都如此。

1. 人口迅速增长与环境问题

地球能够为人类提供的生存空间和资源是有限的。有限的空间、资源和环境条件对于所能容纳的包括人类在内的任何生物种群的数量、规模都有一定的客观规定性。后者主要表现在两个方面。一是一定时期内，地球能够抚养的最大人口数量是有限的，一旦超过这

① 周生贤：《全面落实新时期环保工作的部署，努力促进经济社会又好又快发展》，全国环保厅局长会议讲话，2007年。

② 《中国环境与发展国际合作委员会2006年度政策报告》，第158页。

个限量，原有的人口生态系统会失衡，乃至崩溃。这就是所谓的环境承载力（environmental carrying capacity）。环境承载力的自然环境要素有阳光、空气、淡水、土地、生物等，它们都是人类生存不可缺少的条件。环境承载力主要是从自然资源（淡水、土地等）的角度考虑，来确定地球可供养的最大人口数。它强调生态系统供养人口的自然基础，体现的是人口生物学意义上的“生存”，表示的是一个警戒值。但人和动物不同，人的需要是多方面的，而且在不同历史时期，人的需要也不尽相同；即使在同一历史时期，不同国家或地区的经济和社会条件不同，人的需要也存在着差别。所以，探讨一国或一地区的环境承载力时，还应结合该国或地区的经济和社会条件。这就需要另外一类指标，即“合理人口容量”来表示。地球能够为人类提供的发展空间同样是有限度，而不是无限度的。合理人口容量较好地体现了人口在“发展”层面上的意义。按照联合国教科文组织的定义，合理人口容量指一个国家或地区在可以预见的时期内，利用该地区包括能源在内的自然资源及智力、技术等条件，在保证符合社会文化准则的物质生活水平条件下，所能持续供养的人口数量。合理人口容量不仅反映了人口与生态系统的协调发展，而且体现了人口数量与一定经济、社会发展的相适应性，是自然、经济、社会等因素共同作用的结果。显然，合理人口容量要小于环境承载力。[①]

应当说，要准确地确定一个国家和地区的环境承载力和合理人口容量是非常不容易的。这首先是因为，无论是环境承载力还是合理人口容量的决定因素都太多了。这么多的变数，如何取其权重，有着太多的不确定性。其次，对每一个要素（变数），比如空气、水，和人口之间到底存在一种什么样的关系，人们的看法非常不

① 王民主编:《地理》第二册，普通高中课程标准实验教科书，中国地图出版社，2007年6月第2版，第17—19页。

同。阳光、空气和水，乃至土地，过去都被认为对环境承载力没有限定，而淡水只对个别干旱地区的人口数量起限制作用，现在已成为越来越多地决定环境承载力的重要因素。但就是现在，人们一般还认为，空气是大自然赐予我们的取之不尽的资源。实际上，现在空气对社会经济发展和人口增长的制约作用已经十分明显。多少年后，非洲大森林中的优质新鲜空气经过压缩、包装等工艺后向国外出口，可能不再是一种神话。

由于存在着太多的不确定性，对于一个国家、一个地区最多能承载多少人生存、发展，从来都有非常不同的估计和说法。对中国人口究竟多少合适，历来也有非常不同的估算。1949年以前，国内有学者认为，中国人口总数以4亿为最佳，有的却认为，以2亿为最好。20世纪50年代，《八亿人口是我国最适宜的人口数量》一书问世。80年代，当中国人口逼近10亿时，中国的一些自然科学家从食物、淡水资源等约束条件出发，得出中国合理的人口容量不应超过7亿的结论。90年代，又有人从最大可能的粮食生产能力出发，预测我国最大人口容量为15.1亿或16.6亿。据中国科学院原自然资源综合考察委员会测算，中国农业资源最大人口承载能力为15亿—16亿。若采用能满足人体健康发育的食物消费方案，我国农业生态系统的人口承载力为17.2亿。若中国的人口峰值能控制在16亿—18亿之间，不同时期的适度人口目标为：2000年总人口下限为12.5亿，上限为12.7亿（实际为12.95亿）；2020年总人口下限为13.8亿，上限为14.6亿；2050年总人口下限为13.1亿，上限为15.1亿；2100年总人口下限为10.2亿，上限为14.4亿。对于未来中国的人口发展，有的专家提出如下目标：100年后力争人口降到8亿，200年后降到3亿，无论如何不高于5亿。但也有学者指出，中国的人口不能以单纯求减少人口数量为目标，目前是实行一对夫妇两个孩子政策的时候了，这样可以协调人口数量与结构的关系，关键是不断提高人口素质。

中国是在一个人口大国中实现现代化和发展经济的。中国经济的高速发展带来了工业化程度和城市化水平的迅速提高。从1990年到2009年，我国总人口从11.43亿人增加到13.35亿人，其中城镇人口从3.02亿人增加到6.22亿人，增加一倍以上，城镇人口占总人口的比重从相应年份的26.4%提高到46.6%。[①]

2. 经济迅速发展与环境问题

在人类文明史上，工业社会几百年创造的物质财富远远超过原始社会和农业社会几千年间创造的物质文明的总和，人们生活水平的提高也远远地快于过去。与此同时，在短短二三百年时间里，人类对大自然的破坏也远比过去为甚。工业化造成的大自然的不平衡超过了大自然修复这种破坏、回归平衡的能力，结果就出现了越来越严重的环境问题。迄今为止，在一个国家实现工业化和现代化进程中，从人均低收入国家向高收入国家过渡时，能够避免出现人均能耗和污染值较快增长局面，还没有这样成功的先例。

这是因为，当人类从农业社会向工业社会过渡时，利用工业技艺和工业化的生产管理方式和组织形式来满足人们的物质需求，是人类的一种普遍要求。当时人们需要的是能够满足人们衣、食、住、行需求的制造业产品尽快增长。特别是在工业化初期阶段，人们首先要发展的是今天常说的那种实体经济，而不是后来的那种信息产业和虚体经济。我们可以通过技术革命等途径，降低制造业产品生产过程中对包括能源在内的资源的消耗，努力减少发展经济给环境带来的污染，但这也是为了使工业化得到进一步发展。当时科学技术还处在较低水平上，市场对科技发明与创造的需求主要还停留在工业技术和制造业技术范围内。

因此，自从英国爆发产业革命，到二战结束后一段时间内，人

① 国家统计局编:《中国统计摘要——2010》，中国统计出版社，2010年5月第1版，第39页。

们发展的主要是纺织业、采煤业、炼油业以及钢铁制造业等所谓的传统产业。这是西方国家实现工业化和完成工业化的时期。二次大战后，世界上蓬勃高涨的民族民主运动猛烈地冲击着帝国主义殖民统治体系，使其土崩瓦解。在政治上获得独立的亚非拉国家为了确立和巩固自己在世界体系中的地位，纷纷加入工业化建设的行列。但他们走的基本上还是西方国家发展传统产业的老路。

不管是发达国家还是发展中国家，也不管是西方国家还是中国，一个很长时期内，他们在实行工业化的时候有一个共同特点，那就是低估甚至忽略了空气、水等自然资源的价值，忽略了发展对环境的影响。他们都没有超越传统经济发展模式的局限性。传统经济是由“资源—产品—污染排放”构成的物质单向流动的经济，对资源的利用常常是粗放的和一次性的。由于对资源和能源开采的强度越来越高，生产和加工以及消费过程中产生的污染和废物被大量排放到周围环境中。因此，传统经济是通过把资源持续不断地变成废物实行经济的数量增长的，它导致自然资源的短缺甚至枯竭，同时又带来环境污染的苦果。①

我国实现工业化和现代化的时候，由于以下原因，人与自然的矛盾变得更加突出，环境问题变得更加严重了。

（1）工业化起点低，一个较长时期中不得不走粗放型发展道路。

我国由于长期处于贫穷落后的状态，实现工业化的基础差，起点低，不得不从资源密集型产业入手，一个较长时期中不得不走粗放型的经济发展道路。无论是开采业还是制造业都带有这一特点。同发达国家比较，目前中国的制造业仍处于明显的低端状态，技术和资本含量低，资源和劳力含量高，对环境的污染和破坏大。越是粗放和低端的工业部门对能源和资源的利用率越低，向空气和江河

① 林群慧、金时编著:《新环境问题研究——对2000年以来环境热点问题研究》，中国环境科学出版社，2005年11月第1版，第311页。

大海排出的废弃物就越多；同样产品的质量越差，在产品链中所处的地位越低，污染物的数量和毒性就越大，也越难处理和降解。此外，工业化对环境的负面影响并不局限在对环境的污染上。历史的经验说明，处在原始积累时期的资本对环境的破坏最大。16世纪英国为了发展纺织业，圈占了大量农民的土地。一方面把农地变为工业用地，另一方面把耕地变为牧场养羊。当时圈占的土地占英国全国土地面积一半以上。被圈占的地区，农舍被毁，耕地受到破坏，大批农民无家可归。中国实现工业化，虽然显著地改善了农村的生产和生活条件，但也付出了农村生态环境破坏与恶化的巨大代价。如果从实行改革开放算起，1995年到2005年不到10年间，全国因建设工业开发区占地，加上生态退耕、农业结构调整和灾害损毁，共减少和毁坏耕地1亿多亩。许多地方，已经很难看到昔日的田园风光。后者一旦破坏，便很难恢复。

（2）中国走的是一条“压缩型”的工业化道路。

别的国家几百年中形成的环境问题，我们在几十年中就出现了。从18世纪下半叶工业革命开始到20世纪80年代中后期，欧美国家用了200年左右时间完成了工业化进程。日本从明治维新算起，大约用了100年时间完成了工业化。二战后，亚洲新兴工业化国家完成工业化任务，开始进入后工业化时期，大致用了50多年时间。按照中国政府的部署，中国要在2020年基本完成工业化过程，从目前的工业化中期阶段进入后工业化时期。如果从1978年中国经济进入快速发展时期算起，我们大致也将用50年时间来完成工业化进程。这是中国历史上经济发展和人民生活水平提高最快的时期。迄今为止，世界上还没有一个大国能够在长达30年时间里保持年均10%左右的增长速度。①这在中国和世界经济发展史上都是罕见的现

① 过去30年，中国的GDP从1980年3645亿元增加到2010年的39.8万亿元，平均增长速度接近10%。

象。但是，“在一定条件下，发展就是燃烧，烧掉的是资源，留下的是污染”。经济增长越快，资源消耗也越快，留下的污染也越多。[①]这里说的“资源”是广义的，它既包括煤、铁、石油等资源，也包括空气和水等资源。拿发展工业来说，需要大量用水。比如电炉炼钢，每生产1吨钢需18—25立方米水，生产1辆汽车需46立方米水，生产1吨人造丝需2000—2100立方米水。发展农业也要大量用水。大多数植物，生产1克干物质，需400—800毫升的水。

经济高速增长对环境污染的影响在我国东部沿海地区表现得最为明显。国家环保总局于2005年对长江口及毗邻海域环境状况进行过一次调查，结果表明，2005年长江口及毗邻海域的入海污染物总量为：高锰酸盐218万吨，总氮142万吨，总磷8.8万吨。其中，通过河流入海的污染物占总入海量的绝大部分，其高锰酸盐、总氮、总磷量是入海总量的94%、92%和89%。调查海域的富营养化程度一般都较高，但又以经济高度发达的杭州湾最高，富营养化程度为34.2，而平均指数为7.2。专家认为，“近20年来，苏、浙、沪地区经济发展快，人口集中，对沿海和海洋环境的压力大，大量污染物质经长江排入东海，加上海洋养殖、捕捞、倾废、海洋运输及海洋勘探开采造成的污染，致使长江口及毗邻海域污染严重，生态系统不断退化，赤潮灾害频发，生物多样性降低，渔业资源衰退。”[②]

（3）工业化快速发展与农村环境问题。

中国环境问题的一个特点是：城市的环境问题尚未解决，农村地区的环境问题又已变得相当严重了；东部和沿海地区的环境问题尚未解决，西部和西北地区的环境问题又已经出现了。现在，许多农村地区也正面临经济快速增长所带来的环境问题。1978—2004年，中国化肥和农药使用量增长了5倍，对水体、土壤和作物

① 由世界自然基金会和联合国环境规划署联合发表的《2000年地球生态报告》显示，人类若依照目前的速度继续消耗地球资源，那么地球上大量的自然资源会在2075年前耗尽。

② 《人民日报》，2006年12月22日。

造成严重污染。许多农村地区现在暴露于工业排放的水和空气污染中，其中大部分来自于规模较小并难以管理的工厂。由于在较富裕的城市地区，环境政策执行较为严格，许多污染严重的工业转移到较不富裕的城市或农村地区，给这些地区带来严重的环境问题。现在，许多村庄也遭受着“越来越多的没有安全处理措施的固体废弃物”的危害。①

除了农药给农民造成的危险，工作场所仍然是环境污染物和危害的主要接触场所。引发中国经济增长的乡镇企业和小型私营企业对规范化管理而言是最具挑战性的。乡镇企业是大多数职业健康危害的来源，特别是采矿业、建筑业、化学工业和制造业。卫生部和农业部共同进行的研究发现，83%的受调查乡镇企业至少存在一种职业健康危害，估计至少有1/3的工人暴露于健康风险中。②

农村地区的环境问题所以变得越来越严重，除了上面提到的原因外，还和中国长期以来执行的失衡的工农业政策有关系。为了替工业化筹集资金，中国长期执行“以农养工”的政策，实际上是通过工农业产品剪刀差等办法从农民那里取走了相当一部分“剩余”产品。通过工农业产品剪刀差为工业化积累资金，是世界各国实行工业化时期常见的做法。但中国实行这一政策的时间太长，实行“以农养工”到“以工哺农”的政策转变太晚。拿战后的日本来说，有专家认为，“以农养工”的时间用了10年，到20世纪60年代就进入以工哺农时期了。以农养工韩国用了12年，到1974年进入以工哺农时期。而中国以农养工花了近50年时间。在此期间，从1952年到1989年，通过工农业产品剪刀差从农业中提取了9716.75亿元

---

① Jennifer Holdaway 王五一、叶敬忠、张世秋主编：《环境与健康：跨学科视角》，社会科学文献出版社，2010年5月第1版，第3页。

② Su Zhi, Wang Sheng and Steven P. Levine, “National Occupational Health Service Policies and Programs for Workers in Small-Scale Industries in China”, American Industrial Hygiene Association Journal 61(2000): 842—849.

人民币，加上农业税1215.86亿元，共达10932.55亿元。如扣除同期国家财政各项支农资金3792.55亿元，农业资金净流出7140.05亿元。也就是说，农业所创造的价值1/4被国家拿来发展工业了。即使到了改革开放时期，1978—1994年，国家通过剪刀差还从农业拿走了15000多亿元。缺少资金支持是一个相当长时期中，中国农业和农耕技术处于相对落后状态，农田和农村污染问题没有能够及时解决的重要原因。

直到2002年，全国进入税费改革，才明令取消乡统筹、村提留（即农民上一年纯收入的5%要上缴），但这只能算以工哺农的前奏。真正开始进入以工哺农历史的开头年是2004年。2004年，中国共产党十六届三中全会提出了“多予、少取、放活”的六字方针，开始减免农业税，并实行种粮、购农机直接补贴的惠农政策。2004年，全国减免了43%农业税。到2005年，全国已有27个省市免征农业税。到2006年，全国全部免征农业税。与这个大税费改革政策相应出台的还有：2003年取消了农业特别税、农村义务工（一个劳力5—10个工，不出工，每工要出15—20元钱）、劳动积累工（一个劳力出10—20个工，不出工，每工要上缴15—20元钱）。由于取消了农民这些负担，国家每年要拿出一笔“转移支付款”来保证农村基层政权的正常运转，即每个村每年可得到财政拨给的13000元钱。到2007年，追加到23000元。2008年10月召开的中国共产党十七届三中全会指出：“我国总体上已进入以工促农、以城带乡的发展阶段，进入加快改造传统农业、走中国特色农业现代化道路的关键时期，进入着力破除城乡二元结构、形成城乡经济社会发展一体化新格局的重要时期。”① 这种政策上的重要变化，既促进了农业和农村现代化建设，也给农村环境治理提供了巨大支持。

① 桂慕文著：《生态与环保的故事》，江西人民出版社，2009年11月第1版，第339—341页。

（4）中国的环境问题很多是由人口过多引起的。

中国是世界上人口最多的国家，这是中国实现工业化最基本的国情之一。今后，人口多，密度大的特点也将长期存在下去。人口基数越大，即使增长速度较低，新增人口数量仍会很大，增加的资源消耗量也会很大。在这种情况下，即使我们从一开始就十分注意节能减排，尽量使用节能减排技术，在一个相当长的时间里，也不可能完全改变污染物排放总量大量增加的趋势。

（5）对发展与环境的关系，认识上存在偏差。

很长一个时期，我们造成了环境欠账。我们没有“让环境分享增长的收益”，而是将环境维护的那一部分收益用于社会消费了。[①]这使我国环境问题变得更加严重。

3. 城市化发展与环境问题

随着工业化不断发展，中国城市化水平也在迅速提高。从农业经济向工业经济过渡是中国经济取得重要进步的表现。这是中国多少代人梦寐以求的事。

但像任何事物都具有两个方面一样，从环境的角度看问题，中国城市化迅速发展也有值得注意的消极的一面。

这是因为中国是一个人口大国。城市化迅速发展意味着大量人口短期内向城市集中。加上中国的城市化是以大城市，特别是特大城市的迅速发展为特征的，国际大都会成为许多人追求的目标，更使城市的人口密集度迅速提高。上面已经提到，中国许多城市中，缺水问题非常突出。除此之外，城市化还带来了以下三大环境问题：城市空气污染问题突出，城市居民居住环境驳杂，城市垃圾成为21世纪世界性环境公害。前面两个问题在上面已有所论述，这里我们主要讲城市垃圾问题。

---

① 《2008年中国经济形势与热点问题》，《中国社会科学院院报》，2008年3月20日。

垃圾是人们生活中每天都会制造和丢弃的东西，然而就在这日复一日，好像谁都不经心的、轻描淡写过程中，一座又一座城市却已不堪重负。中国1998年统计年鉴表明，全国688座城市，平均每年产生的垃圾数量为1亿多吨，而且随着城市人口的膨胀和人们丢弃垃圾量的增多，城市生活垃圾每年以8%—10%的速度增长。全国城市垃圾人均年产量440公斤。垃圾（包括工业废渣）历年累计堆存量达65亿吨。世界的发展历史表明，凡城镇人口占总人口的比重越高、城市中居住的人口密度越大、人民生活水平提高越快的地方，城市垃圾数量也越多，增长得也越快。这是决定城市生活垃圾增长的三个主要因素。这三个因素中国都具备了。

但是，对于经济快速发展和工业化过程中产生的垃圾，我们不应只注意它数量增加的一面，而忽视垃圾“质量”与结构的变化，以及这种变化带来的危害。工业化过程中产生的工业垃圾，也包括生活垃圾，不仅比过去的垃圾数量更大，内容与结构也同过去不同。在工业社会前，垃圾多是人们“鞋底上沾的土，抽水烟袋的人丢弃的水烟头，妇女拣菜时丢弃的黄菜叶子，节日或嫁娶之日燃放鞭炮留下的爆竹纸，盖鸡屎时留下的草木灰等”。那时的水果很少，吃水果后留下的垃圾更少。例如，吃红橘剥下的橘皮，有小贩上门收去做中药，吃剩的橙子皮会切成丝做成腌橙皮丝。人们穿的衣服多用棉布、麻布，破了又补，补了又穿，遗下的破衣、旧裤极少，即使有，妇女们用糨糊将旧布一层一层地黏合，晒干后，用来纳鞋底。[①]进入工业社会后，工业垃圾大量增加，生活垃圾也同过去有很大不同。除了不可降解的塑料袋等包装物外，装修房子后遗下的建筑垃圾，由废弃的旧电池、旧电脑、旧冰箱等旧电器组成的电子垃圾，以及由各种过期药品组成的医药等垃圾也大量增加。其中许多垃圾是有害或有毒的。如废电池、废荧光灯管、废水银温度计以

① 桂慕文著:《生态与环保的故事》，江西人民出版社，2009年11月第1版，第127页。

及过期药品和医院的医疗垃圾等。这些垃圾造成的污染和危害是惊人的。就拿电池来说，其生产和消费过程中产生的污染，除汞之外，还有铅等问题。前不久揭示的安徽省怀宁县高河镇新山社区儿童血铅超标事件就同周边电池生产厂铅粉从烟囱中排放有关系。截止到2011年1月5日，当地一共有100多名儿童被检测出血铅超标（血铅超过规定的100微克/升），有的甚至达到392微克/升，属于中度铅中毒。[①]一粒纽扣电池可使600吨水体受到污染，相当于一个人一生的饮水量。一节一号电池废置土壤中，可使一平方米土地永远失去使用价值。普通干电池的主要成分是铁、锌、锰、铅、汞等。含汞废电池的含汞量虽然不高，但对环境却有很大的负面影响。被汞污染的水若被人饮用，人就会患一种水俣病。这是1953年发生在日本九州东部熊本县水俣镇的一种怪病。当时有数百人瘫痪、肢体残疾或丧生，原因是食用了来自水俣湾（Minamata Bay）的、被化工厂的汞污染了的鱼。

与传统垃圾比较，工业垃圾除了毒性大外，其结构也更为复杂，因此也更难处理。处理工业垃圾的污染问题远比传统垃圾要复杂得多。现代化学工业的进步，可以把石油制成很难打碎的容器，并且在任何人的有生之年都不可能分解。现在估计需要超过500年的时间，阳光才能把塑料分解，但是任何已知的生物体都不可能吸收哪怕是塑料的一个分子。[②]以下事实也可以充分说明一些有毒化学品的持久性：地毯和食物包装使用的防污剂，在生产过程中，会产生一种副产品。在北极的海豹和北极熊以及中大西洋的海豚身上都发现了这种物质。一些研究还显示，北极地区的当地人接触到相当大量的杀虫剂、工业化学品和重金属。为什么北极的居民会接触到这些有毒物质呢？一个原因是许多河流、海洋和气流都是向北方运动

---

① 中央电视台《焦点访谈》节目与《中国电视报》联合调查。

② Charles Moore, "Trashed," Natural History, 112 (November 22003), p. 51.

的，这样就把释放到世界的其他部分有毒物质带到北极。另外，许多当地人的饮食中包括大量的鱼和海洋哺乳动物，因而他们就吸收了原本被鱼和哺乳动物吸收了的毒素。北极妇女的母乳和脐带血采样中，发现了DDT、PCB、二恶英、汞、铅和阻燃剂等毒素，含量从中度到极高不等。[①]

工业垃圾毒性大，组成复杂，处理起来更加困难，而目前中国在垃圾处理方面恰恰存在许多问题。全国近700个城市中，有1/4已经基本没有垃圾填埋堆放的场地，一个又一个庞大的垃圾堆悄然形成，几乎包围着整个城市。有人把这种现象称为“垃圾围城”。在北京，如今，东、南、西、北四个方向的郊区都已充斥着大量垃圾，影响到人们的生活。每天装满垃圾的卡车可以停满围城的三环一周。迄今为止，北京主要采用填埋的办法处理垃圾，每年需用土地500亩。但根据官方统计数据，北京每天产生的垃圾有18000吨，垃圾处理能力仅是每天10000吨，缺口高达8000吨。在这种情况下，非正规的垃圾堆不计其数，把城市层层包围起来。有人调查，北京被垃圾围困已经不是第一次了。1983年，北京曾进行过一次航空遥感观察，发现沿三环和四环路一圈，50平方米以上的垃圾堆有4700多个，平均每平方公里就有6大堆垃圾。无论从总量还是密度上看，当时的北京已经陷入垃圾围城的局面。随后，北京市政府斥资23亿元，建立了14座垃圾处理厂，暂时缓解了垃圾困局。然而，20年后的今天，垃圾围城的危机又在卷土重来。有一些城市，目前产生的生活垃圾虽然还没有达到处理能力的极限，但离此也已不远了。比如杭州市，据2010年11月的有关报道，平均每天的生活垃圾高达6400吨，虽然和每天7500吨的处理能力相比，还有一些距离，但“照这样的速度发展下去，垃圾给这个城市造成的压力恐怕很快就

① [美]约翰·塞兹（John L Seitz）:《全球议题（第三版）》，社会科学文献出版社，2010年3月第1版，第233—234页。

要超过能够承受的极限”。在地方上，有的垃圾场被安排在山坳里，有的被安排在离农村不远的地方，有的甚至就安排在水库边。这些名为“填埋”实为“堆放”的垃圾，都在污染着土壤、地表水和地下水。

4. 对环境问题有一个认识过程

对于环境问题，我们经历了一个从不认识到认识，再到认识深化的过程。

1949年后，很长一段时间里，我们认为，环境问题并不是全球性的问题，它只存在于世界的某些地区，主要是发达资本主义国家，中国不存在什么环境问题。1997年10月，前国家环保局局长曲格平在为《只有一个地球》中文版写的序言中说：1972年6月5日在瑞典斯德哥尔摩召开的联合国人类环境会议（United Nations Conference on the Human Environment），是世界环境保护运动史上一个重要里程碑。它是国际社会就环境问题召开的第一次世界性会议，标志着全人类对环境问题的觉醒。大会召开的时候，中国正值十年动乱时期，人们脑子里充满了极左的情绪。对待世界性的环境问题，我们差不多是采取事不关己、幸灾乐祸的态度。那时候，我们相信，并不存在什么世界性的环境危机和生态危机，有的只是资本主义制度的危机；公害是资本主义罪恶制度的产物，社会主义制度是不可能产生污染的。谁要说有污染、有公害，谁就给社会主义抹黑。但事实上对照别人，就发现中国的环境问题实际上相当严重，中国城市和江河污染的程度并不亚于西方国家，而自然生态破坏的程度却远在西方国家之上。[①]

其次，很长一个时期我们并没有把环境问题同经济发展以及经

① ［美］芭芭拉·沃德、勒内·杜博斯:《只有一个地球——对一个小小行星的关怀和维护》，吉林人民出社，1997年12月第1版，曲格平为本书中文版写的序，第2—3页。

济增长方式有机地联系起来。对于环境问题产生的原因及其严重影响，认识上是非常茫然的。对于环境问题的治理，对于环境保护工作的重要性，就更认识不足了。很多人认为环境保护是个卫生问题，是卫生部应当管的事。①

这样的认识一直持续到20世纪70年代。

从20世纪70年代开始，在"发展"与"环境"的关系上，中国发生了两个重要变化。

一方面，70年代末中国开始实行改革开放，经济进入快速增长期。这是中国历史上发生翻天覆地变化的时期。但是，无论在当时，还是之后一个相当长时期里，我们实行的仍然是粗放的经济增长方式：经济的增长是以牺牲资源和环境为代价的。经济发展表现出四个显著的特征。一是高资本投入，二是高资源消耗，三是高污染排放，四是低效率产出。②在发展理念上，一个很长时间里，我们重增长，轻效率、轻环境保护，缺乏可持续发展的观念，结果环境问题日益严重。如果说,80年代前，环境污染主要是呈"点、线状态"，80年代后已蔓延成"面"上的问题。旧的增长方式到了走不下去，难以为继的地步。

另一方面，中国实行改革开放的时候，在国际上，这个时期恰恰是发达国家经过长期发展，传统发展模式的缺陷日益暴露，人们被迫对已有的发展思路与发展战略进行认真反思的时候。③人们开始越来越深刻地认识到，传统发展模式有一个致命的缺陷，就是不考虑发展与增长对生态环境和资源耗竭的影响，结果使自己以及整个世界都背上了沉重的资源和环境包袱。这样，大致从70年代开始，全球发展思想与发展战略出现重大转折。它由单纯或片面地追求经济增长，逐步发展到强调以人为本、公平分配、在环境和社会

① 前国家环保局局长曲格平：《走有中国特色的环保之路》,《中国社会科学报》,2009年8月4日。

② 中国科学院可持续发展战略研究组：《2006年中国可持续发展战略报告》，科学出版社,2006年。

③ 郑必坚、张伯里主编《当代世界经济》第十二章，中共中央党校出版社，2003年6月第二版。

两方面追求可持续发展。随着将环境等因素引入发展过程，最终形成了可持续发展战略。这样的国际环境对于之后中国经济的发展及对环境保护的认识与战略转变，有着重要影响。

在这个过程中，值得注意的是两次重要的国际会议。一次是斯德哥尔摩会议，另一次是里约热内卢会议。

1972年6月5日至12日，联合国在瑞典斯德哥尔摩召开首次人类环境会议，通过了《联合国人类环境宣言》，规定了关于人类对全球环境的权利与义务的共同原则，通过了保护全球环境的“行动计划”。鉴于这次会议的重要性，1972年10月召开的第27届联合国大会决定将6月5日定为“世界环境日”。目的是提醒国际社会注意世界环境状况和人类活动对环境造成的危害，并要求联合国系统和各国政府、团体在每年6月5日前后举行有关保护人类环境、反对公害等活动。

1992年，联合国又在巴西里约热内卢召开环境与发展大会，通过了著名的《里约热内卢环境与发展宣言》和《21世纪议程》两个纲领性文件以及《关于森林问题的原则声明》，另外还签署了《气候变化框架公约》和《生物多样性公约》。这些文件集中体现了各国政府普遍接受并作出承诺的关于可持续发展的一般思想、理论和要求，第一次把环境与可持续发展有机地联系起来，形成了以人以及人与自然和谐发展为核心的可持续发展的全球战略。《里约宣言》的第一条原则即是：“人类处于普遍受到关注的可持续发展问题的中心。他们应享有以与自然相和谐的方式过健康而富有成果生活的权利”。

1992年联合国环境与发展大会后，中国政府率先由原国家计委和国家科委牵头，组织国务院各部门、机构和社会团体的一大批专家，制定了《中国21世纪人口、环境与发展白皮书》，作为指导中国国民经济发展的纲领性文件。1994年国务院发布《中国21世纪议程——中国21世纪人口、环境与发展白皮书》。这是世界上第一个国家级的可持续发展战略，充分说明了中国政府对环境与可持续发展问题的重视。

上述事例说明，我们对环境和环境保护问题有一个认识的过程。从1949年以来较长的发展过程看，我们实际上走的是一条“先污染，后治理”的道路，不是“历来”就“高度重视解决环境问题”，为此我们付出了沉重的代价。但是，到90年代初，中国已经把环境和环境保护问题提到国家可持续发展的高度进行认识，并据此制定了相应的战略。这在当时世界上，至少在发展中国家中间，是一件非常有影响的事情。它在国际上曾经引起广泛的关注。如果西方国家从开始实行工业化到1992年制定《里约热内卢环境与发展宣言》和《21世纪议程》，其间经历了二三百年时间。中国即使从1949年算起，也只花了40多年时间，便走完了这一段路程。这是值得称道的。

5. 环境问题产生的外部因素

对于任何一个国家来说，环境问题都不是孤立的、单个国家的问题。对于中国，即使在20世纪70年代之前，环境问题也有着双向的影响：它既影响别的国家，也受到世界其他国家的影响。

中国实行对外开放后，上述情况有新的发展。70年代是中国实行对外开放的年代，也是世界经济全球化和国际分工深入发展，发达国家进行新一轮产业结构调整的时期。发达国家利用这个机遇，将本国的产业结构进一步转变为以低能耗服务业和高科技为主的结构，把高能耗、高污染产业向中国等发展中国家转移。中国等发展中国家则向美国、欧洲、日本等发达国家出口资源性产品和高能耗、高污染排放的制造业产品。中国出口的制造业产品，绝大部分属于这类产品。即使是机械产品，相当大一部分也属于这类性质。特别是有一些外国企业把在本国早已禁止生产的产品转移到中国生产和销售，不但把污染，并且把一些对健康有害物质的生产基地转移到了中国。2005年，在中国许多城市，关于保鲜膜会不会致癌的争论一度闹得沸沸扬扬，许多老百姓都搞不清楚，用了这么多年的保鲜膜出了什么问题。当时，中国市场上的保鲜膜主要有三种。一种是聚乙烯，简称PE，一般都是家庭使用，它是无毒的。一种是聚氯乙烯，简称PVC，主要是超市用于生鲜、熟食的包装和保鲜。另有一种是聚二氯乙烯，简称PVDC，市场上比较少见，主要用于食品加工厂，比如火腿肠的外衣等。问题主要出在第二种保鲜膜，即PVC上。因为PVC保鲜膜的主要材料是聚乙烯单体聚合成聚氯乙烯。聚乙烯单体在温度高的时候容易释放出来，或者在跟食物油脂接触以后，会附在上面，对人体产生不利影响。PVC食品保鲜膜生产企业绝大部分为中外合资或外国独资企业。之前有媒体透露，PVC保鲜膜在日本和韩国多年前已禁止生产、销售和使用。

中国对外开放后，由于对外贸易和境外投资大量增加，它们对于中国社会经济的发展，起了积极的作用，但也有值得重视的消极和负面的影响。与来自国外的沙尘暴、核辐射等影响相比，通过外资、外贸对中国生态环境带来的污染和影响，性质要严重得多。问题是迄今为止，我们对这一问题的重视程度以及针对这一问题进行的专题研究都不够。这种状况亟待改变。

6. 一些尚未引起应有重视的原因

目前，世界环境问题研究中有一个普遍不足的地方，就是对政治、文化等因素与环境的关系以及这些因素对环境的影响，研究非常薄弱。但战争（包括世界大战和地区性的局部战争）与政治动荡对环境的破坏是极其严重的。从根本上说，在诸多社会、政治和经济因素中，战争以及社会的大动荡对环境的破坏是最严重和最剧烈的。反过来说，要治理环境问题首先需要的是一个稳定与和谐的社会与政治环境。现在世界上有一些国家和地区，环境形势明显恶化，环境问题提不到议事日程上来，长期的战争和社会动荡是根本原因。综观世界各国的发展历史，可以得出一个结论：要解决人与自然的和谐问题，首先要解决的是人与人之间以及社会的和谐问题，人与人之间的不和谐不能发展到大规模对抗与动荡的地步，否则会对本国、本地区乃至周边环境形势带来严重影响。对于任何国家和地区来说，人与人不和谐的时期往往也是人与自然不和谐的时期。

我们这里一直在讨论环境和环境保护问题，但环境保护也有广义和狭义之分。我们目前关于环境保护的研究几乎都是狭义范围内的环境保护研究。这是我们的环境保护研究目前还处在初期阶段的标志之一。我们需要有狭义的环境保护研究，也要有广义的环境保护研究。我们要创建狭义的环境和环境保护学，也要创建广义的环境和环境保护学。就拿文化这个因素来说，它与环境之间的关系是广义的环境和环境保护学应当研究的范畴。一个国家，一个地区的环境问题同这个国家和地区的文化传统，包括老百姓的风俗习惯，有着非常密切的联系。比如遇到重大喜事燃放烟花爆竹，是中国一个古老的文化传统。随着人民生活水平的提高，烟花爆竹越放越多，越放越高，越放越精致，对环境的影响也越来越厉害。节日期间，因大量燃放烟花爆竹，全国多座城市空气质量出现污染状况。环境保护部的监测显示，2011年2月，仅4日（阴历正月初二）这一天，全国86座城市的空气质量日报中，有22座城市空气质量属于轻微污染，牡丹江等5座城市属于重度污染。受监测的城市中，只有2座城市空气质量为优，分别是拉萨和湛江。来自山东省环境监测中心的数据显示，春节期间，山东全省17个城市空气质量比平时要差很多。其中济南市除了2月1日空气质量是良以外，其余都是污染天气。东南亚有些国家现在在城市中专门划出一个地区供节日燃放烟花爆竹。这样做，可以限制噪声污染的传播范围，也在一定程度上解决了燃放烟爆对人身可能造成的伤害，但并不能解决空气的污染问题。如何既不采用简单禁放的办法，又解决环境保护问题，需要各界联手进行研究。

近些年各种突发环境事件频繁发生是局部地区环境形势恶化的重要原因。2009年，全国共接报并处置突发环境事件170件。2010年，全国共接报并处置突发环境事件156起。其中重大环境事件5起，较大环境事件41起，一般环境事件109起，等级待定事件1起。按事件起因分类，由安全生产事故引发的环境事件69起，占总数的44.2%，比上年增加6起；由交通事故引发的环境事件28起，占总数的18.0%，比上年减少24起；由企业排污引发的环境事件17起，占总数的10.9%，比上年减少6起；自然灾害和其他因素引发的环境事件42起，占总数的26.9%，比上年增加9起。按污染类型分类，水污染事件65起，大气污染事件66起，土壤污染事件4起，海洋污染事件10起，噪声污染事件1起。①不管是安全生产事故，还是交通事故或者企业排污引发的环境事件，都同制度不严、当事人工作懈怠或失责有直接关系。最近发生的一个事故是，云南5000吨剧毒的化工废料铬渣被非法倒入曲靖市麒麟区叉冲水库，把水库变成了毒源。目前，在叉冲水库旁虽然已经树立了“此水含有害物，禁止人畜饮用”的牌子，但由于对人体有危害的“毒水”被直接排放到水库下游的珠江源头南盘江中，对附近居民生活与健康带来了危害。据调查，非法倾倒铬渣的是与云南省陆良化工实业有限公司签订协议、承运该公司铬渣到贵州进行处理的两名承运工人。②

实际上，任何商场失火、生产车间爆炸等安全事故都会给周边大气和土壤环境带来严重影响。但事故发生后，社会和公众关注多的往往是经济损失和人员伤亡，而不是环境的破坏和污染。另外，有的突发事件主要污染的是邻近的河流和水，有的主要污染了空气和土壤，但它们之间又是互相影响的。把突发事件按污染类型分类的做法只有相对的意义。在有的突发事件中，污染物主要流入了江

---

① http://jcs.mep.gov.cn/hjzl/zkgb/2010zkgb/201106/t20110602_211559.htm.

② 新华社，云南曲靖2011年8月14日电。

河，一时对江河水造成严重污染，但由于水在不断流动，污染物常常很快被稀释，不再对人类健康构成威胁，而污染物对流经地区土壤的破坏往往会持久得多。不管流入土壤的污染物是否属于挥发的性质，它都会对邻近地区的空气造成持续的影响，但在我们评估突发事件带来的损失时，这种污染造成的损失常常被忽略了。

许多情况下，我国环境问题的发生同当地政府、企业及公众急功近利的发展观念和思想有不可分割的联系。一方面是对环境和环境保护的意识薄弱，另一方面是不顾环境影响，急功近利的发展思想，二者加在一起，对生态环境带来了严重的消极影响。

第三节　中国环境问题的发展趋势

1. 三个发展阶段

由于环境问题同经济发展有着非常紧密的关系，我们研究环境问题发展阶段的时候，首先要弄清楚中国经济大致经历了哪些发展阶段。

从工业化进程看，改革开放后中国大致经历了四个发展阶段。[①]第一阶段从1978年到1984年，是文化大革命后的经济恢复期。它以农村改革和农业大发展为特征。第一产业占国内生产总值的比例超过第三产业。第二阶段从1985年到1992年，是非农产业较快发展时期。这是轻工、纺织业占主导的增长期。这一阶段发展经济主要是为了满足居民的吃和穿。第三阶段从1993年到1999年，这是重化工时代的前导期。重化工业得到较快发展，其占国内生产总值的比例明显超过轻工业。这一时期的高增长行业包括能源和原材料行业，基础设施和基础产业，包括彩电、冰箱、洗衣机、空调等

① 王梦奎:《中国中长期发展的重要问题（2006—2020）》，中国发展出版社，2005年；中国科学院可持续发展战略研究组:《2006年中国可持续发展战略报告》，科学出版社，2006年。

在内的家电产品。这一时期，城市化加快发展是驱使上述产业发展的重要力量。第四阶段从2000年开始，中国进入了重化工时代，电力、钢铁、机械设备、汽车、造船、化工、电子、建材等产业成为经济增长的主要动力。这一阶段发展经济主要为了满足居民“住”和“行”的“大额消费”需求。

与工业化的上述发展阶段相适应[①]，中国的环境问题大致经历了三个发展阶段。20世纪90年代中期之前是第一阶段。这是“局部恶化、整体发展”时期。其中70年代中国处于工业化的初始阶段，出现的是“点状污染”。80年代，城市河流和大气污染严重，生态环境呈现边建设边破坏、建设赶不上破坏的状态。进入90年代以后，环境污染与生态恶化加剧发展，特别是1994年淮河爆发的特大污染事故和1998年长江、松花江和嫩江洪涝灾害给中国敲响了生态环境全面恶化的警钟。[②]90年代中期到本世纪第二个十年初（或第二个十年中）是第二阶段。这是“局部改善、整体恶化”或“整体恶化势头没有根本改变”时期。其中“整体恶化”是全面工业化及其中期阶段的结果，“局部改善”则是环境保护努力的主要成就。[③]大致从21世纪20年代初或中，到30年代初是第三阶段。这是中国环境形势开始全面改善的时期。

2. 当前发展阶段的主要特征

中国目前正处于环境形势发展的第二阶段。在这一阶段，中国的环境形势呈现出以下特点：

---

① 据统计，大气污染90%来自工业企业，江河的污染有一半以上来自工业企业，城市、农村的污染大多也与无数的制造业行为和产品品质有关。张振宇：《加强责任意识，减少污物排放》，《文汇报》，2008年9月1日。

② 国家环保总局：《国家环境安全战略报告》，中国环境科学出版社，2004年。

③ 中国环境与发展国际合作委员会年度政策报告：《中国环境与发展的战略转型，2006年》，中国环境科学出版社，2007年9月第1版，第4—5页。

（1）环境污染物总体排放量迅速增加。

中国目前正处在轻纺工业快速发展带来的污染问题尚未解决，又遇上重化工业发展时期所特有的污染问题。而环境保护工作虽然受到前所未有的重视，但有关体制和机制的改革目前尚处在初始阶段，国家决定采取的措施在地方上远未得到落实，环境保护工作的成效还不足以阻止环境形势总体恶化的势头。

（2）环境污染出现全方位发展势头。

所谓全方位发展主要表现在三个方面。一是污染物构成进一步扩大与发展；二是污染地区从东部向中西部扩延；三是污染的领域进一步扩大，如水污染从地面水向地下水扩大。

（3）环境污染出现综合化趋势。

发达国家上百年工业化过程中分阶段出现的环境问题，近20多年来在中国集中地出现了，环境污染呈现结构型、复合型、压缩型特点。比如日本，20世纪60年代以前主要是产业污染问题。[①]所以，整个70年代是日本集中防治产业污染的时期。到80年代，日本的环境投资集中于城市环境基础设施建设，重点是治理城市生活垃圾等污染。进入90年代，气候变化、酸雨、臭氧层保护、生物多样性等国际和区域环境问题进入日本环境保护的重要日程。从90年代末开始，解决消费性社会引起的废弃物问题成为日本突出的问题，促成了日本循环型社会战略的形成。[②]与此相比较，21世纪初，中国的人均GDP只有1000美元，治理环境污染的力量远低于日本，但已经同时遭遇产业污染、城市生活垃圾污染、酸雨、生态退化、微量有机物等问题。1998年，中国城市生活污水排放量第一次超过工业废水排放量。这种复合型的环境问题与中国重化工业结构和能源结构状况是密切相关的，呈现出明显的结构型特点。2005年，中国重工

① 1967年，按1990年价计算，日本人均GDP已达9000美元。

② 任勇：《日本环境管理及产业污染防治》，中国环境出版社，2000年第1版。

业产值占工业总产值的66.5%。2006年，中国煤炭占一次性能源消费的比例上升到了68.5%。结构型、复合型和压缩型的环境问题的特点决定了中国环境保护的复杂性、艰巨性和长期性。[①]

（4）环境问题具有同公众健康与民生关系非常紧密的特点。

任何国家的环境问题都和公众健康与民生有着紧密的联系。联合国环境署、世界资源研究所、联合国开发计划署和世界银行共同编写的《世界资源：1998—1999年》[②]报告说，环境因素是导致人类生病和死亡的主要因素。在世界贫穷地区，与环境有关的疾病每年夺去1100万儿童的生命。报告认为，将环境保护"视为公共卫生战略中最重要的组成部分是保证21世纪人类健康的关键"。但在中国，环境问题对公众健康与民生的影响尤为明显。

这是因为，中国的环境问题首先发生在城市和东部地区，然后向农村和中西部蔓延，而城市和东部地区恰恰是中国人口最密集的地方，又是工业化发展最快的地区。劳动密集型产业在城市的发展反过来又吸引了大批劳动力从农村迁往城市，进一步提高了城市和东部地区的人口密度。高度密集的人群本身就是一个污染源，制造着废水、废气和大量的生活垃圾。目前，全世界垃圾年均增长速度为8.42%，中国垃圾的增长率则达到10%以上。据有关部门统计，全世界每年产生4.9亿吨垃圾，中国就占了其中的近1.6亿吨。中国产生的这么大量的垃圾对中国的环境和居民健康带来了非常不良的影响。这首先是因为，由于城市和城市人口增加得太快，垃圾的数量目前远远超过了垃圾的处理能力。城市中的垃圾填埋场越来越不够。许多城市已经难以为新的垃圾填埋场找到足够的空地。大量散放的垃圾严重污染了空气、土壤和水。其次，有的垃圾填埋场不按规范管理，垃圾填埋场变成了环境污染场。2009年审计抽查的10座

① 中国环境与发展国际合作委员会年度政策报告：《中国环境与发展的战略转型，2006年》，中国环境科学出版社，2007年9月第1版，第5页。

② 联合国1998年5月4日发表的调查报告。

垃圾处理场，有6座将收集的62万吨垃圾简易填埋或露天堆放，占收集总量的31%。广东省东莞市虎门镇的垃圾填埋场就属于这种情况。虎门镇的总人口大约是70万人，2008年的GDP为275亿人民币，人均GDP达39286元，是个名副其实的富裕镇。但就在这个镇上就有一座垃圾山，离最近的小村只有800米距离。这里的垃圾以生活垃圾为主，剩菜剩饭、腐烂水果、动物粪便以及各种塑料袋、玻璃瓶组成了一个大山头。15年来的垃圾总重量已超过400万吨，目前仍以每天800吨的数量增加。按规定，垃圾填埋场填埋一米厚的垃圾就要在上面填埋一米厚的土，阻止垃圾味道飞扬和降低沼气的积累，但他们并没有这样做。他们采取的是分层填埋，基本上每10米高的垃圾用土封一层，而土只有50公分左右。因此，人尚未靠近，就闻到一阵阵恶臭，在垃圾山顶停留稍久，就觉得头晕恶心。离这个垃圾填埋场很近的那个小村有一个令人震惊的名字：癌症村。427位村民中，有11位身患癌症，其中9人已死亡。[①]第三，城市管理者在为垃圾寻找出路的时候，焚烧成了他们的首选。目前，北京、上海、天津、重庆四个直辖市均已建了垃圾焚烧厂。其中，北京市在关于推进《生活垃圾处理工作的意见》中明确提出要“加快建设生活垃圾焚烧厂”，到2012年，全市垃圾焚烧比例将达20%，2015年达40%。江苏省已建成和在建垃圾焚烧项目15个，浙江省已建和在建近30个，广东省近20个。此外，辽宁、山东、福建、海南等15个省区均已建和拟建垃圾焚烧厂。但有的垃圾焚烧厂离市区很近；有的虽然采用了国外的先进技术，并不能完全解决二恶英等有毒气体的排放问题。2005年世界银行的报告曾经指出，中国如果过快建造垃圾焚烧厂且不限制排放物，世界大气中二恶英含量会加倍。北京六里屯居民在一份名为《反对在六里屯建设垃圾焚烧厂》的意见书强调了关于垃圾焚烧过程中对二恶英进行监测的问题，指出二恶

① 2009年9月中央电视台《朝闻天下》栏目报道。

英不能在线检测给附近居民健康可能带来问题。国际人士也认为，对二恶英的实时监测，目前在国际上也是道难题。[①]第四，城市垃圾所以给居民健康带来危害还因为，目前有些地方虽然建立了专门的生产线对废旧电器进行分解，但大量废旧电器仍被个体作坊用手工分解，给大气带来严重污染。最后，许多地方，工业污水和生活污水未经处理，就进行排放，给环境和居民健康带来严重影响。2009年5月22日，中国审计署发布的第5号审计结果公告说：对天津、大连、秦皇岛和烟台等13个环渤海城市水污染防治情况的调查发现，2007年，13个市中有7个市的城市污水处理率低于全国60%的平均水平，50座已运行的污水处理厂中，有18座处理后的水质和污泥不达标，占35%。2007年底，13市的34个经济开发区中，17个未设立环保机构，15个未建成污水集中处理设施，2007年有4千万吨污水未经处理直接排放。

早在十多年前，联合国环境计划署负责人特普费尔曾著文说：工业带来的数百万种化合物存在于空气、土壤、水、植物、动物和人体中。那些有机化合物和重金属，那些有毒产品，都集中存在于整个食物链中，"最终影响到动植物的健康，引起癌症，导致土壤肥力减弱。"[②]这些话，今天听来，仍然富有警示意义。

（5）环境问题的地区不平衡性日益彰显。

中国经济—社会发展的严重不平衡性决定了环境与环境保护工作发展的不平衡性。总的来说，城市比乡村的环境问题更多和更为严重，东部地区的环境问题比西部地区严重。同一城市中，环境形势的发展也不平衡。上海是节能减排等工作做得较好的地方，但仍然存在这样一些地区，那里，工业园区同居民生活小区隔得非常近。工业园区里入驻了塑料制品、电缆等制造企业，排放的废气经

---

① 《垃圾烧出一级致癌物》，《中国电视报》，2009年9月10日。

② 克劳斯·特普费尔：《环境：地球上的十大祸患》，[法]《问题》周刊，1998年7月18日。

常弥漫到居民小区，“难闻的气味使一些患有心血管病的居民感到胸闷难受，也有人因不断吸入废气而呛嗓子”。有的小区，“河水变成黑绿色，奇臭无比，大量的生活污水源源不断地流入河道，而那条河就通着黄浦江”。有的小区，居民居住的楼盘旁，景观河道水质污染严重，变成了“臭水滨”，炎夏时节，这种情况在郊区时有所见。

3. 未来发展趋势

1991年，Grossman 和Krueger首次系统地研究了人均收入水平与环境状况之间的关系，并在1993年发表了两者之间存在倒U型曲线关系的论文。

1993年，Panayotou进一步证明了人均收入水平与环境状况之间倒U型曲线的关系，并借用著名经济学家库兹涅茨对经济增长与收入分配关系研究所得的倒U型曲线关系，来描述环境质量与经济发展的关系，得出了著名的环境库兹涅茨曲线（Environmental Kuznets Curve，EKC）。环境库兹涅茨曲线的含义是：“沿着一个国家的发展轨迹，尤其是在工业化起飞阶段，不可避免地会出现一定程度的环境恶化；在人均收入达到一定水平后，经济发展会有利于环境质量的改善。”世界主要工业化国家在现代化过程中，都经历过从环境恶化到环境优化的过程，一般在人均GDP5000—10000美元之间出现生态拐点，也就是说，当经济发展对环境破坏达到倒U型的底峰（生态拐点）后出现转折，环境开始改善。日本、韩国在人均GDP7000—8000美元之间出现拐点，美国在人均10000美元出现拐点。[①]

中国是一个人口众多、人均资源藏量少、当前环境形势又相当

① 王承武：《苏州实现环境优化增长的思考》，《2008年全国地市级环保局局长岗位培训优秀论文集》，中国环境科学出版社，2009年5月第1版，第20页。

严峻的国家。我们不能期待形势能够很快地全面好转。中国离生态拐点还有相当长一段路要走。即使从整体讲，中国人均GDP达到了10000美元，由于各地的发展呈现出相当不均衡状态，中国的环境状况能不能就此全面好转，也存在相当大的不确定性。中国环境的改善只能是缓慢的、渐进的过程。但就从目前某些地区和城市的发展情况看，随着经济的发展和实力的增强，中国的环境形势也将逐步地从恶化走向改善。比如苏州市，2006年，实现地区生产总值4820亿元，人均GDP（户籍人口）突破10000美元。同年，全市集中式饮用水源地水质达标率为99.86%，市区环境空气质量优良天数达324天，城区区域环境噪声平均值54Db，环境质量综合指数达到84.82%，全面达到省定环境质量综合指数要求，环境状况已接近库兹涅茨曲线的“生态拐点”。

就全国而言，按规划，力争到2020年（有人提出到2015年）能够把城市环境进一步污染势头控制住；到2030年，城市环境以及自然生态进入改进时期。

第五章

中国对待国内环境问题的立场、指导思想与政策措施

第一节 中国解决环境问题的基本立场

中国对待环境问题的基本立场是由中国的社会制度和基本国情决定的，它又是中国传统文明中“天人合一”思想的传承和发展。

我们生活在一个有着中国特色的社会主义国家。中国又是有13亿人口、五千年文化传承的世界最大的发展中国家。在对待人与自然的关系上，中国古代哲学家很早就提出了“天人合一”的思想。老子在《道德经》中说：“以人合天，而绝非以天合人。”也就是说，天人和谐，而绝非以人胜天。北魏农学家贾思勰在他所著的《齐民要术》中也提出“顺天时，量地利”的思想。中国的这些传统思想认为，人类只能依照自然界存在的规律去适应自然，而不是以征服者的面目出现，对大自然随意夺取。这就和西方工业国家的传统思想不同了。直到20世纪60年代，西方国家仍然存在一种科学革命早期遗留下来的陈腐观念：人是万物的中心和主宰者，科学史就是人的统治史。这种思想，最终达到了一种近乎绝对的状态。它的护卫者之一，罗伯特·怀特·史帝文斯甚至语气傲慢地声称：当代化学

家、生物学家和科学家坚信人类正稳稳地控制着大自然。E.B.怀特[①]在批判这种思想时曾经这样说过：我对人类感到悲观，因为它对于自己的利益太过精明。我们对待自然的办法是打击并使之屈服。如果我们不是这样的多疑和专横，如果我们能调整好与这颗行星的关系，并深怀感激之心对待它，我们本可有更好的存活机会。[②]

所幸的是，中国由于长期处在农业社会中，不拥有“征服”自然的科技和力量，加上中华文明本身的特点，“天人合一”的思想得以传承下来。但也有一个时期，主要是20世纪50年代末，我们背离了传统思想的影响，主张“人定胜天”，甚至提出了“人有多大胆，地有多大产”那样荒唐的纯主观唯心主义口号，把人和自然的关系对立了起来，忘记了恩格斯多少年前就对我们提出过的警告：“我们不要过分陶醉于我们对自然的胜利，对于每一次这样的胜利，自然界都报复了我们。”幸好这个时期比较短。在历史长河中它只是一个短暂的间隙。但它带给我们的教训却是巨大的。那种全民采矿、全民炼钢、全民砍树和填湖造田，以及盲目的密植和深耕，还有全民打麻雀运动，给人类生存的生态环境带来了严重的污染和灾难性的破坏。在多少次碰得头破血流之后，我们终于明白了，在大自然巨大力量面前，人类的作用与力量是有限度的，而不是无限度的。明白了这一点是我们的一个巨大进步。要改善环境难，但要破坏环境则容易得多。幸亏时间很快到了20世纪70年代，中国开始转变观念，又经过一段时间的思索，把可持续发展作为指导中国发展的理念，开始强调“以人为本”的发展思想了。

其次，中国在解决环境问题时，始终坚持发展的观念。由于中国是在一个世界人口最多的国家里搞建设，发展速度又这么快，这

---

① 埃尔文·布鲁克斯·怀特（1899—1985），美国当代著名散文家、评论家，以散文名世。除了他终生挚爱的随笔之外，他还为孩子们写了三本书：《斯图尔特鼠小弟》（又译《精灵鼠小弟》）、《夏洛的网》与《吹小号的天鹅》，都是儿童与成人共同喜爱的文学经典。

② http://www.brainyquote.com/quotes/authors/e/e_b_white.html.

是我们原本没有想到的，加上环境保护的观念开始时又这么薄弱，再加上来自国外的污染，环境问题一时变得严重而复杂。但如果我们一开始就没有发展是硬道理的观念，也就不会有今天的科学发展观，不会有今天大力加强环境保护的资金和力量了。坚持发展的观念是中国解决环境问题时始终坚持的立场。

解决中国的环境问题必须在政府、企业和社会、公众之间三位一体、各司其职，通力合作，形成合力。这也是我们的一个重要出发点。政府负责制定正确的发展理念和方针、政策，并负责贯彻与实施；建立和完善有关的制度和法规；负责环保工作的组织、协调与监督等工作。企业是造成环境污染的主要来源体，也是产业结构调整的主要受体，在解决中国环境问题中担任着非常重要的角色；社会与公众的环保意识与行为对于解决环境问题作用大，却常常被忽视或低估。这些都是目前需要大力加强的环节。

中国的环境问题既是中国的问题，又是世界的问题，是世界环境问题的一个组成部分。从负责任大国的立场出发，积极参与并推动国际环境合作，是中国解决环境问题的必由之路。

第二节　中国解决环境问题的理念与指导思想

在考察中国怎么对待和解决环境问题的时候，人们首先关注的往往是环境形势和中国采取了什么样的政策和措施，而忽略或不甚注意中国在解决环境问题时坚持的理念和指导思想。实际上，理念和指导思想是贯彻始终并占据核心地位的首要问题。从某种意义上，可以说，无论是政府、企业还是公众、团体，它们在环境问题上采取的任何行为，任何政策与措施，都从不同方面，反映了一种理念和指导思想。反过来说，只有在统一理念指导下的政策与措施才能更好地形成合力，有效地去解决环境问题。

正确的理念与指导思想对于我国解决环境问题有着格外重要的

意义。这是由于以下两个原因。一是我国环境问题的产生主要源自于“轻环境、重增长”理念下的经济快速发展。我们强调“发展是硬道理”，但过去却从来不讲保护环境也是硬道理。一个很长时间里，我们不太明白，青山绿水是大自然在几千年、几万年，甚至更长时间的发展进程中形成的，但可以被大量使用农药、化肥和燃烧煤和石油，在短短几年，甚至几个月时间内被污染和被破坏。大自然一旦被破坏，有的还可以慢慢恢复，有的则是很难恢复的，甚至是难以恢复的。比如有的物种一旦灭绝，便很难再恢复。它是“不可逆”的。对于大自然变化的这种不同程度的“不可逆”性，很长时期里，我们缺乏认识。要“治”环境的污染，从根本上讲，是要治不科学的发展理念和忽视环境保护的思想。否则，便是舍本取末，不可能真正解决问题。二是目前中国的发展正处在从东部沿海向中西部纵深发展的关键时期。中西部地区按照什么理念，什么模式发展，是走环境与发展并重，环境优先的道路，还是像东部沿海地区曾经走过的那样，“先污染，后治理”呢？这首先就有一个发展理念和指导思想的问题。中国的地形是“西高东低”。中西部地区是“上游”，东部沿海地区是“下游”。幸运的是，我们首先开发的是中国的东部和沿海地区，而不是中西部地区。当东部和沿海地区这个下游受到污染时，中西部这个上游还保留着许多洁净的地方。中西部地区经济更落后，区域更辽阔，一旦被污染，治理起来更困难。它将不但影响中西部地区本身的发展，还会严重影响全国的环境形势。目前，中国东部沿海地区的环境问题尚未解决，中西部一些地区以及东部和沿海地区城郊和农村小城镇的环境形势却已在恶化或加剧恶化了，出现了大家常说的环境“二元化”趋势。如果说，过去一二十年，我们是在城市的污染问题尚未解决的时候，又面临了农村污染加剧的形势；那么今后一个时期，如果中西部及农村小城镇不能及时走上科学发展的道路，我们将面临东部沿海地区的污染问题尚未解决，中西部地区污染又在加剧的状况。这将使中国整体环境形势变得更加严峻，也更加复杂。

上面已经说过，对于环境和环境保护问题的重要性，我们有一个认识过程。但是，从20世纪70年代开始，在环境问题发展的一些关节点上，中国政府总是根据形势的发展，不断提出新思想和新理念的。比如说，当国际上提出可持续发展理论并于1992年制定《21世纪议程》后，仅仅两年，中国便制定和发布了《中国21世纪议程——中国人口、环境与发展白皮书》，明确指出："目前，中国的经济发展依然延续着以大量消耗能源和自然资源的粗放经营的传统发展模式。这不仅造成了对生态环境的极大破坏，而且使经济增长难以为继。"从此以后，中国政府就一直把"可持续发展"当做一个基本理念和方针，努力地去贯彻。

进入新世纪后，我们又针对当时情况，进一步深化了发展的理念、目标和指导方针，其中最重要的是提出了科学发展观问题。

关于科学发展观，我国领导人在2003年指导地方工作时已经提了出来。2005年中共第十六届五中全会首次对它作了明确的阐述。2007年，党的十七大全面地论述了这一问题。"科学发展观，第一要义是发展，核心是以人为本，基本要求是全面协调可持续，根本方法是统筹兼顾"。[①]科学发展观要求"统筹城乡发展，统筹区域发展，统筹经济社会发展，统筹人与自然和谐发展，统筹国内发展与对外开放"，进一步推动中国的改革与发展。[②]

胡锦涛总书记在党的十七大上的报告中阐述"必须坚持全面协调可持续发展"问题时说：要按照中国特色社会主义事业总体布局，全面推进经济建设、政治建设、文化建设、社会建设，促进现代化建设各个环节、各个方面相协调，促进生产关系与生产力、上层建筑与经济基础相协调。坚持生产发展、生活富裕、生态良好的文明

① 《胡锦涛在党的十七大上的报告》，人民网，2007年10月24日。

② 汪海波：《科学发展观形成的条件及其意义》，《中国社会科学院院报》，2008年5月15日。

发展道路，建设资源节约型、环境友好型社会，实现速度和结构质量效益相统一、经济发展与人口资源环境相协调，使人民在良好生态环境中生产生活，实现经济社会永续发展。在阐述“实现全面建设小康社会奋斗目标的新要求”时，胡锦涛明确提出了“建设生态文明”问题。他说：要“建设生态文明，基本形成节约能源资源和保护生态环境的产业结构、增长方式、消费模式。循环经济形成较大规模，可再生能源比重显著上升。主要污染物排放得到有效控制，生态环境质量明显改善。生态文明观念在全社会牢固树立”。这是在中国共产党的代表大会上，第一次提出“建设生态文明”的任务。

从2006年开始执行的“十一五”规划已经体现了科学发展观的一些基本理念与指导思想。“十一五”规划突出了三个转变。一是发展模式的转变：从高投入、高污染、高能耗向节能型、环境友好型经济转变；从粗放型、外延型向集约型、内需型经济转变。二是发展观念的转变。“十一五”规划提出，今后不应单纯追求GDP的规模及其增长速度，而是向加强“五个统筹”、构建和谐社会等全面发展方向转变。三是发展战略的转变。“十一五”规划提出，在保持东部沿海自律性发展的同时，重点转向广大内陆地区及农村地区，大力推进新农村运动，妥善解决“三农问题”，陆续出台了免征农业税等多项措施。以上三个方面也可称作三大观念转变：一是从追求量到质的转变，进一步提高经济质量和人民群众生活质量；二是从追求物到注重人的转变，真正体现“人文关怀”；三是从追求外需到增加内需的转变，在继续吸引外资的同时，努力扩大内需，实现经济自律性增长。

2010年10月18日中国共产党第十七届中央委员会第五次全体会议通过的《中共中央关于制定国民和社会发展第十二个五年规划的建议》（下称《建议》）更加全面地贯彻和体现了科学发展观的思想理念。《建议》涉及环境与环境保护的内容大致可以分为两个方面。一是关于发展的理念与指导思想。二是同环境与环境保护有关的具体政策措施。

我们在这里先讲关于发展的理念与指导思想。

《建议》有一个与过去历年发展规划（计划）不同的地方：它一开始就非常明确地提出了一个“主题”和一个“主线”的问题。它们自始至终统领着《建议》的各个领域和各个方面。“主题”就是科学发展，“主线”就是加快转变经济发展方式。我们常常讲发展是硬道理。过去这样讲的时候，我们强调的是要加快发展的速度、增长的速度。这次则明确指出：“在当代中国，坚持发展是硬道理的本质要求，就是坚持科学发展”，具体地说，就是要“更加注重以人为本，更加注重全面协调可持续发展，更加注重统筹兼顾，更加注重保障和改善民生，促进社会公平正义”。无论是“科学发展”，还是四个“更加注重”，都和“环境”与“绿色”发展有着不可分割的联系，以致可以这样认为，“十二五”规划的首要任务是实现绿色发展，推动绿色革命，创建资源节约型和环境友好型社会，全面降低能耗，减少温室气体排放，促进“黑色”发展向“绿色”发展转型。“十二五”规划是中国的首个绿色发展规划。有的学者认为，绿色发展和生态建设，在总体设计上包括五个方面的战略内涵，即建设资源节约型社会、建设环境友好型社会、发展循环经济、建设气候适应型社会、实施国家综合防灾减灾战略。前三个方面是“十一五”规划期间提出来的，后两个方面，一个是建立气候适应型社会，一个是防灾减灾，是“十二五”规划首次提出的绿色规划设计，是以前规划中绿色思想和设计的继承和发展。总起来，可以说，“十二五”规划是中国绿色现代化的重要起点。[①]

具体地说，为了在生态环境建设方面进一步贯彻、落实科学发展观，《建议》提出的战略布局是：

把提高经济增长的科技含量、“大幅下降”单位国内生产总值

---

① 胡鞍钢：《“十二五”规划与绿色发展》，《文汇报》，2010年10月17日。

能源消耗和二氧化碳排放、“显著减少”主要污染物排放总量、“明显改善”生态环境质量作为“十二五”时期经济社会发展的“主要目标”。

强调“民生”和“扩大内需”，把扩大消费需求作为扩大内需的战略重点。同时，要求“合理引导消费行为，发展节能环保型消费品，倡导与我国国情相适应的文明、节约、绿色、低碳消费模式”。在中共中央的决定中明确提出要建立这种有中国特色的“消费模式”，这是第一次，它对中国今后的发展有非常重要的意义。

强调“调整、优化投资结构”，要求引导投资进一步向民生和社会事业、农业农村、科技创新、生态环保、资源节约等领域倾斜，严格执行投资项目用地、节能、环保、安全等准入标准，有效遏制盲目扩张和重复建设。

在“推进农业现代化，加快社会主义新农村建设”方面，强调环境问题的重要性。比如在第8条讲到加快发展现代农业时,《建议》指出，要推广清洁环保生产方式，治理农业面源污染。在第9条讲到加强农村基础设施建设和公共服务时，强调要继续推进农村电网改造，加强农村饮水安全工程、公路、沼气建设，继续改造农村危房，实施农村清洁工程，开展农村环境综合整治。这些都是目前我们需要解决的重要环境问题。

《建议》在第四部分一开始就强调“发展现代产业体系，提高产业核心竞争力”，明确指出要发挥我国产业在全球的经济优势，发展结构优化、技术先进、清洁安全、附加值高、吸纳就业能力强的现代产业体系。把“清洁安全”定格为中国需要建立的现代产业体系五大标准中的一个重要标准。这一部分在第13条讲到培育发展战略性新兴产业时，特别把节能环保、新能源、新材料等产业作为战略性新兴产业的重要组成部分提出。第16条专门谈全面提高信息化水平问题，提出要推动信息化和工业化“深度融合”，加快经济社会各领域信息化。这个问题不但涉及产业结构调整，并关系到工业化对环境的影响，是一个非常深层次的问题。

《建议》第六部分强调“加快建设资源节约型、环境友好型社会，提高生态文明水平”，其中每一条都和中国当前存在的环境问题有直接联系。值得注意的是，《建议》这一部分一开头就提出要“增强危机意识”：面对日趋强化的资源环境约束，必须增强危机意识、树立绿色、低碳发展理念，以节能减排为重点，健全激励和约束机制，加快构建资源节约、环境友好的生产方式和消费模式，增强可持续发展能力。这是其他部分都未曾提过的。接着，在第22条中，还专门讲了提高森林覆盖率问题。[①]

《建议》在要求“大力发展循环经济”、“加强资源节约和管理”、“加大环境保护力度”、“加强生态保护和防灾减灾体系建设”等问题时，都是从战略高度出发，针对当前我国存在的重要环境问题，提出要求与对策。比如在讲如何加强资源节约和管理时明确指出，要落实节约优先战略，全面实行资源利用总量控制、供需双向调节、差别化管理。在讲“加强能源和矿产资源地质勘查、保护和合理开发”时，提出要“建立重要矿产资源储备体系”。《建议》要求完善土地管理制度、高度重视水安全、建设节水型社会、健全水资源配置体系、强化水资源管理和有偿使用、鼓励海水淡化、严格控制地下水开采。

值得注意的是，有些问题过去在学者的文章著作中，在有关部门的文件中，虽然已经提到过，但作为中共中央意见，在对五年规划建议中提出，这还是第一次。比如“保护优先”原则，这次的提法是，“坚持保护优先和自然恢复为主，从源头上扭转生态环境恶化趋势”。由过去的保护开发并重，进而强调保护第一，这是一种重要变化。

---

① 在《建议》通过后七个半月，联合国环境规划署于2011年6月5日呼吁全球加大对森林保护的投资，并表示有统计显示全球每年还需在现有基础上再向森林保护投资400亿美元，以期实现到2030年将森林砍伐率降低一半的目标。

我们做了这样一个统计:《建议》有29次直接提到“环境”问题，10次直接提到“水”的问题。这是过去历次五年规划或计划从未有过的。

在中国经济社会的漫长发展过程中，积六十年之经验与教训，在自然与发展关系上，围绕发展理念，从战略高度提出上面这些建议，做出上面这些决定，是十分重要的，其影响决不限于今后五年。它对中国社会经济长期发展，对中国之未来面貌，都将产生巨大影响。

科学发展观的提出和贯彻实施是中国在发展理念上的一次重大革命与升华。它对解决中国的环境、生态问题有非常重要的意义。

第三节　大力提升环境保护工作的战略地位

从政府层面上说，中国重视环境保护工作是从20世纪70年代初开始的。在1970年后的每次全国计划会议上，周恩来总理都以外国公害为戒，指出环境保护的重要性，指示要把防治污染、保护环境列入到国民经济计划中去。[①]有人做过一个统计，仅在1971年2月，他（指周总理）就七次提到环境保护问题。[②]但在那个动乱岁月里，像周恩来那样的国家领导人，虽然具有远见卓识，也只能为我国今后的环保事业开创一个启蒙的课程。

1973年8月，我国召开第一次全国环境保护会议，我国的环境保护工作迈出了艰难的第一步。从那时算起，我国的环境保护工作已经走过整整38年历程。

---

① 步娜:《发展规划与环境保护》，山东大学出版社，2009年5月第1版，第81页。

② 何书彬:《1972：环保换醒中国》，http：//www.huaxia- ng.com./web/actionviewnews–itemid–1085。

1. 环保工作启蒙第一课

如果翻开我国环境污染和环境保护的历史，会发现一个令人注目的现象：我国环境保护工作的启程和发展同国际交往的发展有着紧密的联系。

20世纪60年代末和70年代初，环境保护在我国还是一个陌生的概念。当时发生的一件事，开始改变这种状况。1970年12月初，日本社会党前委员长浅沼稻次郎的夫人浅沼亭子访问北京。随团访问的有一位专门报道日本公害问题（当时环境污染也称公害）的记者。周恩来总理专门接见了他，同他进行了长时间谈话，了解日本公害问题的发展及对策。其时，在一些发达国家，环境污染已经给人民健康带来了严重影响。当时我国经济虽然还不发达，但周总理已意识到环境问题是迟早要出现的。在同日本记者进行谈话的第二天，周恩来就要求在国务院举行一次报告会，请这位记者讲讲日本的环境保护问题，听课对象不仅有科技人员，而且要包括国家机关的负责人。可以说，我国环境保护的启蒙第一课就是这样开始的。

2. 把环保工作列入国家议事日程

1970年代初，有两件事对我国今后的环境保护工作起了奠基性的作用。一件事是1972年6月，我国政府代表团参加了联合国人类环境会议，会议通过了《人类环境宣言》。另一件事是1973年8月，国务院召开第一次全国环境保护会议，审议通过了“全面规划、合理布局、综合利用、化害为利、依靠群众、大家动手、保护环境、造福人民”的环境保护工作32字方针和中国第一个环境保护文件，《关于保护和改善环境的若干规定（试行草案）》，使这次会议在我国环保事业发展进程中起了第一个里程碑的作用。就是在上述《规定》中，我国政府提出了防治污染措施必须与主体工程同时设计、同时施工、同时投产的“三同时”原则。此外，这次会议摆出了中国环境存在的问题，初步分析了产生的原因，明确了工作方向，拟定了十条工作任务和要求，它们日后都发展成国家环境保护的行政法规性文件。环境保护工作开始正式列入国家议事日程。当时全国还处在文化大革命动乱之中。在这种情况下，环境和环境保护工作能够正式列入国家议事日程，说明我国政府领导人比较早地认识到了环境问题的重要性。可惜的是，在当时，不可能把对环境和环境保护工作重要性的认识，真正地变成政府、公众和企业的共同行动，更不可能把它变成发展经济的指导方针，但我国的环境保护工作毕竟在艰难中开始起步了。

3. 把环保工作列入宪法，制定中国的环境保护法

“文革”结束后，1978年，全国人大五届一次会议通过的《中华人民共和国宪法》规定：“国家保护环境和自然资源，防治污染和其他公害。”这是中国历史上第一次在宪法中对环境保护作出明确的规定。它为我国的环境法制建设，为环境保护事业的发展奠定了法律基础。同年12月，国务院环境保护领导小组关于《环境保护工作汇报要点》获得批准，其中明确指出：消除污染、保护环境是进行经济建设、实现四个现代化的重要组成部分。

1979年9月，全国人大通过了《中华人民共和国环境保护法（试行）》。这是文化大革命结束后，人大首次通过的第一批法律之一。它成为中国环境保护的基本法律，是中国历史上的第一部环境保护法，从而结束了中国环境保护无专门法可依的历史。

4. 环境保护成为一项基本国策

1983年，在改革开放的大氛围中召开了第二次全国环境保护会议。这次会议有两个引人注目的特点。一是在这次会议上，首次提出“走有中国特色的环保之路”。二是环境保护正式被确定为一项基本国策，制定了“经济建设、城乡建设和环境建设要同步规划、同步实施、同步发展，做到经济效益、社会效益、环境效益相统一”

的指导方针。

国策地位的确定把环境保护从一个边缘性事务提升到现代化建设的一个中心地位。这有利于改变人们的价值观和发展理念，对推进我国的环境保护工作有十分重要的意义。

5. 环境保护基本政策制度建设

80年代以来，中国加强了环境保护的基本政策制度建设，形成了“三大环境政策”和“八项环境保护管理制度”。

“三大环境政策”包括：预防为主、防治结合、综合治理；谁污染谁治理；强化环境管理。

“八项环境保护管理制度”包括环境影响评价制度、环境目标责任制度、排污申报登记和排污许可证制度等。

“三大环境政策”和“八项环境保护管理制度”奠定了此后环保工作的“主体基调”[①]，以后被陆续纳入到了中国的环境法中去。

“三大环境政策”和“八项环境保护管理制度”的形成把中国政府实行的“全面规划、合理布局、综合利用、化害为利、依靠群众、大家动手、保护环境、造福人民”的环保方针具体化了。

6. 把环境保护放到与发展经济并重的位置

1996年第四次全国环境保护会议提出了一个重要观点：“保护环境的实质就是保护生产力。”会议把实施主要污染物排放总量控制作为确保环境安全的重要措施，部署开展重点流域、区域污染治理。

2002年第五次全国环境保护会议进一步要求把环境保护工作摆到同发展生产力同样重要的位置，提出要按照经济规律发展环保事业，环保工作要走市场化和产业化的路子。

---

① 前国家环保局局长曲格平：《走有中国特色的环保之路》，《中国社会科学报》，2009年8月4日。

7. 建设资源节约型、环境友好型社会

2005年12月，我国颁发了《国务院关于落实科学发展观加强环境保护的决定》。这是指导新形势下经济、社会与环境协调发展的一份纲领性文件，标志着我国的环境保护工作进入了一个新的阶段。根据当时资源消耗过大，环境影响递增的现象，中国政府提出了“建设资源节约型、环境友好型社会”的要求，为先前已经提出的到2020年全面建成小康社会的发展目标注入了新的内容和要求。

8. “四个必须”和“三个转变”

2006年4月23日召开的第六次全国环境保护会议，提出“四个必须”和“三个转变”。“贯彻落实科学发展观，促进人与社会和谐发展，必须加强环境保护；实现全面建设小康社会的目标，必须加强环境保护；提高人民群众的生活质量和健康水平，必须加强环境保护；为中华民族的生存和长远发展着想，必须加强环境保护。”为了“做好新形势下的环保工作，关键是加快实现三个转变。”应当说，这“四个必须”和“三个转变”充分体现了我国政府总体的政策导向和在解决环境问题时的坚定信念。它把环境保护工作提高到了一个新的高度。

第四节　具体政策措施

为了解决生态环境问题，中国在环境保护方面采取了一系列具体政策措施。结合现阶段情况，我们认为特别需要强调以下十个方面问题。

1. 建立和完善有关法律和法规

我国第一个有关环境保护的文件——《关于保护和改善环境的若干规定》是在1973年8月国务院召开的第一次全国环境保护工作

会议上制定和通过的。1979年正式制定了《中华人民共和国环境保护法（试行）》。20世纪80年代，我国的环境立法发展迅速，特别是90年代，全国人大环境与资源保护委员会的成立，加快了资源环境立法的进度。比如在资源和生态保护方面，相继出台了《土地管理法》、《矿产资源管理法》、《水法》、《煤炭法》、《水土保持法》等；在防灾减灾方面，制定了《防震减灾法》、《防洪法》和《气象法》等；在污染防治方面，先后制定了《大气污染防治法》、《水污染防治法》、《环境噪声污染防治法》、《固体废物污染环境防治法》等。2002年我国第一部循环经济立法——《清洁生产促进法》出台，标志着我国环境污染治理模式由末端治理开始向全过程控制转变。2009年1月1日起施行的《循环经济促进法》规定了一系列促进循环经济的制度。到目前为止，全国人大常委会制定了环境保护法律9部、自然资源保护法律15部。国务院制定或修订了《建设项目环境保护管理条例》、《水污染防治法实施细则》、《危险化学品安全管理条例》、《排污费征收使用管理条例》、《农业转基因生物安全管理条例》等50余项行政法规。另外，我们还制定了部门规章和规范性文件近200件，军队环保法规和规章10余件，国家环境标准800多项，各地方人大和政府制定的地方性环境法规和地方政府规章共1600余项，初步形成了适应市场经济体系的环境法律和标准体系。这些法律法规，对我国环境保护法规体系的逐步完善，限制破坏资源环境的活动，加快治理污染的进程，起了重要的促进作用。[①]1997年新修订的刑法中专设“破坏环境资源保护罪”，规定了14种具体的破坏自然资源和污染环境的犯罪行为。

近些年，我国加强了环境保护标准的制定工作。仅2010年，全年发布了87项国家环境保护标准，包括淀粉、酵母、油墨、陶瓷、硫酸、硝酸及有色金属工业等11个重点行业的污染物排放标准。完

① 国家统计局编:《新中国60年》，中国统计出版社，2009年9月第1版，第133页。

成了稀土、钒、兵器、玻璃、磷肥、汽车维修、橡胶、酒精等行业排放标准报批稿的编制。公布了包括《环境空气质量标准》、《环境振动标准》和《石油炼制工业污染物排放标准》等在内的124项标准征求意见稿。启动了《污水综合排放标准》、《城镇污水处理厂排放标准》、《火电厂大气污染物排放标准》、《锅炉大气污染物排放标准》、《畜禽养殖业污染物排放标准》等重要标准的修订。开展了《国家环境保护标准"十二五"规划》编制工作，向全社会公开征求意见。发布了《地方环境质量标准和污染物排放标准备案管理办法》、《国家环境保护标准制修订项目计划管理办法》以及《环境监测分析方法标准制修订技术导则》、《环境保护标准编制出版技术指南》。对19项地方排放标准予以备案。依法作出了11件标准行政解释。2010年，中国颁布了《环境行政执法后督察办法》，进一步规范了后督察工作。各地对2009年开展环保专项行动以来发现的2441件环境违法问题开展后督察，以防止污染反弹。对2009年国控重点污染源及污水处理厂主要污染物排放超标企业整改情况进行了后督察，查处了57家二氧化硫超标排放企业、74家化学需氧量超标排放企业、19家化学需氧量超标排放污水处理厂和136家其他污染物超标排放企业。[①]

2. 加强领导机构和队伍建设

从20世纪70年代开始，我国不断完善和加强中央和地方有关环境保护的机构。1971年我国建立了第一个专门的环保机构，在国家计委成立了环境保护办公室。1973年成立"国务院环境保护领导小组办公室"。1983年国务院环境保护领导小组办公室被撤销，重新组建了一个全新的机构，国务院环境保护委员会，由30多个部委领导组成。1988年国务院再次进行机构改革时，环保机构再次升级：

---

① http://jcs.mep.gov.cn/hjzl/zkgb/2010zkgb/201106/t20110602_211559.htm.

环保局从城乡建设环境保护部独立出来，成为国务院的直属局。1998年我国政府又将原国家环境保护局升格为国家环境保护总局（正部级），作为国务院主管环境保护工作的直属机构，负责对中国环境保护工作实施统一监管，而各级政府则对当地环境质量负责。我们还建立了全国环境保护部际联席会议制度，并建立了区域环境督察派出机构，以加强部门与地区间的协调与合作。目前全国有各级环境保护行政主管部门3000多个，从事环境行政管理、监测、科学研究、宣传教育等工作的总人数达20万人左右。我们在全国建立了各级环境监测机构4000个左右，总人数达50000多人。这是我国推进环境保护工作的重要支柱。

3. 建立和完善有关的市场机制

最近几年，我国在环保制度市场化建设方面取得了重要进展。我们建立了“绿色信贷”制度，开始利用金融杠杆，加强对环境保护工作的支持力度。目前，绿色信贷政策在继续深化。

其次，我国环境污染责任保险试点工作在继续推进，以便进一步利用市场手段加强对环境污染的治理。2008年2月，国家环保总局和中国保监会联合发布了《关于环境污染责任保险的指导意见》，正式确立在中国建立环境污染责任保险制度的路线图，决定在“十一五”期间初步建立环境污染责任保险制度，在重点行业和区域开展环境污染责任保险的试点示范工作，初步建立重点行业基于环境风险程度投保企业或设施目录以及污染损害赔偿标准。到2015年，基本完善环境污染责任保险制度，并在全国范围内推广，基本健全风险评估、损失评估、责任认定、事故处理、资金赔付等各项机制。这项制度被人们称为“绿色保险制度”。它是继“绿色信贷”制度后，我国推出的第二项环境经济政策。它的建立标志着我国的环境保护工作从行政办法管理向市场管理机制的一种转变。在这之前，污染事故发生后，由于善后处理没有机制保障，企业应承担赔偿和恢复环境的责任往往没有落实，污染受害人不能及时获得补偿，引发了很多社会矛盾。而一旦发生的如果是重大的环境污染事故，在巨大的赔偿和污染治理费用面前，事故企业往往被迫破产，造成的环境破坏只能由政府出资治理。如果企业参加了环境污染责任保险，一旦事故发生，由保险公司及时向受害者提供赔偿，企业避免了破产，政府又减轻了财政负担，这符合三方的利益。

2010年初，环境保护部联合中国保监会印发了《环境风险评估技术指南——氯碱企业环境风险等级划分方法》，为量化氯碱企业环境风险水平、确定保险费率提供了技术依据。上海市、江苏省、河南省、河北省、沈阳市等通过相关地方立法，已对环境污染责任保险做了相关规定。

再次，在前几年制定的“双高”（高污染、高环境风险）产品名录基础上，2010年，国家继续组织制定了新的一批《环境经济政策配套综合名录》。该名录含有349种“双高”产品、29种环境友好工艺、15种污染减排重点环保设备。“双高”产品名录在国家制定和调整出口退税、贸易、信贷和保险等经济政策，以及完善产业政策、安全监管政策等方面发挥了重要的作用。

第四，为鼓励企业实施环境保护项目，中国颁布了《环境保护、节能节水项目企业所得税优惠目录（试行）》，规定了对符合环保部门规定的环保设施运营资质、通过环保部门总量核查等条件的城镇污水处理、生活垃圾处理等环境保护项目实施企业所得税减免政策。

国家在实施脱硫电价补贴政策的同时，也对脱硫设施投运率及脱硫效率不高的火电企业进行了扣减脱硫电价、追缴排污费并进行罚款的处罚措施，并向社会公告。脱硫电价政策加快了火电行业脱硫设施的建设和运行，极大促进了二氧化硫减排。[①]

国家通过建立“中央财政城镇污水处理设施配套管网建设专项

① http://jcs.mep.gov.cn/hjzl/zkgb/2010zkgb/201106/t20110602_211559.htm.

奖励补助资金”，继续采取“以奖代补”形式，支持重点流域和中西部地区纳入国家“十一五”规划范围的城镇污水处理配套管网建设，鼓励提高城镇污水处理能力。

第五，在有条件的地方，试点排污权有偿使用和交易。目前，已有8个省（自治区、直辖市）被国家批准为排污权交易试点省区。

第六，上市公司的环保核查制度在继续深化。2010年7月，发布了《关于进一步严格上市公司环保核查加强环保核查后督查工作的通知》，确立了后督查和现场检查制度，完善了上市公司信息披露要求。

4. 加强资金支持力度

为了在资金和财力上加强对环境保护工作的支持，提高了环境保护工作在中央预算支出中的比重，初步建立起以政府为主导的多元环保投融资体制。

20世纪80年代初期，全国环保治理投资每年为25亿—30亿元，约占同期国内生产总值的0.51%；到20世纪80年代末期，投资总额超过100亿元，占同期国民生产总值的0.60%左右；“九五”期末，投资总额达到1010.3亿元，占同期国民生产总值的1.02%，首次突破1%；“十五”期末，投资总额达到2388.0亿元，占同期国民生产总值的1.3%。2006年，环境保护支出科目被正式纳入国家财政预算。2008年，全国环境污染治理投资总额达4490.3亿元，比2000年增长3.4倍，占国内生产总值的比重为1.49%。①2009年6月5日召开的国家应对气候变化领导小组暨国务院节能减排工作领导小组会议特别强调，要加大中央和地方财政对节能减排重点工程投入力度，引导社会投资。总起来说，全国环境污染治理投资总量逐步增加，占GDP比重是一种上升的趋势。

---

① 国家统计局编：《新中国60年》，中国统计出版社，2009年9月第1版，第136页。

我国加强对环保工作的资金支持力度主要表现在对城市环保工作的资金投入增加得非常迅速。2008年，全国城市环境基础设施建设投资1801.2亿元，是1981年的334倍。城市基础设施建设投资分用途看，燃气163.5亿元，是1981年的91倍；集中供热投资269.7亿元，是20世纪80年代中期的169倍；排水投资496.0亿元，是20世纪80年代初的248倍；园林绿化投资649.9亿元，是20世纪80年代初的722倍；市容环境卫生投资222.1亿元，是20世纪80年代初的317倍。[①]目前我国的环保投资同美国等发达国家比较，还有相当大的差距，但增长速度却远远超过发达国家，也是历史上任何国家未曾有过的。

5. 重视节能减排、污水治理和水利建设工程

近两年提出并实施节能减排综合性工作方案，建立节能减排指标体系、监测体系、考核体系和目标责任制。启动十大重点节能工程。完善产业政策，从环保、节约等方面提高了市场准入门槛，加强了建设项目的环境影响评价，控制了一大批消耗高、污染重的新建项目投入市场。在城市和部分农村，建设了一大批污水处理厂和垃圾处理场。从2002年到2007年的五年时间里，由中央政府支持的重点流域水污染防治项目691个。五年累计退耕还林、植树造林3191万公顷，退牧还草3460万公顷，整理复垦开发补充耕地152.6万公顷。大规模的环境工程建设，有效地改善了一些地区的环境状况。

针对近年来我国频繁发生的严重水旱灾暴露出农田水利等基础设施十分薄弱、江河湖泊污染日益严重、许多地方缺水情况进一步发展、水利建设明显滞后的情况，2011年1月初，中共中央、国务院以2011年中央一号文件形式，发布了2010年12月31日做出的

① 国家统计局编：《新中国60年》，中国统计出版社，2009年9月第1版，第136页。

《关于加快水利改革发展的决定》(下称《决定》)。《决定》一开头就指出：水是生命之源、生产之要、生态之基。兴水利、除水害，事关人类生存、经济发展、社会进步和治国安邦的大事。《决定》认为，人多水少、水资源时空分布不均是我国的基本国情水情。洪涝灾害频繁仍然是中华民族的心腹大患，水资源供需矛盾突出仍然是可持续发展的主要瓶颈，农田水利建设滞后仍然是影响农业稳定发展和国家粮食安全的“最大硬伤”。我们的目标任务是：力争通过5年到10年努力，从根本上扭转水利建设明显滞后局面，把全国年用水总量力争控制在6700亿立方米以内，使城乡供水保证率显著提高，城乡居民饮水安全得到全面保障，万元国内生产总值和万元工业增加值用水量明显降低。《决定》要求抓紧解决工程性缺水问题，基本解决缺水城镇、人口较集中乡村的供水问题。为了建立用水总量控制制度、用水效率控制制度、水功能区限制纳污制度，要求确立水资源开发利用控制红线，建立取用水总量控制指标体系；要求严格执行建设项目水资源论证制度，对擅自开工建设或投产的一律责令停止。严格取水许可审批管理，对取用水总量已达到或超过控制指标的地区，暂停审批建设项目新增取水。引人注目的是，《决定》加强了节水、用水方面的市场制度建设，明确指出：要积极推进水价改革，工业和服务业用水要逐步实行超额累进加价制度，拉开高耗水行业与其他行业的水价差价，合理调整城市居民生活用水价格，稳步推行阶梯式水价制度。

由于长江中下游流域是中国环境压力最重的流域之一，国务院总理温家宝2011年5月18日主持召开国务院常务会议，讨论通过《长江中下游流域水污染防治规划》。《规划》的范围，包括尚未纳入水污染防治规划的长江干流、长江口、汉江中下游、洞庭湖和鄱阳湖等5个控制区。《规划》要求，“十二五”时期，以优化经济结构和产业布局为重点，加大生态环境保护和建设力度，保障饮用水水源地水质安全。

6. 把环境保护工作列入约束性指标

“十一五”期间，经济社会发展的主要指标有22个，它们分成两大类：一类是预期性指标，另一类是约束性指标。预期性指标是政府运用经济政策、经济杠杆引导市场主体期望实现的指标；约束性指标则是政府必须保证完成的。约束性指标相似于过去的指令性指标，但指令性指标是靠政府层层下达行政指令来完成的，突出的是“指令”二字，约束性指标突出的是它的“约束性”，这是政府必保的，但实施的保证手段则更为多样。预期性指标有14个，在22个指标中占60%左右。经济指标都是预期性指标。约束性指标有8个，社会发展、公共服务和直接涉及公众切身利益的指标都是约束性指标，其中包括全国总人口控制在13.6亿，人均单位GDP能源消耗降低20%、单位工业增加值用水量降低30%、主要污染物排放量减少10%、森林覆盖率从18.2%提高到20%。[①]它们大多和环境与能源问题有关系。

从2011年开始执行的“十二五”规划继承了“十一五”规划的做法，但特别强调在以下几个方面加大环境保护力度，进一步保证环保等约束性指标的实现：

① 把解决饮用水不安全等损害群众健康的突出环境问题作为重点，加强综合治理，明显改善环境质量。

② 针对当前实行减排目标时责任不明，许多问题无人负责的情况，“十二五”规划强调要加强落实减排目标责任制，强化污染物减排和治理，增加主要污染物总量控制种类，加快城镇污水、垃圾处理设施建设，加大重点流域水污染防治力度。

③ 在主要污染物排放方面，针对当前情况，强调有效控制城市大气、噪声污染，加强重金属、危险废物、土壤污染治理，强化核

---

① 张卓元：《关于经济发展与改革的四点看法》，中国社会科学院院报，2006年3月28日。

与辐射监管力度。

④ 严格污染物排放标准和环境影响评价，强化执法监督。

⑤ 健全重大环境事件和污染事故责任追究制度。

⑥ 完善环境保护科技和经济政策，建立健全污染者付费制度，建立多元环保投融制机制，大力发展环保产业。

7. 加强环境执法检查和行政执法

从严控制“两高”行业低水平重复建设，继续控制“两高一资”产品出口。淘汰和关闭一批技术落后、污染严重、浪费资源的企业。其中“九五”（1996—2000年）期间，国家依法关闭了8.4万家严重浪费资源、污染环境的小企业。2001—2004年，连续三次发布淘汰落后生产能力、工艺和产品的目录，依法淘汰3万多家浪费资源、污染严重的企业，并对资源消耗大、环境污染重的钢铁、水泥、电解铝、铁合金、电石、炼焦、皂素、铬盐等八个重污染行业进行集中整顿，停建、缓建项目1900多个。2005年，关停污染严重、不符合产业政策的钢铁、水泥、铁合金、炼焦、造纸、纺织印染等企业2600多家，并对水泥、电力、钢铁、造纸、化工等重污染行业积极开展综合治理和技术改造，使这些行业在产量逐年增加的情况下，主要污染物排放强度呈持续下降趋势。连续三年开展整治违法排污企业、保护公民健康环保专项行动，依法查处了8万多起环境违法案件，取缔关闭违法排污企业2万多家，对1万多个环境污染问题实行挂牌督办。从2002年到2007年，关停小火电2157万千瓦、小煤矿1.12万处，淘汰落后炼铁产能4659万吨、炼钢产能3747万吨、水泥产能8700万吨。2009年，“上大压小”关停小火电机组1500万千瓦，淘汰落后炼铁产能1000万吨，炼钢产能600万吨、水泥产能5000万吨。2010年，全国累计关停小火电机组7210万千瓦，提前一年半完成关停5000万千瓦的任务；钢铁、水泥、焦化及造纸、酒精、味精等高耗能高排放行业淘汰落后产能均超额完成任务。同期，全国电力行业30万千瓦以上火电机组占火电装机容量比重从2005年的47%提高到70%以上，火电供电煤耗下降9.5%。在“十一五”规划中，决定淘汰落后炼钢能力5500万吨、落后火电机组5000万千瓦、落后水泥生产能力2.5亿吨以及落后造纸能力650万吨等。执行结果，实际关停小火电机组7210万千瓦，远远超过规划规定的指标，另外淘汰了一批落后的煤炭、钢铁、水泥、焦炭产能。

值得注意的是，2010年，国务院九部门围绕损害群众健康和影响可持续发展的突出环境问题，在全国持续开展整治违法排污企业保障群众健康环保专项行动。行动期间，共出动执法人员266万余人次，检查企业106万多家次，查处环境违法问题10278件，对1980件典型环境违法案件进行挂牌督办。2010年11月，国务院九部门组成11个联合督查组，对11个省（自治区）环保专项行动开展情况进行督查，向地方政府反馈68个环境污染问题，提出46条督查建议。

为贯彻落实《国务院办公厅关于转发环境保护部等部门加强重金属污染防治工作的指导意见》，各地在2009年排查重金属排放企业基础上，组织编制了重金属污染防治规划。2010年，共排查重金属排放企业11515家，较上年增加约20%。共查处违反建设项目环保法律法规企业1731家，违反危险废物管理规定企业373家，淘汰生产工艺、设备落后企业337家。对14个重点省（自治区）的41个地市的503家重金属排放企业进行了现场督查，对两个区域性环境违法问题和8家企业环境违法案件及突出问题实施挂牌督办。

为了巩固“十一五”污染物减排取得的成效，2010年初，全国对14个省（自治区）的461家制浆造纸企业进行督查，对5个地区和9家造纸企业环境违法问题实施挂牌督办。各地共检查产能过剩和重复建设较为突出的钢铁、水泥等企业4838家，对359家超标、超总量的环境违法企业实施限期治理。

为了防止污染反弹，全国加强了对环境违法问题进行后督察。

2010年，各地对2009年开展环保专项行动以来发现的2441件环境违法问题开展后督察，其中包括对2009年国控重点污染源及污水处理厂主要污染物排放超标企业整改情况进行的后督察，共查处57家二氧化硫超标排放企业、74家化学需氧量超标排放企业、19家化学需氧量超标排放污水处理厂和136家其他污染物超标排放企业。2010年，中国颁布了《环境行政执法后督察办法》，进一步规范了后督察工作，使环境违法后督察工作进一步走上了更加规范的道路。①

从总体看，中国环境执法检查和行政执法呈现出进一步加强趋势。

8. 针对电磁辐射增长快等新问题采取的措施

2011年5月，上海编制的国内首个省级范围的手机基站站址规划已通过市委、市政府的审议，将于近期正式发布。规划对上海市手机基站数量的增速进行了严格限制，提出在“十二五”期间，上海市手机基站站址的年复合增长率将被控制在15%以内；“十二五”期末，全市基站站址预计约为1.07万个，比目前增加57%。届时，站址密度为每万人3.4个，低于现阶段纽约的5.3个和伦敦的9.0个。

规划提出，新建基站必须采用“共建、共享”的原则，几家运营商须共用一个站址，以最大程度减少对环境的影响。根据规划，“十二五”期末，上海市共建、共享的基站将至少达到60%以上，目前这一比例为41%。主持编写规划的有关人士说，“环保”将是上海市所有基站设置的大前提，单个基站的高度、功率等将被严格监控；基站数量的增加并不意味辐射量上升，相反，因为全市基站布局将更合理，手机只需用最小的发射功率就可通话，因此，上海居住环境的电磁辐射水平可望下降。

① http://jcs.mep.gov.cn/hjzl/zkgb/2010zkgb/201106/t20110602_211559.htm.

9. 大力发展循环经济

发展循环经济既是一种理念和战略，又是我们为解决环境问题而采取的重要措施。它既涉及调整经济增长方式等问题，又和生产、生活废弃物处理等有紧密联系。

发展循环经济要求人们，在工业集中地区积极发展生态工业，使上游企业的废弃物成为下游企业的原料，延长生产链条，做到废物产生量最小化，力争实现“零排放”，并建设生态工业区，实现区域或企业群的资源最有效利用。目前，中国已建立了17个不同类型的生态工业园。近些年来，我们强调统筹规划工业与农业、生产与消费、城市与农村的发展，大力发展资源循环利用产业，实行可持续生产和消费。国家在重点行业、重点领域、产业园区和有关省市选择82家单位开展第一批循环经济试点工作。在北京、上海等24个城市开展再生资源回收体系建设试点，加快再生资源回收体系建设。海南、吉林、黑龙江等9省积极开展生态省建设，全国150个县市开展了生态县（市）创建工作。在资金方面，建立循环经济发展专项资金，支持循环经济技术开发、示范推广、能力建设。

对于在我国发展循环经济有重要意义的是2008年8月，全国人大常委会表决通过了《循环经济促进法》，把鼓励减量化、再利用、资源化的政策措施以法律的形式固定下来。根据《循环经济促进法》的规定，国家在保障产品安全和卫生的条件下，限制浪费资源、破坏环境的一次性消费品的生产和销售；对允许生产和销售的一次性消费品，其生产和销售，由国务院有关部门制定限制性的税收和出口等措施；对符合城市规划和工程建设标准，在合理使用寿命内的城市建筑物，政府不能“想拆就拆”。该法还规定，从事工艺、设备、产品及包装物设计的企业，应当按照减少资源消耗和废弃物产生的要求，优先选择采用易回收、易拆解、易降解、无毒无害或者低毒低害的材料和设计方案，明确限制对产品进行过度包装。《循环经济促进法》公布、生效后，企业对在生产中产生的废弃物，不能再“一弃了之”，而必须根据国家规定，对粉煤灰、煤矸石、尾矿、废石、废料、废气等工业废弃物进行综合利用。该法第三十四条还规定，国家鼓励和支持农业生产者和相关企业采用先进或适用技术，对农作物及秸秆、畜禽粪便、农产品加工业副产品、废农用薄膜等进行综合利用，开发利用沼气等生物质能源。

值得注意的是，近些年来，国家对循环经济的研究已经跳出单领域研究的约束，开始从多种角度加强了对循环经济的研究。我国开始既从经济增长方式，又从文化理念等角度进行研究，从而为循环经济研究开创了新领域。为了实现全面建设小康社会的宏伟目标，我们必须加快转变中国的经济增长方式，将循环经济的发展理念贯穿到区域经济发展、城乡建设和产品生产中，使资源得到最有效的利用，使经济社会与环境资源协调发展。与此同时，我们要加深研究中国传统文化和现代文化的融合与互动，构建有现代意义、现实品格的中国新文化，从文化的深度，进一步认识科学发展观和发展循环经济的重大意义。人类只有合理地利用自然资源，才能维护和发展人类所创造的文明。人类应当既注意代内需求，也关注代际公平，与自然界共生共荣、协调发展，求得“人与自然共同发展”的和谐目标。将“和谐”用于人际关系，“宽则得众”。将“和谐”用于政治，则能“政通人和”。将“和谐”用于经济，则能促进生产发展和经济繁荣。将“和谐”用于外交，则“协和万邦”。将“和谐”用于人与自然的关系，则“各得其和以生，各得其养以成”。发展循环经济决不仅仅是一个经济问题，它将为人与自然的和谐发展做出重要贡献。

10. 防范突发环境事件

2005年我国制定了《国家突发环境事件应急预案》，对突发环境事件信息接收、报告、处理、统计分析，以及预警信息监控、信息发布等提出明确要求。国家制定和完善了涉及重点流域敏感水域水环境应急预案、大气环境应急预案、危险化学品（废弃化学品）应急预案、核与辐射应急预案等九个相关环境应急预案，以及《黄河流域敏感河段水环境应急预案》、《处置化学恐怖袭击事件应急预案》、《处置核与辐射恐怖袭击事件应急预案》、《农业环境污染突发事件应急预案》、《农业重大有害生物及外来生物入侵突发事件应急预案》等突发环境事件应急预案。近年来，中国对127个分布在全国江河湖海沿岸、人口稠密区、自然保护区等环境敏感区附近的重点化工石化类项目进行了环境风险排查；对近5万家重点企业进行了全面、拉网式检查。

为了防范突发环境事件的发生，国家实施对工业危险废物全过程管理制度。从2003年开始，国家实施《全国危险废物和医疗废物处置设施建设规划》，对工业危险废物转移联单、经营许可证等各项制度加强了监督管理。全国在31个省、自治区、直辖市建立了固体废物管理中心。我国严格遵守国际原子能机构发布的《放射源安全与保安行为准则》，对核与辐射环境实行严格的安全管理。迄今为止，我国正在运行的核电厂和核电机组，以及在建的核电厂和核研究堆，没有出现重大核安全问题，实现了“保护工作人员、公众和环境不遭受超过国家规定限值的辐射照射和污染”的目标。

需要提到的是，中共中央关于“十二五”规划的建议特别提出“防灾减灾体系建设”问题。要求在2011年到2015年间，加快建立地质灾害易发区调查评价体系、监测预警体系、防治体系、应急体系。加大重点区域地质灾害治理力度，加强救援队伍建设，提高物资保障水平。推行自然灾害风险评估，科学安排危险区域生产和生活设施的合理避让。

第五节 依靠创新，开创环境保护新局面

中国的环境问题来势急、问题多，依靠发达国家工业化时期常规的环境保护的路子和办法，很难加以解决。这就把“创新”问题，理念的创新、制度的创新、科技的创新，提到突出的位置上来。

1. 低碳经济

低碳经济的提出与建设，既涉及理念、制度的创新，又涉及科技创新等问题。从某种意义上，可以说，继工业革命、信息革命之后，“低碳经济”作为“绿色经济”的一个重要组成部分，正在改变世界经济的面貌。低能耗和零排放将成为未来生活的主流模式。迄今为止，世界经济和全球基础设施，以及各国的制造技术和设备，都是建立在石化燃料基础之上的。今后二三十年，这种状况将有重大变化。低碳经济的建立和运作将使世界经济和世界产业结构及与之相关的产品的交易制度与规则发生重要变化，出现一批主要“不依赖石化燃料的城市和国家”。即使使用石化燃料的企业，也将按照新的节能和减排要求，改造自己的设备和管理体系。这些将从源头上改善中国的环境形势。

与低碳经济有关的是碳生产率理念的提出。“绿色GDP时代，请精算‘碳生产率’”正在成为人们解决环境问题的响亮口号。所谓“碳生产率”是指单位二氧化碳的GDP产出水平，又可称为“碳均GDP”。自从工业革命以来，表示“劳动生产率”的百分比一直令世界为之关注。至今它仍是用来衡量一个国家、一个地区经济进步的重要指标。现在，在经过工业化带来的严重环境问题后，人们对经济与社会进步有了新的理解，对未来的人类生活有了新的要求。专家认为，如果说，人均GDP讲的是经济的发展水平，那么碳

生产率和碳均GDP讲的就是生活质量。[①]

2. 建立严密的环境监测体系

为了解决环境污染首先要对污染进行严密的监测和管理，这就需要采用现代化的监测手段，建立科学的管理制度，把科技创新和制度创新紧密地接合起来。

近些年来，出现了一些在这方面做得比较好的省市。比如说，浙江省，2007年度化学需氧量和二氧化硫两项主要污染物的减排幅度分列全国第三和第四位。同期，全省地表水Ⅲ类以上水质监测断面比例占67.2%，比2004年提高了15.1个百分点。钱塘江流域水环境质量改善更为明显，Ⅲ类以上水质监测断面比例达到73.3%，比2004年提高22.2个百分点。2008年上半年，全省地表水Ⅲ类以上水质监测断面比例同比又提高2.4个百分比。浙江省的做法就是把科技创新和制度创新较好地接合起来，近三年出台了一系列规定，将减排任务分解到行业，确定了重点排污单位和重点治污项目；把11个环境问题突出的区域定为省级环管重点监管区；并投入巨资率全国之先建成了环境质量和重点污染源自动监控网络，对全省1452家重点污染企业实施在线实时监控。同时，在钱塘江、曹娥江、飞云江等浙江八大水系和平原河网及省界、市界、县界建立了68个水质自动监测站。监控指标基本与国际接轨。一旦出现偷排漏排和指数超标现象，监控中心会即时报警。环保部门则会根据预案提出治理建议。

3. 科技创新带来的丰硕成果

近些年来，我国在利用科技创新解决环境问题方面取得了可喜成就。我国是一个农业生产大国。多年来，我国的水稻产量取得了

① 任荃、赵方宇:《绿色GDP时代，请精算“碳生产率”》,《文汇报》，2009年8月27日。

明显突破，但也出现了一些问题。比如病虫害日益严重、化肥使用过量，以及缺水稻田难以增产等。如何将旱稻的优点和水稻的优点结合起来，使稻田生产“基本不打农药、少施化肥、节水抗旱”，将粮食生产引向资源节约型和环境友好型的发展轨道，过去一直是一个未能解决的难题。2008年，我国首创的“绿色超级稻”在上海奉贤试种获得丰收，亩产600公斤，高于沪郊水稻平均亩产量。这种节水抗旱的杂交稻不需要淹水生长，可节水一半以上，也避免了甲烷排放，减少了面源污染和水土流失。由于它集节水、高产、减少农药化肥污染的优点于一身，对保障粮食安全、缓解水资源危机具有重大意义。这种杂交稻比同期播种的杂交粳稻早熟40多天，9月下旬新米就能上市，因此更具有良好的市场前景。

2009年，我国在环保领域另一则重要的科技创新成果是，我国的农业科学家用秸秆发电多余的废液种出了9斤重的萝卜，在以梯度利用方式让农林废弃物物尽其用方面跨出了重要一步，成为新闻报道的一个亮点。如何以梯度利用方式让秸秆、稻壳、枝条、废木料等生物质能物尽其用，是世界各国都在研究的课题。目前，我国利用秸秆发电主要采用的是直接燃烧的方式，初期投资大，热效率低。另一种比较先进的办法是“热解气化式”秸秆发电，但即使用这种方式发电的生物质电厂，通常也只利用了气化生成的可燃气体，而把其余的副产品——生物质碳和醋液当做废弃物处理掉了，给环境造成污染。新的方法是将秸秆、稻壳、枝条、废木料等收集起来，切成2—3厘米长短。经高温热解后，这些农林废弃物“兵分三路”走上资源化利用之路。其中一路生成甲烷、一氧化碳、氢气等可燃气体，带动锅炉发电；一路变成稻壳炭、木炭、秸秆炭，充当钢厂车间的保温材料；另一路则汇聚成生物质醋液，奔赴田间地头滋养作物、消毒杀菌。经分析，生物质醋液含有200多种有机化合物，无毒、不含重金属，有的能滋养作物，有的能有效杀灭金黄色葡萄球菌、大肠杆菌等细菌。这一创新成果在梯度利用秸秆、稻壳、废木料等生物质，减少环境污染方面，开创了一个新的途径。

4. 污染的源头治理

随着科技的进步与发展，治理污染的重点将越来越多地放在源头治理上。拿能源与污染的关系来说，所谓源头的治理，既在“节能”，更在创造新的清洁能源，减少空气等污染。由于汽车尾气对城市空气污染的影响越来越大，目前，一个逐步用电动汽车代替燃油汽车的规划正在华夏大地上展开。在北京、上海等街头已经可以看到正在行驶的电动公交车和正在兴建的为电动汽车“加油”的充电站。有消息说，到“十二五”末，电动汽车将占北京汽车拥有量一半左右。它将为进一步改进北京地区空气质量作出重要贡献。

第六节　环保工作取得的成绩

改革开放以来，中国的环保工作取得很大进展。

这种进展首先并不表现在我们常说的，“三废”治理取得成效、主要污染物排放总量得到控制等方面。这些具体的业绩无疑都是存在并是极为重要的。但我国的实际情况是：多少年前，无论在政府、企业还是公众层面，人们还几乎没有什么环保的意识和理念、也不存在什么环保的政策与措施。同这种状况相比，今天我国的环保工作无疑有了非常重大的、突破性的进展。近几十年来，我国的环保工作经历了一个从无到有、从小到大、从少到多的过程，一个由无机构专管到设立专职环境机构并逐步加强管理、从基本无法可依到逐步建立并完善环境管理法律体系、从单部门少数人行动到多部门协作行动和群众团体扩大参与的过程。[1]这样的变化当然更具有根本

① 中国环境与发展回顾和展望高层课题组编著:《中国环境与发展回顾和展望》，中国环境科学出版社，2007年3月第一版，引言。

的性质。正是因为有了这样的带有根本性质的变化，环境领域的具体变化今后还会进一步涌现。即使目前我们在“三废”的治理和主要污染物排放等方面取得的成绩还不够理想，但因为有了这样的带有根本性质的变化，我们在环境保护方面必然会取得更大的进步。政府、企业和公众对于环境保护问题的认识有一个从不认识到认识，从认识淡薄到逐渐深刻，从行动不自觉到逐步自觉的过程。这样的过程今后还会延续下去，但过去三十年里发生的变化无疑是具有转折意义和奠基性质的。

在说明了这一点之后，我们再来看看这些年我国在环境保护方面取得的一些重要成绩。

首先，我们在治理工业污染方面收到了比较明显的效果，主要污染物排放总量得到控制。防治工业污染是中国环境保护工作的重点。近些年来，我们非常不容易地连续保持了全国化学需氧量和二氧化硫排放总量双下降的良好态势。2004年与1995年相比，全国单位国内生产总值（GDP）工业废水、工业化学需氧量、工业二氧化硫、工业烟尘和工业粉尘排放量分别下降了58%、72%、42%、55%和39%。在此基础上，《国民经济和社会发展第十一个五年规划纲要》提出了“十一五”（2006—2010年）期间单位国内生产总值能耗降低20%左右，主要污染物排放总量减少10%的约束性指标。到2010年，全国化学需氧量和二氧化硫排放量应分别比2005年下降10%，即化学需氧量排放量由2005年的1414.2万吨减少到1272.8万吨，二氧化硫排放量由2005年的2549.4万吨减少到2294.4万吨。实际情况是，我们双双超额完成了主要污染物减排任务：2010年，化学需氧量和二氧化硫排放量分别比2005年下降12.45%和14.29%。

由于中国的工业污染很大程度上是与煤的燃烧直接有关的，单位GDP能耗下降是治理工业“三废”取得成效的重要原因。2004年与1990年相比，全国每万元人民币GDP能耗下降45%，累计节约和少用能源7亿吨标准煤；火电供电煤耗、吨钢可比能耗、水泥综合能耗分别降低11.2％、29.6％和21.9％。2008年同2006年比较，全国单位GDP能耗累计降低10.08%，三年累计节能近2.9亿吨标准煤。由于淘汰和关闭一批技术落后、污染严重、浪费资源的企业，并对水泥、电力、钢铁、造纸、化工等重污染行业积极开展综合治理和技术改造，使这些行业在产量逐年增加的情况下，主要污染物排放强度呈持续下降趋势。[①]中国工业污染防治战略目前正在发生重大变化，逐步从末端治理向源头和全过程控制转变，从浓度控制向总量和浓度控制相结合转变，从点源治理向流域和区域综合治理转变，从简单的企业治理向调整产业结构、清洁生产和发展循环经济转变。全国工程减排、结构减排和管理减排三大措施继续稳步推进，它们相互结合，正在全面发挥效益。

其次，我国部分城市环境质量有了明显改善。中国在治理城市环境方面强调综合治理的方针。我们首先采取措施减少“三废”的排放。城市“三废”减排同治理工业“三废”有直接关系，也是我们采取措施减少汽车尾气排放的结果。经过近30年的发展，中国机动车环境管理工作取得了较大进展。2009年，新生产轻型汽车的单车污染物排放量比2000年下降了90%以上。通过排放标准的快速升级，机动车排放总量没有随着保有量的快速增长而同比增长。与1980年相比，中国机动车保有量增加了25倍，排放总量仅增加12倍，有效减缓了机动车日益增长给环境带来的巨大压力。

与减排的同时，我们强调加强污水和垃圾等的处理能力。到2008年底，全国城市污水处理厂日处理能力达8106万立方米，是20世纪80年代初的96倍，城市污水处理率达到70.2%，比90年代初提高了55个百分点；同期，城市集中供热面积34.9亿平方米，是80年代初的299倍，90年代初的12.6倍。在治理城市空气污染方面起重要作用的是城市绿化面积的扩大。到2010年底，城市建成区绿化

① http://jcs.mep.gov.cn/hjzl/zkgb/2010zkgb/201106/t20110602_211571.htm.

覆盖面积161.5万公顷，区绿化覆盖率达38.7%；建成区园林绿地面积144.6万公顷，建成区绿地率由2009年的34.2%上升至34.6%，比1990年代中期提高15个百分点。目前全国拥有城市公园绿地面积44.2万公顷；人均公园绿地面积11.17平方米，比过去有明显增加。城市绿化面积的扩大一方面改善了城市空气的质量，同时使城市的总体环境得到美化和改善。2010年，全国471个县级及以上城市开展环境空气质量监测，监测项目为二氧化硫、二氧化氮和可吸入颗粒物。其中3.6%的城市达到一级标准，79.2%的城市达到二级标准，15.5%的城市达到三级标准，1.7%的城市劣于三级标准。全国县级城市的达标比例为85.5%，略高于地级及以上城市的达标比例。地级及以上城市（含地、州、盟所在地）空气质量达到国家一级标准的城市占3.3%，二级标准的占78.4%，三级标准的占16.5%，劣于三级标准的占1.8%。可吸入颗粒物年均浓度达到或优于二级标准的城市占85.0%，劣于三级标准的占1.2%。[①]全国监测的392个城市中，城市区域声环境质量好的占7.9%，较好的占63.8%，轻度污染的占27.0%，中度污染的占1.3%。113个环境保护重点城市空气质量有所提高，空气质量达到一级标准的城市占0.9%，达到二级标准的占72.6%，达到三级标准的占25.6%，劣于三级标准的占0.9%。与上年相比，达标城市比例上升了6.2个百分点。[②]

再次，一些地方的生态环境开始得到改善。建国60年来，我国的森林覆盖率从8.6%提高到18.21%。营造林面积自2002年以来连续多年超过600万公顷，人工造林面积占世界第一。经过几代人的努力，在山区、沙区、矿区普遍植树造林。三北防护林、退耕还林等林业重点工程已经取得阶段性成果。2005年，沙化土地首次实现净减少。目前，全国共建立了各种类型的自然保护区2531处，面积

① 中国环境保护部:《2010年中国环境状况公报：大气环境》，2011年6月3日。

② 国家统计局编:《新中国60年》，中国统计出版社，2009年9月第1版，第135页。

达150万平方公里，约占陆地国土面积的15.2%。[①]已有14个省区市进行生态省建设，47个城市获得环境保护模范城市称号。节约资源和保护环境从认识到实践都发生了重要转变。[②]

再生资源回收一直是我国环境保护的薄弱环节。近年来在这方面也开始取得可喜成绩。目前我国各类再生资源的回收总值达5000亿元人民币，各类回收企业10万多家，从业人员约1800万人。再生资源回收是循环经济发展的首要环节。上海作为推进再生资源回收体系建设的第一批试点城市，已将再生资源回收体系建设列入上海市政府实事工程、上海市环保三年行动计划、上海市城市垃圾减量的重点工作。据不完全统计，近年来上海平均每年回收各类再生资源600万吨左右，2010年全年回收量达到720万吨，比2009年增长24%，主要包括废旧金属537万吨，废纸83.6万吨，废橡塑11.6万吨，废玻璃55万吨，报废车辆3.1万吨，电子废弃物8万吨。已经在全市设立了3453个回收网点，配置了311个交投站；在全市规划建设7个分拣加工中心、9个拆解中心及2个区域性回收利用基地，并规划设置了900多家生产性废旧金属收购点；全力推进新锦华“在线收废”网络建设，开通上海962300回收热线，在全市18个区县建立了分中心，实现了收废方式从街头摇铃到鼠标点击、电话连线的转变。此外，上海创新回收模式，面向回收人员推出IC管理卡，使回收队伍逐步走向有序。上海新锦华公司目前已发放1200多张IC卡，逐步形成一支回收“正规军”。一些调动市民积极性的模式得到推行，通过金桥再生资源回收服务平台，市民可凭“阿拉环保卡”，在全市近700个自助回收箱完成自助交售，并享受积分奖励，基本上改变了传统的付费交售模式。[③]

---

① 《中国的环境保护（1996—2005）白皮书》。

② 温家宝2008年3月5日在第十一届全国人民代表大会第一次会议上的《政府工作报告》。

③ 《文汇报》，2011年4月8日文章。

第七节　环保工作中存在的问题

1. 如何落实科学发展观还要做很多工作

目前，中国的环境形势依然严峻。土地荒漠化还在以每年3600平方公里的速度增加。环境和生态变化仍然是“点上治理，面上破坏”。一些曾经控制得比较好的环境污染指标又出现了反弹。环境执法不力，守法成本高，违法成本低；“靠攫取资源赚钱，靠生态环境致富”、“少数人受益，多数人受害，全社会埋单”的现象在许多地方依然存在。环保投入不足，老债未还，新账又欠。最近对20个江河水域附近的化工石化大项目的排查显示，江河水域存在较大的布局性环境风险，而相应的防范机制却明显缺乏。森林资源仍然存在总量不足、分布不匀、质量不高、过度采伐等问题；有90%的天然草原出现不同程度的退化；有的地方，天然湿地仍然存在大面积的萎缩、消亡和消失。

从上面的叙述我们可以看到，我国环境保护工作的主要问题，是如何真正落实科学发展观，协调好发展与环境的关系，如何真正落实“环境优先”的原则。在此基础上，做好完善环保制度建设等工作。我国是一个人口众多的发展中国家。国家越大，地区差别越明显，提出一个新的发展理念，到真正实现和落实这个理念所需时间也越长。现在摆在我们面前的情况是：方向已经明确，主要问题在落实和实施。“九五”、“十五”和“十一五”都提出要转变经济增长方式，但至今还远没有做到，说明了这一点。

另一方面，科学发展的观点和理念落实在环境问题上，本身是在发展变化的。拿“循环经济”来说，我们树立了“循环经济”的理念，制订了“循环经济促进法”，这是一个很大的进步。循环经济的主要原则是什么呢？很长一段时间，人们认为它就是著名的“3R原则”：减量化原则（Reduce），要求减少资源使用量及废物排放量，用较少的原料和能源投入达到既定的生产和消费目的，在生产中，它常常表现为要求产品体积小型化和重量轻型化，产品包装追求简单朴实；再利用（Reuse）原则，要求尽量回收利用废弃物；再循环（Recycle）原则，要求材料再生与循环利用，产品在完成使用功能后能重新变成可以利用的资源，而不是无用的垃圾。①

"3R原则"历来被人们认为是循环经济的经典原则。但是，现在人们又提出一个"4R原则"，用它来代替"3R原则"，认为"4R原则"是一个更加科学的理念。第4个R是"Recovery"，主要指通过拆卸等方式，把前三个"R"无法利用的废弃物中的零部件，经过修整后，重新用于制造新的产品。提出这一理念的人认为，环保工作者可以分为两种，一种是初级环保主义者，另一种是"高段位"的环保主义者。初级环保主义者会考虑将机器送去制造再生材料。在那里，废纸经过十多道工序可以变成再生纸，金属部件在经过粉碎、焚烧、精炼后可以还原成铁、铜。然而，材料再生需要消耗大量能源，而其中使用的化学品，又可能引起其他污染。"高段位"的环保主义者则认为，"比材料再生更环保的方法，是零部件再利用！"对回收来的且符合质量要求的零部件，在经过清洁、检测等少量改动后，再次装进新机器"发光发热"。这样一来，也许一个结实的方向盘可以用足50年，前后经历10辆车；陪伴整整两代驾驶员——如此彻底的"物尽其用"，将大大降低新品生产对环境的影响。②

2. 环境立法需要进一步完善

中国于1989年正式颁布的《中华人民共和国环境保护法》（下称《环境保护法》）是在计划经济向市场经济转型的背景下制定的，有些内容带有浓厚的行政隶属色彩，已不适应市场经济体制下环境

① 林群慧、金时编著:《新环境问题研究——对2000年以来环境热点问题研究》，中国环境科学出版社，2005年11月第1版，第311—312页。

② 《文汇报》，2011年6月5日文章。

保护工作的需要。随着市场经济体制的建立和完善，这部法律在调整社会关系和人与自然关系时的滞后性已经日益突显。从1979年到现在，全国人大制定的法律加到一起大概有270多部，其中近30部是关于环境、资源、能源、清洁生产、循环经济在内的法律，占了近1/10。这些单行法与相关法，很大程度上已经覆盖、完善了原有的《环境保护法》中的条款。有统计显示，《环境保护法》的所有条文已有70%—80%被新的环保单行法、相关法完善了。在《环境保护法》中，我们基本上找不到有关循环经济、土壤污染、化学物质污染、生态保护、遗传资源、生物安全、臭氧层保护、核安全与辐射、环境损害赔偿和环境监测等方面的制度规定，在环境技术规范和标准体系上，也还存在着一定的规范空白。由于片面追求高经济效益，对环境标准也制定过低，缺乏力度，原则性的要求多，明确而有力的规定少，缺乏可操作性。因此《环境保护法》的修改势在必行。①

具体地说，特别在以下几个方面，我国的环境立法亟待完善：

第一，环境污染责任立法。我国环境污染事故目前呈高发态势，由此引发的群体性事件的年增长率近30%。我们虽然较早制定了“谁污染、谁治理”的原则，但它并没有落实。问题就在“污染者”和“治理者”之间没有机制的联系。2010年11月，中国环境新闻工作者协会在北京主办了中国绿色经济政策高层研讨会，有关负责人表示，我国将在“十二五”规划期间全力推进环境污染责任保险的立法进程。对此，我们已经在湖南、江苏、重庆等9省市开展了环境污染责任保险试点工作，探索用市场手段解决污染事故的长效机制。环保部有关负责人表示，将在《环境保护法》、《大气污染防治法》等相关法律中加入“环境污染责任保险”的内容，并加大违法

① 蒋明君:《中国环境立法与生态安全转向》，中国国际问题研究基金会:《生态安全研究》,2011年7月25日。

污染的处罚力度，通过立法在全国强制推广这一险种。[①]

第二，有关化学品的立法。据有关方面统计，目前世界上已知的化学品有700万种之多，而进入环境的化学物质已达10万种。我国已生产和上市销售的现有化学物质大约有4.5万种，其中约有3700种属于危险化学品，有300多种属于剧毒化学品。作为一个化工品进出口大国，我国大约有100多种化学产品的产量居世界第一。但与之极不相称的是，我国对化学品的监管只有一部国务院关于《危险化学品安全管理条例》。这部仅有的颁发于2002年的条例，主要限制的是危险化学品的生产、储存和运输。因此，在一个很长时间里，我国危险化学品在生产阶段，有许可证制度监管；在仓储阶段，有备案制度监管，但在危化品经营和使用上却缺少监管的制度保证。而危险化学品发生的事故却恰恰经常“爆发”在使用环节上。直到2011年3月经过修订后的《条例》才增加了对使用、经营者的一些监管。而在欧洲，2006年至今，连续发布了三部化学品监管法规。我国关于化学品监管在法律层面上是远远滞后的。

第三，建立和完善有中国特色的《资源法》。中国是一个人口多、天然资源少的国家。这是中国的基本国情。中国社会经济发展将长期受两种瓶颈的约束。一种是“资源瓶颈”，另一种是“环境瓶颈”，而这两种约束之间是有紧密联系的。我们不但需要建立和完善各种环境立法，也需要建立和完善一部完整的《资源法》。我们需要非常清楚地说明，目前和今后一个相当长时期中，中国和世界面临的环境和资源形势是严峻的。经济和社会发展面对的资源、环境约束不是目前一时的问题，但对中国来说，目前的资源和环境约束正进入高峰期。这也是资源问题对环境影响最大的时期。在中国的《资源法》中，不但要有保护和正确使用、处置资源的规定，

① 环境污染责任保险也被称为“绿色保险”，它是以企业发生环境污染事故对第三者造成的损害，依法应承担的赔偿责任为标的保险。

也要对资源从开采、运输、消费到废弃物处置等各个环节的运动，设计和提供一个法律的框架，从法律角度，推动资源—环境间的关系向积极方向运动。

第四，垃圾分类和处理的立法。随着城市化的迅速发展，城市生活垃圾的问题变得越来越突出。在中国目前的生活垃圾中，生物垃圾占32%，塑料垃圾占18%，纸垃圾占8%，废织丝布品4%，金属占3%，玻璃制品占1.5%，这些可回收利用的垃圾占垃圾总量的2/3以上。如果同不可回收的垃圾一起，简单地掩埋或焚烧，会给环境带来沉重负担；如果科学地回收，效益也是可观的。有资料显示，一吨废纸可造纸800千克，一吨废塑料可炼汽油700千克，易拉罐和玻璃再生可节约物后成本的90%以上，一次性木筷可收集起来作造纸原料，生物垃圾是优质有机肥料。即使是不能回收的纸屑、布头，也可以用来焚烧发电。[①]

为了在城市中科学地处理日益增多的生活垃圾，首先要解决垃圾的分类问题，但我们在这方面尚无法律可依。北京生活垃圾管理条例目前还在向社会征求意见阶段。该条例规定，今后北京居民如果错将剩饭剩菜等容易腐烂的厨房垃圾扔入到可回收垃圾桶内，个人将面临20元以上200元以下罚软，单位将被处以5000元以上50000元以下罚款。对于新建居民小区未配套生活垃圾分类设施的建设单位，最高将被处罚30万元。

3. 有法不依，执法不严问题亟待解决

不少地方，政府的工作人员和环保部门的干部环保意识薄弱。有法不依，执法不严，是我国生态环境恶化的重要原因。

下面这些事例都发生在我们身边。

实例一。根据公众的投诉，2011年4月，有关媒体的记者与中

① 桂慕文著:《生态与环保的故事》，江西人民出版社，2009年11月第1版，第141页。

华环保联合会的工作人员一起到南京溧水县进行调查。在投诉人所说的被严重污染的“新河”里，满眼是黑色的废水和彩色的淤泥，空气中飘着令人作呕的气味。在河的尽头，有一个水闸将“新河”与秦淮河隔离开来。据看闸的人说，废水是从附近的造纸厂和化工厂排出的。

在距离“新河”河道最近只有5米的小陶村，在这个400多人的小村庄里，到处弥漫着刺鼻的气味。这些年村里癌症患病率高得惊人，村民们怀疑这与河水污染有关。他们对多年来河水污染的问题既气愤又无奈。在“新河”河畔的工厂集中区域，在靠近秦淮纸业有限公司污水处理池的一个排水口，人们听到了哗哗的流水声，这里排放的是桃红色的废水。

然而当环保联合会工作人员询问秦淮纸业厂区值班负责人是否将污水排放到“新河”中时，负责人给予否定的回答。但记者发现了一个明显的疑点，秦淮纸业的污水处理池里有生产卫生纸产生的桃红色废水，而一街之隔的“新河”河道里也到处都是被桃红色废水染红的淤泥。既然秦淮纸业是“零排放”企业，那么河道里桃红色的淤泥又是如何形成的呢？面对记者的质疑，溧水县环保局监察大队的工作人员到污水处理厂检查了一番，然后告诉记者，确实没有发现偷排。

溧水县环保局认为，秦淮纸业有限公司现在是“零排放、零投诉”企业，企业负责人也说，几年前他们研究出了废水零排放的造纸技术，后来还写了篇论文并获了奖。从2006年开始，秦淮纸业有限公司就改为用零排放技术，至今已有5年时间。但附近的村民则揭露了这家造纸厂一直偷偷排污的恶行。原来，秦淮纸业的暗排管道埋在污水池底端，上面盖着半米深的废浆水，不知道位置的人根本发现不了。当秦淮纸业有限公司污水池里的铁塞子被拔出来以后，临近街道的两个排污渠马上涌出了大量的废水，这就是厂方所谓的循环利用的生产用水。而塞子被拔出20分钟以后，污水池里的水位便下降了将近15厘米。

除了秦淮纸业之外，还有哪些企业排放的废水最终也流进了秦淮河呢？根据县环保局环境监察大队的处罚记录，记者来到刚刚受到处罚的南京宝兴羽绒有限公司，它受罚是因为生产的废水没有经过任何处理直接排入“新河”，然后再进入秦淮河。记者进入工厂后意外发现这家2003年就开门经营的企业，到现在都没有通过“环评”验收，可工厂的生产和排污却一点也没受干扰。

记者调查后得知，原来这家工厂宁愿交点罚款继续排污，也不愿意花钱改变生产条件达到验收标准。该公司会计告诉记者排污费时多时少，通常一年5000元左右，他们这样做已然顺利经营了8年多。

实例二。按照国家规定，建铅酸电池等高污染企业必须同居民点保持足够的距离。比如电池厂的铅尘、铅烟散发点到居民点卫生防护距离至少需要500米。但安徽怀宁县一家电池厂生产车间离居民点的距离却不到100米，却在2007年3月顺利地通过了当地环保部门的环境影响测评，2009年7月份开始生产，而2003年8月，县里就安排附近农民到这个居民点居住了。环保部门在周边居民已经在那里定点居住的情况下，仍批准这样高污染的生产线上马。人们认为，环保部门的环评报告不实，把关不严，监管不力，是不争的事实。电池厂开工生产仅仅一年零几个月时间，就出现大批儿童血铅超标事件！

实例三。哈尔滨市学府路附近的何家沟目前承担着哈药总厂的污水排放任务。这里空气中充满了恶臭气味，出水口流出的是黄色污水。在距离哈药总厂不到十公里的范围内，还有多所拥有上万师生的大学，数万名师生同样饱受着“药厂怪味”的煎熬。

哈尔滨市环保局监察支队说，哈药总厂的污染问题是个“老大难”。多年来，他们一直在对药厂进行专项监测，结果表明臭气浓度历次监测均超标约20倍；污水排放则一直处于“低超标”状态。

他们在对药厂施行征收“排污费”等处罚措施的同时，还积极督促药厂针对主要味源先后投3000余万元，建设了多套气味处理设施，污染已经较从前有所缓解，但确实没能从根本上解决“药厂怪味”。

值得注意的是哈西地区怪味并不是最近一段时间才有，至少困扰当地居民有二三十年之久，夏天感觉尤其严重，居民曾经多次向政府部门反映这一情况。

药厂在治理，政府在监管，为何一个怪味如此难消除？业内人士指出，一方面原因是，药厂产能在增加，但相应的污染防治设施却没能同步跟上；另一个原因是企业的污染成本较低，监管部门往往只是收取“排污费”了事，并没有让企业从根本上重视环境保护，在处理生产和环保的关系上，把环保工作放在了次要位置。[①]

实例四。近几年来，我们的城市变得越来越漂亮，城市建设不但有规划，还有景观。以前搞绿化，都是种一些小树苗，但是现在，很多城市种下的都是几十年、甚至上百年、上千年的古树。这些树从哪里来？

河南省南阳市镇平县贾宋镇是豫西南最大的花卉苗木基地，公路两旁的苗木园子一个接一个，绵延数公里。在一个规模较大的苗木基地，人们看到很多被砍掉树冠的大树，有的明显是刚刚才被移植过来，还被写上了编号。这里的大树主要以皂角、黄连等品种为主，而且很多都是上百年的古树，非常珍贵。苗木基地的员工说，一棵直径60多厘米的大皂角树，最低要2万元，50厘米左右的要卖到1.2万元。这里的大树主要销往四川、山东等地，生意很好。更重要的是，对沿途的林木检查站，他们都有办法对付，“与他们做生意，绝对不用担心被查处”。

在湖北省襄阳市郊的一处苗木基地，大树、古树同样随处可见，他们一个共同的特点就是大多被砍去树冠，因为环境不适等原因，

① 新华社，哈尔滨6月9日电。

有的大树甚至已经死亡。在那家苗木基地，人们还发现了好几棵对节白蜡树，这是湖北特有的树种，属于国家级保护珍稀濒危植物。对节白蜡树是一种树形非常优美、古朴的树。也正是因为这样，使得它在市场热销，本身就数量稀少的对节白蜡树，由于售价不菲，成为不法分子重点采伐的对象。

湖北省襄阳市保康县近邻神农架林区，林木资源丰富，种类繁多，最近几年，那里也成为了商贩子采挖贩运古树的温床。走进保康县的一家苗木基地，上百株奇形怪状的树桩子布满了园子，这些都是当地野生的紫薇树，非常珍贵。

据了解，像银杏、对节白蜡等树属于国家级保护树种，没有林业部门的批准，根本不允许进行采伐、运输和交易；如果有特殊需要，必须通过林业部门办理相关的采伐和运输证件，但很多运输古树的车，运输证件明显有疑问，却被放行了。

早在2009年，国家林业局就发布了《关于禁止大树古树移植进城的通知》，要求各地坚决遏制大树进城之风。对古树名木、列入国家重点保护植物名录的树木、自然保护区或森林公园内的树木、天然林木、其他一级生态环境脆弱地区的树木等，禁止移植。然而在利益面前，还是有些不法分子心存侥幸，把树源地生态环境糟蹋得千疮百孔。一棵生长了100年的大树，如果直径是50厘米，那么，挖这棵树破坏的土地和岩石可能会有3到5个平方米，而且这种对生态的破坏可能将永远无法恢复。

实例五。我国是一个严重缺水和土地资源不足的国家，而高尔夫球场既大面积占用土地，又大量浪费地下水资源，并给环境带来污染。据有关报道，北京，一个极度缺水的城市，却有60多家高尔夫球场。永定河一带的高尔夫球场特别多，被业内人士称作“高尔夫走廊”，这里至少有7家球场，最大的面积超过了5000亩。一个18洞的标准球场每天平均耗水2000到2500立方米，北京还有相当一部分高尔夫球场是27、36甚至54洞的，仅2010年北京高尔夫球场总耗水近4000万吨地下水，相当于100万人一年的生活用水。2004年1月10日，国务院下发了《关于暂停新建高尔夫球场的通知》，要求一律不得批准建设新的高尔夫球项目，之后又陆续七次下文，重申通知精神。2006年，高尔夫球场项目又被列入《禁止用地项目目录》，也就是说土地部门不得给高尔夫项目批地。但是国家三令五申，却没能挡住各地高尔夫球场如同野草般疯狂生长，从第一道禁令发布之后7年的时间里，全国高尔夫球场从170家左右增加到了600家左右，仅2010年，新开高尔夫球场52家，达到新开球场的历史新高。在陕西榆林这个生态环境极其脆弱的沙漠地区，居然也兴建了一个高耗水的高尔夫项目。据不完全统计，目前我国除西藏外，各省市区都拥有了高尔夫球场。筹建中的高尔夫球场70多个，计划总占地15万余亩。2004年高尔夫球场禁令颁布以后，有些球场用运动休闲和绿化等方式来回避高尔夫球场这个词。据业内人士说，很多球场办的是打两眼井取水的手续，但实际打的却是更多的井，把井盖起来以后谁也不知道。有媒体认为，“在中国，可能再没有任何一件事情，像高尔夫这样违规得如此明目张胆，违规得如此牛气冲天。土地违规、规划违规、用水违规、污染违规，这一项项违规都明显确凿。”①

应当说，“有法不依，执法不严”也是我国耕地面积大幅度减少，生态环境受到严重破坏的重要原因。1952—2003年，我国人均耕地面积由2.82亩减少至1.43亩，已经不到世界平均水平40%。近7年来，全国耕地面积进一步减少了1亿亩，相当于12个上海市的国土面积。除了荒漠化之外，建设用地是耕地减少的主要原因。目前，全国有各类开发园区6000多个，规划占地5310万亩，其中有的并没有合法的审批手续。在城镇建设和工业用地中，也存在大量盲目圈地和违法占地现象。

① 马媛媛：“央视记者调查‘高尔夫球场疯狂偷采地下水’始末”，《中国电视报》2011年8月18日。

对于大量占用农田现象，目前我们主要是从土地资源的浪费、“土地财政”的弊端等角度进行剖析，很少谈到它对生态环境的影响。其实，大量占用农田首先影响的是生态环境，是对生态环境带来的严重破坏。非法占用农田对生态环境则更为严重。这是因为：

第一，大量占用农田，铲除原来长期种植的农作物和填平沟河的结果，影响当地千百年来形成的地形和地貌以及自然界的良性循环。大面积种植的农作物实际上形成的是大大小小的天然氧吧，通过气流的交换，向附近城镇输送氧气，吸收二氧化碳。无论是人类本身还是工业化的发展，消耗的是氧气，产生的是二氧化碳。人类不会制造和向空气中输送氧气。在大自然中制造氧气的是森林、农作物和草地。我们在发展城镇、提高城市化比重的时候，往往只讲它给社会经济发展带来了哪些好处，很少讲，有时甚至根本不讲城市化会有哪些消极影响。我国城市化的发展速度已经相当快了，但我们说得多的是我国的城市化水平如何不及美国、日本等发达国家，很少说到，任何地方，城镇建成后，如果本身绿化搞得好，可以部分地解决城市人口和经济发展对供氧的需要，但没有哪一座城市，特别是大都市，能够完全依靠本身绿化就解决人类呼吸所需的氧气供给的。后者靠空气流动由农村和森林、草原地带提供。对农田、森林、草原的破坏都会严重影响人类赖以生存的生态环境以及大自然的良性循环。

第二，被占用的农田有的用于建设工厂企业，有的用于建设文化体育和娱乐设施。大规模平整土地、修筑道路、进行工程建设的过程也是污染环境的过程。

第三，越是非法占用的土地，其占用者越会无视环保要求，进行不合法的施工和经营活动，使建成后的设施成为各种新的污染源。

4. 体制和制度性障碍

近年来，国内有学者提出：环保工作滞后究竟是一个什么性质的问题？他们认为，环保工作滞后不是一个技术问题，而是认识问题和经济问题，环保工作需要资金的支持。

在我们看来，认识问题和经济问题固然非常重要，但我国的环保工作所以滞后，体制和制度性障碍是非常重要的因素。

具体地说，这主要指以下三方面问题：

首先，我们的市场经济体制是处于初级阶段的不完善的市场体制。表现在环境问题上，目前我们在产品生产和使用以及该产品带来的环境污染之间，缺乏经济机制的联系与约束。比如说，生产不可降解塑料及其制品的企业，因为这样的生产而赚到了利润，但对这些产品使用后的垃圾处理，企业却不负任何责任。处理垃圾成了社会的一种负担。食品加工企业虽然大量使用塑料包装，但却不为丢掉的包装垃圾的无害化处理付费。应当对生产和使用塑料产品的企业征收环境税。环境税应当是累进的，以便进一步控制垃圾数量。应当在污染的处理和污染的生产之间，通过征税等办法，在体制上建立联系，停止二者之间缺乏联系的状态。①

在控制有害气体、回收废电池等方面目前也存在制度性障碍。控制工业有害气体的技术目前有3种。一是洗涤吸收技术。用特定的洗涤液对有害气体进行洗涤，然后再对洗涤液进行相应的处理，达到收集、转化有害物的目的。应用装置主要是废气洗涤塔。二是催化燃烧技术。让有害废气通过催化装置，在高温下，有害物质被燃烧、热解、转化。三是回收再利用技术，目前还没有典型的应用装置。要解决这些问题，需要在研发工作中投入大量人力、物力。但即使加大了投入，即使研发成功了，也未必能带来应有的经济效益。而把有害气体放掉，虽然污染了空气，但对生产企业却没有任何损失。这样的问题，很多地方都存在。再拿电池来说，即使是无汞电池，要避免环境污染，科学合理地回收势在必行。但回收处理

① 桂慕文著:《生态与环保的故事》，江西人民出版社，2009年11月第1版，第143—144页。

一节废电池比生产三节电池的成本还高。受技术条件限制，目前国内还没有能够妥善处理废电池的企业。废弃节能灯目前也面临同样回收无门的尴尬。在我们的城市中，几乎没有见过废弃节能灯的回收箱。把坏了的节能灯送回出售该节能灯的商铺行不行呢？店主的回答很一致：商店只管卖不管收，回收的事得厂家管，谁生产谁回收；或者由国家管，政府出钱和管理回收站。但生产节能灯的厂家却说：他们只管生产不管回收，理由是开展社会回收难度很大，收集、运输、处理的成本是他们无法承受的。既然厂家不管，环保部门是否能负起责任呢？有的地方环保局明确表示：他们不是没有注意到废弃节能灯给环境带来的危害，但目前他们在技术上还没有办法处理这一问题。

其次，即使在像发达国家那样比较成熟的市场体制下，环境问题也不是市场这只“无形的手”能完全解决的。在那本距今四十年前，在58个国家，152位成员组成的通讯委员会的协助下编成的《只有一个地球》一书中就已尖锐地提出了这一问题，只是没有引起我们足够重视罢了。该书在“未曾料到的秩序”一节中说：“可是一旦开始出现将来资源缺乏的危机，那么在应付这种危机时，市场体制的弱点，就会暴露无遗。市场解决物质缺乏的唯一办法，就是提高物价。从长远来看，这种危机或有可能刺激新技术的发明，从而节约物资与能量。但是在短期内，物价上涨的恶果是不可避免的，它不但造成经济问题，而且还会造成政治问题。如果成本与物价继续上涨，必然会造成某些损失：或是降低人们的生活标准，或是减少公用开支，如果两者都不牺牲，那么只有破坏地球的环境。”[①]因此，在解决环境问题面前，即使是比较成熟的市场体制也决不是万能的。

最后，为了弥补市场的缺陷，政府这只“有形的手”就要起积

① [美]芭芭拉·沃德勒内·杜博斯：《只有一个地球——对一个小小行星的关怀和维护》，吉林人民出版社，1997年12月第1版，第32页。

极作用了。但问题恰恰是，政府这只“有形的手”也远非完善的。我国的政治体制改革还有很长的路要走。在许多情况下，生态环境被破坏同“体制漏洞”造成的非法利益驱动有着直接的联系。据有关报道，2010年初，浙江省景宁县景南乡忠溪村村民，在事前没有征得同意情况下，接到通知说，县里要搞一系列的土地开发项目，村里一座叫岭头岙被选中要进行开发。但“开发”的结果是：山顶被戴上了一顶“土帽子”，地表裸露植被无存，造出来的地根本无法耕种。原本生长着茂密树林的青山，如今却变成了荒山，开发出来的所谓耕地，由于没人出来承包就只好荒废着。而据了解，景宁县国土资源局早就宣布过，禁止在坡度大于25度的地方开发耕地，而岭头岙的坡度有六七十度。所以要进行这样的土地开发，目的是开发出足够的“耕地”来弥补出售给外地公司用作他途的已耕地，因为按照规定，占地一亩，就要开发一亩，实现占补平衡。2010年景宁县首先要完成开发2000亩耕地的任务来实现占补平衡。这2000亩是省里“委托”开发的。除此之外，县里还给自己规定了额外的任务，就是另外开发出几千亩耕地以实现“占补平衡”，而这样做是因为县里有几千亩已耕田“外调”给了杭州、宁波有关公司用来完成有关“开发项目”了。完成这些土地“外调”任务后，景宁县可以“进账3个亿”。

为了鼓励大量造地来完成土地开发占补平衡指标，景宁县国土资源局还实行这样一种奖励机制：林业部门每征占一亩林地用于开发可得到300元补偿；农业部门每调查一亩“废弃园地”用于土地开发可以得到200元奖励；水利部门每调查一亩河流岸边有防洪要求的土地用于开发可以得到200元。在这些开发耕地的“指标去向”栏中全部写着“外调”的字样，看来出卖耕地，赚取效益已经成了当地工作中的一件大事。在忠溪村的高斜坪，不时地响起爆破声。这里正在开山造田。村民们承包的毛竹有许多被开发商拔掉了。导致竹林损毁的就是景宁县立项的“高斜坪造地项目”。承包这个项目的忠溪村的村委会副主任说，“在这个大山里面靠山吃山，有经济效益的事情我们就干”。

占补平衡本来是为了保护耕地，可在景宁县，却变成了一笔又一笔买卖耕地的生意。在这样的生意中，原本郁郁葱葱的青山被“改造”成了荒山，林地被改造成了不能种庄稼的“耕地”。

所有这一切都是在没有遵守有关规定，没有征得村民同意，在少数领导人决定下进行的。补偿给被征用土地村民的款项又极为有限。生态环境被破坏，民众利益被侵害，而一些部门和个人却从中谋得了暴利。

5. 环境测量指标不完善，农村地区的覆盖面不够大

中国在341个城市定期监测颗粒物（可吸入颗粒物）和二氧化硫（SO_2），其中有些城市还监测氮氧化物，但由于工业化和城市化迅速发展，污染类型和结构也在迅速变化，原先设定的测量指标和体系往往跟不上这种变化，影响了测量结果的准确性。一个很长时期中，中国大多数城市的空气污染问题主要是由工业、市政、公用设施和家庭燃煤引发的。结果，城市的空气污染物主要由煤烟组成，悬浮粒子和二氧化硫便成为空气污染物的主要类型。中国政府在20世纪80年代决定解决这一问题时，所制定的控制城市空气污染措施的目标，以及落实这些措施的制度安排整体设计，都是着眼于减少发电厂和工厂等固定点源二氧化硫等的排放量。由于采取了很多措施来解决这一问题，比如对污染工业实行搬迁，使大多数城市环境中总悬浮颗粒物和二氧化硫水平都出现下降趋势。广州市的二氧化硫排放量在1998—2005年间也下降了67.2%。[①]

但是，空气的污染问题没有因此便得到解决。这是因为城市空

① 李煜绍、卢永鸿、李家贤：“政策的误导：广州市排放控制措施、机动车辆尾气排放与公众健康之间相互的薄弱联系”；王五一、叶敬忠、张世秋主编：《环境与健康：跨学科视角》，社会科学文献出版社，2010年5月第1版，第140页。

气污染的构成发生了根本性质的变化，和煤炭燃烧相关的工业空气污染正越来越多地被车辆排放的废气污染所取代。空气污染问题被复杂化了。细颗粒污染物对空气质量的影响越来越大，它与过早死亡和一系列严重的环境问题息息相关，但政府一般不报告细颗粒物，如$PM_{2.5}$的水平。这导致出现这样一种现象，即环保部门报告空气质量有所改善，而依据能见度监测数据的气象部门却经常警告市民空气质量很差，应该避免户外活动。[①]与此同时，由于空气污染而产生的疾病却在继续增长。

① 王五一、叶敬忠、张世秋主编:《环境与健康：跨学科视角》，社会科学文献出版社，2010年5月第1版，第9页。

第六章

中国与国际环境合作

环境问题的国际性质决定了国际环境合作在解决环境问题中的重要意义。

第一节　国际环境合作走向

1. 国际和地区环境合作呈现多元主导趋势

2008年的国际金融危机虽然使世界发生大动荡和大变革，但危机后的世界，各国“求和平、谋发展、促合作”仍是国际形势的主流。金融危机使世界政治、经济格局发生某些重要但非根本性的变化。美国的软实力和硬实力受到重大冲击，但在世界各国中仍然是综合国力最强的国家。美国建国二百多年来，经济有过三次大的发展，也有过三次大的衰落（decline）。第一次衰落发生在20世纪30年代经济大萧条时，第二次发生在20世纪70、80年代，第三次发生在最近这次金融危机中。前两次衰落后，美国都主要依靠改革和创新走上了经济进一步发展的道路。本次衰落后，美国经济也不会从此一蹶不振，长期衰落下去。目前，奥巴马政府正在对美国的内外政策作出调整。这种改革和调整是痛苦的，充满艰难与险阻。改革会延续一个比较长的时间，更不可能一帆风顺。但金融危机后的美国与世界出现经济长期滞胀的可能性不大。世界经济最终仍将进入新一轮的扩张期。美国仍会进一步发展。它仍然是我国环境合作的重点对象。与此同时，国际环境合作将出现明显的多元化趋势。欧盟、日本及其他发达国家以及我国周边的发展中经济体都将是我们重要的环境合作伙伴。欧盟在环保技术、环保制度与标准的制定与应用方面已形成有自己特点的体系。今后环境合作的国际舞台不是美国或者欧盟独家主导，而是两家，更可能是多家互争长短，争举环境保护大旗，争当环境保护排头兵，争夺环境问题的主导权。我国和新兴发展中经济体不可能在其中扮演主要的角色，只可能穿插其间，力争扩大自己的话语权。在今后很长一段时间里，在环境问题上，我国将面对“发展”与“环保”、人口与资源、国际与国内的多重压力。

周边国家对我国环境问题上的影响最为直接，也是我们在环境问题上最有影响力和在对外环境合作上首先要考虑的地区。美国金融危机给亚洲经济带来重要负面影响，使多数国家陷入经济困境，削弱了可用于环境保护的资金和力量。当各国和各地区的注意力集中用于刺激经济增长的时候，容易放松环境保护建设，使环境形势进一步恶化。有的地方环境问题上的旧债未还，又加上了新债。在世界和地区出口环境趋紧时，容易引发环境摩擦。

2. 影响国际环境合作的因素呈现多方位、多层次、多领域发展趋向

像国际金融危机这样的经济、社会“大地震”不会年年发生，但由于国际环境合作涉及多边和双边关系以及贸易、货币、投资乃至社会、文化等广泛领域和问题，其中任何一个领域和问题发生较大变化，都会对国际环境合作产生程度不同的影响。影响国际环境合作的因素呈现多方位、多层次、多领域的发展趋向。这说明，为了促进国际环境合作的发展，搞好我国对外环境合作，需要树立环

境合作大视野观点。我们不能只是关注对外环境合作本身，把注意力仅仅集中在狭义的对外环境合作上，而要拓宽视野，对上述有关问题进行综合研究，设计多种方案，主动应对形势变化。

3. 新一轮科技革命将对国际环境合作产生重要影响

新一轮科技革命正在使国际环境合作的物质、技术基础发生重要变化，从而影响国际环境合作的目标与实施手段。近来，国内外都有学者认为，即使目前这种挥霍性的能源消耗得以减少，当今的世界技术仍无法同时支持二氧化碳减排和全球经济的增长；世界正面临新一轮以环境为标志的绿色革命。联合国2011年7月5日在日内瓦发布的报告说，过去两个世纪，人类在提高物质福利方面取得巨大进步的同时也付出了高昂代价。全球一半森林消失，地下水资源日趋枯竭，生物多样性受到威胁，人类社会还面临严峻的人口增长和贫困问题。解决这些问题都需要将现有高能耗且带来严重污染的“褐色技术”转化为低能耗且环保的“绿色技术”。全球实现“绿色经济”的技术革命须在未来三四十年内实现。①我国许多著名学者也建议，应以更大力量、下更大决心来应对环境和气候问题，现在应该为全世界“两度一倍”而战（即争取全球气温升高不超过工业革命以前的2℃，争取二氧化碳浓度不超过工业革命以前的1倍），认为要像当年组织实施“两弹一星”工程那样，筹划实施“两度一倍”工程。②能源和环境技术革命的兴起，将改变世界的经济、产业结构，促进新能源、新技术产业的奠基与发展。通过新产品的国际交流促进国内环境产业的发展，已成为各国开展对外环境合作、抢占环境领域技术和产品制高点的重要目标，也是我国促进同世界各国进一步开展环境合作的重要手段。

---

① 联合国:《2011年世界经济和社会概览》，日内瓦，2011年7月5日。

② 林自新在纪念全国科学大会30周年活动时的讲话，《文汇报》2008年4月20日。

4. “绿色壁垒”：国际环境合作的重要障碍

所谓绿色壁垒一般是指某些国家（主要指发达国家）以保护环境和保障人类健康为由，通过立法确立强制性产品标准，如生产技术标准、环保标志、包装规范、卫生检疫制度等，用以限制不符合其中某项标准的国外产品进口，控制国际自由贸易的法律措施。[①]

由于“绿色壁垒”具有很强的“内生”性质，一旦被立法机构通过，很难通过双边或多边的贸易谈判或诉讼手段来解决。另外，“绿色壁垒”往往涉及许多繁琐的技术性规定，非当地的机构往往很难及时了解。我们需要加强同有关国家的环境合作，及时了解情况。发展本国的“绿色经济”和“绿色产品”，提高出口产品的“绿色门槛”是应对“绿色壁垒”的最有效手段。

第二节　中国参与国际环境合作的进程

从20世纪70年代初开始，中国与世界各国的环境合作经历了一个从无到有、从小到大、从局部到全面参与的过程。

在20世纪70年代之前，我国同世界其他国家在环境领域内曾经进行过一些零星的、局部问题上的交流与合作。比如说，在开展动植物进出口检疫、保护野生动物，反对核武器污染和侵略战争的污染、保护海洋渔业资源等方面我们进行过一些这样的活动，但它们都停留在有限度的地区和问题上。周恩来总理等党和国家领导人在接见外国环境方面的记者、民间组织和官员时，也多次向国外阐明中国环境保护的方针和主张，批评西方国家在环境保护方面的弊病，支持西方国家兴起的环境保护的社会群众运动。但是从总体上看，

---

① 周珂、高桂林、王权典主编:《突破绿色壁垒方略——企业环保法治的理论与实践》，化学工业出版社，2004年5月第1版，第2页。

这个时期环境和环境保护并没有被提到国家的议事日程上来。

如果说，在商品和贸易等领域，从20世纪70年代末开始，我国同外界的交往与合作开始有了质的飞跃，进入了一个新的发展时期，是因为我国开始实行改革开放的政策与战略，那么在环境方面，我国政府所以迟至20世纪70年代初才真正开始参与国际合作，主要并不是因为之前我们实行了自我封闭的政策，而是因为那时候，无论在我国还是世界其他国家，环境和环境保护都还是一个陌生的字眼。那时，在世界范围内，国际环境合作本身就处在初始发展时期。这种情况说明，就环境保护和环境合作本身而言，在20世纪70年代初我们进入国际合作舞台的时候，我国同发达国家的差距并不很大。

我国参加国际环境合作的另一个特点是，它一开始就同我国外交战线的活动紧密地结合在一起。1972年联合国召开首次人类环境会议。中国派了一个由40多人组成的庞大代表团与会。这是我国在大型国际环境会议上第一次亮相，也是中国外交工作在国际环境合作领域里的第一次正式登场。当时由周恩来总理亲自确定了代表团参会的立场、目的与观点，并审定了我国环境保护的方针，即“全面规划，合理布局，综合利用，化害为利，依靠群众，大家动手，保护环境，造福人民”；并对某些敏感问题确立了我们的立场；规定代表团应采取积极的态度、鲜明的立场，面向世界人民，不仅面向亚非拉，也面向资本主义国家深受环境污染、自然破坏的危害和威胁的广大人民，支持他们保护环境、改善环境的正义斗争，阐明中国的观点、政策和体会，了解情况、经验和技术，争取通过会议进一步推动第三世界独立自主、发展经济、加强团结、反帝反霸的斗争。周总理还指出，我们中国也有环境问题，不好回避。西方环境没有那么差，我们中国也没有那么好，污染到处都有，一些地区很严重。

正是本着这样的精神，在1972年联合国首次人类环境会议上，中国代表团开展了大量活动，做了大量工作，对于推动国际环境合作、修改和完善《人类环境宣言》起了重要作用。

中国参加国际环境合作是从1972年参加人类首次环境会议、参与起草修改《人类环境宣言》开始的，这说明了我国参加国际环境合作是以起点高为特征的。1973年联合国环境规划署成立，中国当选为理事国也说明了这一点。作为联合国环境规划署理事国，我们积极参与了环境署的建设工作。其中包括讨论制定理事会的一些基本规章，拟定保护和改善人类环境行动计划，开展国际合作，进行有关的科学技术交流，以及有关资料的提供等。这种情况对于我国今后开展环境外交也有重要影响。

自从70年代初我国参加国际环境合作开始到现在，中国经济保持了年均10%的增长速度。按GDP规模，目前中国已跃居世界第二位。改革开放一方面为我国参与国际环境合作提供了经济基础和市场经济的制度基础，另一方面，建立在劳动和资源密集基础上的高能耗、高污染产业迅速发展给我国环境带来了严重问题。参加国际环境合作不但给我国环境保护带来了资金与技术，并且带来了国外的经验与教训，带来了新的发展理念。这三个“带来”对于我国21世纪的环境保护和经济发展是非常有意义的。

从70年代初以来的40年左右时间中，我国参与国际环境合作的内容与领域变得越来越宽广了。我们一开始就参加了国际环境的立法工作。1991年8月12日至24日，中国发起在北京召开了“发展中国家与国际环境法研讨会”。在北京还举行了由中国倡议召开的“发展中国家环境与发展部长级会议”。这次会议取得了世人瞩目的成果，为1992年联合国环境与发展大会的召开作出了重要贡献。北京会议通过的《北京宣言》凝聚了发展中国家对于环境与发展的智慧与共识，为1992年联合国环境与发展大会关于资金援助和技术转让的协议内容定下了主基调。[①]在参与国际环境合作过程中，逐渐形成了我国的基本立场和方针政策。1990年7月5日，国务院环保委员会第18次会议讨论研究了我国对解决全球环境问题的原则立场；同年10月26日，该委员会印发了《我国关于全球环境问题的原则立场》。这是指导我国参与国际环境合作的一个重要历史文件。同年12月5日，国务院颁布了《关于进一步加强环境保护工作的决定》，就“积极参与解决全球环境问题的国际合作”作了原则规定。在这些原则和规定的指导下，我们积极参与了关于气候变暖、臭氧层破坏、有害废弃物越境转移、保护生物多样性等领域的双边和多边合作，逐渐形成了一个由双边、多边、区域和国际环境合作机制组成的关于环境合作的立体框架。在这一框架体系内，我们签署了许多有关环境合作的条约与协议。据不完全统计，迄今为止，中国参加了《联合国气候变化框架公约》及其《京都议定书》、《关于消耗臭氧层物质的蒙特利尔议定书》、《关于在国际贸易中对某些危险化学品和农药采用事先知情同意程序的鹿特丹公约》、《关于持久性有机污染物的斯德哥尔摩公约》、《生物多样性公约》、《生物多样性公约（卡塔赫纳生物安全议定书）》和《联合国防治荒漠化公约》、《湿地公约》、《濒危野生动植物国际贸易公约》等50多项涉及环境保护的国际公约。与此相适应的是，中国政府批准了一系列有关保护臭氧层、保护湿地和生物多样性等的国内政策和措施。

值得特别提到的是，多年来我国积极参与和推动同周边国家或地区的环境合作，积极参与区域环境合作机制的建设。近些年我们创建了中日韩环境部长会议机制，“10+1”和“10+3”框架下的环境合作开始发展。大湄公河流域环境合作机制也开始启动。这些合作机制的建立对于推动东亚地区环境合作，改变东亚环境合作滞后状况有着重要意义。

---

① 黄全胜:《环境外交综论》，中国环境科学出版社，2008年8月第1版，第216页。

最近几年，我国与美国、欧盟以及日本的环境合作开始取得重要进展，先后与美国、日本、加拿大、俄罗斯等42个国家签署双边环境保护合作协议或谅解备忘录，与11个国家签署核安全合作双边协定或谅解备忘录，在环境政策法规、污染防治、生物多样性保护、气候变化、可持续生产与消费、能力建设、示范工程、环境技术和环保产业等方面广泛进行交流与合作，取得一批重要成果。我国积极推进蒙特利尔多边基金，提前完成了《蒙特利尔议定书》第一阶段目标，充分利用清洁发展机制（CDM），在应对全球气候变化和控制温室气体方面做出了大量努力，在双边合作、全球环境基金等领域取得突破。①

2010年是中国环境保护国际合作非常活跃的一年。我国领导人多次出席与环保合作相关的外事活动，环保合作成为国家高层政务活动的重要组成部分。胡锦涛主席见证中国与南非签署环保政府间合作协议、出席了核安全峰会；成功召开了中国环境与发展国际合作委员会2010年年会，温家宝总理和李克强副总理分别在会上作了重要讲话。上海世博会期间，多国环境部长密集访华，我国环境保护部领导在世博会期间先后19次会见了多国环境部长。2010年，中美环境合作开拓了环境法等新的合作领域，首次实现中美环境部长年内互访，成功召开中美环境合作联合委员会第三次会议并发表联合声明，举办第二届中美环保产业论坛。中俄环境合作已从危机应对发展到全方位、深层次、多领域的合作阶段，环保合作被两国领导人评价为“为中俄合作树立了典范”。化学品原料桶被冲入松花江事件发生后，我国对俄罗斯应急通报反应迅速，获俄方高度赞扬。我国在中日韩环境部长会议上提出的关于建立电子废弃物合作机制的建议被三国首脑会议声明所采纳。我国还圆满完成了国际原子能机构对中国核与辐射安全监管工作的首次最大规模的综合评

① 国家统计局编:《新中国60年》，中国统计出版社，2009年9月第1版，第136页。

估。我国还积极参加了生物安全议定书第五次缔约方大会及生物多样性公约第十次缔约方大会。中哈环保合作取得了实质性突破，《水质协定》和《环保协定》文本最终商定，开启了中哈环保合作新的一页。目前，中国—东盟环保合作步入了一个新的发展阶段。经过认真准备，中国—东盟环保合作中心已正式成立。我国与上述国家的环境合作取得重要进展对促进我国环保工作发展和进一步参与国际环境合作有着重要意义。①

第三节　汲取国际经验、教训是开展国际环境合作的重要内容

我们有时仅从狭义角度来理解国际环境合作，把国际环境合作和参加有关国际会议，谈判和签订双边和多边环境协定等同起来。实际上，国际环境合作有着更加广泛的内涵。除其他内容外，通过各种渠道和途径，关注、了解、研究、交流各自在环境领域的理论、政策以及实践中的经验、教训，是21世纪国际环境合作的重要内容。认真总结、对待国外有关经验与教训，对于改进中国环保工作有重要意义。

下面我们举一些例子说明这一点。

1. 决策失误造成生态环境恶化是各国环保工作痛中之痛

19世纪20—30年代，美国政府鼓励东部的大批农民和城市失业居民向半干旱的中西部大草原移民开荒，这项政策当时被认为是既发展中西部地区经济，又解决饭碗问题的英明决策。在新型农业机械的帮助下，中西部迅速成为美国的主要粮仓。孰料好景不长，这种掠夺性的过度垦牧造成新垦地大面积沙化，沙尘暴渐成气候并愈

① http://jcs.mep.gov.cn/hjzl/zkgb/2010zkgb/201106/t20110602_211559.htm.

演愈烈。1934年，震惊世界的“黑风暴”降临了。裹挟着大量新耕地表层黑土的西风化为东西长2400千米、南北宽1400千米、高约3千米的“黑龙”，3天中横扫了美国39个地区，摧毁了无数的农田、水井、道路与河流，16万农民被迫逃离家园，美国农业倒退了整整10年！

20世纪50年代，埃及政府为了发展农业，决定修建阿斯旺大坝。当时有两个方案可选择：低坝方案和高坝方案。前者需时25年，后者仅需6年。当时曾有不少专家指出，后者可能带来严重的生态问题。但政府急功近利，片面追求速度，毫不犹豫地采纳了第二方案。由于设计的片面性，没有把上、中、下游和海口、地下水、生物等作为一个整体来考虑，水库建成后，虽然在发电和灌溉方面起到了重要作用，但却引发了一系列生态问题：尼罗河两岸的绿洲日益盐碱化，河口三角洲平原向内陆收缩，沙丁鱼产量大大减少，尼罗河下游的活水变成相对静止的“湖泊”，使血吸虫病大为流行。

1954年至1960年间，前苏联政府未经科学论证，实施了开发中亚地区的“开垦处女地运动”，在今土库曼斯坦卡拉库姆沙漠附近修建1400千米长的运河，从原世界第四大内陆湖咸海的主要水源——阿姆河和锡尔河调水灌溉荒漠草场和新农垦区，使运河沿线成为以棉花为主的农业基地。然而，咸海的两大水源都被截走，咸海水位急剧下降，湖水含盐度和矿化度急剧升高，湖中物种80%死亡。更甚的是，咸海的面积30年间竟从6.6万平方公里锐减到2.2万平方公里，湖岸线后退了40公里到60公里。一望无际的裸露的湖底盐碱成为孕育“白风暴”（含盐尘的风暴）的温床。从20世纪80年代起，每年都要发生几十起“白风暴”，生态灾难绵延至今。

2. 除土壤、水污染外，需更多注意大气污染问题

对于包括中国在内的发展中国家来说，解决土壤和水污染以及缺水的矛盾目前仍然是占首位的问题，但随着这些问题由于受到

重视而逐渐趋于缓解，由于工业化的发展和城市化水平的提高人类集聚生活的程度越来越高，大气污染问题变得越来越令人注目。据2011年初有关报道，世界卫生组织对一系列致病危险因素进行了评估，室内空气污染排名第八位。它造成全球每年160万人死亡，平均每20秒就有一人病故。目前全世界有半数以上人口仍依靠家畜粪、木柴、庄稼秸秆或煤来满足最基本的能源需求，在通风不良的住所，室内烟雾微小颗粒含量超过室外100倍，容易导致肺炎和其他急性下呼吸道感染、慢性阻塞性肺病、肺癌等疾病。现在，世界环境史中的“八大公害事件”已经是世人皆知的了。但人们不大注意，这些让世界震惊的公害事件，多数和大气污染直接有关。八大事件中大气污染占了五件。它们是：

——1930年12月1日至5日，由于几种气体和粉尘对人体的综合作用，比利时马斯河谷工业区一周内死亡60人。

——1948年10月26日至30日，美国宾夕法尼亚州多诺拉镇持续有雾，大气污染在近地层积累，二氧化硫及其他氧化物与大气中粉尘颗粒结合，致使5911人发病，17人死亡。

——20世纪40年代，美国洛杉矶市有250多万辆汽车，每天消耗汽油约160万升，向大气排放大量碳氢化物、氮氧化物和一氧化碳。该市临海依山，处于50公里长的盆地中，一年内约有300天出现逆温层，5月至10月份阳光强烈。汽车排出的大量废气在日光作用下，形成以臭氧为主的光化学烟雾。

——1952年12月5日至8日，英国伦敦市被浓雾覆盖，温度逆增，逆温层在40—150米低空，致使燃煤产生的烟雾不断积聚，烟雾中心的二氧化硫及其他氧化物凝结成烟尘或形成酸雾，这就是世界著名的“伦敦烟雾事件”。在这次事件中，短短四天内就死亡4000多人，其中45岁以上的人死亡最多，为平时的3倍。仅仅一周内，因支气管炎、冠心病、肺结核和心脏衰弱而死亡人数就分别是事件前一周同类病症死亡人数的9.3倍、2.4倍、5.5倍和2.3倍。肺炎、肺癌、流感及其他呼吸道疾病患者死亡率均有成倍增加。

——1955年以来，日本四日市出现了硫酸烟雾，这是由于石油炼制和工业燃油产生的废气、重金属微粒与二氧化硫结合而形成的。从1961年起，该市支气管病发病率显著提高。从1964年起开始有人因气喘病而死亡。1967年，一些患者不堪忍受痛苦而自杀。1972年全市经确认的哮喘病患者已达817人，死亡10人。

3. 在垃圾处置方面，发达国家既有经验，又有教训

垃圾分类是垃圾回收和处理的先决条件，也是令我们国家"闹心"的问题。目前，包括北京、上海在内的一些城市推行垃圾分类投放，把垃圾分为"可回收"和"不可回收"两大类，出发点是为了更好地执行垃圾回收的规定，但效果并不理想，原因之一是人们分不清手中的垃圾究竟该往哪种垃圾箱中扔。

为了解决这一问题，英国一些地方政府为居民分发"一系列垃圾桶"，把垃圾箱（袋）分得很细。灰色滚轮垃圾箱用来存放生活垃圾，绿色垃圾箱用于安置花园垃圾，黑色垃圾盒放置废玻璃、罐头盒、喷雾罐和保鲜纸，蓝色垃圾袋用于回收硬纸板，蓝色垃圾盒存放废纸和废报刊。一个橙色收口垃圾袋存放塑料瓶。废旧电池和节能灯分别放进一模一样的不透明塑料袋。

在瑞典，人们把瓶瓶罐罐分装好，送到社区中心或大的加油站旁，那里摆放着一个个金属罐，上面标注着：金属、有色玻璃、无色玻璃、报纸、硬纸壳、塑料等。于是，在其他很多地方一甩手就成为垃圾的东西，在瑞典却得到了很好的回收利用。在瑞典，回收纸张是不付钱的，但大家依然很乐意定期把旧纸张放在家门口。回收公司则在发给每户的宣传单上写着："你给我们1吨废纸，我们就少砍14棵树！"

在芬兰，为了解决垃圾的分类问题开发出一种可以将垃圾自动进行分类的机器人。这种机器人的构造比较简单，由机器臂和一台

电脑组成，可根据安装在其手臂上的视觉传感器、金属探测器和重量测量仪所采集的综合数据和触觉反馈，从成堆的垃圾中分辨出可回收利用的材料，如金属、混凝土、木材和塑料等，并进行分类。操作时，需分拣的废品被放在传送带上，垃圾分类机器人的机械手将其拿起并进行分析。它的机械手十分灵活，可以抓握各种形状的废弃物。如果识别出是可以回收的垃圾，机器人就根据垃圾的种类将其放置到不同的滑道上，让这些垃圾滑向不同的回收装置中。没有被机器人选中的是不能回收的垃圾，它继续留在传送带上，最终被填埋。垃圾分类机器人的分拣系统由现成的工业机器人部件组装而成，并可添加新的检测装置，从而进一步提高这种机器人识别和分拣的成功率。

有些国家兼用法律和市场两种手段来处置垃圾问题。美国、日本等发达国家早在20世纪60年代就开始发布一系列法规，限制一些塑料制品的生产和使用。从2003年3月开始，爱尔兰政府开始征收塑料袋税，有效地使塑料袋的使用量降低了90%。

为减少白色污染，一项禁止大型超市使用塑料袋的法令2011年7月1日开始在美国洛杉矶地区正式生效。

根据这项2010年11月通过的禁令，从7月1日起，洛杉矶地区所有大型连锁超市都不得使用塑料袋，取而代之的是每个10美分的可回收纸袋。从2012年1月开始，这项禁令将扩大至所有杂货店，但餐馆外卖和运餐车不受禁令的限制。①

英国地方议会需要为交付垃圾填埋场的垃圾缴税，眼下每吨垃圾缴纳税费48英镑。根据欧盟制定的目标，从2013年起，每过3年，每吨垃圾税费将在原有基础上增加8英镑。

面对日益上涨的垃圾税费，英国地方政府在各自辖区内强制严格执行垃圾分类回收方案。若存在不符合规定的现象，如垃圾箱过

① 新华社，洛杉矶2011年7月1日电。

满、有剩余垃圾或在错误时间将垃圾桶拿出，专门负责监督垃圾回收方案执行的警察可以当场开出100英镑罚单。垃圾回收方案规定，负责回收的部门每星期回收一次食品垃圾，每两星期回收一次其他垃圾。这意味着垃圾将在垃圾箱内存放13天，可能招来苍蝇、蛆虫和老鼠。

2010年7月，英国政府宣布，将利用3个月时间修订垃圾回收方案，有望废止每两星期回收一次垃圾的方案。[①]

一个减少垃圾的办法就是让市民根据他们垃圾的数量和种类，为处理他们的固体垃圾付不同的费用。在美国城市中，西雅图是遵循这一原则取得成功的例子。西雅图根据垃圾的数量向市民收费。庭院垃圾，比如剪下来的草，如果市民分开包装以方便该市用来堆肥，收的费用就比常规垃圾要低得多。纸、玻璃和金属这类可回收的垃圾则免费运走。比起绝大多数其他美国城市，西雅图更有环境保护意识。在它开始向市民根据垃圾量收费的第一年，该市运送到垃圾掩埋处的垃圾量下降了约20%。到20世纪90年代中期，90%的西雅图居民都在回收他们的废弃物。[②]

国外在电池管理方面有两类政策：一是政府要求制造商逐步降低普通干电池中的汞含量，最终禁止向电池中添加汞。20世纪90年代初，主要发达国家都实现了电池的无汞化（含汞量在0.0001%以下）。二是通过立法，要求制造商逐步淘汰含镉可充电电池。目前，镍氢电池、锂电池正在逐步取代镍镉电池。

在垃圾处置方面，我国目前普遍采用建造焚造厂的办法。在《北京市关于全面推进生活垃圾处理工作的意见》中，明确提出要“加快建设生活垃圾焚烧厂”，到2012年，全市垃圾焚烧比例达20%，2015年达到40%。与此同时，全国各地兴建垃圾焚烧项目的

---

① 孙扬：“英国：垃圾分类也‘闹心’”，《文汇报》，2010年10月19日。

② [美]约翰，塞兹（John L Seitz）：《全球议题（第三版）》，社会科学文献出版社，2010年3月第1版，第231页。

热潮也在逐渐升温。截至目前，北京、上海、天津、重庆4个直辖市均已建成垃圾焚烧厂。江苏省已建成和在建垃圾焚烧项目15个，浙江省共建成和在建项目近30个，广东省近20个。此外，辽宁、山东、福建、海南等15个省区均已建成或拟建设垃圾焚烧厂。

但是，焚烧垃圾也会给环境带来一系列问题。从发达国家的经验看主要是二恶英的排放问题。二恶英是一种毒性非常大的化合物。毒性是氰化物的130倍、砒霜的900倍，有“世纪之毒”之称，国际癌症研究中心已将其列为人类一级致癌物。作为垃圾焚烧第一大国的日本，尽管采取了严格的标准，仍然是二恶英排放第一大国，空气中二恶英的含量是其他工业国家的10倍。目前，全球发达国家的垃圾焚烧厂在不断关停，新上项目更是处于基本停滞的状况，但是新兴国家由于正在给垃圾寻找出路，为垃圾焚烧场提供了一个巨大的市场。值得注意的是，2005年世界银行就曾发布报告警告说，中国如果过快建造垃圾焚烧厂且不限制排放物，世界范围内大气中二恶英含量将会加倍。

4. 关于循环经济问题

循环经济，本质上是一种生态经济，以物质、能量梯次和闭路循环使用为特征，把清洁生产、资源综合利用、生态设计和可持续消费等融为一体，运用生态学规律指导人类社会的经济活动，实现污染低排放，甚至零排放。循环经济的根本目的是保护日益稀缺的环境资源，按照生态规律充分利用自然资源和环境容量，实现经济活动向生态化和绿色化转向，提高环境资源的配置效率。循环经济的核心思想，一是保护资源，二是保护环境。这是20世纪60年代以来，随着生态学的迅速发展，人们通过模仿自然生态系统，首先在发达国家建立起来的一种新的经济形态。

由于循环经济是人们按照自然生态系统物质循环和能量流动规律重构的经济系统，它要求人们把生产和消费活动组织成为“资源—产品—再生资源”的物质反复循环流动的过程，因此可以和谐地纳入到自然生态系统的物质循环过程中去。从理论上讲，循环经济的建立将从根本上消解长期以来环境与发展之间的尖锐冲突。

20世纪90年代，发达国家已确定把发展循环经济、建立循环型社会，作为实现环境与经济协调发展的重要途径。比较成功的国家有德国和日本。

德国于1991年和1996年分别颁布了《包装废弃物处理法》和《循环经济与废弃物管理法》，规定对废弃物管理的首选手段是避免产生，然后才是循环使用和最终处置。“循环经济”一词就源于1996年德国颁布的这一法令。德国在基本解决工业废气和废水排放问题后，生产和消费领域产生的大量废弃物成为主要的环境问题。20世纪70年代至90年代，德国的废弃物处理先后经历了垃圾堆放、垃圾填埋与焚烧、垃圾发电等阶段，并最终意识到末端处理不能从根本上解决废弃物问题。因此，德国在1996年颁布了上述法令，提出以循环的方式，通过“减量”、“再利用”和“再循环”解决废弃物问题。

提倡循环经济的学者认为，要保持经济的持续增长，必须建立循环型的经济模式。这种新经济将不再以化石燃料为主，而是充分利用可再生能源（风、太阳能、水力和生物燃料）。各种消费产品，从汽车到电脑，都将经特别设计，以便能够被分解成零件和能够完全回收利用。像一次性饮料包装那样的抛弃型产品，将被逐步淘汰直至被禁止使用。①

持这种主张的学者认为，人类经济发展经历了三种模式。第一种是传统模式，是一种“资源—产品—污染排放”的单向线性开放式经济过程；第二种是“过程末端治理”模式，是“先污染，后治理”；第三种是循环经济模式，它要求遵循生态学规律，合理利用自然资源和环境容量，在物质不断循环利用的基础上发展经济，使

① 美国地球政策研究所所长莱斯特·布朗在全国政协“21世纪论坛”2005年会议上的发言。

经济系统和谐地纳入到自然生态系统的物质循环过程中，实现经济活动生态化。[①]

按照循环经济的观点，我们无法做到百分之百地回收利用物质，在每一次循环中总会有一些物质被不可逆转地损失掉了，从而对环境造成污染和破坏，这在生态学上被称为熵的增加。

环境在不断为人类提供用作投入要素的低熵值的物质与能量的同时，也在不断吸纳着经济系统释放出来的高熵值的废弃物。地球生态系统对熵值的容忍度取决于其自我调节能力，但这种能力是有限度的。这种限度就叫“生态阈值”。在“生态阈值”范围内，生态系统能够承受一定的外界压力和冲击，具有一定程度的自我调节能力。当外界的压力超过“生态阈值”时，系统的自我调节功能将不再起作用，系统也无法回到原始的生态平衡状态，这就出现了生态失调，严重时还会出现生态危机甚至爆发生态灾难。[②]

5. 关于核电站问题

在安全运行条件下，核电站几乎不对周围环境排放废气和污水。

核能作为能源已经有半个多世纪历史。当今全世界最大的核能国家是美国，共建有104座各式核电站，其发电量占全国总发电量20%左右。法国则是主要依靠核能发电的大国，核能占总发电量70%以上。世界上其他主要耗能大国也都重视发展核能。日本共有55座核电站，发电量占到全国总发电量一半左右。德国共有17座核电站，占总发电量23%。在欧盟《低碳发展路线图》报告中，提出到2050年降低80%碳排放的目标，认为没有核能的发展，将根本无法实现这一目标。目前，核电占欧盟总发电量的1/3，全部“零碳排放发电量”的2/3。而中国目前已建成核电站13座，在建的有28

---

① 冯之浚在全国政协“21世纪论坛”2005年会议上的讲话。

② 莫莎著:《贸易、投资与环境协调——基于区域经济合作的视角》，中国经济出版社，2006年12月第1版，第2—3页。

座。因此，在此次日本核事故之前，发达国家和发展中国家对于发展核能基本已经形成共识，认为核能是未来能源供应的重要来源之一，是应对气候变化的有效手段，也是低碳经济的重要支撑。

1986年4月26日凌晨，位于前苏联白俄罗—乌克兰共和国大森林地带东部，距离乌克兰首府基辅市130公里的切尔诺贝利核电站4号核反应堆发生爆炸，火柱高达30米，释放出的辐射量相当于日本广岛原子弹爆炸量的200多倍。事故发生后设定的最大控制区域为方圆6万平方公里，换算成直线距离为两三百公里。联合国公布的调查报告称，不到50人在核电站爆炸中死亡，但因遭受长期辐射而衍生各种疾病最终导致死亡的人数超过9000人。世界绿色组织的报告则认为，核泄漏导致9.3万人患上晚期癌症，20万人以上死于与辐射有关的疾病。

尽管如此，但切尔诺贝利核电站事故并没有改变人们对于发展核电站的基本看法。这是因为，切尔诺贝利核电站发生爆炸的主要原因，是该核电站造价低、工艺落后，使用了安全性能差的以石墨作减速剂的旧式反应堆。同时，该电站又没有采取在核反应堆上加装收容器等防范措施，因此酿成大祸。①

由于这些原因，切尔诺贝利核电站事故发生后，人们一直从技术角度设法来加固核电站，希望今后能够避免发生类似事故。

出人意料的是日本的核电站事故。2011年3月11日，日本东北部海域发生9级大地震并引发海啸，地震破坏力相当于20个汶川地震。这次大地震是1900年以来全球震级第五强的地震。地震及其引发的大海啸严重地破坏了当地的环境和地貌。震中一带变成一片废墟。岩手县、宫城县和福岛县等重灾区损失惨重。宫城县警方说，该县可能有上万人死亡。截至3月13日，宫城县南三陆町约1.76万居民中，仍有约1万人失踪。日本警察厅15日说，截至当天

---

① 张凯主编:《人与环境》，山东科学技术出版社，2008年5月第1版第2次印刷，第16页。

20时，11日发生的日本大地震及其引发的海啸已造成3373人死亡，6746人失踪。截至16日，在地震灾区设立的2600多个避难设施中，至少有53万人在其中避难。日本航空自卫队第三航空团在宫城县的基地——松岛基地受海啸袭击，该团18架F-2战斗机和4架T-4教练机全部被海水淹没，损失惨重。①

更加令人不安的是，地震发生后，3月12日下午福岛第一核电站的一个机组发生爆炸。该建筑物屋顶、墙体丧失殆尽，仅剩“金属框架”还留在那里。在12日晚间的记者会上，日本政府作出的官方解释是：此次爆炸为“厂房墙壁垮塌”，“并非内部的核反应堆安全壳发生爆炸”，同时宣布核电站外部的放射性物质比爆炸前反而有所减少。但在以后几天中，福岛第一核电站又有几个机组发生爆炸。至15日晚，6个机组中已有4个机组发生了爆炸。福岛县以南茨城县的官员15日说，茨城县当天上午测到的辐射量相当于正常水平的100倍。日本内阁官房长官枝野幸男确认，福岛第一核电站3号机组附近检测出最高每小时400毫西弗的辐射量，2号机组和3号机组之间辐射量为每小时30毫西弗，4号机组附近为每小时100毫西弗。目前的辐射量单位毫西弗比此前使用的单位微西弗高一个等级（1毫西弗等于1000微西弗）。日本政府于2011年4月15日宣布，要求把福岛第一核电站周边居民的避难半径从20公里扩大至30公里。

更为严峻的是，事态还在进一步发展。6月初，由国际原子能机构专家团赴福岛第一核电站调查后作出的评估认为，事态变化比东电估计坏得多。熔毁燃料棒已落至反应堆底部，使压力容器底部破损，甚至可能已经熔穿压力容器底部，落至压力容器和安全壳之间。如果这样，可能熔穿安全壳，造成高强度辐射泄漏。届时，抢修人员无法靠近，作业难度猛增。日本政府6月7日发布国际原子能机构专家团调查报告，显示核电站1号至3号机组反应堆燃料棒可能

① F-2是日本在美制F-16战机基础上研发的战斗机，主要用于对海攻击，单机造价1.3亿美元。

已经熔穿压力容器，外围安全壳面临遭熔穿的严重风险。

日本核能监管机构原子能安全保安院4月上旬说，泄漏辐射物活度为37万万亿贝克勒尔，但6月6日晚原子能安全保安院发布重新分析后的结果，把辐射泄漏最初一星期内向大气释放的辐射物质活度从37万万亿贝克勒尔上调至77万万亿贝克勒尔，翻了一番还多。

日本核电站事故发生后，世界各国都在纷纷总结日本的经验与教训。法国核安全局副主任奥利维耶·古普塔在3月16日举行的新闻发布会上说，福岛第一核电站始建于20世纪60年代末，设计时并未将反应堆的风险考虑在内，因此在遭遇强震和海啸后，1号、2号和3号机组都出现了此类险情。他说，直到1979年3月，美国三里岛核电站发生事故、致使反应堆堆芯的一部分熔化坍塌，人们才意识到其中的问题，并在随后的核电站设计中，进行了改进。

以目前在建的欧洲压水核反应堆为例，法国核电巨头、阿海珐集团总裁安妮·洛韦蓉16日表示，这种反应堆在安全设计上吸取了以往所有的经验教训，即使反应堆堆芯熔化，放射性物质也不会进入土壤或空气，它们将被收集到一个巨大的“炉灰箱”内，后者可承受1500摄氏度的高温。此外，法国核安全局还对欧洲压水核应堆的防震标准进行了规定，它所能承受的地震强度必须比当地发生过的最强地震还要高出一级。①

国际有识之士还认为，地震伴随的海啸引发了核泄漏危机的次生灾难。核泄漏的危害程度，无论在深度和广度上，很有可能会超过地震和海啸。在日本核安全保障中被忽视的海啸，是造成毁灭性打击的元凶，显然超出了日本迄今为止的防灾能力。事实是，近年来世界上不断发生地震引发海啸的灾害，却没有引起东京电力公司特别是日本经济产业省原子能安全保安院的重视。预

① 新华社，巴黎2011年3月16日电。

测不足，重视不够，不能不说是此次核危机所暴露的一个核安全盲点。①

日本核事故后，人们对于是否进一步发展核能产生了重大分歧。德国环境部长2011年5月30日宣布，德国将于2022年前关闭国内所有核电站。这使德国成为首个放弃核能的主要工业大国。另外，瑞士政府5月25日也表示，该国将在2034年前逐步关闭境内的全部核电站，全面放弃核电。但法国表示了不同的看法。法国政府于2007年底开始在诺曼底地区的弗拉芒维尔市修建第一座欧洲压水核反应堆，目前工程仍在进行中。

中国国家原子能机构主任陈求发2011年6月6日在维也纳则表示，中国主张在确保安全的前提下继续发展核电。陈求发当天在出席国际原子能机构理事会会议时发言说，和平利用核能、提高清洁能源比重是中国能源发展战略的重要内容。中国政府始终高度重视核安全，始终坚持安全第一的原则，积极引进、开发先进核能技术为核安全提供技术保障，同时建立了较为完整的核安全法规、核安全监管以及核应急体系。我们必须更加严密周全地研究核电站设计、运行管理、应急抢险等全过程安全，不断改进技术，务求保险再保险。中国环境保护部副部长李干杰6月3日在国务院新闻办公室举行的发布会上表示，中国将以日本福岛核泄漏事故为鉴，改进提高中国核电站的建设和运行安全水平，目前正在开展核设施综合安全检查和核安全规划的编制工作。李干杰认为，福岛核事故对包括中国在内的世界各国核电发展战略带来很多启示。一是要进一步提高对核安全重要性的认识。二是要进一步提高安全标准，并且有效全面执行。三是要进一步改进应急响应机制，提高应急响应能力。四是要进一步加强对核安全监管，尤其是要建立一个强有力核安全监管机构，保证这个机构有完整的独立性、强大的技术队伍、坚实的

① 李秀石："日本遭遇三重灾害的警示"，《文汇报》2011年3月18日文章。

技术基础和充足的资源保障。五是要进一步加强信息公开和公众宣传。六是要进一步强化国际合作，充分共享各方的经验和能力。

至于日本政府，迄今为止我们没有看到日本停止发展核能的决策或意见。2011年7月24—30日，中国社会科学院青年学者代表团访日期间，在一次午餐会上，当记者问外务省的福田高干，是否对日本现在的安全状况感到担忧，是否会因核危机而反对政府继续采用核能，福田高干回答说："日本是一个已经习惯了地震的国度，我们有很好的应急机制和防灾救灾机制，因此对地震不是很担忧。目前比较困难的是核安全，但我并不反对使用核能，只是希望政府在提高其安全方面有所关注。"①

6. 重视提高公众的环保意识

重视公众在解决环境问题中的作用，努力提高公众的环保意识；重视改变生活方式与环境保护的关系，大力提倡健康的绿色的生活方式；重视大学在环境保护方面具有的重要意义，加强对未来一代的环境教育：我们要借鉴和介绍国外在这方面的做法和成功经验。比如说，不久前加拿大多伦多大学开设了一门新的课程：环境心理学。课程主讲人Dan Dolderman教授认为，环境可持续发展的希望在青年一代。该课程的核心理念是以社区为基础的社会营销（CBSM）。CBSM执行者一般以改变生活方式为目标，如资源回收利用、减少家庭能源的使用量等。环境心理学研究的最重要的问题是：什么样的人类行为将使社会向有利于保护环境的方向变化。课程的设计者希望，课程结束时，学生们能学会在生活中应用知识，并通过各自的社区设计作业，树立保护环境的意识。②

---

① 《中国社会科学报》，2011年8月11日。

② 《中国社会科学报》，2011年6月28日。

7. 环保产业发展给企业带来巨大商机

企业与环境保护的关系以及企业在环境保护方面应当如何行动，是世界任何国家在任何时候都应当认真研究的问题。在现代社会中，企业排放的污染物质占据非常大的比重。企业的工作做好了，环境保护问题解决了一半。

但是，迄今为止，人们对企业在环境和环境保护工作中的作用，大多是从消极的角度论述和看待的。主要是批评企业不去努力减少污染物的排放，不去努力采取措施使企业排放的空气和水达到环境保护部门规定的标准。这样的批评和要求无疑是正确和公平的，但它基本上是消极的。

政府和公众对企业在环境保护方面的责任应当从更加积极的立场出发加以界定。企业也应从更加积极和长远的立场来考虑自己的产品和生产结构，而不是把眼前是否能立即获利当作出发点。

上面我们在介绍国外关于循环经济的看法时说过，传统的“3R原则”正在被“4R原则”取代。而在有的国家，有的地方，“4R原则”已经不单纯是一个理论和理念的问题，它已转化成了企业的行为，同企业寻求新的市场和商机紧密地结合在一起了。比如早在1993年，富士施乐公司在日本推出了一种名叫“整合资源循环系统”的生产系统，要求对客户使用过的产品、鼓粉组件进行回收，再送至工厂分解、清洗，通过分选、修复等流程，对零部件进行功能恢复。符合质量标准的零部件，将与新品零部件一起送上产品生产线，用来组装新产品；不符合质量标准的零部件，则会在经过细致的分类后，作为原材料送去再生处理。简单来说，通过这一系统，还有利用价值的零部件将被“再利用”，在富士施乐，这样的产品被定义为“新制产品”。没法再用的零部件则将被送去“再循环”。

自1995年至2004年3月，公司共推出73个型号、23万余台使用了再利用零部件的复印机和多功能一体机，以零部件数量计算，再生利用率达54%，节约使用各类资源2200吨，减少二氧化碳排放近

1.4万吨。这样做，开始阶段并不能给企业带来利润。1995年，富士施乐就在日本启动了整合资源循环系统，但8年后才盈利。[①]国际的经验证明，不管在什么地方和什么制度下，一个好的关于环境保护的理念、构想和计划由政府提出后，如果不能转化为企业、组织和公众的自觉行动，即使是最好的理念、构想和计划也是难以实现的。企业和公司承担的社会责任要求它们在环境保护方面不是消极地应对，而是一开始就采取积极的立场，去创新、开发新的符合环保要求的产品。

第四节　国际环境合作中存在的问题

在目前诸多的国际合作领域中，环境合作起步较晚，虽已取得不少成绩，但也存在许多有待解决的问题。我们在这里仅提出以下几点：

1. 国际环境合作条约没有确保得到履行

1992年在里约热内卢举行的联合国环境与发展大会（地球峰会）无疑是非同寻常的历史性事件。如此众多的各国领导人汇聚一地专门讨论环境问题，这在历史上是从来没有过的。他们为解决地球面临的紧迫问题而来，使这些问题受到国际社会的极大关注。代表市民社会各阶层的个人和组织参加了环境与发展大会以及与之同时举行的“全球论坛”，数量之多也是历史上空前的。参与会议报道的媒体记者数量之多也是过去少有的。市民社会和媒体的广泛参与使地球峰会变得更加壮观。

但是，正像联合国前副秘书长、联合国环境规划署首任执行主任、1972年联合国人类环境会议和1992年联合国环发大会秘书长莫

① 叶松亭：“很多人当它垃圾，其实它是‘再生原料’”，《文汇报》，2011年6月5日。

里斯·斯特朗指出的那样，各国政府其实并不愿意将《地球宪章》作为指导人们对待地球和他人的伦理性原则。这是《地球宪章》之后未能真正落实的一个重要原因。地球峰会另一个令人失望之处是为了达成共识，《21世纪议程》中的一些关键问题——特别是人口、能源和生产与生活方式等问题被淡化了。公约虽然得到与会各国的普遍认同，这一事实使这些条约享有一种独特的政治权威性，“不过，正如我们后来所看到的，这并没有确保上述条约得到履行。”[①]

2. 发展中国家在国际环境合作中的利益没有得到应有保证

1972年的斯德哥尔摩会议虽然为包括中国在内的发展中国家得以全面参与国际环境谈判及其达成的合作建立了框架，但也彻底暴露了发展中国家和发达国家之间的立场分歧。这种分歧在之后的历次国际环境会议中都继续存在，但却没有加以解决。资金问题、责任与成本分担的依据问题，继续成为发展中国家和发达国家争论不休的根源。这些问题实际上已成为每一次国际环境与可持续发展谈判的中心议题。这一点在关于气候变化公约和生物多样性公约的谈判中表现得尤其明显。

3. 由于缺乏长期评估机制，对国际环境合作协定的执行缺乏监督

以有关保护臭氧层国际协定为例，当实践证明是氟利昂破坏了臭氧层后，人类就不得不采取措施了。最早是1985年，在联合国的推动下制定了保护臭氧层的《维也纳公约》。到1987年，联合国环境规划署组织制定了《关于消耗臭氧层物质的蒙特利尔议定书》，对8种破坏臭氧层的物质性（简称受控物质）提出了削减使用的时

---

① 莫里斯·斯特朗：“建立全球环境治理的新范式”，2007年10月17日。

间要求。这项议定书得到163个国家的批准。1990年、1992年和1995年，在伦敦、哥本哈根、维也纳召开的议定书缔约国会议上，分别对议定书作了三次修改，扩大了受控物质的范围。除氟利昂外，哈伦、四氯化碳、甲基化碳、甲基氯仿都列入了受控物质名单。虽然不再使用氟利昂，但人类还要使用冰箱等现代化电器和汽车，人们不得不去开发非氟利昂型的替代物质和方法，如水清洗技术、氯制冷技术等。

1990年6月在伦敦召开的议定书缔约方第二次会议上，决定为实施议定书设立多边基金，以便给发展中国家淘汰有关物质提供资金援助和技术支持。1991年建立了临时多边基金，1994年转为正式多边基金。到1995年底，多边基金共集资4.5亿美元，在发展中国家共安排了1100多个项目。

到1995年，发达国家已经停止使用大部分受控物质，但经济转轨国家没有按议定书要求削减受控物质的使用量。发展中国家因为按规定要到2010年停止使用，所以受控物质使用量目前仍处于增长阶段。尤其是我们中国，随着经济持续高速增长，家用电器、泡沫塑料、日用化学品、汽车、消防器材等产品都大幅度增长，受控物质使用量比1986年增加了一倍以上，成为世界上使用受控物质最多的国家之一。

由于执行议定书的时间参差不齐，加之氟利昂性质稳定，可以存在50—100年，即使议定书完全得到履行，受损耗的臭氧层也只能在2050年以后才有可能完全复原，[①]而我们目前又没有一个评估环保措施执行情况的长期性机制，使对议定书执行缺少应有的监督。

① 桂慕文著:《生态与环保的故事》，江西人民出版社，2009年11月第1版，第217页。

第七章

中国的环境外交

涉及环境资源问题的国与国之间的外交活动，可以追溯到很早的时候。早期的这类外交活动主要涉及国与国之间有关河流、湖泊、海洋、土地和生物资源的争端，并由此产生了一些早期的国际资源条约，但当时尚未形成专门的环境外交。作为国家间相互关系的最年轻领域，环境外交是在环境问题严重到一定程度、环境保护发展到一定阶段才逐渐兴起并专门化的。现代国际环境领域的合作与交流，离不开各国的环境外交活动。国际环境组织的成立和活动，是环境外交的产物。国际环境法则则是各国环境外交所须遵循的行为准则。

环境问题成为国际外交活动中的一项重要议题，是从20世纪60年代开始的，后来逐步发展成为相对独立的环境外交。“国际上在60—70年代，环境问题初登外交舞台，经过70—80年代的调整和发展，到90年代已经形成高潮。”[①]美国、英国、欧盟、日本等发达国家首先开展环境外交，把环境问题作为向中国和发展中国家施压的手段，在世界范围内争夺环保产业和环境领域的主导权。

我国政府虽然较早提出了环境外交问题，但迄今为止对环境外

① 王之佳编著:《中国环境外交》，中国环境科学出版社，1999年12月第1版，第213页。

交的研究没有得到足够重视。为了应对气候变化等热点问题，我们虽然在有关部门成立了专门机构，但具有中国特色的社会主义环境外交理论体系尚未形成，环境外交缺乏明确的战略目标和实施措施。这种状况影响了环境外交的开展。

第一节　关于环境外交的界定

关于什么是环境外交，国内没有统一认可的界定。

蔡守秋在1992年出版的《环境外交概论》一书中说，环境外交可分广义与狭义两种：广义是指环境外交主体通过外交方式去调整环境外交对象的各种对外活动的总称；狭义是指国家通过外交部、环保局等代表国家的机关和个人，采用谈判等和平方式以调整处理国家环境关系的各种活动的总称。①

解振华认为，环境外交是国家和其他外交主体通过谈判等和平方式，以调整国际环境关系的各种活动的总称；是国家推行其环境外交政策、维护其环境权益、促进其环境事业发展的重要手段；是一个新兴的、十分活跃的、兼有环境工作和外交工作双重特点的工作领域。②

王之佳在其颇有影响的《中国环境外交》一书中说，简单地讲，环境外交就是指为解决全球性和区域性环境问题，维护我国和发展中国家环境合法权益而进行的双边与多边环境合作、国际交流和外交斗争，是国际政治、经济、环境和外交等因素相互影响、相互作用而表现的一种新的国际关系形式。环境外交的基础是国际环境关系，国际环境关系是国际关系的重要组成部分。③

张海滨在“论中国的环境外交”一文中认为，“环境外交是以

① 蔡守秋:《环境外交概论》，香港中华科技出版社，1992年，第10页。

② 1999年7月为王之佳《中国环境外交》写的序，中国环境科学出版社，1999年12月第1版。

③ 王之佳编著:《中国环境外交》，中国环境科学出版社，1999年12月第1版，前言。

主权国家为主体，通过正式代表国家的机构和人员的官方行为，运用谈判、交涉等外交方式，处理和调整环境领域国际关系的一切活动。其主要内容包括：寻求加强国际环境合作的方式、国际环境立法谈判、国际环境条约的履行、处理国际环境纠纷和冲突等。”

丁金光在2007年出版的《国际环境外交》一书中是这样界定环境外交的：环境外交是国际关系行为主体通过谈判等和平形式，以调整国际环境关系的各种活动的总称。环境外交的基础是国际环境关系。国际环境关系是国际关系的重要组成部分，是指国与国之间在环境保护方面形成的关系。环境外交是一国推行其环境外交政策、维护其环境权益、促进其经济和环境发展的重要手段。它从维护全球生态环境这个基本目的出发，以处理国家间的环境纠纷、制定有关环境问题的国际公约、谋求环境问题的国际合作、最终建立全球环境新秩序为主要任务。环境外交主要包括环境条约外交、环境争端外交、环境会议外交、环境民间外交等多种方式。目前涉及的主要领域包括保护臭氧层、预防全球气候变暖、越境大气污染和跨国酸雨、外层空间、国际水域、海洋环境、野生生物保护、南极环境外交等。①

黄全胜在2008年出版的《环境外交综论》中则是这样说的：本书根据已有的环境外交的各种定义，结合其发展现状与趋势，提出综合定义如下：环境外交是指各种行为主体（主权国家的代表机关和个人[包括国家元首、代表机关的个人]、政党、政府间国际组织、非政府组织，跨国公司以及公民个人）通过正式和非正式的外交行动，以交涉、谈判等和平方式去维系或调整国际环境关系，旨在捍卫国家环境权（又叫环境主权）和争取国家发展权利的同时兼顾国际共同环境利益。也可以借此实现和服务于特定的政治目的和其他战略意图。具体可包括：国际环境法的立法、修订、补充、履

① 丁金光著：《国际环境外交》，中国社会科学出版社，2007年1月第1版，前言，第2—3页。

行，国际贸易环境规则的谈判与修订，国际环境合作的寻求、建立、巩固、改善、恶化甚至中断，国际环境纠纷和冲突的处理，国家环境资源主权的处理权和自主权的维护，环境难民的接济等各种外交活动。环境外交包括与环境相关的战术层面的外交（diplomacy）和战略层面的外交（ foreign affairs）。前者往往是对后者的具体贯彻与体现。①

对环境外交的这些界定繁简不一，都有珍贵和可取之处。但如果要求我们简明扼要地来界定什么是环境外交，是否可以这样认为：环境外交是指对外政治、经济和环境保护等部门，为实现本国环境对外政策与战略规定的目标与任务，所进行的实践活动，许多情况下有公司、组织、个人参与。

第二节　国际环境外交的基本原则

国内研究国际环境外交的学者都重视研究指导和规范国际环境外交的基本原则，并在自己的著作中提出了对这一问题的意见。

我们在这里想强调的是以下几个原则：

1. 国家环境主权原则

国家环境主权原则是国家主权在国际环境关系中的体现。1972年发表的《联合国人类环境宣言》第21项原则明确指出：各国享有按本国的环境政策开发自己的自然资源的主权，同时还有义务保障在它们管辖或控制下的活动不致损害他国的环境或属于国家管辖范围以外的地区的环境。1972年联合国大会通过的《各国经济权利和义务宪章》第2条第一款规定："每个国家对其全部财富、自然资源和经济活动享有充分的永久主权，包括拥有权、使用权和处置权

① 黄全胜著:《环境外交综论》，中国环境科学出版社，2008年8月第1版，第13—14页。

在内，并可自由行使此项主权。”1992年的《里约环境与发展宣言》又重申了国家环境主权原则。根据该原则，各国拥有按照其本国的环境与发展政策开发本国自然资源的主权权利，并负有确保在其管辖范围内或在其控制下的活动不致损害其他国家或在各国管辖范围以外地区的环境的责任。①

2. 国际环境合作原则

国际环境合作原则的制定是因为保护全球自然环境这一人类共同财产是全人类的共同事业，只有通过建立在尊重国家环境主权和公平的原则基础上的国际合作，才能成功地保护全球自然环境。国际环境合作原则体现在许多国际宣言及国际条约中。1972年发表的《联合国人类环境宣言》明确指出：国家无论大小，在有关保护和改善环境的国际问题中，应该在平等的基础上本着合作精神加以解决。1992年的《里约环境与发展宣言》原则27指出：“各国和人民应诚意地本着伙伴精神、合作实现本宣言所体现的各项原则，并促进持久发展方面国际法的进一步发展。”1993年12月生效的《生物多样性公约》规定，必须促进国家间和非政府部门间的国际、区域和全球合作，促进技术、科学合作和转让，人员培训和专家交流，加强彼此间的信息交流等。单靠一个国家，无论这个国家经济和科技实力多么雄厚，都不可能真正解决全球性或地域性问题，只有国家间的相互合作才能有效地保护和解决环境问题。这是环境问题本身具有的特殊性所决定的。②

3. 可持续发展原则

可持续发展原则代表着一种全新的发展观，是一条重要的协调

① 王之佳编著:《中国环境外交》，中国环境科学出版社，1999年12月第1版，第45页。

② 同上，第45—46页。

环境与经济发展关系的原则。1992年《里约环境与发展宣言》明确指出:“为了实现可持续的发展，环境保护工作应是发展过程的一个整体组成部分，不能脱离这一进程来考虑环境保护。”可持续发展的思想已为许多国家政府、国际组织、工业界、民间机构以及众多有识之士所认可与赞同，而且许多国家已制定了适合本国或本地区条件的21世纪可持续发展战略。简而言之，可持续发展原则就是主张把发展与生态环境视为一个紧密相连的有机整体，在保护生态环境的前提下寻求发展，在发展的基础上改善生态环境。①

4. 公平承担责任和照顾发展中国家利益原则

1992年《里约环境与发展宣言》指出：鉴于导致全球退化的各种不同因素，各国负有共同的但是又有区别的责任。发达国家承认，鉴于他们的社会给全球环境带来的压力，以及他们所掌握的技术和财力资源，他们在追求可持续发展的国际努力中负有更多的责任。

5. 共享国家管辖权外的环境和资源原则

对国家管辖权外的环境应实行共享原则。这类资源又称为“人类公有物”、“人类共同继承的财产”、“全球公地”，应当共同保护、共同享用。任何国家和个人不能占为己有，不能提出领土、领海、领空等要求，各国均有权利参与管理和保护，均有权分享产生于这些自然资源的收益，各国有保护这些自然资源不被污染和滥用的义务。

目前公海、南极、外层空间及国际海底区域等公有资源，均有相关的国际公约加以规定。例如，1959年的《南极条约》规定，南极地区应为全人类的利益服务，各国须冻结对南极的领土要求，并确保南极为和平目的而使用，防止对南极带来任何污染。

---

① 王之佳编著:《中国环境外交》，中国环境科学出版社，1999年12月第1版，第46页。

6. 国际环境损害责任原则

国际环境损害责任原则，是指一个国家对环境污染或污染所造成的后果，其跨越本国管辖范围致使有关国家或非国家管辖区域造成的环境损害，承担赔偿责任的原则。1992年发表的《里约环境与发展宣言》明确规定了“各国应制定关于污染和其他环境损害的责任和赔偿受害者的国家法律。各国还应迅速并且更坚决地进行合作，进一步制定关于在其管辖或控制范围内的活动对在其管辖外地区造成环境损害的责任和赔偿的国际法律”。[①]

第三节　环境外交的主体和客体

有的学者把环境外交的主体分为狭义主体和广义主体。狭义主体仅指主权国家。通常由主权国家的代表机关和个人、国家元首、执政党所代表。这类主体往往直接影响甚至负责相关决策。当然也具有宣传、沟通的权力。广义主体除包括狭义主体外，还包括在野党、政府间国际组织、非政府组织、跨国公司及公民（个人）。狭义主体之外的各种行为主体主要具有宣传、沟通、传播、游说和声援等作用，虽然参与环境外交活动，但往往仅能对主权国家相关外交决策施以影响，没有直接的决策权。但随着全球环境问题政治化的进程和全球环境外交的发展、互联网等现代信息技术的帮助、国际组织、跨国企业及公民参政议政意识的高涨，这类无决策权的行为主体的作用与影响力呈现扩大与上升趋势。

环境外交的客体是国际环境关系。国际环境关系是主权国家之间、国家集团之间，在人口、资源、环境、发展等方面的相互关系。它是环境外交的基础，是国际关系的重要组成部分。国际间

---

① 王之佳编著:《中国环境外交》，中国环境科学出版社，1999年12月第1版，第47页。

的合作与冲突，国际间的相互依存在国际环境关系中表现得十分突出。[①]

从各国环境外交的发展趋势看，环境外交主体和客体之间的关系有着扩大与深化的趋势。现代的国际环境关系不是单纯的环境关系。它和政治、经济、军事、文化、社会等领域的关系变得越来越密切。国际环境关系政治化趋势明显加强。它使各个国家和国家集团之间争夺环境主导权的斗争变得日益尖锐。许多国际环境问题变得复杂化同国家和国家集团之间通过环境问题表现出来的政治较量，有密切关系。拿国际经济关系和国际环境关系的联系来说，外贸、投资等经济活动对环境的影响越来越密切，越来越深刻。20世纪40年代，由于环境问题还未成为国际社会关注的焦点，关税及贸易总协定（GATT）1947年没有直接描述环境问题，而是将环境问题的处理方法纳入“自由贸易原则”（GATT第1条和第3条）以及“自由贸易的一般特例”（GATT第20条）中。在关贸总协定基础上成立的世界贸易组织（WTO），在继承关贸总协定相关规定的同时，给予环境问题以更大的关注，但是世界贸易组织仍然没有单独的环境政策文本，而是以条款的形式散见于世界贸易组织监管的有关技术性壁垒、农业、补贴、知识产权和服务等相关协定或协议之中。[②]

可以预料，在世界贸易组织的未来发展中，随着贸易与环境的关系越来越密切，有关二者关系的条款会作为单独一部分列出，而不是散见于有关条款中。随着各国对外直接投资的迅速增长，其中包括新兴发展中国家对发达国家及其他发展中国家直接投资增加，与投资有关的环境条款也将增加和细化。与过去不同的是，这种环境条款和投资条款越来越具有双重性质：它既有限制发展中国家资本进入发达国家的作用，也保护了发展中国家免受发达国家及其他

① 黄全胜著:《环境外交综论》，中国环境科学出版社，2008年8月第1版，第27页。

② 莫莎著:《贸易、投资与环境协调发展——基于区域经济合作的视角》，中国经济出版社，2006年12月第1版，第56页。

发展中国家投资带来的环境污染。

其次，由于环境外交客体的变化，一个国家内部以及不同国家环境外交主体之间的关系，也变得更加紧密和复杂了。就一个国家而言，外交部、商务部、环境保护署三者间既有目标、任务共同的一面，也有部门利益和视物角度不同的差异和区别，相互间需要加强合作与协调。政府有关领导部门与机构不但要负责制定国家环境外交的战略、方针、政策与任务，并要负责贯彻与实施。公司、企业和各种民间组织与个人在从事对外环境活动时，也在进行某种形式的环境外交，推动国际环境关系向着有利于本国利益和公司、企业利益的方向发展。公司、企业、各种民间组织与个人进行的国际环境活动不能违背国家的环境外交政策，损害国家的环境外交。另一方面，国家也应兼顾公司、企业、各种民间组织与个人的利益。当公司、企业、各种民间组织与个人在国际环境活动中，产生利益碰撞时，政府有关部门应当进行协调，达到共同发展的目的，避免本国企业间进行恶性的竞争。

最后，国家与政府机构之外的各种环境行为主体在参与环境外交活动中，对于国家环境外交虽然没有决策的权利，但它们对于政府部门的环境决策有着重要作用。各种国际环境组织，非政府组织以及公司、企业往往是政府环境决策的先行官。它们的作用非一般的宣传、沟通、传播、游说和声援所可比。随着公共外交的兴起与发展，国际环境组织，非政府组织以及公司、企业在中国环境外交中的作用，呈现上升的趋势。

第四节　中国环境外交的发展阶段

1. 中国环境外交起始阶段（1972—1978年）

20世纪60年代至70年代初期，是国际环境外交的酝酿、兴起阶段，也是中国环境外交的起始阶段。

国内学术界一般把1972年作为中国环境外交的起始年。

在人类环境会议召开之前，1971年12月，联合国环境会议秘书长莫里斯·斯特朗（Maurice F. Strong）在纽约会见了中国代表团团长乔冠华，希望中国能够与会。1972年2月，联合国秘书长致函中国外交部长姬鹏飞，邀请中国代表参加人类环境会议。为此，周恩来总理高瞻远瞩，力排众议，决定派代表团参加会议。关于中国代表团的组成问题，起初以卫生部为主，因为当时一般认为环境污染危害人体健康，是个卫生问题。名单上报之后，总理说，环境问题不仅仅是个卫生问题，还涉及国民经济的很多方面，卫生部做不了这些事，还得要由综合部门来派团。最后形成了一个由工业、农业、水利、卫生、外交各部门组成的综合代表团。[①]

这一年的6月5日，中国出席了联合国首届人类环境会议，即斯德哥尔摩会议。

我们所以把我国参加斯德哥尔摩会议看做中国环境外交的开端，是因为：

① 斯德哥尔摩会议是人类第一次世界范围的环境峰会。会议历时11天，但中国代表团于1972年5月30日乘飞机离开北京前往斯德哥尔摩，7月4日晚回到北京。前后经历了一个多月时间。这次大会有110个国家领导人与会。这么大规模的世界峰会，又开了这么多天，其影响远远超出了环境问题本身，成为当时国际关系中的一件大事。

② 大会讨论了世界环境形势等一系列重大问题。大会的工作主要按六个主题范围划分。它们是：

——为了环境质量对人类定居的规划与管理；

——自然资源管理的环境问题；

——有国际重要性的污染物的鉴定控制；

---

① 丁金光著：《国际环境外交》，中国社会科学出版社，2007年1月第1版，第220—221页。

——环境领域的教育、宣传、社会和文化方面；

——发展与环境；

——行动建议所涉及的国际组织问题。

这六个方面对于治理世界环境问题都是极为重要的。中国代表团积极参加了各个小组的讨论，阐明了中国的有关立场。

③ 斯德哥尔摩会议产生了三个文件：一个行动计划的建议，内容是如何处理地球上的环境问题；一项关于成立包括环境基金在内的新的联合国机构的建议；一项人类环境宣言，阐明了集会各国认为在未来岁月中应指导他们行为的原则。特别是《人类环境宣言》的制定意义重大。这是环境领域的一份纲领性文件，对于今后世界各国治理和解决国际环境问题有着指导的意义。

《宣言》第1条宣称，“人类既是他的环境的创造物，又是他的环境的塑造者，环境给予人以维持生存的东西，并给他提供了在智力、道德、社会和精神等方面获得发展的机会。生存在地球上的人类，在漫长和曲折的进化过程中，已经达到这样一个阶段，即由于科学技术发展的迅速加快，人类获得了以无数方法和在空前的规模上改造其环境的能力。人类环境的两个方面，既天然又人为的两个方面，对于人类的幸福和对于享受基本人权，甚至生存权利本身，都是必不可缺少的。”

《宣言》第3条说，“人类总得不断地总结经验，有所发现，有所发明，有所创造，有所前进。在现代，人类改造其环境的能力，如果明智地加以使用的话，就可以给各国人民带来开发的利益和提高生活质量的机会。如果使用不当，或轻率地使用，这种能力就会给人类和人类环境造成无法估量的损害。”

《宣言》第4条称，“在发展中国家中，环境问题大半是由于发展不足造成的。千百万人的生活仍然远远低于像样的生活所需要的最低水平。他们无法取得充足的食物和衣服、住房和教育、保健和卫生设备。因此，发展中国家必须致力于发展工作，牢记他们的优先任务和保护及改善环境的必要。”

《宣言》第9、12条宣称，发展中国家，“由于不发达和自然灾害的原因而导致环境破坏造成了严重的问题。克服这些问题的最好办法，是移用大量的财政和技术援助以支持发展中国家本国的努力，并且提供可能需要的及时援助，以加速发展工作。”“应筹集资金来维护和改善环境，其中要照顾到发展中国家的情况和特殊性，照顾到他们由于在发展计划中列入环境保护项目的需要的任何费用，以及应他们的请求而供给额外的国际技术和财政援助的需要。”

《宣言》第21、24条说:“按照联合国宪章和国际法原则，各国有按自己的环境政策开发自己资源的主权；并且有责任保证在他们管辖或控制之内的活动，不致损害其他国家的或在国家管辖范围以外地区的环境。”“有关保护和改善环境的国际问题应当由所有的国家，不论其大小，在平等的基础上本着合作精神来加以处理，必须通过多边或双边的安排或其他合适途径的合作，在正当地考虑所有国家的主权和利益的情况下，防止、消灭或减少和有效地控制各方面的行动所造成的对环境的有害影响。”

《宣言》最后一条，即第26条庄严宣称:“人类及其环境必须免受核武器和其他一切大规模毁灭性手段的影响。各国必须努力在有关的国际机构内就消除和彻底销毁这种武器迅速达成协议。”

《宣言》的每一条讲的都是当时世界上紧迫的环境问题，是名符其实的人类环境宣言书，同时它又体现了世界各国在处治国际环境问题时遇到的各种矛盾和问题，是各个国家和各类国家对这些问题的立场和政策的协调与整合，是一次成功的国际环境合作的结果，是各国环境外交的一次全面展示。

④ 在1972年联合国人类环境会议上，中国代表团阐明了我国在环境问题上的原则立场，同各国成功地交换了在一些重大环境问题上的意见，为中国今后参与国际环境合作打下了较好的基础。中国代表团着重阐述了修改《人类环境宣言》草案时应当考虑的十项主

要原则。它们是：经济发展与环境维护的关系、人口增长与环境维护的关系、战争与环境保护问题、环境污染的社会根源问题、资源保护问题、反对公害、国际污染的赔偿、环境维护方面科学技术的国际交流、国际环境资金的筹集和使用、关于维护人类环境的国际协作包括区域性的协作。一切协作应体现大小国家一律平等、充分协商。中国较早地在国际多边合作机制中提出这些问题，并阐述了自己的看法，不但对于《人类环境宣言》的修改与完善，并对于国际环境合作机制的长远发展，以及中国进一步参与这一机制的工作，有着重要意义。会议最后通过的《人类环境宣言》多处吸收了中国代表团提出的意见。

⑤ 中国代表团是我国在恢复联合国席位后参加的第一个大型国际会议，是我国在世界上再一次“亮相”，其外交意义甚至大于环境领域本身的意义。周恩来总理不但亲自指导确定参加会议的中国代表团的组成，并且明确指示参会的立场、目的与主要观点。要求代表团采取积极的态度、鲜明的立场，面向世界人民，争取通过会议进一步推动第三世界独立自主、发展经济、加强团结、反帝反霸的斗争。[1]当时我们对于国际环境问题的了解并不深切，所以能取得如此重要的成果，一个重要原因是因为我们并没有就环境问题论环境问题，而是从世界政治与外交的高度，紧密结合环境问题，对待和处理参加斯德哥尔摩会议事宜。

1973年，联合国环境规划署成立，中国当选为理事国后，派代表团出席了历届理事会会议。1976年，中国设立了常驻联合国环境规划署代表处，曲格平任首任代表。从此中国同环境署开展了一系列合作活动。

联合国环境署第一届理事会于1973年6月12日至22日在瑞士的日内瓦举行。在这次会议上，我国代表团充分利用环境外交，维

---

① 刘东：周恩来关于环境保护的论述与实践，《北京党史研究》，1996年第3期，第30页。

护了祖国的尊严，主权的独立，国家的统一。议事规则草案第67、68条原来规定，联合国各专门机构任何成员均可参加环境理事会及其所属机构的讨论。此规定有明显漏洞，可能被人利用，作为制造“两个中国”的借口。中国代表团在会前向执行主任斯特朗提出这个问题，表明了中国的立场。斯特朗先生当场表示没有考虑到这个问题，对我们的立场表示理解，表示竭力设法解决。次日大会召开时，会议执行主席先宣读了一项声明，有关中国的代表权应遵守联大2758号决议，会议无异议地通过了这一声明。

在会上，我国代表团坚持支持第三世界的立场。环境行动计划优先次序问题和项目内容是本次会议集中争论的一个问题，其实质是发展中国家的要求和发达国家的要求何者放在优先地位。秘书处原来所提方案基本上反映了发达国家的要求，把大气、海洋的污染和全球监测问题放在优先地位。发展中国家则认为当前迫切需要解决的仍然是饮水、居住、卫生等问题，即发展问题。另一个焦点是使用环境基金的实权，也就是环境基金的财权应更多集中于理事会，还是更多掌握在执行主任手里。在这两个问题上，争论相当激烈，直到会议最后一天才达成协议。行动计划的内容，优先次序以及分配的金额，基本上是77国集团的方案和发达国家协商后的产物。基金财权问题争论很大，最后达成协议，对执行主任的权利给予了限制，所有计划、办法、协定都要由理事会审批，再授权执行主任执行。在这次会议上，发展中国家团结协商，加强了同发达国家谈判协商的地位。

我国代表团在会议期间正式通知秘书处，中国于1973年认捐环境基金人民币50万元，其中半数为可兑换货币。

1976年3月3日至4月14日，在肯尼亚内罗毕，联合国环境规划署召开第四届理事会，我国代表团参加了会议。这次会议除通过年度工作计划预算和讨论一些业务性问题外，重点讨论了环境和发展的关系。自1972年斯德哥尔摩人类环境会议以来，我们一再强调和阐明关于环境方案活动和国际合作必须严格尊重各国主权的观点；关于独立自主、自力更生，加快发展民族经济，同时保护和改善环境的观点；关于第三世界国家发展民族经济，应以农业为基础的观点；关于发展和环境互相制约、互相促进的辩证统一的观点；关于资源综合利用，变废为宝，化害为利的观点等。这些观点被越来越多的国家接受。我国的环境外交取得了一定的成效。①

另一方面，当时由于对世界环境问题认识欠缺深度，对联合国环境规划署这个机构了解不够，在一定程度上限制了中国更加积极地开展活动。

2. 中国环境外交发展阶段（1979—1992年）

20世纪70年代末，我国国内的政治经济形势发生重大转折。中国开始实行改革开放政策，环境外交迎来了发展的新时期。

这一时期的中国环境外交有四大特点。

第一，环境外交开始建立在坚实的法律和有效工作机制基础上。这方面非常重要的是1978年通过的“文革”后的中国第一部宪法，首次将环境保护与污染防治写入其中，对环境保护做了明确规定。1979年9月，全国人大通过了《中华人民共和国环境保护法（试行）》。1983年，在改革开放大氛围中召开的第二次全国环境保护会议上，环境保护被确定为一项基本国策。1989年正式颁布《中华人民共和国环境保护法》。这些都为中国环境外交的进一步发展提供了牢固的基础和动力。

1989年之前，我国开展环境外交的政府官员级别较低，没有超过部级的（接待外宾除外）；名为环境外交，但外交部参与较少，主要是环保局及相关的职能部门在操作；环境外交不仅在国家外交工作中排不上号，就连国家的环保工作也没有将其列为重点。国家

---

① 王之佳编著:《中国环境外交》，中国环境科学出版社，1999年12月第1版，第116—120页。

环保工作的最高领导机构——国务院环境保护委员会每年都要制定来年的年度环保工作重点，但在1989年以前，没有提“环境外交”或“环境外事”。在环境外交中，各自为政，缺乏协调，国家气象局、林业部、农业部、煤炭部、水电部等职能部门归口负责相关领域的国际环境合作，没有一个统一的协调机构，造成对外政策的矛盾和对外表态的口径不一。[①]

这种状况在20世纪80年代末有了明显变化。

1984年5月，国务院环境保护委员会成立。1984年11月，设立国家环境保护局。外交部是国家对外关系的主管部门，包括指导和参与环境外交工作，国家环保局是中国仅次于外交部的一个重要的环境外交机关。1985年设立了外事处。1988年成立了外事办公室。国家环保局在环境外交中的地位和作用日益加强。

第二，中国双边环境外交开始取得突破性进展。中国与美国、日本、法国、英国、丹麦、西德等国进行了多次双边环保交流活动，并同有的国家签订了国际环境保护条约和双边协定，从而为进一步开展双边外交工作打下了基础。其中与美国的环境保护合作始于80年代初，双方在环境污染对人体健康的影响、大气及水环境保护、环境管理、环保技术、臭氧层保护、气候变化等领域开展了形式多样的交流与合作，包括人员交流、专题考察、研讨会、合作研究等方式。1980年2月55日，中华人民共和国国务院环境保护领导小组办公室与美国环境保护局，在中美两国政府间科技合作协议下，签署了环境保护科技合作议定书。之后，双方陆续在议定书下达成了四个附件，并围绕附件下的具体合作项目开展了工作。四个附件是：环境与健康研究，环境污染控制，环境管理和全球环境问题。在这四个附件下，双方就相互感兴趣的课题进行了几十项成功的合作，本着平等互利的原则，取长补短，达到了双方受益的效果。1988

① 王之佳编著:《中国环境外交》，中国环境科学出版社，1999年12月第1版，第228页。

年，日本首相竹下登来华访问，提出利用100亿日元日本政府无偿援助建设“中日友好环境保护中心”，得到了我国政府的积极响应。1991年7月7日，我国正式批准了该项目。中英两国自80年代初开始进行环境领域的合作，双方不仅在可持续发展、环境教育与公众意识等软课题方面进行了合作研究，还开展了一系列互访和技术交流与合作项目，取得了丰硕的成果。

第三，政府机关与民间组织在环境外交战线上开始结成一体，为了实现环境外交整体目标发挥各自作用。在外交部、环保局加强对环境外交领导的同时，非政府组织也开始发挥越来越重要的作用。仅1981—1985年间，中国环境科学学会共接待来自20多个国家的学者380多人，组织国内1000多名科技工作者与来华访问团体、个人进行学术交流，并派出23人参加国际会议和访问考察，大大增加了中国同许多国家和地区间的相互了解。我们以中国环境科学学会的名义加入了1948年成立的“国际自然及自然资源保护同盟”，担任同盟的理事国。①

第四，环境外交实质上是环境政治。环境外交的这一特点在这一时期围绕保护臭氧层的斗争中明显地表现出来。

进入80年代，保护臭氧层成为国际环境保护的热点问题。从1982年1月至1985年3月，为起草和制订保护臭氧层公约，各国进行了七个回合的谈判。1985年3月，在维也纳召开的保护臭氧层全权代表会上，22个国家和欧洲经济共同体签署了《保护臭氧层维也纳公约》，我国派观察员参加了这次会议，但当时没有在《公约》上签字。

1987年9月14日至16日，来自43个国家的环境部长和代表在加拿大蒙特利尔举行的国际会议上，匆忙通过了《关于消耗臭氧层物质的蒙特利尔议定书》。由于该议定书中存在着许多严重的问题，

---

① 王之佳编著:《中国环境外交》，中国环境科学出版社，1999年12月第1版，第129页。

遭到了许多国家特别是发展中国家的批评。

1989年3月5日至7日，联合国环境署和英国政府共同召开了有123个国家代表出席的“拯救臭氧层伦敦会议”，对蒙特利尔议定书进行评价。会上各国代表对保护臭氧层的具体措施进行了激烈的争论。中国代表团在会上详细阐明了我国对全球环境问题的原则立场，对维也纳公约和蒙特利尔议定书的宗旨和原则予以肯定，表示支持；同时指出议定书没有充分体现“多排放、多削减”的公平原则，认为“为发展中国家提供财政资源和技术，以使它们有效地参加保护臭氧层的国际努力”是争论与分歧的关键所在。1989年4月26日至28日，在芬兰赫尔辛基举行的会议上，中国代表在发言中，详尽有力地阐述了建立国际基金的理由，指出要有效停止发展中国家生产、消费氯氟烃类物质必须依靠国际基金的建立，从经济上确保发展中国家取得适宜的替代产品和替代技术。对中国代表团的意见，美、日等工业发达国家表示反对，认为对发展中国家进行援助应利用现有财政机制和市场机制，而以“77国集团”为代表的发展中国家则表示完全支持中国的意见。在做了大量工作后，终于使缔约国作出了建立国际基金的决定。后来经过多方努力、协商，议定书的伦敦修正案于1990年6月生效，中国政府于1991年6月19日宣布加入经过修正的蒙特利尔议定书。[①]

3. 中国环境外交全面发展阶段（1992年至今）

1992年，在巴西的里约热内卢召开了联合国环境与发展大会。这次会议是人类历史上的一次盛会，有178个联合国成员国参加了这次会议，有102位国家元首或政府首脑，包括中国总理李鹏，出席了会议。这次会议的整个进程，是在可持续发展的主题下进行的。在这次会议上通过了《里约环境与发展宣言》和《21世纪议程》

---

① 王之佳编著:《中国环境外交》，中国环境科学出版社，1999年12月第1版，第131页。

两个纲领性文件以及《关于森林问题的原则声明》，另外还签署了《气候变化框架公约》和《生物多样性公约》。这些文件集中体现了各国政府普遍接受并作出承诺的关于可持续发展的一般思想、理论和要求，标志着可持续发展的全球战略的形成。

在联合国体系里，可持续发展并不是单纯地关于资源与环境的理论与战略，它是一套全球性的、综合的、长期的关于人类现在与未来的发展思想与发展战略。它反映了人类社会为维护生存与发展的基本条件、解决各种全球性危机所作出的空前努力。可持续发展问题涉及到人类社会活动的各个方面和各个领域，贯穿于人类社会的经济体系、社会体系以及自然的生态环境体系。在联合国1997年制定的《发展议程》中提出，"发展是使所有人们过上更高质量生活的一项多维事业。经济发展、社会发展，环境保护，这些都是可持续发展的各个相互依存和相互作用的成分。"①

由于里约会议在世界发展和环境保护这两个方面都具有重要意义，它的召开"不仅仅是170多个国家在一起，并且是政府和人民在一起，开始了一个新的长征。"②世界各国在发展和环境方面的共同利益使大会最后通过了一些非常重要的协议。但这些协议是各国与会代表通过艰苦谈判和工作取得的结果。无论在发达国家还是发展中国家内部，对于会议讨论的问题都存在不同意见，但相比之下，发达国家和发展中国家之间的意见分歧则更为尖锐。会议期间，南北双方争论的问题，主要有三个：

① 关于资金问题。发展中国家要求发达国家提供为保护环境所需的"新的、额外的资金"，并且最迟于本世纪末达到联合国确立的官方发展援助占国民生产总值的0.7%的目标，要求各方平等参与"全球环境基金"的管理。发达国家虽承认需要有"新的、额外的

① 郑必坚、张伯里主编《当代世界经济》，中共中央党校出版社，2003年6月第2版。转引自全国政协"21世纪论坛"2005年会议《参考资料》第3期，第4—5页。

② 中国代表团团长宋健在6月14日环发大会闭幕式上的讲话。

资金”，但对提供资金态度不一。美国仍拒绝接受0.7%的指标，不同意增加发展援助；英国、加拿大、日本等国原则上接受此指标，但不同意规定实现的期限，英国、加拿大还表示难以大幅度增拨资金。筹资的不足将影响《21世纪议程》规定的各领域合作的开展。

② 关于技术转让。发展中国家要求以“优惠的、非商业性的”条件转让技术，发达国家以保护知识产权为由拒绝接受。经过反复磋商，发达国家虽原则同意“优惠条件”，但技术转让和保护知识产权的矛盾并未解决，尤其是掌握在西方私营企业手里的技术，转让时还可能遇到各种障碍。

③ 关于机构设置问题。在今后建立什么样的政府间机构，该机构具有什么样的职能，由什么机制来管理国际环保资金等问题上，南北双方有着重大分歧。有关各方通过协商最终取得了一致，使大会获得圆满成功。在解决这些问题的过程中，中国代表发挥了重要作用。[①]

需要指出的是，大会虽然获得圆满成功，但分歧并没有真正解决。这种情况决定了，各项决议在实施过程中会遇到各种困难，更需要通过外交途径予以推动和解决。

以联合国1992年环境与发展大会为起点，我国环境外交步入了全面发展时期。为了适应形势的需要，为加强国际合作、外事管理和环境外交工作，1993年，国家环保局成立了国际合作司。1999年，制定和发布了《全国环保国际合作（1999—2002）纲要》。这是环保系统在国际合作方面的第一个指导性文件，它明确了全国环保系统今后一段时期国际合作工作的指导思想、工作任务和主要措施，为今后全方位，规范有序地开展国际合作和环境外交奠定了基础。[②]

---

① 王之佳编著:《中国环境外交》，中国环境科学出版社，1999年12月第1版，第158—159页。

② 陈竹华、寿小丽:“中国环境外交的历史演变与历史挑战”,《中国人口、资源与环境》,2001年第4期。

第五节　中国环境外交面临的挑战

21世纪，中国和世界环境外交面临三大挑战。

一是避免和妥善处理环境问题导致的国际冲突。环境问题导致的国际冲突一般可以分为两种情况。一是生存资源的改变，包括水、石油、渔业等资源状况的改变。二是生存空间的改变，包括空气污染、气候变暖、臭氧层出现空洞、土地的荒漠化等。生存资源的改变对国家间的冲突往往有直接影响。迄今为止，国家在环境领域最重视的就是对生存资源的争夺，特别是对不可再生性资源的争夺。

关于环境资源问题的国与国之间的外交活动，可以追溯到很早的历史。早期的这类外交活动主要涉及国与国之间有关河流、湖泊、海洋、土地和生物资源等争端，并由此产生了一些早期的国际资源条约；但当时尚未形成环境外交。

资源问题成为国际外交活动中的一项重要议题，是从20世纪后半叶开始的。

除石油资源外，20世纪在全球范围内发生过多次水资源冲突，其中最突出的冲突发生在中东和南亚地区。中东是一个严重缺水地区。中东地区最尖锐的水资源之争发生在约旦河流域。与约旦河流域相关的国家有5个：约旦、叙利亚、以色列、黎巴嫩、巴勒斯坦。由于约旦河流域的国家几乎没有可替代水源，缺水问题极其严重。特别自1948年以色列建国以来，控制约旦河和它的源头一直是这一地区争执不断的问题。

1967年第三次中东战争之所以爆发，直接原因之一就是阿拉伯联盟的成员国在1960年初企图改变约旦河河道，使其远离以色列。得知此决定后，以色列外长果尔达·梅厄夫人（Golda Meir）警告说，任何使约旦河上游源头改道的行动都代表着对以色列人生计划明目张胆的侵犯，因而将被认为是对“和平的一种威胁”。4年后，当叙利亚开始实施河水改道工程时，以色列总理列维·艾希科尔（Levi Eshkol）警告说："以色列将采取行动以确保约旦河水继续流淌。"1967年6月5日大规模的战争终于爆发。在"六日战争"中，以色列占领了约旦河流域的大部分地区，使自己有了比较可靠的水源供应。目前，以色列赖以生存的40%的地下水以及每年可供应的总水量的1/3来自1967年占领的地区。

尼罗河流域也是一个用水紧张的地区。1959年就如何使用尼罗河水资源问题曾有过一个条约，即最后签字的只有埃及和苏丹两国。在与以色列签订和平条约后，1979年埃及总统安瓦尔·萨达特（Anwar el Sadat）一语惊人："只有一件事会导致埃及再次走向战争，那就是水。"萨达特还威胁轰炸埃塞俄比亚的水利设施。联合国前秘书长加利曾预言，中东下一次战争将由尼罗河引起。

1996年6月召开的联合国第二次人类住区大会指出，水将是21世纪国际社会争论最激烈的城市问题。人们将越来越认识到，水是一种国际商品。在印度尼西亚首都雅加达，干净的饮用水比汽油还贵，一升汽油的价格为700盾，而一升优质水的价格却为1000盾。

水与国家安全的关系历来都十分密切。很多水系属于多国共有的性质，下游国家往往不能确保自己得到足够的干净用水。现在，随着人口的增长，特别是一些干旱半干旱国家人口增长过快，已经进入严重缺水状态，加上生活水平和用水要求的提高，以及全球气候变化导致的水供应问题日益增多，水与供水系统越来越成为国际争夺的对象，有时甚至成为军事行动的目标和战争的手段。联合国前秘书长加利曾说："今后某些地区的战争，将不是政治的战争，而是水的战争。"①

二是妥善处理发展与环境的关系。环境和发展都涉及人类的生存问题，不能用保住一个，牺牲一个的办法解决。而是既要发展经济，又要保护环境，达到二者兼顾的目的。从根本上说，经济增长

① 丁金光著：《国际环境外交》，中国社会科学出版社，2007年1月第1版，第24—26页。

与环境可持续发展之间并不是相互排斥，而是相互依存的。关键是，对于任何国家、任何经济体，经济增长应当是绿色的增长和发展。

一个国家，一个地区或者一个经济体，在经济发展的初期阶段，经济的质量必然较低。在产品的要素构成方面，劳动和资源含量较高，知识和资本的含量较低，给周围环境带来的污染也较多。但我们不能因此便剥夺这些国家或经济体发展经济的权力。无论是发达国家还是发展中经济体，其早期的发展都曾出现过这种情况。不同的是，当发展中经济体走上工业化道路的时候，已经有了发达国家实行工业化的经验与教训。这种经验与教训，集中起来就是：不能走“先污染，后治理”的道路。发达国家大致是在完成工业化发展阶段后，出于自身发展利益的要求，提出可持续发展和绿色经济问题的，认为像他们过去那样发展经济是不可持续的。这种看法在世界上引起很大震动。由于历史条件的变化，在帝国主义殖民体系崩溃后，今天世界上也已经没有可供剥夺的廉价资源的供应地了，新兴经济体即使要再走发达国家的工业化老路也已经不可能了。这些都决定了发展中经济体在实行工业化的时候，必须摒弃“先污染，后治理”的思维和道路，必须非常重视环境保护，大力发展绿色经济，在发展与环境之间寻求一个新的平衡点。不是不要发展，而是要科学地发展，只有科学发展才是硬道理。

但是，使问题变得复杂的是，正当环境和环境保护问题日益受到世界重视的时候，发达国家却在环境保护的大旗下，推出了两项维护发达国家利益但却有损发展中经济体利益的政策。一是借口环境保护，限制发展中经济体商品和资本的进入。二是不顾发展中经济体的实际情况，要求它们承担与其国力不符的减排等义务。这使发展中经济体在加强环境保护，走可持续发展道路的时候，面临着新的挑战。经济全球化的进一步发展使问题变得更加复杂了，因为今天发展中经济体向欧洲、美国等发达国家输出的产品中，有相当一部分是发达国家跨国企业在发展中经济体投资生产的。根据国际环境公约的规定，发达国家本应在资本和技术两方面加强对发展中经济体的援助，帮助发展中经济体加强环境保护的能力，这本是发达国家在偿还环境的历史欠账，完成“共同但又有区别的责任”时应当做到的，但这却恰恰是发达国家在要求发展中经济体实行“绿色出口”时自己始终没有做到的承诺。

三是妥善处理与环境有关的产品生产与交易主导权问题。20世纪世界发展的一切迹象都表明，21世纪是“绿色经济”的世纪。世界经济的结构和技术基础正面临新一轮革命。在新的世纪里，引领世界经济发展的不是GDP的规模和在世界GDP总量中所占比重，而是谁在发展“绿色经济”方面占据的优势和主导地位。谁占据了这种优势和主导地位，谁将主导世界经济的发展。这是21世纪世界经济发展的大趋势。这种状况决定了，各国围绕绿色技术和绿色产品生产、运输、销售游戏规则制定权的争夺会明显加强。这方面的竞争与合作将进一步发展并全面展开，它将成为新世纪我国经济外交的一个重要领域。

需要关注的是，目前以及今后相当长一个时期内，同发达国家比较，包括我国在内的新兴经济体在“绿色经济”、“绿色技术”和“绿色产品”的发展方面将处于劣势地位。我们说，“根本靠科技、基础在教育、关键是人才”，但正是在这些方面，我们同世界比较还有相当大的距离。今后，在发展“绿色经济”、“绿色技术”和“绿色产品”方面，我们同世界其他国家和地区的合作机会将明显增加，与此同时，我国在这方面将不但面对发达国家的挤压，也将面临其他新兴经济体的挑战。如何通过经济的绿色发展和国际合作，使我国在有关的国际游戏规则制定方面由弱变强，从无权地位向有权地位转化，是新世纪中国经济外交面临的一项重要使命。

结束语

本书在说到环境问题时，没有把环境以及环境污染孤立地、当做单纯的环境问题看待和论述。如果本书在环境问题的论述上有什么特点的话，那么它首先表现在，我们是把环境以及它的污染问题，与人类的生存以及生存的质量联系起来，进行考量。即使在一个空气受到污染，周围环境丑陋的地方，只要具备必要的衣食住行的物质条件，人类也许总是能够生存下去的，但这样的生存是不安全、不健康、不幸福的，是一种缺乏人类尊严的生存。与任何其他问题比较，人类的生存问题是第一位的。不管你属于哪个民族、哪个国家、信奉什么宗教和意识形态，保护好我们这个共同生活的星球，而不是毁坏它，任何时候都是人类根本利益之所在。

从这个基本立场出发，我们总是将环境以及污染问题，同人口问题、资源问题、工艺技术影响、发展不平衡以及世界范围的城市化困境等联系起来，作为一个整体来探讨。从这样的大视野来观察问题，可以说，人口与发展对环境的影响最为突出。当然，资源储量，科学技术等对环境都有重要影响，但核心是人口与发展问题。人口与发展，二者之中，我们更愿意把发展放在第一位。在发展中国家和经济体中，环境问题大半是由于发展不足造成的。千百万人的生活仍然远远低于像样的生活所需要的最低水平。他们无法取得充足的食物和衣服、住房和教育、保健和卫生设施。因此，发展中国家必须致力于发展工作，牢记摆在他们面前的“发展”这个优先任务，同时又必须保护和改善环境，使我们的发展始终沿着科学的道路前进。[①]科学的发展是硬道理。发展以及发展的方式，对于环境的影响是全方位和多层次的。环境为社会经济发展提供了物质基

① “联合国人类环境会议人类环境宣言”，1972年6月。

础，与此同时，它又对社会经济发展起着重要的制约作用。社会经济发展决不能离开环境的状况，无视环境为发展提供的条件。对经济社会发展有重要影响的不仅仅是环境的现状，并且是环境的发展趋势。我们在规划经济社会发展时，不但要全面考虑这种发展对当代人的影响，并要认真考虑它对后人生产、生活的影响。我们常常说不能“竭泽而渔”。但竭泽而渔至多没有给后人留下财富，而环境一旦破坏，有的却难以恢复，即使能够恢复，也要付出几倍甚至几十倍的努力。它给后人留下的是无穷的后患。这种代价和影响由于目前无法准确计算，易为世人忽略。

人类文明的历史，是生产力不断发展的历史。近几百年来，人类的经济活动和技术进步在提高我们的物质生活水平、推动人类历史向前发展的同时，也带来了资源过量消耗和生态环境急剧恶化等问题。因此，重要的是要在发展与环境之间寻找出平衡点。2000年上任的美国布什政府时期的环保局局长惠特曼女士说过一段令人印象深刻的话。她说，“我们第一个保守派总统西奥多·罗斯福曾经说过：我承认这一代人发展和启用我们国土上自然资源的权利和责任，但我不承认我们有不顾后代而浪费这些资源的权利。”罗斯福懂得，为了所有美国人的福祉要在各种利益之间保持平衡的必要性。“不再争论是否需要保护我们的环境，而是要讨论我们如何使美国保持山清水秀的同时，使美国的经济持续增长。”[①]我们在本书中始终将环境与发展结合在一起论述，就是想从中找出一个平衡点。即使本书没有能够做到这一点，也希望有人读了我们的论述后，能在这个方向上作出更多的努力，最终获得一些有益的结论。

其实在世界范围内，已经有很多人在深入地探讨环境与发展问题，并已取得令人注目的成就。2005年3月30日，联合国在伦敦、

① 莫莎著:《贸易、投资与环境协调——基于区域经济合作的视角》，中国经济出版社，2006年12月第1版，第2—3页

华盛顿、巴西利亚、东京、北京、新德里、开罗和内罗毕八个城市同时发布了《千年生态环境评估报告》，引起各国舆论的强烈关注。[①]《千年生态环境评估报告》由95个国家1300名研究人员和学者在全球各地收集所有已知的环境恶化资料的基础上完成，是迄今为止最大规模的科学合作报告之一。《报告》历时四年，耗资2400万美元，长达2500页。《报告》认为，过去半个世纪以来，人类最大限度地进行开发，在获得各种资源的同时，也以前所未有的速度和范围猛烈地改变了全球的生态环境，一些生态系统所遭受的破坏已经无法得到逆转，牺牲环境而产生的恶果正在越来越清楚地表现出来。《报告》给了人们一个明确的结论：如果所有的地球居民都要像目前发达国家居民那样消费的话，地球的生态环境是不可能持续承载的。人类对生态环境实际上是在寅吃卯粮，透支子孙后代的财富。[②]我们要变革的不仅是生产的模式，并且还有消费的观念与模式。

发展工业所以给环境带来比过去远为严重的污染同科学技术的发明有直接的关系。生存在地球上的人类，在漫长和曲折的进化过程中，已经达到这样一个阶段，即由于科学技术迅速发展，人类获得了以无数方法和在空前的规模上改造其环境的能力。[③]一个很长时间中，我们对科技发明具有两重性缺乏认识。任何科技成果，使用得当会给人类带来巨大利益和福祉，使用不当也会给人类带来巨大灾难。这样的例子可谓比比皆是。《寂静的春天》的作者在她的书中这样写道：这些化学物质中有许多应用于人对自然的战争中，从19世纪40年代中期以来，200多种基本的化学物品被创造出来用于杀死昆虫、野草、啮齿动物和其他一些用现代俗语称之为“害虫”的生物。这些化学物品是以几千种不同的商品名称出售的。这些喷雾

① 《光明日报》，2005年4月8日。

② 丁金光著:《国际环境外交》，中国社会科学出版社，2007年1月第1版，前言，第1页。

③ 联合国人类环境会议:《人类环境宣言》，1972年6月。

器、药粉和喷撒药水现在几乎已普遍地被农场、果园、森林和家庭所采用，这些没有选择性的化学药品具有杀死每一种“好的”和“坏的”昆虫的力量，它们使得鸟儿的歌唱和鱼儿在河水里的欢跃静息下来，使树叶披上一层致命的薄膜，并长期滞留在土壤里——造成这一切的原来的目的可能仅仅是为了少数杂草和昆虫。谁能相信在地球表面上撒放有毒的烟幕弹怎么可能不给所有生命带来危害呢？它们不应该叫做“杀虫剂”，而应称为“杀生剂”。[①]现在DDT和PCBs在美国真正被禁用了。但作为化学物之近亲的模仿雌性激素的杀虫剂又大量出现，而且还在增加。来自苏格兰、密执安、德国和其他地区的研究报告表明它们可以导致生育能力的下降。引发睾丸癌和肺癌及生殖器官畸形等。仅在美国，在此种激素类杀虫剂泛滥的20年来，睾丸癌的发生率已经增长了50%。这个数据就意味着，由于某种尚未弄清的原因，世界范围内的精子数已下降了50%。有的文献认为这些化学药品也影响了野生动物的再生能力。三位研究人员研究了《环境健康服务协会杂志》（Journal of the Institute of EnvironmentaI Health Services）中的数据后得出这样的结论：“现在很多野生动物的数量处于危险的边缘。”大多数这类问题都是动物和人类的再生系统发生巨大的无法预知的变化的征兆，但现有的关于危险性评估的法律并没有考虑到杀虫剂的潜在有害影响。

人类环境问题的产生与传统的发展观和传统经济的发展有密切关系。在20世纪来到之前很多年，人类就开始对自然资源进行掠夺式的开发，同时肆无忌惮地向自然界排放大量废弃物，使全球环境形势不断恶化。20世纪的来临使这种情况进一步发展。二次大战后，帝国主义殖民体系土崩瓦解。获得独立的广大亚非拉国家纷纷加入工业化建设的行列。为什么要发展？怎样发展？这些问题成了社会关注的热点。到1956年，美国经济学家刘易斯写了一本书，叫《经

---

① ［美］蕾切尔·卡逊著：《寂静的春天》，科学出版社，1979年版，第7页。

济增长理论》，认为发展就是经济增长，做大经济蛋糕。因此，国民生产总值及人均国民收入的增长，被认为是发展的主要标志。这是传统发展观的重要特征。但是，实践证明，许多发展中国家和经济体生产增长了，但社会经济结构、政治经济体制等并没有明显进步，出现了分配不公、社会腐败、政治动荡等问题。人们将这种现象称之为“有增长而无发展”。

由于一元化的经济增长有诸多弊端，人们对把发展等同于经济增长的观念进行了深刻反思，认识到发展是经济增长基础上的社会多维变化过程。在此基础上，联合国专家提出“发展=经济增长+社会变革”的看法。美国发展经济学家托达罗在《经济发展与第三世界》一书中也指出：“应该把发展看做包括整个经济和社会体制的重组和重整在内的多维过程。”

20世纪60年代起，世界上掀起了一场关于发展观念的争论。这首先是因为1962年蕾切尔·卡逊发表《寂静的春天》这一警世之作。接着，1972年《只有一个地球》出版。同年，罗马俱乐部发表《增长的极限》这一著名研究报告，提出了“持续增长”和“合理的持久的均衡发展”概念。1987年，联合国世界与环境发展委员会发表《我们共同的未来》的报告，对经济发展和环境保护中存在的问题进行了全面反思，首次提出可持续发展的定义，即“既满足当代人的需要，又不危及后代人满足其需要的能力的发展”。1992年召开的联合国环境与发展大会上，可持续发展观念得到与会者的认同。从此，发展要有代际观念就十分明朗了。

可持续发展并不否定经济增长，但是需要重新审视如何实现经济增长并减少经济增长造成的环境压力。可持续发展以自然资源为基础，强调人类对自然资源的利用应与环境的承载能力相协调。可持续发展以提高生活质量为目标，和社会进步相适应，认为单纯追求产值增长不能体现发展的内涵。

1983年联合国推出法国经济学家佩鲁的《新发展观》一书，提出“综合的”新发展观。新发展观强调政治与经济、人与自然的协调，将人与人、人与环境、人与组织作为主题，提出发展应以人的价值、人的需要和人的潜力的发挥为中心，目的在于满足人的基本需要，促进生活质量的提高和共同体成员的共同发展。联合国在《1994年人类发展报告》中指出：“人类带着潜在的能力来到这个世界上，发展的目的就在于创造出一种环境，在这一环境中，所有的人都能施展他们的能力，不仅为这一代，而且也能为下一代提供发展的机会”，“人类的选择会远远超越经济福利。”后来有学者认为，以人为中心的综合发展观应包括寿命指标、教育指标和人均收入指标，这比单纯追求GDP指标的发展，显然有了巨大的进步。

中国提出的“以人为本，全面、协调、可持续发展”的科学发展观，是对以往人类有关发展观念和思想的总结与提高！[①]

人类进入工业化时代后，环境问题成了世界问题。工业化和经济全球化拓展了环境问题的范围，并使其构成发生深刻变化。政权是有国界的，环境污染是无国界的。环境问题不是一国力量能够解决的。环境国际合作和环境外交从来没有像现在这样重要。环境问题逐渐冲破单一概念，渗透到国际经济、政治、军事、安全等传统议题中，形成了许多国际政治领域新概念。环境扩展了传统安全观的内涵，形成环境安全和生态安全；环境融入到经济行为中，产生了绿色经济和绿色贸易壁垒；环境与霸权结合，形成环境霸权主义；环境与国际秩序相联系，寻求建立公正、合理的国际环境新秩序。[②]环境外交蓬勃发展，成为当代国际关系舞台上一个全新领域。21世纪环境外交的作用将呈现上升的趋势！

在论述了所有这一切之后，人们可以认为，尽管环境形势是严峻的，但人类的前途是光明的。一切取决于人类今后的行为和所取

① 桂慕文著：《生态与环保的故事》，江西人民出版社，2009年11月第1版，第355页。

② 丁金光著：《国际环境外交》，中国社会科学出版社，2007年1月第1版，前言，第1页。

的政策。我们现在处在历史上这样一个时刻：人们决定在世界各地的行动时，必须更加审慎地考虑它们对环境产生的影响。由于无知或不关心，我们可能给我们的生活和幸福所依靠的地球环境造成巨大的无法挽回的损失。而一旦我们有了比较充分的知识和采取比较明智的行动与政策，就可能使我们自己和我们的后代生活在一个比较符合人类需要和希望的环境中。改善环境的质量和创造美好生活的前景是广阔的。我们需要的是热烈而镇定的情绪，紧张而有秩序的工作。为了在自然界里取得自由，人类必须利用知识同自然进行合作。为了这一代和将来的世世代代人的生存和生活，保护和改善人类的生态环境已经成为一个紧迫的目标。这个目标将同争取世界和平，争取全世界经济与社会比较均衡地发展，共同地去实现！

第三篇

中国应对气候变化的新视野

气候是人类赖以生存的地球自然环境的组成部分，其任何变化都将对生态系统、人类社会产生重大影响。许多科学研究证实，我们身边的气候正在发生变异。当然，并不是所有的人都同意这些变化是由全球变暖所引起的。但是，如果有可能，我们还是应该设法去了解研究与人类繁衍生息密不可分的气候环境奥秘。

第八章

认识气候变化

第一节 全球变暖与气候变化

1. 全球变暖说的兴起

2009年冬天，在北欧丹麦首都哥本哈根召开的联合国气候大会让许许多多的普通民众开始认真地关注自己身边的“气候”，思考这种变化可能给自己的生活带来的影响。

所谓气候是指特定地区常年的平均天气状况及变化特征。在生活中，我们经常会谈论到一个地区或者区域的气候。比如，黑龙江的冬天寒冷而多雪，海南岛一年四季温暖而湿润。而整个地球在一个较长时期的平均天气状况则称之为全球气候。影响、塑造全球气候的有大气、水、陆地、冰雪与生物等不同圈层，这些圈层之间相互作用，构成了一个开放而复杂的全球气候系统。自然因素和人类活动都会作用于这个系统，致使它发生改变，也就是所谓的气候变化。但是，根据《联合国气候变化框架公约》（UNFCCC），气候变化主要是指“经过相当一段时间的观察，在自然气候变化之外由人类活动直接或间接地改变全球大气组成所导致的气候改变”。[①]可以

① 《联合国气候变化框架公约》，http://unfccc.int/resource/docs/convkp/conveng.pdf。

看到，为当前国际社会所关注的首先是由人类活动因素所引发的气候变化。

讨论气候变化问题必须从“温室效应”和“全球变暖”说起。“全球变暖”说可以认为是欧洲科学家在对冰期成因进行研究时的副产品。19世纪，科学家们发现地球大气中二氧化碳等气体可以引发“温室效应”，低浓度的二氧化碳水平与冰川世纪形成之间存在某种联系。1824年，法国科学家让·巴普蒂斯·约瑟夫·傅立叶（Jean Baptiste Joseph Fourier）生动地描述了这一现象。他将地球大气中的水蒸气、二氧化碳、甲烷等比作植物温室的那层玻璃，一方面使太阳辐射得以穿过，另一方面阻挡热量向外散逸。温室气体在大气中的体积不及1%，但是却在调节地球温度方面发挥着举足轻重的作用。正是由于“温室效应”，地球的平均表面温度才得以保持在15摄氏度左右，形成适宜动植物生长的生态环境，生机盎然。

温室气体有两大来源——自然来源和人类活动排放来源。自然界中的温室气体主要有二氧化碳、水蒸气、甲烷、臭氧、氧化亚氮等。在很长的历史时期，地球上温室气体主要来自于自然界。然而，工业革命以来，人类活动的影响日益明显。在生产活动过程中，人类对煤炭、石油、天然气等能源的消耗量显著增加，排放的二氧化碳等温室气体逐渐累积。这是否会加剧“温室效应”，并推动地球平均气温持续上升呢？

1896年，瑞典科学家斯万特·奥古斯特·阿累尼乌斯（Svante August Arrhenius）首次尝试将二者的变化联系起来，认为人类生产活动所排放的温室气体或将导致“全球变暖”。而英国的蒸汽工程师和气象学家G.S.卡兰达尔（Guy Stewart Callendar）更在1938—1964年间发表了一系列论文，对二者关系加以全面阐述，指出人类生产活动致使二氧化碳浓度升高，由此导致地球气候变暖，从而告别酷寒难耐的冰川世纪。但是，直至20世纪中期，“全球变暖”说的观点和论据多被科学界视为一种假设和推测而频受质疑。正是在不断的质疑声中，关于“全球变暖”问题的研究趋于深化。二战后，世界陷入冷战状态。这一大背景为推动该问题的研究取得飞跃式成果提供了重大机遇。出于对大气和海洋变化规律的高度兴趣，美国等西方各国政府军方的相关资助力度大大加强，研究技术和方法得到进一步完善，成果丰硕。从20世纪50年代开始，美国科学家查尔斯·戴维·基林（Charles David Keeling）开始通过设在南极和夏威夷茂纳·罗亚（Mauna Loa）火山山顶的观测站，运用精密仪器连续记录并分析大气中二氧化碳浓度的变化。随着时间的推移，数据的累积，一条大约呈45度角上升的二氧化碳水平变化曲线呈现在人们眼前。统计数据清晰地表明，从观测站记录工作开始的1957年至基林告别人世的2005年，大气中二氧化碳的浓度已经从315ppmv上升到378ppmv。[①]以基林为首的研究团队首次以确凿的数据证实，大气中二氧化碳的浓度正在持续迅速攀升。这条“基林曲线”说明，由于“温室效应”而导致全球变暖的可能性确实存在。同时，来自气象、海洋、地质等领域的科学家也运用种种不同的技术手段加入到对这一课题的研究中。冰川运动、植被改变、海平面升降等都留下了气候变化的“脚印”。科学家在南极地区、格陵兰岛等地采取冰芯样品，晶莹剔透的冰芯中细小的气泡包裹着久远年代大气成分细微变化的信息。科学家对不同年代冰芯气泡中二氧化碳等温室气体的变化情况进行分析，再对照检测氧、氮的同位素。结果表明，大气中温室气体的含量与同期地球表面平均温度之间存在密切关联。

那么，温室气体含量上升仅仅是自然因素导致的结果吗？1750年，从欧洲、北美开始，人类社会进入工业化发展阶段，越来越依赖煤炭、石油等化石燃料以满足工业、交通和生活上的需要，导致大气中的二氧化碳等含量不断增加，“温室效应”显著增强。据测算，

① AFTER TWO LARGE ANNUAL GAINS, RATE OF ATMOSPHERIC CO_2 INCREASE RETURNS TO AVERAGE, NOAA REPORTS, http://www.noaanews.noaa.gov/stories2005/s2412.htm.

几个世纪以来，人类向大气中排放的二氧化碳高达1600亿吨，占当前地球大气层中二氧化碳总含量的30%以上。温室气体排放量持续增长加剧了全球平均气温升高的趋势。2000年，世界气象组织发布公报说，从19世纪末到20世纪末的100年中，全球平均气温上升了约0.7摄氏度，而20世纪90年代则是世界自1840年有正式气象记录以来最热的10年。20世纪也成为近1000年来地球温度上升最快的时期。

人类在生产、生活中，通过燃烧等活动释放出大量的烟雾、尘埃等污染物。这些污染物以液态或固态微粒形式悬浮在大气中，也成为水滴或冰晶的凝结核，形成气溶胶。尤其是其中的硫化物、黑炭气溶胶等可以明显减弱太阳辐射，降低局部大气温度，改变降水状况。

森林砍伐、植被破坏等土地利用方式的改变会导致温室气体排放源、碳汇能力和地表反照率等发生改变，从而影响气候变化。印度尼西亚的热带雨林总面积约8850万公顷，约占全球雨林总面积的10%，仅次于南美洲的热带雨林及非洲的刚果雨林，排名第三。由于造纸工业等发展，近年来印尼森林面积每年以70万公顷的速率锐减，导致其迅速蹿升为世界第三大温室气体排放国。

政府间气候变化专门委员会（IPCC）发布的第四次评估报告肯定指出，自工业革命以来人类活动的确使造成大气中二氧化碳浓度、甲烷浓度等明显增加，已经观测到最近50年以来大部分全球平均温度的升高很可能是由于人为温室气体浓度增加所致。石油燃料的燃烧，土地利用方式的改变主要导致二氧化碳浓度的增加，而农业则是氧化亚氮等浓度增加的主要原因。这里的“很可能”意谓其可关联性在90%以上。①

所以，可以说人类为提高生活质量，从事生产劳动时大量排放

① 《气候变化2007——综合报告》，http://www.ipcc.ch/pdf/assessment-report/ar4/syr/ar4_syr_cn.pdf。

二氧化碳等温室气体与气候变化之间存在着显著的正相关关系。1750年以后，人类生产、生活等活动的净效果是全球变暖的主要原因。但是，必须看到，人类影响气候变化的方式、效果是极其复杂的，有的导致升温，有的引起寒冷，有的增加湿度，有的造成干燥。这些影响又是作用、叠加，并与自然因素相互影响、制约。所以，对于人类因素影响气候变化的净效果还有待进一步研究。

2. 气候变化及其影响

全球变暖所带来的气候变化正深刻地改变着地球动植物赖以生存的生态环境，并进而影响人类社会的发展。这些变化有些使人们深受震撼，像近年来在世界各地频频出现的飓风、干旱、洪灾等极端天气现象。而有些则是潜移默化，“润物无声”，像海平面的悄然上升、喜马拉雅冰川的逐渐消融。

海平面持续上升。在20世纪，由于冰川融化等原因，海平面上升大约15厘米。据预测，照此趋势，在21世纪，海平面还将上升59厘米，这将严重威胁到沿海地区和人口，湿地及珊瑚礁。据澳大利亚气候委员会发布的题为《关键的十年》的研究报告称，自从20世纪90年代初以来，澳大利亚的海平面每年都上升几毫米，在西澳和远北地区海平面上升的年最高纪录达到8毫米。悉尼的海平面上升速度相对小些，平均每年为1.8毫米。不过，微小的海平面上升却能对潮汐和风暴的发生产生很大的影响，澳大利亚为此将耗费630亿澳元用于基础建设和住房迁址。[①]

北极海冰消融。漂浮的巨大海冰成为北极地区壮观的独特景观。北极海冰不仅是北极熊、海豹等北极动物生息的家园，还具有调节北冰洋海域温度的功能。美国国家冰雪数据研究中心（NSIDC）

---

① 《澳大利亚面临海平面上升影响　积极应对气候变化》，http://www.chinanews.com/gj/2011/05-24/3060945.shtml。

的最新研究报告称，自1979年开始对北极海冰进行卫星监测以来，其历史同期面积以每10年3.3%的速度递减。2011年1月，北极海冰面积仅为1355万平方公里，缩减至有卫星监测记录以来的历史同期最低水平。目前，在北极地区，夏季海冰厚度仅及20世纪50年代的一半。[①]海冰融化成水势必改变海水资源的循环，加快北极地区的暖化进程。

冰川和永久冻土带融化速度加快。在整个20世纪里，世界各地的冰川都有所萎缩，永久冻土带的面积也有所缩减。除了大家熟知的喜马拉雅冰川、格陵兰冰盖以外，中国天山乌鲁木齐河源区的天山一号等冰川冻土也在不断退化。从1995年至今，一号冰川平均每年末端退缩4—5米。据估算，2008年河源区多年冻土下限深度约为86.8米，较1992年减小7.7米，很可能正在发生自下而上的迅速退化。[②]

海面温度上升。在过去几十年里，海水温度上升加剧珊瑚群白化，已经导致大约1/4的浅海珊瑚礁消亡。二氧化碳溶解在海洋中，使得海水酸化，会对珊瑚礁及其他海洋生物造成影响。

陆地湖泊水温上升。世界各地的较大湖泊温度上升较快，导致藻华，有利于外来物种入侵。湖泊分层增加，水位下降，生态系统会遭到破坏。美国国家航空航天局（NASA）通过卫星测量了世界上167个湖泊的表面温度。2010年，首次公布研究结果，发现每十年湖面的温度平均增加0.81华氏度，其中一些升高了1.8华氏度，“最大和最一致变暖的地区是北欧”。[③]

地球平均气温升高还将改变各地区的天气、四季规律及生长

① Arctic Oscillation brings record low January extent, unusual mid-latitude weather, http://nsidc.org/arcticseaicenews/2011/020211.html.

② 《乌鲁木齐河源——一号冰川正在一寸寸消融》,http://xj.people.com.cn/GB/188514/13186016.html。

③ NASA Study Finds Earth's Lakes are Warming, http://www.nasa.gov/topics/earth/features/earthb20101123.html.

季的长度。某些动植物将被迫改变分布情况或迁徙，以寻求适宜生存的环境。但是，气候变化之迅速或许将远远超过动植物的适应能力。科学家们预计，如果不对温室气体排放采取遏制措施，至2050年，或许将有1/4的动植物难逃灭顶之灾。

温度增高会加快地表、空气中水分的蒸发速度，某些地区会变得更加干旱，发生极热天气的频率增加。而有些地区则降雨量增加，甚至引发洪灾。飓风发生的频率和强度也会改变。有证据表明，20世纪70年代以来，在大西洋上发生飓风的次数正在增加。

气候变化对人类及全球安全的影响或许将超过人们当前所作的设想与评估。由其引发的一系列社会与经济问题将会导致在不同地区出现粮食危机、经济衰退、人口迁徙、社会结构改变等。所有这些都会蕴含着巨大的风险。联合国开发计划署发布的《2007/2008年人类发展报告——应对气候变化：分化世界中的人类团结》指出，在今后五六十年，在全球范围内将有3.6亿人沦为气候变化难民。全球气候移民的热点地区包括东亚、南亚、东非、中非、中美洲等。气候变化同时会加剧已经非常严重的用水危机，到2080年，面临饮水困难的人口可能新增18亿。[①]气候变化同时会令人们面临健康方面的新威胁，酷热会成为部分人群的生命“杀手”，花粉季节延长，更易于造成过敏，动物的迁徙也会将某些致病菌扩散。据估算，一旦疟疾病毒蔓延，世界上将有4亿人面临这种恶魔的威胁。

气候变化对发展中国家，尤其是最不发达国家的威胁尤为严重。它们中大多数不仅是自然地理条件相对恶劣，而且经济基础薄弱，生产力低下，基础设施不足，适应气候变化的能力极为脆弱。据乐施会的最新研究，在未来十年，气候变化将会导致食品价格翻番，使得数百万人陷入饥馑。这样的粮食危机最先侵袭的，无疑是那些最不发达的非洲国家、小岛国等。

---

① 《2007/2008年人类发展报告》，http://hdr.undp.org/en/media/HDR_20072008_Summary_Chinese.pdf。

值得思考的是，气候变化的负面影响具有强烈的溢出效应，会由适应气候变化能力最为脆弱的国家和地区扩散开来，成为地区以至全球经济增长、社会发展、政治稳定的障碍。目前的现实是，发达国家长期以来形成的高能耗生产和消费方式短期内难以发生根本改变，而众多发展中国家和地区也正努力挤上快速工业化的“列车”。人们对煤、石油、天然气的“胃口”越来越大，电厂林立、车流滚滚、毁林开荒等景象，短期内也难以改观。但是，如果国际社会不立即采取有效行动，气候变化将导致人类发展史上的巨大倒退。遗憾的是，机会似乎正在从人们手中一点一点地溜走。就在国际社会为了责任的分担吵得不可开交的时候，国际能源署又为我们带来了最新统计数据，2010年，全球与能源相关的温室气体排放量一度因经济衰退回落之后已经迅速蹿升至创纪录的306亿吨。而若实现2020年温升控制在2℃以内的目标，须削减二氧化碳140亿吨。[①]

第二节　气候变化的确定性问题

1. 激辩“气候门”

2009年11月27日，就在联合国哥本哈根气候大会召开前夕，一伙不明身份的黑客侵入东英吉利大学气候研究中心的邮件服务器，窃取了中心负责人菲尔·琼斯等人的1000多封邮件及3000多份文件，并将其首先发布在一个以质疑气候变化论真实性为宗旨的博客上。一时间，世界舆论为之哗然。这些不明身份的“入侵者”试图以这些文件说明，当前联合国所主导的气候变化议题只不过是一个伪命题。在其背后有强大的利益集团，借各国政府及人民对环境、

① Prospect of limiting the global increase in temperature to 2℃ is getting bleaker，http://www.iea.org/index_info.asp?id=1959.

能源及气候变化议题的关注，刻意操纵研究数据，营造全球变暖加剧的假象，催生人们的恐慌心理，借机谋取私利。

东英吉利大学随即作出回应，指责窃取文件者以偏概全、断章取义，意在动摇人类活动正在影响全球气候变化这一结论。

该研究中心是世界上最早的气候变化研究机构，在许多领域成果斐然，居于同类机构前列。为调查事实真相并维护学校及中心声誉，东英吉利大学委托成立了由格拉斯哥大学校长缪尔·拉塞尔（Muir Russell）爵士领衔的独立调查小组。在半年多时间里，该小组先后发布三次调查报告。报告首先肯定气候研究中心的科学家学术诚实“没有问题”，并称未曾发现可能影响IPCC报告准确性的证据。但同时也指出，相关研究人员对所属研究领域的工作进展情况态度保守，在数据使用方面存在瑕疵。

一波未平一波又起，气候门效应继续扩展。就在哥本哈根会议召开前后，西方媒体批评IPCC第四次评估报告在喜马拉雅冰川消融速度、非洲作物产量等多处出现错误及瑕疵。100多位科学家联名向联合国秘书长发出公开信，对人类活动导致气候变化的结论提出质疑。

2010年3月，美国盖洛普公司所作的民意调查结果显示，48%的受访美国人认为全球变暖的严重性“被夸大”，同比增长7%；赞同全球变暖影响“已经开始”或“将在几年后开始”的人群约占53%，同比下降5%；认为“全球变暖不会发生”或“在有生之年不会发生”的人群占35%，同比上升4%。同意全球变暖“将导致严重威胁”的人群占32%，同比下降6%；将全球变暖原因归于“人类活动”的人群更是从2008年的58%下降到当前的50%，认为由“自然原因”所致的人群则从28%升至46%。[①]可以说，奥巴马政府推动

---

① Americans' Global Warming Concerns Continue to Drop，http://www.gallup.com/poll/126560/americans-global-warming-concerns-continue-drop.aspx.

积极气候政策的民意基础已经遭到一定削弱。

怀疑派认为“气候门”事件充分说明当前的气候变暖说并不具备坚实的科学基础，以此假设为前提展开的国际气候谈判不过是惊天骗局。气候变化科学研究与技术发展方面的不确定性成为“怀疑论”者拒绝采取气候行动的重要理由之一。所谓不确定性可以理解为信息的不充分，或者是有关各方对于特定信息尚无法达成一致认识。

目前，科学界和公共政策研究者对于气候变化问题不确定性的认识也存在分野，主要有以下几类观点：

① 全球变暖并非因人类活动导致，而是地球及大气系统自然演变的结果；持此观点的科学家人数众多，如特拉华大学气候研究中心教授戴维·里盖特（David Legate）认为，“几乎所有20世纪的暖化问题都发生在20世纪40年代以前，自然变化因素可以解释几乎所有的暖化现象”。阿拉巴马大学的罗伊·斯潘塞（Roy Spencer）称，“绝大多数观察到的气候变化现象都是自然结果，人类的作用极其微弱”。美国太空总署顾问委员会主席哈里森·施密特（Harrison Schmitt）表示，“和自然效应相比，人类效应并不重要”。原威斯康星大学麦迪逊分校的大气与海洋学家雷德·布莱森（Reid Bryson）发现，全球变暖“在19世纪初期就已经开始了，那是因为我们正在告别一个小冰河期，而并不是我们排放了更多的二氧化碳进入大气”。

② 政府间气候变化专门委员会（IPCC）评估报告的分析与结论缺乏科学的严谨性和准确性。世界科学家联合会主席、核物理学家安东尼奥·尼奇其（Antonino Nichichi）指出，从科学的观点看，IPCC所依据的气候变化评估模式缺乏内在一致性，因而是无效的。

③ 全球变暖的原因尚未明确；如美国阿拉莫斯实验室的空间与遥感学家皮特·奇莱克（Pteer Chylek）认为，气候变化到底是由于二氧化碳积聚、太阳活动还是气候的自然变化目前并不清楚。

④ 全球变暖也会为人类社会带来益处；亚利桑那州立大学的克雷格·艾德索（Craig Idso）称，大气中二氧化碳含量的增加会极大地促进全球农作物产量的增长。

⑤ 此外，还有气候变化并不曾发生，等等。

这些批评和质疑并非新鲜出炉，“气候门”事件及其效应是长久以来关于气候变化确定性争议借举世瞩目的哥本哈根气候大会的一次集中爆发。面对气候变化这一全球性议题，不同观点之间发生碰撞是正常的，也是科学家们为人类社会前途、命运担忧的责任感使然。但是，气候变化问题不仅仅是一个科学问题，更重要的还是具有社会、经济、政治多维度的综合性问题。围绕气候变化不确定性的科学争论可以永无休止地进行下去，但各国及国际气候合作政策的制定与实施不能因争论歧见而束手无为。面对大量支持全球变暖结论的科学研究结果，人们恐也难以承受完全“不行动”所将付出的代价。

2. 无悔政策

经过前文的分析可以知道，气候变化怀疑论者的前四种观点都承认气候变化客观存在。基于对气候变化科学真实性的承认，大量的气候政策研究更为关注气候变化不确定性的另一层面，即气候变化可能导致经济与社会方面的后果以及减缓和适应气候变化成本的不确定性。气候变化的烈度以及因此而引发的潜在影响甚巨，其中包括海平面上升、海洋洋流的变化、极端气候事件发生频率增高以及人类生活方式的改变等。对于这些变化的认识仍然存在着不确定性。对此问题的不同评估使得在气候变化问题方面难以获致共识。而且限制温室气体排放的成本，也同样存在诸多的不确定性。著名的气候变化怀疑论者布乔恩·隆伯格（Bjorn Lomborg）先后出版了影响甚广的《质疑环境主义者》[①]和《冷却》[②]，指出了当前对全球变暖认识的局限性，并质疑京都机制等既有国际应对气候变化行动的有效性。

事实上，不确定性问题普遍存在于各个学科领域。对于气候变化的规模、原因和影响的进一步认识理当继续进行。但是现实情势的紧迫感也在推动人们采取具体的行动。决策者不能以等待所谓问题的完全“明确”作为行动的先决条件，因为常常是在行动之后问题才变得明晰。易于在应对气候变化问题上达成一致的，就是遵循所谓“预警原则”。这一原则使得不确定性不成为减缓环境问题行动的障碍。该原则来自于1992年的《里约热内卢环境与发展宣言》，“当有严重且不可逆转的损害发生的时候，缺乏充分的科学确定性不应该成为推迟成本—效益措施，以防止环境恶化的理由”。所以，尽管科学界等仍然在气候变化的影响方面存在分歧，但“其可能造成破坏的强度以及对当代和未来人类的福祉构成的风险，似乎是充分到应该采取强有力的预警行动”。气候变化问题必须从风险的角度来看，它不仅是一个通常的科学问题，而且是风险管理的政策问题。斯考特·卡兰（Scott J. Callan）指出，在环境政策决策时，实施风险管理需要考虑的关键性因素包括“确定风险水平、采纳政策的社会收益和执行政策的关联成本”，具体战略包括“比较风险分析、风险收益分析、成本收益分析”。[③]

在环境政治领域，不确定性问题变得尤为复杂。这是因为政治的不确定性与科学的不确定性问题在此交织在一起。就美国的气候政策领域而言，这一论断再次得到证明。2007年12月《布什政府

① Bjorn Lomborg, *The Skeptical Environmentalist: Measuring the Real State of the World*（London: Cambridge University Press，2001）.

② Bjorn Lomborg, *Cool It: The Skeptical Environmentalist's Guide to Global Warming*（New York:Vintage Books，2008）.

③ 斯考特·卡兰等:《环境经济学与环境管理》(李建民等译)，北京·清华大学出版社,2006年版，第125页。

对气候变化科学问题的政治干预》发布。报告指出，长期以来，布什政府通过有目的的系统性行动操纵气候变化科学研究及结果，并在全球变暖的危险性问题上误导决策者和公众。比如，政府环境质量委员会官员曾对政府《气候变化科学计划战略规划》报告进行了294次编辑，目的是夸大或突出气候变化的科学不确定性，低估或抹煞人类在全球变暖中的作用。①

尽管关于气候变化在科学、经济以及社会影响方面的确定性问题仍有争议，但是国际社会已经就此达成某些基本共识。2007年，联合国气候变化政府间委员会发布题为《气候变化2007》的第四次评估报告，报告延续了此前评估的基调，并进一步明确“气候系统正在变暖是毋庸置疑的”，而且“20世纪中期以来，绝大多数观察到的平均气温上升很可能是由于可以观察到的人为造成的温室气体积聚所致”。美国国家海洋与大气署的研究表明，全球变暖的步伐正在加快，在过去二十五年里已经达到了每个世纪上升2℃的速率。②

长期以来，国际上大多数公共政策研究者对类似结论表示支持，赞同“气候变化确定无疑”的说法，认为当前的问题是如何适应并进而减缓其后果和影响。甚至明确指出，形势已相当严峻，即便现在能够采取一定措施减缓温度上升趋势，但也将“发生不可逆转的、或许是灾难性的变化”。面对种种科学结论和政治现实，世界上几乎所有政府都在事实上承认气候变化的真实性。所以，预防性的“无悔政策”或“低悔”政策应该说是一种理性的政策选择。许多科学上的不确定性观点来自于对未来气候演变的电脑模拟，不能因此而放弃采取适应性和减缓性政策与行动。

---

① Political Interference with Climate Change Science Under the Bush Administration, http://oversight.house.gov/documents/20071210101633.pdf.

② IPCC第四次评估报告之《气候变化2007：决策者摘要》，http://www.ipcc.ch/pdf/assessment-report/ar4/wg1/ar4-wg1-spm.pdf。

所以，就结果来看，这次事件并未从根本上动摇正在进行中的国际气候变化谈判。其应对气候变化的国际合作进程仍然具有重大影响。值得注意的是，它首次将原先主要集中于科学界的争论和分歧推向公众。气候变化的“确定派”与“怀疑派”都以此事件为契机，积极利用媒体等平台就相关问题展开正面交锋。在这一过程中，公众开始全面思考全球气候是否真的正在变暖、平均气温上升趋势是否由于人类活动引起等一系列问题。公众对气候变化问题的理性认知水平得到空前提高。人们在对当前能源和资源消费方式提出质疑，对人类可持续发展的前景表示忧虑。人们透过“气候门”事件看到，由于应对气候变化深刻关涉各国经济、各产业等发展前景，各种利益集团深度卷入其间并正在保护、扩大其利益。面对“气候门”，人们并未袖手以待、无所作为，以联合国为主导的国际社会正在积极寻求问题的解决之道。

第九章

应对气候变化国际谈判纵览

2012年，《京都议定书》第一承诺期期满，国际社会围绕未来国际气候合作机制的构建展开激烈博弈。2007年，在广大发展中国家的努力下，巴厘岛会议坚持“共同而有区别的责任”原则，绘制了“巴厘路线图”。然而，发达国家集团仍在试图以种种理由规避自身责任，国际气候谈判进展极其艰难，京都机制岌岌可危。

第一节　国际气候变化谈判背景及进展

20世纪70年代开始，全球变暖问题进入国际政治议程。国际社会在联合国框架下，为了应对全球气候变化所衍生的环境、经济及政治问题而通过集体行动，逐步建立起由一系列“原则、规范、规则及决策程序”构成的国际气候变化机制。这一机制的建立与完善，推动了国际协调与合作，有助于缓解气候变化对全球经济与社会发展的负面影响，增进全球福利。在该机制设计和构建初期，欧盟、美国等发达工业化国家及中国、印度等发展中国家等以联合国作为平台发挥了不可替代的作用。联合国框架成为培育及维护该机制成长的温床。当前国际气候变化机制的发展大致经历了以下两个阶段：

第一阶段（1972—1994年）以《联合国气候变化框架公约》最

终达成作为标志性成果。1972年，联合国在瑞典斯德哥尔摩召开“联合国人类环境会议”。联合国环境规划署随之成立，建立国际气候变化机制的进程启动，气候变化问题纳入国际高级政治议程。1979年，第一届世界气候大会在日内瓦召开。1988年，在世界气象组织及联合国环境规划署的推动下，由各国科学家等专业人士组成联合国政府间气候变化专门委员会（IPCC），为与全球气候变化相关的科学、技术、经济及社会等情况作出科学评估，并就减缓和适应行动提出对策、建议。截至目前，该委员会已经发布四份研究报告，成为各国气候决策的重要科学依据，推动国际气候谈判逐步深入。1990年，第45届联合国大会通过决议，成立气候变化框架公约政府间谈判委员会（INC）。1992年，在巴西里约热内卢召开联合国环境与发展大会，开放就谈判达成的《联合国气候变化框架公约》供各国政府签署。1994年3月，《公约》正式生效。目前，《公约》已有191个缔约方。该文件奠定了国际社会应对气候变化、开展相关国际合作的法律基础，被视为“创建气候控制的全球体制的第一步”。[①]

第二阶段（1994—2012年）以《京都议定书》作为标志性成果。《联合国气候变化框架公约》规定，每年召开一次缔约方会议，研讨具体实施公约的相关措施问题。1995年，在柏林举行的第一次《公约》缔约方会议通过“柏林授权”，决定启动新一轮谈判，为发达工业化国家制定量化减排目标和时间表，并确认不会为发展中国家增加新的义务。1997年，在日本京都举行公约第三次缔约方大会，149个国家和地区的代表通过了《京都议定书》，依照该机制的设计思路，在2008年至2012年第一承诺期，发达工业化国家率先承担减排指标，发展中国家不承担强制性减排义务。文件规定，主要发达工业国家温室气体排放量要在1990年的基础上平均减少

① Greg Kahn, The Fate of the Kyoto Protocol under the Bush Administration, *Berkeley Journal of International Law*, Vol.21:258, p.549.

5.2%。其中美国削减7%，欧盟削减8%，日本削减6%。该文件明确了国际社会应对气候变化、减少温室气体排放的基本原则，为发达工业化国家规定了量化减排指标和时间表，成为一段时期内国际气候变化机制运转所依据的核心文件。随后的公约缔约方会议围绕遵守《公约》原则及落实《京都议定书》的议题，相继达成《布宜诺斯艾利斯行动计划》、《波恩协定》、《马拉喀什宣言》、《德里宣言》等文件。

《公约》及其《京都议定书》的达成标志着维持国际气候变化机制运转的基本规则确立，并取得指导和约束各行为体行动的合法性。2010年召开的巴厘岛世界气候大会为公约缔约方第13次大会，会议通过的“路线图”可谓承上启下，为完善未来国际气候变化机制保留了空间。在应对气候变化方面，国际社会的其他若干制度性安排亦发挥着重要作用，如八国集团会议、亚太清洁发展与气候伙伴计划（Asia-Pacific Partnership on Clean Development and Climate）等。但是，联合国框架下的国际气候变化机制居于核心地位，并与其他机制交织互动。主要原因在于这一机制已经奠定较为稳定、相对完备的基础。

从法律基础上看，除国际气候谈判之前国际社会就环境问题所达成的各项条约文件以外，历届《联合国气候变化框架公约》缔约方会议所制定的一系列具有国际法意义的法律文献居于机制核心地位，如《联合国气候变化框架公约》及其《京都议定书》、《柏林授权》、《波恩协定》、《马拉喀什协议》等。相关文件所阐述的“共同但有区别的责任原则”、“成本效率原则”、“风险预防原则”及“可持续发展原则”等成为国际社会采取集体气候行动的根本依据。

就组织网络而言，国际气候变化机制也日趋完备。主要包括《联合国气候变化框架公约》缔约国会议及其秘书处、联合国环境规划署、世界气象组织等。该组织网络凭依联合国框架，为各行为体开展国际协作提供了平台，发挥着制定集体行动议程及规则，监督和协调有关协议实施等功能。一年一度的公约缔约方会议及各机构召开的各类专门会议成为履行其组织功能的主要活动形式。

在发挥市场机制作用方面，国际气候变化机制取得了实效。为保证缔约国完成温室气体减排目标，联合国框架内的国际气候变化机制借助市场力量，设计了三种灵活履约机制，即清洁发展机制（Clean Development Mechanism,CDM）、国际排放贸易（International Emissions Trading，IET）和联合履约（Joint Implementation，JI）。据此，国际温室气体排放权交易市场启动并逐步纳入国际自由贸易体系，与既有全球公共物品网络联结，并逐步成为其中的有效组成部分。

此外，资金机制及遵约和履约机制等也是当前国际气候变化机制的重要组成部分，并蕴含着巨大的发展潜力。以资金机制而论，《公约》设立了气候变化特别基金、气候变化适应基金、最不发达国家基金等。其中，气候变化适应基金因与清洁发展机制挂钩而在近年获得了较快发展。由于各方利益难以协调等原因，当前基金机制发展难称充分，亦不平衡，但是该设计毕竟为机制的逐步完善奠定了良好的基础。

第二节 主要全球气候治理机制

积极参与全球气候治理的力量数目众多、类型庞杂，通过建立各种机制遍布于国际、国家、地方、企业等诸多层面，且相互交叠渗透。这里将着重讨论国际政治范畴内推动国际气候谈判的机制化形式，并将其概括为三种类型：政府间国际组织；首脑会议；伙伴关系等。在政府间国际组织中，正是联合国搭建起迄今最为重要的气候谈判框架；在各类首脑会议中，八国集团峰会与二十国集团峰会都将气候变化与能源安全议题列为优先项；而不同地区的国家等还通过签署非条约性的国际协议等方式建立起促进清洁能源技术转让等的合作伙伴关系，“亚太清洁发展与气候伙伴计划”即是重要一例。

1. 联合国

如前所述，联合国框架成为培育及维护全球气候合作机制的温床。不仅如此，联合国框架也成为当前进行的国际气候谈判中维护发展中国家权益的核心平台。1992年，《联合国气候变化框架公约》（UNFCCC）通过，这份文件奠定了国际社会应对气候变化、开展相关国际合作的法律基础，它所确立的“共同而有区别的责任”等一系列原则成为支持发展中国家与发达国家展开博弈的有力武器。1997年，第三次缔约方大会通过了《京都议定书》，为发达国家规定了强制性的量化减排目标。目前，凭依《公约》长期合作行动工作组及《京都议定书》特设工作组并行的“双轨”机制，更成为未来气候谈判的依托。为将国际气候合作不断推向深入，2005年12月召开的蒙特利尔气候大会建立起双轨并行的谈判机制。其一是依照《京都议定书》规定，继续讨论并确定附件一国家2012年后的减排承诺问题，设立“附件一国家未来承诺特设工作组”负责起草谈判案文；其二是在《联合国气候变化框架公约》下，为推动发达国家全面履约并向发展中国家提供技术与资金支持，拓展双方合作空间，启动长期合作行动对话进程。2007年12月，巴厘岛气候大会通过《巴厘岛行动计划》，正式设立“长期合作行动特设工作组”，负责就长期合作行动的内容及方式提出方案。

2. 八国集团、二十国集团及其峰会

由发达国家组成的八国集团仅为非正式论坛，但是其成员国GDP之和占世界总量的约60%，在国际事务中的影响力巨大。2005年，在英国主办的葛兰尼格尔斯峰会上，气候变化首次成为核心议题。会议发布的《葛兰尼格尔斯行动计划》中，关于应对气候变化，

发展清洁能源，推进可持续发展的承诺多达63项，并成为成员国参与国际气候谈判时的基本指针。在哥本哈根气候大会前，八国集团成员国在气候变化和清洁能源领域的合作空前加强。2006年俄罗斯圣彼得堡峰会、2007年德国海利根达姆峰会、2008年日本洞爷湖峰会以及2009年意大利阿奎拉峰会分别在能源安全、提高能源效率、设定全球长期减排目标等方面达成共识。

如前所述，八国集团的基本成员皆为发达国家，在处理气候变化等全球性问题和危机方面，虽然屡屡尝试通过“G8+X”模式与中国、印度、巴西等发展中大国协调，但是其封闭式结构等内在缺陷使其无法作为双方沟通的有效平台。2007年爆发的世界金融危机为早已成形的二十国集团带来发展机遇，其分水岭便是2008年11月于华盛顿召开的二十国集团首次峰会。自此，二十国集团开始取代八国集团成为关于全球金融市场和经济事务的重要论坛。在2009年召开的伦敦和匹兹堡峰会上，发展绿色能源，加强清洁技术合作等进入议程。与八国集团相比，二十国集团成员覆盖各洲，并且将更多的发展中国家囊括进来，具有更广泛的代表性。据统计，二十国集团的GDP、贸易量之和分别占世界总量的85%和80%。随着机制化建设逐步完善，二十国集团有望在推动全球气候治理方面发挥更为积极的作用。

3. 亚太清洁发展与气候伙伴计划

亚太清洁发展与气候伙伴计划于2005年达成，2006年启动，成员包括中国、美国、日本、澳大利亚、印度、韩国与加拿大，在铝业、建筑、化石能源、采煤等八大领域开展清洁技术等合作。成员国的温室气体排放量、能源消耗量及GDP之和分别占世界总量的50%以上。该计划为自愿性国际合作框架，并无法律约束力，实质性成果有限，但是它弥补了京都机制未能包括美国等不足，为发达国家和发展中国家开展清洁能源合作，削减温室气体排放量、增强适应和减缓气候变化能力提供了平台，可谓意义重大，潜力不可小觑。墨西哥、俄罗斯及东盟各国等亦考虑加入该计划。2002年达成的“再生能源与能源效率伙伴计划”也属此列。该计划参与方包括政府、银行、企业、国际组织等120多个单位，旨在减少温室气体排放，帮助发展中国家获取清洁能源和提高能源效率。

4. 基础四国及金砖国家协商机制

2009年11月，在哥本哈根气候大会前，中国、印度、巴西与南非四个发展中大国为了更好维护自身排放与发展权益，齐聚北京，就其基本立场进行磋商协调，拟定统一的谈判案文。就此在气候谈判问题上形成“基础四国”磋商与协调机制。“基础四国”之所以能够形成发展中国家集团中的一支新力量，其成员有共同或近似特点和利益诉求。在“巴厘路线图”拟定之后，发达国家集团却并不愿以“共同而有区别的责任”达成新的《京都议定书》替代协定，反而力图推卸、转移自身的减排责任，强压发展中国家承担显失公平、合理的减排指标，矛头直指中国、印度、巴西、南非等近些年经济增长较快，排放量上升的发展中大国。2007年，面对共同压力的四国就已经开始就相关问题进行沟通。哥本哈根会议前，四国作为一个整体正式亮相，被冠以“基础四国”的称谓。围绕每次谈判的核心议题，四国都会通过“气候变化部长级会议”等渠道预先交换信息、沟通讨论、协调立场，扮演了推动对话不断走向深入的建设性角色。

2010年，“金砖国家”机制扩员，将南非纳入，其成员范围就涵盖了“基础四国”。两个机制都将气候问题当作其核心议题。在气候变化问题上的讨论方面，“金砖国家”机制具有更多优势。作为一个地区大国，从历史和现实上看，俄罗斯在气候谈判问题上发挥着独特作用。而且，在本轮谈判中，俄罗斯具有极强的参与意识，期望有所作为。鉴于俄罗斯与西方发达工业化国家在立场和观点上的较大区别，中国等发展中大国也期望能够争取其在谈判中予以支持和理解。观察2011年的首次“金砖国家”峰会，似乎出现“金砖国家”替代“基础四国”的苗头。

上述各机制在推动全球气候治理方面并行不悖。它们在不同层面发挥着各自独特的作用，互为补充，影响着未来的国际气候政策与行动。

二十国集团在一定程度上克服了八国集团的显著排他性，将对气候变化问题最具影响力的重要国家尽皆包容，适度的成员规模也有利于展开实质性讨论，但是由于其并非正式的国际组织，所形成的决定缺乏合法性。在涉及发达国家集团与发展中国家集团在资金、技术等核心问题时，其代表性也难免会遭到质疑。而且，二十国集团并不是以气候变化为首要议题。

各种伙伴关系计划常常会包括政府、企业、国际组织和NGO等，结构相对松散，协调程度较低，资金来源无法保证，对政策环境的依存度高，在国际气候谈判前景尚未明朗的情况下，其发展空间有所局限。

由于联合国气候大会在议事程序上采取的是全体一致的原则，其决策效率多受诟病。在国际气候谈判中，行为体结成各类集团，利益诉求迥异；议题趋于泛化，延及经济、政治、科技及文化诸多领域，这种多边谈判的复杂性会导致无休止的拖延或僵持，其结果就是国际社会采取集体行动的目标发生偏移，内在动力被无谓损耗。

但是，比较而言，联合国框架仍是目前推动全球气候治理的适宜平台。首先，《联合国气候变化框架公约》的缔约方已经达到192个，而签署并批准《京都议定书》者也已达到187个。基础最为广泛，参与程度最高。再者，从1992年《气候变化框架公约》获得通过至今已近20年，联合国通过《公约》及其《京都议定书》等一系列文件确立了国际气候合作所应遵循的“共同而有区别的责任”、“成本效率”、“风险预防”及“可持续发展”等基本原则，维护了广大发展中国家的权益，为建立公平、公正、合理的国际气候合作机制奠定了基础。第三，联合国在应对气候变化方面，机构设置趋于完备，运作良好。就《公约》而论，除了常设秘书处以外，还设立了“履行小组”和“科学与技术咨询小组”两个永久性附属机构。与世界气象组织、联合国环境规划署等保持着密切的协作关系。最后，《公约》及其《京都议定书》已经在法规制定、合作履约等方面积累了宝贵的实践经验。历届缔约方会议制定了一系列具有国际法意义的法律文献，如《柏林授权》、《波恩协定》、《马拉喀什协议》等。而为保证缔约国完成温室气体减排目标，联合国框架内的国际气候合作机制借助市场力量，设计了清洁发展、国际排放贸易和联合履约等灵活履约机制。

联合国框架下的国际气候合作机制为各国采取减排行动、开展后续谈判奠定了较为坚实的基础，以其为核心整合现有各种机制，构建未来的全球气候治理模式符合国际社会的根本利益。

第三节　国际气候谈判进展及障碍

在国际气候谈判中的合作成效将直接影响未来国际应对气候变化机制的发展方向。2007年12月，在印尼巴厘岛召开的联合国气候会议正式启动了《京都议定书》后续协议谈判。2009年冬召开的联合国哥本哈根气候变化会议达成的《哥本哈根协议》体现了各方积极应对气候变化的政治意愿，重申了“共同但有区别的责任”原则，坚持了巴厘路线图关于《联合国气候变化框架公约》和《京都议定书》的双轨谈判进程，确认公约和议定书工作组主席案文为下一步谈判的基础，锁定了各方达成的共识，是推动巴厘路线图取得成果的政治基础，为推进应对气候变化国际合作奠定了基础，为今后谈判指明了方向。另一方面，在此关键时期，被世人寄予厚望的哥本哈根气候大会未能就《京都议定书》的展期问题获得实质性进展。

2010年11月29日至12月10日，《联合国气候变化框架公约》第16次缔约方会议暨《京都议定书》第6次缔约方会议在墨西哥坎昆举行。经过一番激烈的讨价还价，在会议最后一刻，190多个国家的代表一致通过由25份文件组成的《坎昆协议》，为当前艰苦推进的国际气候谈判的成果作了一份小结。

1.《坎昆协议》：摘下挂在低处的果子

2010年的国际气候谈判进展缓慢，各方在重启工作谈判时面临的首要问题就是停止相互指责，以实际行动重建信任。这就需要国际社会从哥本哈根会议中汲取教训、加以反思，重振合作意愿。经过在波恩、天津等会议上的数次交锋，各方开始面对现实，不再期望在短期内达成具有法律约束力的全面气候协议。先易后难，在相对易于达成共识的领域率先取得突破成为务实之选。通过控制森林砍伐和森林退化等措施削减排放、给予发展中国家资金、技术转让等较为单纯的议题成为谈判桌上的优先处理事项。

在中国、印度、巴西等新兴大国的有力推动下，上述议题最终在坎昆会议上取得宝贵成果。首先，发达国家允诺向发展中国家提供资金支持以控制森林砍伐、防止森林退化，并通过加强林地管理等措施减少温室气体排放。再者，新设“绿色气候基金”，并强调尽快落实哥本哈根会议上确定的快速启动资金。发达国家亦承诺将启动2020年前每年提供1000亿美元资金计划，以帮助最不发达国家及发展中国家增强应对气候变化能力，实现“绿色发展”。第三，建立低碳技术转让机制，通过“技术执行委员会”和“气候技术中心”确定发展中国家的技术需求并给予满足。第四，建立“坎昆气候变化适应框架”，负责规划、选择并实施适应气候变化的行动。

《坎昆协议》虽然只是国际气候谈判进程中迈出的一小步，是各方相互妥协的结果，但是其对于推动国际气候合作有着重要意义。正如《联合国气候变化框架公约》秘书处执行秘书克里斯蒂娜·菲格雷斯所言，“希望之灯再次点燃，人们对通过应对气候变化多边进程获致成果的信心得以恢复”。事实是该文件最终赢得与会190多个国家的支持，对于会场内外否定联合国框架下多边磋商机制有效性的声音形成有力的回击。它推动国际社会进一步确认了《哥本哈根协议》中的各项承诺，将近一年来国际气候谈判的具体成果以正式文件的形式锁定下来，为进一步讨论奠定了具有广泛共识的基础。更为重要的是，它维持了国际社会在应对气候变化领域的合作氛围，在一定程度上扭转了哥本哈根会议所加剧的各谈判主体“互信弱化”的情形，并且发出了明确的市场信号，鼓励投资者持续增加在绿色技术领域的投入，推升发达国家提高其减排承诺目标的意愿，有助于全球可持续发展。

2. 气候谈判三大分歧：绕不过去的“坎”

《坎昆协议》是发达国家和发展中国家降低期望值并相互妥协的结果，为了达成挽救阴云笼罩的气候谈判进程，各方在坎昆会议上暂且绕开了构建未来国际气候变化合作机制所必须面对的核心议题。这些议题在2010年谈判中不仅没有定论，反而呈现分歧加深的趋势，未来各方仍将不免就此展开正面交锋。

首先，国际气候谈判是否继续在联合国框架下进行。长期以来，联合国是国际社会就国际气候协定展开谈判的唯一合法性的平台。1972年，联合国在瑞典斯德哥尔摩召开“联合国人类环境会议”，联合国环境规划署随之成立，建立国际气候变化机制的进程启动，气候变化问题纳入国际高级政治议程。1992年，《联合国气候变化框架公约》通过并规定，每年召开一次缔约方会议，研讨具体实施公约的相关措施问题。1997年，在日本京都举行公约第三次缔约方大会，149个国家和地区的代表通过了《京都议定书》，依照该机制的设计思路，在2008年至2012年第一承诺期，发达工业化国家率先承担减排指标，发展中国家不承担强制性减排义务。这些文件奠定了国际社会应对气候变化、开展相关国际合作的法律基础。

但是，《京都议定书》第一承诺期期满之前的谈判中，发达工业化国家企图规避在《公约》及其《京都议定书》等所规定的2012年之后第二承诺期强制性减排义务，并强加中国、印度等迅速成长的发展中大国以不适当的减排责任，以各种理由延宕、阻碍谈判，试图另起炉灶。在布什政府后期，美国即主持召开了四次“世界主要经济体气候变化会议”。而奥巴马政府也启动了“主要经济体能源安全与气候论坛”等。美国、德国、法国等发达国家还试图以G8+5或G20等平台讨论并决定未来国际气候协定的主要内容，从而在事实上搁置或替代联合国框架。

当然，联合国不能“包打天下”，借助框架之外的讨论确实有助于推动气候谈判在特定领域取得突破。比如，在2011年5月召开的国际环境部长会议上，法国和挪威即促使巴西、印尼等热带雨林国家与发达国家就资金援助深入商讨。发展中国家的基本立场则是不排除在其他国际场合就气候变化议题交换看法。不过，这些讨论应是对谈判进程起到补充作用，而不是以替代联合国框架为目的。

坎昆气候大会最终达成获得各国普遍支持的具有实际内容的协议即是对联合国框架的再次确认。联合国框架虽然不断受到挑战，但未来仍将是开展国际气候谈判的主渠道。

再者，国际气候谈判是否继续以双轨机制为依托。即便发达国家接受谈判在联合国框架下进行，也依然试图将当前“双轨”并行的机制化为其所需的某种“单轨”形态。所谓“双轨”，一是依照《京都议定书》规定，继续讨论并确定附件一国家2012年后的减排承诺问题，设立“附件一国家未来承诺特设工作组”负责起草谈判案文；二是在《联合国气候变化框架公约》下，为推动发达国家全面履约并向发展中国家提供技术与资金支持，拓展双方合作空间，启动长期合作行动对话进程。2007年，巴厘岛气候大会通过《巴厘行动计划》，正式设立“长期合作行动特设工作组”，负责就长期合作行动的内容及方式提出方案。

发达工业化国家企图使双轨谈判合二为一。在哥本哈根大会前，就释放出没有任何合法性的“丹麦草案”。在谈判中，更有国家试图以偷梁换柱手法，极力鼓吹完全以《哥本哈根协议》、《坎昆协议》取代两个工作组案文作为进一步谈判的基础。这些作法的实质就是将发展中国家与发达国家等而视之，罔顾发展中国家薄弱的经济实力和气候变化减缓与适应能力，强行赋予其约束性减排责任。

就坎昆会议的结果来看，双轨并行机制暂时得以维护，但是面临的压力正在增加。会议期间，日本等首先发难，明确表示，将不在《京都议定书》第二承诺期作出量化减排指标承诺。美国、加拿大等与之呼应，坚持其一贯的否定姿态。发展中国家坚持认为，双轨谈判机制存废之争绝不是简单的程序性问题。《联合国气候变化框架公约》及其《京都议定书》等国际法律文件构成国际气候谈判的法律基础，根据其精神所设计的双轨机制具有合法性，理应得到各缔约方的尊重与支持。它不仅凝结了几十年来国际气候谈判的成果，而且在深化国际气候合作方面担负着承前启后的使命。抛弃《京都议定书》就意味着否定国际气候谈判的“双轨”并行机制，否定“巴厘路线图”授权，以《联合国气候变化框架公约》及其《京都议定书》等为基础的应对气候变化国际机制将被架空。目前，《公约》轨道谈判的进展快于《议定书》轨道的趋势显著，未来出现某种“合轨”形态的可能性不能排除。而且，作为“双轨”机制合法性基础之一的《京都议定书》受到削弱，事实上遭到某些主要发达国家的背弃。签署《议定书》后，许多发达国家的温室气体排放量相比于1990年的水平不降反增，比如加拿大增长了20%，日本增长了7%。2012年是第一承诺期最后一年，就目前大多数发达国家的履约情况看，经合组织成员国已经无法实现《京都议定书》中所承诺的减排目标。

第三，国际气候谈判中是否继续遵守“共同而有区别的责任”等原则。在上世纪围绕《公约》及其《京都议定书》所进行的谈判过程中，国际社会就未来开展国际气候合作的基本指导原则达成若干共识，也就是所谓“共同而有区别的责任原则”、“成本效率原则”、“风险预防原则”及“可持续发展原则”等。这些原则已经成为国际社会采取集体气候行动的根本依据。“共同而有区别的责任”在上述原则中居于核心地位。所谓“共同而又区别的责任”，一方面是指全人类，全球各国都对保护环境、资源、应对气候变化等负有共同的责任；另一方面，必须同时承认之所以造成当今的环境、气候与能源问题，发达国家和发展中国家所应承担的历史和现实责任性质完全不同。而且二者应对和解决相关问题的能力（如资金、技术等）也不同。所以，发达国家不仅应承担更多的责任，而且负有帮助发展中国家减缓和适应气候变化影响的义务。在近年的谈判中，发达工业化国家力图规避自身责任和义务，抛弃这一原则。比如，故意回避自身的历史责任，片面指责中国、印度等发展中大国近年来温室气体排放量的迅速增长，而不顾其消除贫困、改善民生、促进经济与社会进步的基本生存和发展权利，在减排目标、透明度等问题领域以混淆视听的手法，转嫁其应承担的责任。

尽管发展中国家集团内部在诸多具体问题上亦有分歧，但都坚决支持继续以“共同而有区别的责任”原则作为国际气候谈判及合作的基础性原则。在哥本哈根会议及坎昆会议上，相关原则得到确认。《坎昆协议》认可，发达国家的约束性减排行动与新兴国家的自主行动将得到区别对待。不过，未来各方围绕“共同而有区别的责任”内涵及适用对象等细节的斗争仍将相当激烈。

3. 德班之路绝非坦途

《坎昆协议》在2010年的年终岁尾给世人带来一些乐观和期待的情绪，但是，来年德班会议的任务之重并不因此会有所减轻。坎昆会议的所有成果都需要在此间落实，一系列问题和细节有待进一步通过谈判、磋商加以明确和解决。比如，《京都议定书》第二承诺期命运如何；补助发展中国家“减少森林砍伐及防止森林退化”（REDD）行动的资金从何而来，怎样使用；“绿色气候基金”的资金来源、管理和分配机制等如何设计，世界银行负责对此业务的托管工作是否合理；发达国家对所允诺的快速启动资金及2012年之后资金怎么筹措，如何与《坎昆协议》中的相关规定对接；技术转让机制怎样才能实现有效运作，等等。落实既有协议条文本身就已经是一项极尽艰难、细致的任务。

上述各方暂且回避的那些最为棘手的原则性难题不可能被永远搁置，必然会出现在前往德班的路上。附着于每一个原则问题的特定分歧，如果处理失当都可能将谈判带入绝境。回顾一年来的谈判，在减排或自主行动的“可测量、可报告、可核证”、“国际磋商与分析”等所谓透明度问题上，发达国家与发展中国家之间针尖麦芒式的对抗所导致的是整个谈判进程的胶着。

金融危机以来，尽早实现经济复苏、增加就业等成为西方发达国家的优先事项，与国际社会携手应对气候变化的兴趣降低。同时，美国、澳大利亚等重要谈判主体在国内推动气候与能源立法工作频频受挫，导致其参与国际气候合作力不从心。中国、印度等新兴国家经济逆流而上，走势强劲。而大多数发达国家则仍受金融、债务危机综合症困扰，步履沉重。考虑到未来国际竞争力，发达国家不愿自缚手脚，对在未来气候变化国际机制中承担更大责任的意愿大大降低，反有借规则制定之机打压新兴国家之意。

发展中国家集团之间的裂隙呈加大之势。尤其是作为重要谈判主体的“基础四国”之间，由于国情、产业结构等差异，对于未来国际气候变化机制的主张与诉求难以完全保持一致。随着发达国家施压力度上升，联合的脆弱性更为明显。同时，新兴国家与小岛国、最不发达国家、意识形态色彩浓厚的玻利瓦尔联盟之间的关系也更为复杂、微妙。

联合国环境规划署认为，赞同《哥本哈根协议》的国家所作出的减排承诺即便完全兑现，也不足以将全球温升目标控制在2摄氏度以下，全球温室气体排放量仍处于上升趋势，或将在2015—2021年间达到峰值。[①]也就是说，在未来一段时间里，多数国家的能源消费结构将不可能发生根本改变，化石能源依然居于主导地位。基于这样评估与现实，可以想见各谈判主体寻求有限排放与发展空间的兼顾之道必将困难重重，通向德班的道路绝非一片坦途。

① How Close Are We to the Two Degree Limit?，http://www.unep.org/PDF/PressReleases/temperature-briefing-21-02-10-final-e.pdf.

第十章

主要谈判主体的气候政策

在当前的国际气候谈判中，美国、欧盟和新兴经济体等在应对气候变化的路径选择、承诺目标、利益诉求等方面差异趋大。它们之间博弈的结果将最终决定未来国际合作机制的面貌。

第一节 美国：聚光灯下的配角

2001年3月，美国乔治·W.布什政府宣布拒绝批准《京都议定书》，对致力于应对全球气候变化问题的国际气候合作进程造成重大冲击。

美国温室气体排放量占世界总排放量的约1/4，人均排放量居世界首位，而且仍在继续增加。任何相关的国际协定或机制安排如果缺少美国的参与，其目标都将难以实现或效果有限。美国的气候政策走向对当前谈判及未来国际气候变化机制的前景具有决定性影响。尽管布什政府对气候变化问题采取消极态度，但是在其执政后期已经作出重返国际气候谈判进程并争取气候谈判主导权的姿态和努力，现任总统巴拉克·奥巴马更明确表示决心恢复美国在气候领域的领导权。与此形成对照的是，美国联邦层面的气候政策立场迄今尚未明确。

只要美国的国内（气候）战略没有明晰，它就很难在国际上有进一步表现。所以，从根本上看，美国全球气候政策的成型取决于其国内气候政策辩论的结果。那么，长期以来美国气候政策辩论的焦点在哪里呢？换言之，美国国内长期未能达成气候政策共识的障碍在哪里？

在美国，所谓气候政策的缘起并不久远。气候政策脱胎于相对宽泛的环境保护政策范畴，在发展中逐渐获得了相对独立的特征。乔治·H.布什政府时期开始产生具有明确内容的气候政策。就表面而言，这一政策是以温室气体排放量作为调控对象。而实质上，它的作用点在于各国经济生活中的能源使用方式、产业布局和竞争力水平等。

1988年夏，总统候选人乔治·H.布什表达了支持环境保护的立场，称“那些认为我们对温室效应无能为力的人忘记了白宫的作用。一旦成为总统，我将会有所作为”。然而，布什的承诺无法兑现，阻力来自于其主要支持者——相互联系的右翼保守主义集团和石油等利益集团。1989年1月，国务卿詹姆斯·贝克表示支持在气候变化领域采取所谓“无悔政策”。1989—1990年，美国在诸多国际场合拒绝欧洲发起的为发达国家设定稳定温室气体排放目标和时间表的倡议。1991年2月至1992年5月，在政府间谈判委员会下进行了关于气候变化框架公约的正式谈判。美国在承诺方面的表现更为消极，立场更为谨慎。但是，美国在关键问题上的立场较之其他发达国家明朗。首先，美国坚决反对任何具有约束性的减排目标和时间表，主张各自实施“国家战略”。再者，美国主张制定“全面方案”，任何气候协定都要包括所有种类的温室气体。第三，美国不愿意在任何全球气候协定中承诺对发展中国家提供资金支持，协助其履行义务。但是，在谈判中，美国也承认有必要为发展中国家提供资金来源。最后，美国主张所建立的机制不应仅注重目标，而应注重实施过程，机制中应包括完善的监控和遵约核证机制。

主要由于美国的强硬姿态，《联合国气候变化框架公约》的最终文本成为各方承诺的集中展示，并没有任何实质性的法律效力。1992年6月，美国签署《联合国气候变化框架公约》。10月，该《公约》获得美国参议院批准。

1992年12月，布什政府发布名为《全球气候变化国家行动计划》的第一个美国国内气候计划，基本内容包括：① 评估美国的温室气体排放状况；② 介绍美国已经实施的可降低温室气体排放的行动与计划，如相关研究计划，“国家能源战略”中的行动及环境保护署制定的各种防污措施等。具体而言，主要是实施“绿色照明”标准、“绿色建筑”标准、“绿色汽车”标准及“能源之星”计划等。[①]

该行动计划并非专门针对气候变化的综合性方案，其中多为正在或即将实施的节约能源和防治空气污染项目。以此一系列的节能计划等作为气候政策的核心反映了布什政府对于气候变化问题的虚与态度，即在诸多确定性问题尚未明朗的情形下，不妨以“无悔”政策加以应对。

克林顿上任伊始，希望在国内减排方面有所作为，其经济计划容纳了副总统戈尔的环保诉求。计划的核心和基础就是征收BTU税（British Thermal Unit tax），预计在五年内可使税收收入达720亿美元，以帮助削减联邦赤字，鼓励提高能源效率，减少温室气体排放。由于相关工业集团游说的强大压力，克林顿的计划并未实现。BTU税在众议院得到通过，而在参议院受阻。最后，参议院仅仅同意一加仑汽油增税0.043美元。

1993年6月，克林顿召开政府气候变化专门会议。10月，发布《气候变化行动计划》（The Climate Change Action Plan）。该计划首次设定减排目标，保证到2000年将温室气体排放量降至1990年的水

① Larry B. Parker et al. “Global Climate Change Policy: From ‘No Regrets’ to S.Res. 98” http://ncseonline.org/NLE/CRSreports/climate/clim-17.cfm#_1_7.

平。为此，制定了近50项措施。这些行动措施多为自愿性而非强制性的，在美国国内有5000多家公司和机构参与其中。这项计划标志着美国气候政策已经发生转变，从“是否减排”到“怎么减排”与“何时减排”。然而，1994年中期选举，共和党获胜，在参众两院占据多数席位，该议题便不再在政治议程上居于优先位置。

但是，就其本质而言，该计划与布什计划一脉相承，都是意图通过节约资源、提高能效标准等手段，实现减排目标。而且，克林顿计划中的若干项目就是对原布什计划中项目的扩展。尽管许多措施成效显著，但是由于经济发展等因素，将美国的排放量降至1990年水平的目标并未达到。依照计划，需要实现的减排量约合109百万立方吨二氧化碳当量。1997年，减排目标被降为76百万立方吨二氧化碳当量，而且基准线调高了157百万立方吨二氧化碳当量。结果是，美国的温室气体排放量反而要在1990年的水平上增加13%，约合188百万立方吨当量。①

在克林顿总统的第二任期，气候变化问题的政治重要性再次突出。当时，关于应对气候变化的国际协定的谈判正在进行。克林顿政府的基本立场包括：① 强烈反对任何具有法律约束力的近期减排承诺，支持远期目标；② 主张在承担约束力目标的国家之间开展排放权交易，主张发达国家可以通过在发展中国家协助减排而获得冲抵；③ 设定多个具体的年份目标，增强执行的灵活性，以回应气候变化及经济状况的波动；④ 支持包括所有温室气体的全面方案，主张任何气候协定都应该包括严格的遵约和核证机制；⑤ 强调发展中国家的参与是美国签署任何国际协定的前提。

在京都会议上，美国与欧盟之间分歧明显。在会议陷入僵局时，副总统戈尔要求美国代表“增加谈判的灵活性”。1997年12月，《京

① Larry B. Parker et al. “Global Climate Change Policy: From ‘No Regrets’ to S.Res. 98” http://ncseonline.org/NLE/CRSreports/climate/clim-17.cfm#_1_7http://ncseonline.org/NLE/CRSreports/climate/clim-17.cfm#_1_9.

都议定书》达成。依照议定书的规定，美国需在1990年的水平上将排放量削减7%。但是，在发展中国家参与的问题上，美国遭到77国集团的抵制。

就在此前的1997年7月，美国参议院以95∶0票通过《比尔德—海格尔决议》。决议表示，美国应该拒绝签署任何会导致美国经济严重损害的限制温室气体排放的议定书或协定等。尽管参议院决议没有任何法律效力，但是国会的这一决议预示了《京都议定书》在美国即将面临的前途。[①]

此后，从布宜诺斯艾利斯第四次缔约方会议到海牙第六次缔约方会议，美国的立场保持了延续性。

乔治·W.布什在参选初期曾对气候变化的真实性表示质疑。1999年5月，立场骤转，表示“我相信存在全球变暖问题……上次，我不确定其科学性……最近获得一些信息，我更加确定科学所证实的全球变暖问题”。2000年9月29日，布什发表竞选演说，称会扩大《清洁空气法》（Clear Air Act）的适用范围，将发电厂排放的二氧化碳作为污染物纳入进来。2001年，布什立场再次发生骤转，称“我们必须小心谨慎，不要采取伤害消费者的行动。因为对全球气候变化的原因、解决办法等科学性认识尚不充分，又缺乏达到商业应用水平的可减少和储存二氧化碳的技术”。3月29日，布什政府正式拒绝《京都议定书》，称“我不会接受一份将会对我们的经济和工人造成伤害的计划”。

布什政府在气候问题上的立场表现僵硬，但是，不断上升的温室气体排放量也对其能源政策等形成巨大压力。所以，布什政府也制定并实施了多项气候行动。2002年，政府发布的《气候行动报告——2002》显示，2000—2020年，美国温室气体的排放总量将增加43%。2月，布什即宣布了名为“全球气候变化新行动”的计划，

---

① Byrd-Hagel Resolution，http://www.nationalcenter.org/KyotoSenate.html.

集中体现了美国当时的气候政策。这一计划的主要内容包括：第一，至2012年削减温室气体浓度18%。所谓"温室气体浓度"（GHG intensity）系指温室气体排放量与GDP之间的比率。实际上，以温室气体浓度作为标准反而可能增加了排放量。第二，布什政府反对实行强制性的温室气体排放措施，主张自愿行动；第三，强调以推动气候科学与技术的进步作为应对战略。布什政府启动了"气候变化科学研究计划"和"气候变化技术研究计划"，希望通过科技研发减少有关全球变暖规模和影响的不确定性，寻求可实现成本—效益的气候友好型技术。

同年2月，政府还启动了名为"气候先行者"的自愿性企业—政府伙伴关系计划。目的是推动企业制定长期的气候变化战略。参加伙伴关系的企业必须承诺，制定温室气体排放目录，设定长期减排目标并每年向环保署汇报进展，以减少气候变化对环境的影响。该伙伴关系的成员企业涉及水泥、林业、医药、公用事业、信息技术、零售等行业，遍及全国50个州。①

2004年9月，布什政府发表文件，列举了美国所采取的国内和国际气候行动，主要包括：至2012年，削减18%的温室气体排放；设立内阁级别的气候变化科学与技术委员会，协调联邦气候科学及先进技术研究工作；增加气候项目的预算，对能源使用实行税收刺激手段；支持发展和推广减少温室气体排放的技术；支持火电零排放技术；支持对全球环境中的自然和认为变化进行调查；提出为期10年的联邦战略研究计划等。

在气候立法未果，联邦层面的气候行动缺失的情形下，布什政府将《2007能源独立与安全法》（Energy Independence and Security Act of 2007）视为其气候政策的重大成果。该法最初名为《清洁能源法》（Clear Energy Act），2007年1月，在众议院表决通过。6月，提

① Climate Leaders: Basic Information，http://www.epa.gov/climateleaders/basic/index.html.

交参议院。在参议院与另外一个经过两读的内容类似的法案合并后，经参议院表决通过。2007年12月19日，经布什签署为法律。该法称“推动美国进一步走向能源独立并获得安全，增加清洁可再生燃料的生产、保护消费者、提高产品、建筑和车辆的能效，促进温室气体捕集技术的研究与应用”等。布什称其是“向对抗气候变化迈出了重要的一步”。根据环境保护署的估计，该法不仅有助于大幅度减排，而且也有助于降低国会讨论中的各种基于市场方案的遵约成本。[①]

在国际层面，美国在拒绝《京都议定书》之后，扮演了相当消极或者说负面的角色。在欧盟等国际社会力量的推动下，《京都议定书》于2005年生效，京都机制正式建立，国际气候合作进程继续展开。然而，美国并未放弃对国际气候变化政策领域的参与和对全球气候变化谈判主导权的争夺。美国当时采取了两个措施加强对国际气候合作的参与，但却常为人们所忽视。一是美国利用各种场合，建立与其他国家或组织的气候合作平台。比如，2005年8月，布什政府支持八国集团领导人达成协议，建立“具有深远影响的行动计划，加快清洁能源技术的开发与推广，以实现应对气候变化、减少有害空气污染物及加强能源安全的综合目标”。2006年1月，与澳大利亚、中国、加拿大、印度、日本、韩国共同启动“亚太清洁发展与气候变化伙伴关系计划”。这一计划包括了“感兴趣且想法接近”的国家。会员国在温室气体排放量、能源消费及人口数量上都合占世界的50%以上。该计划的主要目的是通过建立一个自愿性的、没有法律约束力的合作框架，推动清洁能源技术的创新和传播。当年10月，该伙伴关系的政策和执行委员会通过了涉及八大行业的行动计划。该伙伴关系计划作出特别说明，其“意在补充而非

① EPA Analysis of the Lieberman-Warner Climate Security Act of 2008, http://www.epa.gov/climatechange/downloads/s2191_EPA_Analysis.pdf.

替代京都议定书”。二是在政策行动上，奥巴马提出国内与国际行动双管齐下互为补益的思路。2007年底至2008年，布什政府连续主持召开了三次美国、英国、法国、中国、印度等参加的“主要经济体能源安全与气候变化会议”，虽无法取得实际成果，但是干扰并进而在联合国气候谈判框架之外另起炉灶的意图明显。三是尽管布什政府拒签《京都议定书》，但不少州政府却参加了同国外的减排合作。其中加州最为活跃。加州不仅直接与英国等开展减排合作，进行排放配额交易，而且以立法形式承诺，2020年温室气体排放量减少25%。东北部七个州、西部五个州各自制定了区域性联合减排方案。第二届布什政府任期结束前，美国有一半以上的州政府出台了有关减排的政策。民主党控制的国会关于气候变化的讨论明显增多。2008年上半年，国会举行听证会15次，提出与气候变化相关的议案近80个。

在布什政府第二任期，气候变化问题的美国政治生活中的一个重要特征是，联邦层级行政机构消极，立法机构积极；联邦层级行政机构消极，地方行政机构与立法机构积极。

奥巴马就任以后，明确将气候变化当作首要议题之一，为保证气候政策的顺利实施政策，极力推动该议题在其任内获得重大进展。

① 美国会气候变化立法活动活跃且有重大突破。2008年5月，美国《气候安全法案》（Lieberman-Warner Climate Security Act）在参议院最终以48票赞成，36票反对遭到否决。然而，这是自2003年参议院启动关于气候变化问题的立法工作以来赞成票数首次超过反对票数，并且接近2/3多数票。2009年6月26日，美国众议院以219:212票的微弱多数通过《美国清洁能源与安全法》（American Clean Energy and Security Act，H.R.2454）。法案主要内容包括：（1）促进清洁能源发展。一方面，提高传统能源的使用效率。另一方面，研发并推广可再生能源、碳捕集与储存等清洁能源技术；（2）提高建筑、制成品生产等的能效标准；（3）建立几乎全面覆盖重要行业

和部门的限量排放与交易制度;（4）采取措施，帮助受限排影响的行业、部门和家庭向低碳经济顺利过渡。该法案是美国联邦气候与能源立法进程中一项重大突破和标志性成果。

② 奥巴马明确提出完全迥异于布什政府的气候政策构想。奥巴马一直在国会对有关应对气候变化的“麦凯恩—利伯曼提案”等表示支持。奥巴马的竞选纲领坚定地支持在全国范围建立具有强制性的“限量排放与交易”制度（Cap and Trade System）作为降低温室气体排放量及应对气候变化的首要政策工具。虽然其没有提出明确的近期或中期目标，但是承诺获选后将立即采取行动，设定强制性指标，推动减排工作。其远期目标是到2050年，美国温室气体排放总量将在1990年的水平上减少80%。在发展清洁能源方面，奥巴马主张到2012年可再生能源发电的比例达到全国总发电量的10%，到2025年使该比例升至25%。

③ 奥巴马恢复美国国际气候领域的领导地位的意愿极其强烈，屡屡宣称美国将再次积极参与有关谈判以开创“全球气候变化合作的新时代”。大力发展可再生能源产业被其列为经济振兴计划的优先选项，同时也被作为美国应对气候变化的重要手段。一方面，美国在国内实施“限量排放与交易”制度，加强对清洁能源的投资与推广，以向国际社会展示美国的积极姿态。另一方面，建议以G8+5模式为基础设立“全球能源论坛”（Global Energy Forum），讨论和解决世界能源与环境问题。同时推动“气候安全法案”在2009年或2010年获得通过，为美国重返联合国气候议程并增加其在哥本哈根会议上的发言权创造条件。

一旦美国气候政策完成转型，“美国方案”将强有力地引导国际气候谈判进程，美国也将成为以《京都议定书》替代协议为基础的新国际气候变化机制规则的重要提供者。

尽管奥巴马从国会和行政方面作出一系列努力，包括在立法遇阻的情况下加强联邦环保署权力以实施有关政策，但美国经济持续低迷的形势对其气候行动形成重大打击。2007年爆发的次贷危机蔓延，导致金融动荡，美国国内经济陷入困顿，增长迟滞、出口萎靡、赤字高企、失业攀升、消费疲软。2009年，美国GDP总量下降2.6%，为1946年以来所出现的最大降幅。国内失业率更是在2009年10月份冲高至10.1%，创出1983年以来的最高记录，2011年8月，失业率仍高达9.1%。遏制经济颓势，稳定金融体系，促进复苏，增加就业成为奥巴马政府必须应对的当务之急。气候与能源法案将深刻调整国民经济布局，复杂性和艰巨性空前。在整体景气未有转机之时，其实施成本与收益的不确定性更难以估量，相关立法在政府优先事项排序中下降，在产业界和公众中也遭遇更大阻力。

可以看到，自美国有较为明确的国内气候政策以来，在国际舞台上始终扮演极其重要，却又处于边缘的角色。在2007年的巴厘岛会议上正是美国在最后一刻的支持，《巴厘岛行动计划》得以通过。在2009年的哥本哈根会议上，美国在形成《哥本哈根协议》的过程中发挥了戏剧性的、不可替代的作用，保证会议不致于破裂。在2010年的坎昆会议上，美国与其他重要谈判体达成默契，刻意回避在承诺等有严重分歧的问题上争执，使得会议在共识较多的议题上有所收获，达成《坎昆协议》。但是，缺乏联邦立法的支持与授权，没有呼风唤雨的经济形势配合，美国在两年前提出的以2005年的水平为基准，到2020年削减17%二氧化碳等温室气体的目标恐怕也将成为“轻飘飘的笑话”。

第二节　欧盟：力不从心的推动者

欧盟在国际气候谈判中长期扮演积极推动者的角色。但是，2008年开始的金融危机骤然改变了谈判的外部环境，欧盟气候政策及其作用也面临着调整的重压，对处于关键阶段的国际气候谈判进程将产生深刻影响。

2008年底，欧盟极力拯救“能源与气候变化一揽子计划”，以此宣示其仍然保持应对气候变化先行者的地位。然而，欧盟在国际气候谈判中领导地位的弱化趋势难以挽回，原因如下：

①欧盟内部对减排承诺目标、排放交易体系改革等核心问题分歧增大。此前，欧盟对推动各国在2009年底哥本哈根会议达成新的国际气候协定最为积极。2007年3月，欧盟高调提出关于气候变化和能源的一揽子方案，承诺至2020年排放量在1990年的水平上减少20%，可再生能源在能源消费中的比例升至20%，同时通过提高能源效率减少能源消耗量20%。[①]此方案已经欧盟部长会议及欧洲议会通过。但是，面对2008年以来的欧洲经济整体下行势头，欧盟在维持成员国一致立场方面力不从心，成员国保护主义抬头，分歧显著增加。

以波兰、匈牙利、保加利亚、罗马尼亚等为代表的经济发展相对落后的中东欧国家集团，要求任何气候方案必须充分考虑不同成员国之间经济水平的客观差异。而意大利等出于保护其汽车等制造业的考虑，批评方案目标过高，势必成为各国经济发展的沉重负担，甚至最为踊跃的德国也有所保留。法国、英国等国则仍然坚持原定目标，并期待各成员国能够重新协调立场。

欧盟希望将2005年启动的欧盟碳交易体系（EU ETS）顺利推进到第三阶段（2013—2020），按照原设计目标，进一步扩展行业覆盖面，逐步取消排放配额免费发放，实现能源等行业排放权全部在市场拍卖。然而，各成员国从维护自身经济利益出发，纷纷提出某行业的豁免申请，并试图修改交易规则。这阻碍了欧盟碳交易体系的改革进程，打击了欧盟率先建立示范性碳交易市场并与其他国家市场实现连接的雄心。

②美国对欧盟全球气候政策领导权形成明显挑战。尽管出现了

---

① The EU climate and energy package，http://ec.europa.eu/clima/policies/package/index_en.htm.

迫在眉睫的金融和经济危机，美国的气候与能源政策处处受到掣肘，但其参与构建未来国际气候机制的强大意愿和积极姿态引人注目。虽然未必能够迅速推动国内及国际各方在实质性问题上取得突破，但鉴于排放总量及经济、技术实力等因素，美国重返国际气候合作进程对未来谈判格局及成果影响重大。

③难以获得发展中国家集团的支持。欧盟继续发挥领导作用离不开发展中国家集团的支持。然而，在2007年的巴厘路线图出台以来，欧盟在气候问题上的立场时有摇摆。在波兹南会议、哥本哈根会议、坎昆会议上，欧盟并没有提出足以赢得发展中国家信任的任何实质性方案。对于《巴厘岛协定》所确定的协助发展中国家适应气候变化的“适应基金”，欧盟立场止步不前，并未支持发展中国家提出的扩大基金来源比例等要求。而且，欧盟不愿再继续遵循《京都议定书》单向“抵偿减排”原则。该原则出于兼顾发展中国家经济发展和自身减排的考虑，由发达国家购买发展中国家因实施环保项目而形成的减排额度。截至目前，欧盟是这一额度的最大购买方。然而，经济困境使其希望摆脱这一沉重负担，要求发展中国家承担更多的责任，并且由“抵偿减排”模式向“限量排放与交易”模式转变。如此，发达国家与发展中国家之间“共同而区别的责任”原则将遭到根本动摇。

欧盟作用的弱化将对国际气候谈判进程及结果造成深远影响，具体表现在如下相互联系的几个方面：

①“后京都时代”谈判成功的前景趋于黯淡。该议程需要解决的首要问题是，确定未来一个时期国际社会共同遵循的减排目标；区分发达国家集团与发展中国家集团之间的责任，以实现该目标。由于目前国际政治经济环境与十年前迥异，在此议程中“京都原则”能否得到各主要谈判主体的尊重成为问题关键。同时，迫切需要适合当前实际，包含建设性原则的开放式谈判框架作为讨论的基础。欧盟一度曾担当此任，实现从《京都议定书》到《哥本哈根协议》

顺利衔接的最佳推动者和协调者。然而，其地位弱化的直接后果便是各方大步向前的动力缺失与方向偏移。在有限的时间内，国际社会就分歧甚巨的中期目标等实质性问题达成一致前景渺茫。因此，在德班一无所获的可能性极大。

②气候政治将成为欧盟与美国既争夺又协作的新领域，二者博弈的结果将决定国际气候谈判的主调。尽管从法律准备、部门协调及行政实施等诸方面考虑，美国气候政策明朗化尚需要一段时期。但是，美国气候政策将发生根本性改变，重返并将极力主导国际气候谈判进程几成定局。欧盟当前的气候政策已为双方留下了博弈空间。一方面，欧盟在“能源与气候变化一揽子计划”中提出目标承诺时，以其他发达国家，尤其是美国的主动行动作为先决条件，向美国等提出了要价空间。另一方面，欧盟在对待发展中国家集团责任的问题上立场有所倒退，趋向与美国协同；在进一步完善各自碳交易市场并促成全球性交易规则方面，欧盟与美国的看法颇为一致。

③中国、印度等发展中大国谈判压力暂时减缓，远期将开始增大。在欧盟地位削弱、美国政策尚未完成转型的空档期，中国、印度等所承受的压力将有所分散。哥本哈根会议、坎昆会议等无法获致实质性协议，也会为发展中大国赢得时间与空间。然而，鉴于欧盟与美国在新减排机制的诸原则问题上具备合作的强烈意愿和现实基础，二者对中国、印度联手施压的可能性正在显著增加。

欧盟以自身经济复苏为当务之急，保护主义气氛日益浓厚。比如，2011年初，欧盟要求飞往欧洲机场的各国航空公司的碳排放比历史平均水平降低3%，决定对各国航空公司强行征收碳排放费，国际航空市场一片哗然。在国际气候谈判场合，也对发展中大国提出更多的责任分担要求，或仿照美国，将自身目标承诺与发展中大国的行动挂钩。目前，甚至对京都机制的前景也态度游移。欧盟与美国互动的结果将形成当前及未来一段时期国际谈判进程走向的重要因素。一旦趋势形成，其他立场接近的重要谈判主体如日本、加拿大、澳大利亚、新西兰等也会跟随而上。

第三节　新兴经济体：响亮的声音

在本轮国际气候谈判中，中国、印度、巴西、墨西哥等新兴大国成为一支重要力量，在塑造未来国际气候合作机制方面发挥着不可替代的作用。本节将对印度、巴西、南非三国的能源消费情况及气候政策作初步梳理。同为新兴经济体代表的中国的国内、国际气候政策及行动将在后文中专章介绍。

1. 印度

印度位于南亚次大陆，是世界第二人口大国。根据世界银行的分析，全球贫困人口约为14亿，印度约占其中的1/3。自20世纪90年代，印度开始进行经济改革，经济出现了前所未有的快速增长。在此次金融危机爆发前的四年里，印度年均经济增长率约为9%。2011年，美国彭博社发布了亚洲22个新兴经济体“经济增长势头指数”，从十六个方面评估一个国家在未来5年保持经济稳定、快速增长的可能性，印度紧随中国位居第二。[①]2007年，一次能源消费总量为4.04亿吨油当量，占世界消费总量的3.6%，人均消费量为世界人均水平的21%。能源消费结构中煤炭为51%，石油为22%，天然气为9%，水电为7%，核电为1%。可以看到，在印度的能源消费结构中化石能源占绝对优势。

为确保经济增长势头，突破瓶颈，印度正在并将继续加大对公共基础设施的投入。在“十一五”（2007—2012）期间，印度的公共设施投资约占GDP的5%，最后一个年度可望提高到8%—9%。

---

① China tops India as Asian economy best placed for growth in next 5 years, http://m.economictimes.com/China-tops-India-as-Asian-economy-best-placed-for-growth-in-next-5-years/PDAET/articleshow/8612940.cms.

“十二五”期间，投资额将继续增长，用于公共设施领域的投资高达1万亿美元。预计到2030年，煤炭仍将是印度最重要的能源来源，需求将增长3倍。

这意味着印度的二氧化碳排放量将持续增长。目前，印度的排放量为每年14.95亿吨，占全球总量的5.24%。按照印度的官方统计预测，在未来20年，印度的二氧化碳排放量将翻两番。如果以15亿人口计算，人均排放量将增长至少一倍。在国际气候谈判中，印度高企的气体排放量及其消极的气候政策已经成为国际社会的焦点论题之一。2007年，印度政府宣称着手制定应对气候变化的国家方案。此举成为印度政府正视气候变化问题，整合能源、环境等相关政策的标志性姿态。

印度已充分认识到气候变化对其经济与社会的影响，成立了国家气候政策协调机制总理主持的“气候变化委员会”，颁布了《气候变化国家行动计划》。在国际气候谈判中，印度站在发展中国家阵营，是“77国+中国”的中坚力量之一，对于形成“基础四国”机制发挥了重要作用。从历史上看，印度的态度较为强硬。考察印度在气候变化谈判关键问题上的基本观点和立场，可初步把握其基本框架。

（1）关于在谈判中的角色定位问题。印度坚称是面临气候变化最严重后果的发展中大国，摆脱贫穷是其首要任务，应对气候变化能力薄弱。气候变化对印度的威胁极具复杂性和严峻性，高温、洪水、暴雨、海啸、冰川退化、海平面上升以及由此带来的水源匮乏、粮食减产、瘟疫流行、生态难民等问题相互纠结。但是，印度尚有35%的人口每天收入不足1美元，缺乏充足资金和有效技术以缓解和适应气候变化，亟须发达工业化国家给予支持援助。印度认为，对于当前世界温室气体累积排放量，发达工业化国家负有不可推卸的历史和现实责任，应当率先采取行动。同时，发展是应对气候变化最为有效的途径，反对因采取任何气候变化措施而阻碍国家经济振兴计划，并拒绝做出量化减排目标的承诺。

（2）关于对温室气体排放量的认识问题，印度在谈判中表达了如下基本观点：

①印度总排放量相对较低。虽然近年来排放量以2%—3%的速度增长，但也仅占世界排放总量的约5.24%，不应承担与之不相称的责任。

②印度人均排放量极低。目前，印度年人均排放量仅为1.9吨二氧化碳当量，美国年人均排放量则为24.3吨二氧化碳当量。印度愿意承诺未来人均排放量永远不超过发达国家的平均水平。

③为保证经济发展这一优先目标，解决大批贫困人口的问题，印度的温室气体排放量仍然需要维持较快增长势头。

印度的上述观点主要基于以下判断：

印度排放量基数相对较小，在未来较长一段时期，其绝对排放量将持续增长，但美国等发达国家及中国等发展中国家的排放量亦同步上升，在保持当前经济增长率的情况下，印度排放总量的增加幅度不会超过其他主要温室气体排放国。

②印度经济增长主要依靠以IT产业为代表的第三产业发展推动。目前，第三产业占经济总量的55.1%。与制造业和开采业相比，这些行业对排放量的贡献较小。

③印度地区经济发展水平及人均排放量差异极大，在西部和东北部落后山区约有4000万人口从未用电，几近于零排放。这一状况不会在短期内改变。

④印度人口将保持快速增长。2007年，其人口总数为11亿。印度内政部预计，至2011年，印度人口将升至12亿。这有助于其长期保持较低的人均排放量。据国际能源署估算，到2030年，印度的能源需求将会增加一倍多，其人均排放量也将翻番。尽管如此，其人均排放量的绝对数量仍然处于世界较低水平。

因此，印度批评发达国家无视自身奢侈的“生活方式排放”而责难发展中国家的“生存排放”，是压迫发展中国家的合理发展空间，背离公正原则，主张各国应在人均排放量的基础上讨论减排责任的分担问题。

（3）关于促进温室气体减排的市场化途径问题，印度认为当前机制存在严重缺陷。清洁发展机制（CDM）是《京都议定书》框架下推动减排的市场化机制之一。印度对该机制的效果和前景持批判态度，认为市场化机制（如CDM项目等）的发展不应成为经济落后国家获取应对气候变化资金和技术的主渠道。其理由是，碳市场易受商业利益左右而偏离机制设立的初衷，交易双方开展合作的技术领域也并不一定符合发展中国家的真正需求。

印度在此问题上务实功利态度显著。在对机制表示异议的同时，印度积极参与其事。截至2011年6月，获得清洁发展机制执行理事会注册的印度项目为669个，占项目总数的近21.16%，居世界第二位。这些项目将产生超过51000余吨的核证减排量（CERs），占全球已核发核证减排量的10.61%。[①]

（4）针对量化减排指标问题，印度拒绝承诺，认为此举并非根本解决之道，并进而主张替代性能源和低碳技术的研究与开发才是气候变化的应对之道。印度视此类活动为国家经济发展战略规划的组成部分。近日，更明确宣布将发展可再生能源作为应对气候变化的核心战略。在新能源及可再生资源中，印度尤其鼓励核能、太阳能、风能等具有一定国际竞争力行业的发展。目前，印度可再生能源装机容量已经超过11000兆瓦。其中，风电装机容量达7850兆瓦，位居世界第五。目前，印度正在实施对太阳能企业进行资金补助和政策扶持的十年计划。

自2007年底达成“巴厘岛路线图”，国际气候谈判形势愈益紧

① Clean Development Mechanism, http://unfccc.int/kyoto_protocol/mechanisms/clean_development_mechanism/items/2718.php.

迫，印度政府面临的压力越来越大。印度在坚持基本立场和观点的同时，气候政策也出现值得关注的调整动向。

（1）以行动高调宣示印度积极承担国际责任的姿态。印度在国际场合反复强调虽然经济发展和消除贫困为其优先任务，但对于适应和减缓气候变化领域的投入已经超过其GDP的2%，并将继续增长。近期，宣布确定八大重点行动领域，开始实施所谓应对气候变化的“多元长期综合战略”。八大领域为：太阳能、节能、可持续居所、农业、水资源、喜马拉雅生态系统及“绿色印度计划”。号称世界最大规模绿化项目的“绿色印度计划”已经启动并获得750亿卢比的资金支持，计划于10年间植树600万公顷。

（2）将气候谈判与美印民用核协议谈判相联系。印度核工业的发展面临诸多制约因素，如印度铀矿缺乏且品位低，技术引进受到核不扩散政策的限制等。2006年美印签署民用核协议，因在印度议会遇阻而暂时搁置。为消解内外阻力，印度强调核能是最重要的非碳清洁能源，计划到2020年核发电量达20兆瓦，相当于每年减排1.45亿吨二氧化碳当量。如印美履行核协议将有助于印度实现此目标，向低碳经济转型。而印度的真正着眼点在于从核供应国集团方便获取核燃料及先进核技术，促进其核计划的发展，也为与他国在清洁发展机制下开展核能合作项目打开大门。

（3）将开展国际气候谈判视为参与构建未来国际气候变化机制的契机。一方面，印度坚持联合国框架及京都机制的合理性与有效性，坚持谈判需要继续在联合国框架下进行，对于在G8+5、G20、世界重要经济体能源与气候会议等国际场合就气候变化议题交换看法并不反对，但是这些讨论仅仅是对谈判进程起到补充作用，而不是以此替代联合国框架。力主“附件一国家未来承诺特设工作组”继续讨论并确定附件一国家2012年后的减排承诺问题、“长期合作行动特设工作组”就发达国家和发展中国家长期合作行动的内容及方式提出方案，认为双轨机制最具合法性，理应得到各缔约方的尊重与支持。另一方面，印度发掘当前机制设计和运行效果等方面的不足，作为反对发达国家向发展中国家施压的论据。针对美国要求印度承诺量化减排指标问题，印度称接受美国的提议就如同接受了气候变化领域的《不扩散核武器条约》，仅仅因为发展水平的差异而不能享有公平的权利与义务。印度还指出，京都机制等无法确保实现发达国家向发展中国家的资金与技术转让。比如，大约39% CDM项目都涉及技术转让，其年减排量高达所有项目年减排量的64%。然而，清洁发展机制并没有明确的技术转让授权。印度认为，目前国际气候谈判将矛头指向发展中国家的倾向会导致议题偏离。本轮谈判是为发达国家设定第二承诺期的减排指标，重点是如何修正、完善当前机制，并切实遵守既定原则。

（4）意图将中国等置于国际压力的前沿。在国际气候谈判中，基于发展中国家的基本立场，中印有诸多共同或相似利益诉求。两国也都是“基础四国”磋商与协调机制的成员。然而，在多个场合，印度并不希望国际社会将其与中国等而视之，并刻意与中国加以区隔。印度强调，虽同为排放大户，但中国以60多亿吨的总量已成世界第一排放大国，印度排放总量及人均排放均约为中国的1/3，两国间有质的区别；在能源效率上，过去四年来，中国年均经济增长率约为11%，而年均能耗增长率同样高达11%。印度则以4%的年均能耗增长率维持了9%的年均经济增长率。因此，印度的可持续发展模式优于中国。

在气候变化领域，发展中国家集团的需求具有很大共性，但是内部利益诉求也并不完全一致，尤其是在减排问题上协调难度加大。在日益升高的国际压力下，易生龃龉。但是，资金与技术转让机制具有促进经济增长和减少排放量的双重效果，印度并不愿意发展中大国之间的合作出现深刻裂痕，而是乐于推动特定议题。作为“77国集团+中国”的组成部分，“基础四国”已经成为当前谈判中维护发展中国家权益的中坚力量。印度也珍视该机制在设计发展中国家减排对案中的作用。

2. 巴西

巴西是拉美地区经济发展水平较高的国家，城市化率高达85%。在经济结构中，服务业所占比重超过2/3，工业不足1/3，且以轻工业为主。巴西经济发展波动较大。20世纪90年代，屡屡出现负增长。2004年前后，巴西出台一系列鼓励出口和刺激投资政策。同时，国际市场原材料和初级产品价格上涨推动巴西出口攀升。当年经济增长率达到5.2%，成为近30年中经济增速最快的一年。随后，巴西经济保持了连年增长较快的发展态势，进入上升通道。2010年，增速更高达7.5%。

根据BP世界能源统计（2009）资料显示，2008年，在巴西的能源消费结构中，石油为46%，天然气为9.95%，煤炭为6.4%，核能为1.36%，水电为36%。由此可见，与中国、印度不同的是，排放量最大的煤炭占比很低，而清洁的水电消费比例则很高。再加上领先的甘蔗乙醇、生物柴油等可替代能源，清洁能源使用已占其所有能源消耗量的近50%，是全球平均水平的三倍。[①]近年来巴西的钢铁、化工、石化、造纸等以化石燃料为主的行业发展较快，排放量有所增长。但是，其能源消费结构保证排放量保持在较低水平。2008年，巴西的温室气体排放量约为4.28亿吨。目前，其人均排放量为2吨左右。

1992年6月4日，世界环境与发展大会在巴西首都里约热内卢举行，通过《联合国气候变化框架公约》，巴西成为第一个署约国。此后，巴西在气候谈判中相当活跃，曾经在京都会议之前提出基于历史责任分担减排责任的《巴西案文》，影响广泛。由于境内亚马

① BP Statistical Review of World Energy，http://www.bp.com/liveassets/bp_internet/globalbp/globalbp_uk_english/reports_and_publications/statistical_energy_review_2008/STAGING/local_assets/2009_downloads/statistical_review_of_world_energy_full_report_2009.pdf.

逊雨林面积因滥砍、滥伐、饲养牲畜等原因迅速缩减，巴西在推动“减少因砍伐森林和森林退化导致温室气体排放”（REDD）方面表现突出，决定到2017年，将毁林率减少70%，要求发达国家提供必要的资金，补偿发展中国家在保护森林方面做出的努力。这一问题在坎昆会议上获得一定进展。

在谈判中，巴西与发展中国家集团基本立场一致，支持“共同而有区别的责任”原则，批评发达国家回避设定中期减排目标，呼吁给予发展中国家资金和技术援助。

一是自愿设定中期减排目标。在哥本哈根会议前，巴西提出，到2020年，温室气体排放量将减少36.1%—38.9%。其中，24.7%依靠减少亚马逊热带雨林和巴西稀树草原的林木砍伐和焚烧，6.1%依靠农牧业生产方式的转变和恢复牧场的土地植被，7.7%依靠增加水力发电能力和冶金生产企业的减排措施。巴西成为第一个愿意设定量化减排目标的新兴经济体。当然，实现这一目标是有条件的，而且是建立在未来10年巴西年均经济增长预期为4%—6%的基础上的。

二是强调历史责任和公平原则。巴西希望各方尊重《京都议定书》，认为它是能够确保发达国家如期完成减排目标的唯一具有约束力的法律文件，并要求附件一国家设定中长期减排目标，即2013—2017年，在1990年的水平上削减20%，2018—2022年削减45%。

三是在构建气候变化长期合作行动的“共同愿景”方面，巴西坚持应以落实《联合国气候变化框架公约》原则为基础，将应对气候变化与可持续发展结合起来。在减排方面，要求全球共同努力，不同发达国家承担的减排指标应具有可比性。

四是支持当前谈判的“双轨机制”。巴西认为需严格按照“巴厘路线图”的授权，将《联合国气候变化框架公约》下的“长期合作行动特设工作组”和《京都议定书》下的设立“附件一国家未来承诺特设工作组”并行谈判机制延续下去。

五是针对发展中国家自主减排行动所进行的“可测量、可报告、可核查”（“三可”）与其接受发达国家的资金与技术支持关联。巴西愿意通过“国家信息通报”的形式进行“国际磋商和分析”，向《公约》提供有关减缓行动方面的信息，但前提是得到技术、资金和能力建设支持，尊重国家主权。

六是发展中国家需要发达国家的资金和技术援助。巴西实现减排目标将得到国内资金的大力支持，但发达国家的援助必不可少。希望美国、欧盟等将快速启动资金等相关允诺落到实处。巴西尤其关注森林“碳汇”和“减少因砍伐森林和森林退化导致温室气体排放”（REDD）问题，希望能够达成协议，为巴西等发展中国家保护和经营森林资源提供资金。巴西强调，技术转让并不等同于技术贸易，发展“绿色经济”需要先进的低碳技术，但是成本不能由发展中国家负担。

目前，巴西与中国、印度、南非建立起“基础四国”协调与磋商机制，成为发展中国家集团的代表。自哥本哈根会议以来，其谈判立场和政策与其他成员保持一致。巴西与中国也建有双边的气候变化与可持续发展高级别磋商机制。同时，巴西与欧盟在气候领域的合作良好。2007年，双方建立起战略伙伴关系，在资金援助及新能源技术方面互动增强。在谈判中，双方相互借重。巴西期待欧盟的资金允诺得以兑现，刺激新能源产业发展；欧盟则看重巴西在发展中国家集团中的影响力，支持自己在谈判中继续发挥主导作用。总而言之，巴西基本上属于发展中国家集团，但是立场和政策相对灵活，可以成为发达国家与发展中国家之间沟通的桥梁。

3. 南非

2011年底，《联合国气候变化框架公约》第17次缔约方会议将移师南非海滨城市德班。《京都议定书》第一承诺期将于2012年期满。气候谈判能否走出困局，在德班达成《京都议定书》替代性协定，就第二承诺期作出安排，成为举世瞩目的问题。

南非位于非洲大陆南端，也是非洲经济最发达的国家，属于中等收入的发展中国家。矿业、制造业、农业和服务业是其四大支柱产业。1994年，新南非成立，经济稳定增长。2005—2007年，经济增长率超过5%。2008年，受国际金融危机影响，增速明显放缓，降至3.1%。随后，经济形势有所回升。2011年第一季度经济增长率达到4.8%。

根据2008年发布的《BP世界能源统计报告》，2007年南非的能源消费结构是，煤炭为76.45%，石油为20.19%，核能与水电等为3.36%。南非依然是世界上煤炭消费比重最大的国家。南非煤炭资源储量丰富，约为610亿吨，居世界第六位。南非能源工业基础雄厚，产值约占国内总产值的15%。电力工业较发达，发电量占全非洲的2/3，而其中约92%来自燃煤发电。①

南非是非洲二氧化碳排放量最高的国家，在全球位列第13位。2008年，二氧化碳排放量约为4.51亿吨。由于能源消费结构以煤炭为主，南非的碳强度也较高，约为法国的11倍，英国的8倍。

① 自愿设定有条件的减排目标。2009年，哥本哈根会议前夕，南非发布《减缓气候变化长期情景》称，至2020年，在正常水平的基础上削减34%的排放量。至2025年，削减42%。南非与巴西一样没有采用碳强度即单位GDP碳排放指标，而是绝对减排量指标。南非兑现承诺的前提是国际社会达成公正而有效的减排新协定，发达国家能够给予其技术与资金支持。

② 支持京都机制，要求依据《京都议定书》规定进入第二承诺期，并就其实质内容展开讨论和谈判。南非肯定《京都议定书》促

---

① BP Statistical Review of World Energy，http://www.bp.com/liveassets/bp_internet/globalbp/globalbp_uk_english/reports_and_publications/statistical_energy_review_2008/STAGING/local_assets/downloads/pdf/statistical_review_of_world_energy_full_review_2008.pdf.

进当前国际气候合作的重要性，反对部分发达国家迫其失效的作法，支持谈判在双轨机制下进行。

③ 推出一系列财政、税收措施，促进温室气体减排，支持可再生能源发展。2006年，南非政府发布《环境财政改革政策白皮书》，明确要引入环境税和奖励措施，保证南非经济增长朝更加可持续方向发展。政府制定了可再生能源发展目标，即到2013年，可再生能源发电为国家电网提供10亿千瓦时电力，达到总发电量的4%。政府希望通过发展清洁能源逐渐降低对燃煤发电的依赖，减少二氧化碳排放量。为此，南非正在实施“可再生能源保护价格”、“可再生能源财政补贴计划”、“可再生能源市场转化工程”以及“南非风能工程”等。2010年9月1日起，南非对新上市的轻型汽车征收二氧化碳排放税，所得税收将用于环境项目等。

《联合国气候变化框架公约（UNFCCC）》第17次缔约方大会（COP17）暨《京都议定书》第七次缔约方大会（CMP7）（以下简称“德班大会”）将于2011年11月28日至12月9日在南非德班召开。能否达成《京都议定书》的替代协议，将决定当前以京都机制为代表的国际气候合作机制的命运。作为东道主，南非自然将会极力推动会议取得积极成果，立场有望更趋灵活，姿态更为包容。期望大会最终达成全面、平衡、具有法律约束力的政治条约并不现实，在发达国家与发展中国家相持不下的核心分歧上也难以取得突破，在这种情况下，南非等发展中国家在“绿色气候基金”等具体议题上争取有所突破。

第四节　其他谈判主体

由于地理环境、发展水平等存在较大差异，广大发展中国家在参与国际气候谈判时还分成了若干集团，如非洲及最不发达国家、小岛国联盟及美洲玻利瓦尔联盟等，在不同议题上发挥着各自独特的作用，下面作一简要介绍。

非洲及最不发达国家：在共同愿景方面，非洲及最不发达国家赞同哥本哈根会议上达成的温升不超过2℃，温室气体在大气中的浓度不超过450ppm的目标，主张在此前提下尽早就2012年之后的减排达成近期和中期安排。在资金与技术转让方面，强调其经济与社会对气候变化影响的极端脆弱性，呼吁对非洲及最不发达国家给予特别关注，尤其是希望快速启动资金能够尽早落实、足额到位，以增强其应对气候变化的能力。

小岛国联盟：在共同愿景方面，小岛国联盟强调气候变化对其生存的严重威胁，要求国际社会采取更严格的减排措施，并提出温升不超过1.5℃，温室气体在大气中的浓度不超过350ppm的目标。在资金援助问题上，小岛国强调发达国家的历史责任，认为发达国家援助力度不足，要求其提供的援助资金须达到其GDP的1.5%，并呼吁尽速落实快速启动资金，建立稳定、有效筹资模式，建议通过实施行业减排等筹措资金。在减排责任分担的问题上，小岛国呼吁尽快加快谈判进程，排放量迅速增长的发展中大国应以某种形式承担量化减排指标。该联盟提出的相对激进的温室气体控制目标得到不少国家的支持，也是《公约》秘书处力图推进的方向，但是阻力极大。

美洲玻利瓦尔联盟：系由位于拉美及加勒比地区的委内瑞拉、尼加拉瓜等八国组成。在哥本哈根气候会议上因其激进立场表现抢眼，意识形态色彩浓厚。其主张包括：在共同愿景方面，主张全球温升不超过工业革命前1℃，温室气体在大气中的浓度控制在300ppm以内。在中期减排行动方面，支持谈判在双规机制下进行，要求发达国家承担历史责任并率先减排，到2017年在1990年的基础上减排50%，且不能通过碳交易模式实施减排。在谈判减排资金援助问题上，该联盟要求发达国家以其GDP的6%作为公共资金来源，无条件援助发展中国家应对气候变化。在未来国际气候制度构建方面，提出每年进行全球气候变化问题公投，倡议设立国际气候法庭，监督《联合国气候变化框架公约》的执行情况。

气候谈判主体各自的情况以及分野非常复杂，如果依照特定的标准进一步细分，还会看到一些不同的利益群体，其主张、诉求也各有特点。但是，在本章中，相对给予较多笔墨论及的这些谈判主体是推动或者说阻碍当前谈判进程的主要角色。

第十一章

低碳经济：应对气候变化的战略之选

低碳经济是新的发展理念和模式，比200多年前工业革命意义更为重大的人类文明的进步。中国是当今世界上最大的发展中国家，正在努力建设资源节约型、环境友好型社会，为经济与社会的快速、健康、可持续发展而奋斗。国际社会也在应对全球气候变化、确保能源安全、增进人类福祉等寻求解决之道。低碳经济将会从根本上促进一国的创新和发展，是应对上述挑战、引领人类走向生态文明的战略之选。

第一节　何为低碳经济

有史以来规模最大的上海世博会虽已落幕，但是会场处处传递出的“绿色”、“环保”、“低碳”等清新理念令人印象深刻。这次以“城市，让生活更美好”为主题的盛会，让高达7000万人次的访问者有机会在生动、活泼的环境里亲身体验到世界各国低碳发展的最新成果。中国的“零碳馆”、英国的“种子圣殿”、葡萄牙的“软木馆”、德国的“汉堡之家”、日本的“紫蚕岛”……无一不在展示人类社会走向低碳生活的美好前景。据统计，在上海世博园内，绿化覆盖率达50%以上，多数场馆采用了屋顶绿化、立体绿化和室内绿化技术。60%以上的路面通过建筑垃圾的再利用等铺成。园区内清洁能源和可再生能源的应用比例达50%以上。400多辆新能源汽车随处可见，在建筑和照明方面即可减排二氧化碳的30%。

人们说，上海世博会是低碳经济的范本。那么，究竟什么是低碳经济呢？

低碳经济是在国际合作应对气候变化的宏观背景下提出的一种经济与社会的发展理念与模式。在低碳经济发展模式下，传统制造业、农业、运输业、电力行业等都将因低碳技术的发展和应用而得以重新整合。其基本思路是通过技术创新、产业升级、新能源及可再生能源研发应用等手段，逐步降低对煤、石油等高碳化石能源的依赖，减少温室气体排放，实现经济、社会与生态、环境协调发展。比如，在生产和制造领域，研发、应用并推广零排放或低排放技术；在消费领域，提高生活、建筑、设备及设施等的能源和资源利用效率等等。低碳技术在低碳经济发展中居于核心地位，包括减碳技术，如清洁煤技术、煤层气开发技术等；零碳技术，如太阳能、风能、生物质能等技术；去碳技术，如碳捕集与封存技术，二氧化碳聚合利用技术等。发展低碳经济是事关人类与地球和谐共生的大计，是人类社会从现代工业文明向生态文明过渡的重大变革。

2003年2月，英国布莱尔政府发布题为《我们能源的未来：创建低碳经济》的能源白皮书称，作为岛国，英国的能源和资源供应能力极其有限。在不远的将来，近乎80%的能源供给需要依赖进口。而气候变化对经济与社会的威胁日趋严重。向“低碳经济”转型将是英国确保能源安全、有效应对气候变化、实现产业升级、赢得未来竞争力的现实之选。为此，至2050年，英国二氧化碳排放量将在1990年的水平上降低60%。这是“低碳经济”概念首次在政府正式文件中得到全面表述。[①]2006年，前世界银行首席经济学家尼古

① Our energy future-creating a low carbon economy, www.berr.gov.uk/files/file10719.pdf.

拉斯·斯特恩团队发布的《斯特恩报告：气候变化经济学》，指出全球向低碳经济转型的紧迫性。据其估算，如果人们当下不采取行动，气候变化所造成的成本和风险，每年将至少相当于全球GDP的5%。而如果现在即采取温室气体减排等行动，则各国每年投入的成本不过占全球GDP的1%。[①]低碳经济理念已经引起国际社会广泛关注，无论是发达国家还是发展中国家均对此前景表示支持，世界经济正在加速向低碳方向转型。

2008年，联合国环境规划署即将当年“世界环境日”的主题确定为“转变传统观念，推行低碳经济”。

2008年底，欧盟将温室气体减排与促进低碳经济发展相协调，通过了雄心勃勃的“能源与气候一揽子计划”，表示欧盟到2020年将温室气体排放量在1990年基础上减少20%，将可再生清洁能源占总能源消耗的比例提高到20%，将煤、石油、天然气等化石能源消费量减少20%。在各成员国中，德国在向低碳经济转型方面走在前列。2009年6月，德国环境部公布了发展低碳经济的战略文件，强调发展低碳经济是经济现代化和振兴的关键，为了实现传统经济向低碳经济转轨，环保政策要名副其实；提高各行业能源利用效率；扩大可再生能源使用范围；发展生物质能；改革传统汽车行业及加强环境保护教育等，为此，到2020年，德国用于相关基础设施的投资至少要增加4000亿欧元。英国则于近日公布了更为详尽的温室气体排放减排远期目标，并为减排承诺目标赋予法律效力。依照规定，至2025年，英国将把温室气体排放减少到1990年水平的一半，2030年实现减排量的60%，2050年达到80%，并称正在推动欧盟确立至2020年。在1990年水平上减排30%的目标。目前，世界各国尚未就2020到2030年间的减排目标作出具有法律约束力的承诺，英国可谓

① Stern Review on the Economics of Climate Change, http://webarchive.nationalarchives.gov.uk/+/http:/www.hm-treasury.gov.uk/sternreview_index.htm.

引领推动向低碳经济转型。

美国虽然拒绝加入《京都议定书》，但也一直坚持鼓励企业研发和应用气候友好性技术。2007年，参议院通过《能源独立与安全法》，积极采取措施发展清洁与可再生能源，提高建筑物、制造业、交通部门等能效。加州更是走在前列，颁布实施了《全球变暖行动法》，制定了综合性减排实施计划，涉及清洁能源、节能汽车、提高能效等领域。而其制定的《清洁汽车标准》大大高于联邦标准，对影响相关产业的发展方向尤大。

中国、印度、巴西等发展中国家也将清洁、可再生能源发展纳入国家经济与社会发展战略规划。2007年，胡锦涛主席在亚太经合组织第十五次领导人非正式会议上正式提出，“应该建立适应可持续发展要求的生产方式和消费方式，优化能源结构，推进产业升级，发展低碳经济，努力建设资源节约型、环境友好型社会，从根本上应对气候变化的挑战”。自2008年世界陷入金融危机以来，中国政府将其5900亿美元经济刺激方案中相当部分进入低碳项目。继2005年制定《可再生能源法》，中国又发布了《可再生能源中长期发展规划》，提出到2010年，可再生能源消费量占能源消费总量的比重达到10%，2020年达到15%，预计投资总额将高达2万亿元人民币。

第二节　低碳经济内涵及其实现方式

作为一种发展理念、形态和模式，低碳经济广泛涉及生产、生活方式、社会结构、价值观念及国际竞争力等一系列内容。如果基于经济层面加以考察，其基本特征则为低能耗、低排放、低污染。

1. 低碳经济的内涵

低能耗。从根本上说，降低能源消耗主要就是要改变碳密集的能源生产和消费方式。工业化以来，尤其是进入20世纪，最终世界越来越依靠石油、煤等化石能源推动经济增长。鉴于这些能源趋于枯竭的前景，如果不变革当前的能源消费结构，世界经济、社会恐怕难以避免一场深重的灾难。据国际能源机构的统计数据，目前全球已探明石油储量应该在9000亿到1.1万亿桶之间，每年石油消耗量约在240亿桶，而新勘探的石油储量则在80亿桶左右。按照这些数据推算，全球石油储量仅可保证60年无忧。近些年来，在石油、天然气供应紧张，价格持续坚挺的情况下，各国更为重视煤炭资源的开发。据国际能源署估计，至2030年，全球煤炭需求将至少增长50%。那么，全球煤炭资源储量情况究竟如何？按照世界能源协会提供的数据，全球已探明可开采的煤炭储量共计1.6万亿吨。尽管煤炭资源是世界上储量最丰富的化石能源，但是依照目前的消费速度，全世界煤炭能源也仅能满足200年所需。所以，必须通过技术和管理创新，提高传统能源使用效率，研发应用新能源及可再生能源，双管齐下以节约能源，降低能耗水平。

低排放。发展低碳经济的内在要求之一就是逐步弱化经济增长与能源生产和消费过程中碳排放之间的正相关关系，争取最终实现"碳脱钩"。不过，在能源生产和消费结构短期内难以发生根本性改变的情况下，提高能效成为降低二氧化碳排放量的现实选择。从目前对于推动世界经济增长贡献较大、较为活跃的几大经济体的情况看，煤炭在一次能源消费结构中所占的比例仍然较高。其中，中国、印度、南非分别约为70%、53%和77%。美国、德国、日本等约为1/4。世界85%的二氧化碳排放量来源于煤的燃烧。目前和今后几年，发达经济体仍面临着复苏经济的艰难重任，发展中大国也要保持经济连续增长的势头。未来各国，尤其经济发展较快的新兴经济体需要避免"高排放、高增长"的老路，争取向快速、健康和可持续发展模式转型，须寻找实现低碳经济的可行路径。相对成熟的清洁煤技术以及正在试验阶段的碳捕集技术都为继续使用化石能源的同时降低温室气体排放量提供了有希望前景。

低污染。能源的利用与环境构成及质量密切相关。对于煤、石油等的深度开采、加工、转化、使用等过程，直接导致了大气、水资源等的污染问题。目前，城市空气的主要污染物是可吸入颗粒物和氮氧化物。中国机动车燃油消耗占当年石油消耗量的比例超过1/3，2020年更将提高至近60%。随着汽车保有量的增加，燃油所排放的氮氧化物已成为大气污染的主要来源。国家针对重型柴油车排放标准，提出了越来越高的要求，自2000年至今实施国Ⅰ标准以来，已经制定并将实行第五套排放标准。目前实行的国Ⅳ标准在国Ⅲ的基础上分别大幅度削减可吸入颗粒物和氮氧化物达80%和30%。类似严格的环保标准鼓励企业采用新技术提高燃油效率、研发混合动力汽车、纯电动汽车、燃料电池汽车及替代燃料汽车等。有报道说，未来十年，中国将投入1000亿元培育新能源汽车产业链。

2. 低碳经济的基本实现方式

低碳经济处于成长期，在发展方向和实现方式方面蕴藏着各种各样的可能性。许多政府和企业更是将此次金融危机视为重大机遇，希望可以促进低碳技术的研发与应用，在新能源领域快速形成产业规模。正在紧张进行的国际气候谈判对全球温室气体排放削减目标已经达成初步共识，这就是将全球温升幅度控制在工业化前水平的2℃以内，那需要将大气中温室气体的浓度稳定在450ppm以内。至2050年，全球温室气体排放量则须在1990年的水平上减少50%以上。无论未来的国际气候合作机制如何，对于任何负责任的政府和社会而言，这一因素构成了发展低碳经济，以实现减排目标的外部动力。

目前，各国主要通过如下三种方式培育和促进低碳经济的发展：

首先，调整传统能源生产和消费结构。改变现代生产和生活方式中以石油、煤炭等化石能源为主的能源使用结构。一次能源是自然界中以原有形式存在而未经加工转换的那些能源资源。除了我们经常谈到的石油、煤炭、天然气等化石燃料，还有水能、核能、太阳能、风能、地热能、潮汐能等。一次能源中还可以细分为可再生能源与不可再生能源。可再生能源就是指那些来自于太阳并可以不断产生的天然能源，比如风能、太阳能等。目前，来自可再生能源的电量仅占全球能源需求总量的13%。调整能源生产和消费结构就是要降低对化石能源的依赖，稳步提高风能、太阳能等可再生能源以及核能的比例。就世界范围来看，风能、太阳能、核能等技术较为成熟，业已形成了相当的产业规模。近年来，在有利的政策环境下，欧盟、中国、日本等相关行业、企业进入迅速扩张阶段，并取得良好收益。比如光伏设备、风机制造等。2008年，丹麦风电设备和技术出口额已达57亿欧元，占其总出口额的7.2%，成为该国第二大出口行业。目前，风力发电有从小规模应用的补充能源向大规模主要能源转变的趋势。[①]2010年，英国、西班牙等风电比例已经分别达到10%和30%。

再者，切实提高能效。如前文所述，对于大多数国家而言，在短期内彻底改变化石能源为主的能源消费结构极为困难，提高能效则是可行选项。所谓能效即“能源的使用效率”，包括能源技术进步效率和能源经济效率。能源技术效率是指由生产技术、工艺及设备等所决定的能源效率。能源经济效率是指一个国家和地区的经济体制、发展阶段、产业结构、管理水平等所决定的能源效率。提高能效就是要以相对较少的能源消耗和环境污染获取更多的经济产出。为此目的，一方面，依靠节约能源，如节电、节水、节油等；另一方面，则需借助技术创新与进步，在能源开发、生产、输送、转换和使用等各个环节以较低的能源消耗创造更高的能源使用综合

---

① 丹麦将在2025年将风力发电比例提高到50%，http://www.in-en.com/newenergy/html/newenergy-1138113859546680.html。

效益。单位GDP能耗是衡量经济体能源利用效率高低的重要指标。按照汇率法或购买力平价法计算某经济体的单位GDP能耗会有不同的结果，但是能源利用效率高的地区也是低碳经济相对发达的国家和地区。

最后，开发自然及人工碳汇能力。所谓碳汇就是可从大气中积累二氧化碳等含碳元素的化合物并存储一定时期的自然或人工储库。自然碳汇主要依靠两种渠道，一是海洋，通过多种物理化学及生物过程吸收二氧化碳；二是森林，尤其是热带雨林等陆地植物的光合作用。人工碳汇包括大型垃圾填埋场、碳捕集与封存项目等。目前，自然碳汇的规模与能力远远大于人工碳汇。护林、造林已经成为适应和减缓全球气候变化影响的重要手段，在碳汇中发挥着不可替代的作用。据测定，森林每生长出1立方米的蓄积量，平均要吸收1.83吨二氧化碳，释放出1.62吨氧气。单位面积森林吸收固定二氧化碳的能力达到每公顷150.47吨。2007年，联合国粮农组织发表报告称，世界森林面积约40亿公顷，森林除了吸收二氧化碳等温室气体，并可将其封存，数量可达6380亿吨。尽管森林植被覆盖区域仅占地球陆地面积的３０％左右，但其所固定的碳储量几乎占到了陆地碳库总量的一半。所以，大规模毁林开荒或出现森林退化，将导致封存的二氧化碳释放到大气中。2009年，中国在联合国气候变化峰会上关于大力增加森林碳汇的倡议获得广泛响应。2010年，在墨西哥坎昆召开的联合国气候会议在支持发展中国家“减少森林砍伐及防止森林退化”（REDD）行动方面取得重大成果。当前国际气候谈判在这一领域的进展对于各国强化森林碳汇能力日趋有利。增加碳汇造林、建设能源林、建立农林复合系统、提高木材综合利用率、开发生物质能源等也成为低碳经济发展的重要突破方向。

第三节　各国低碳经济政策路径

发达国家和发展中国家在自然资源禀赋、经济与社会发展阶段、科技水平及创新能力等诸多方面存在巨大差异，低碳经济发展呈现出不同的特点。但是，各国在培育和促进低碳经济方面更有诸多共同取向。

① 确定国家低碳经济发展战略，并将其纳入国家经济社会发展目标。2009年11月，在哥本哈根气候大会召开之前，中国政府提出了应对气候变化工作目标任务，即到2020年单位国内生产总值二氧化碳排放比2005年下降40%—45%、非化石能源占一次能源消费的比重达到15%左右、森林面积比2005年增加4000万公顷、森林蓄积量增加13亿立方米。[①]这不仅体现了中国积极承担自身国际责任的意愿，而且展示了其向低碳经济转型的坚定决心。这一目标被纳入《国民经济与社会发展第十二个五年规划纲要》中，“十二五”期间，非化石能源占一次能源的消费比例应达到11.4%，单位国内生产总值能耗和二氧化碳排放分别降低16%和17%，森林蓄积量增加6亿立方米等。印度制定的第十一个五年计划（2007—2012）要求加速发展新能源和可再生能源，要求可再生能源如太阳能光伏电池发电将占印度电力需求的10%，在总电力中的比例将达4%—5%等。2008年底召开的欧盟峰会通过能源与气候一揽子计划，确定至2020年，将可再生清洁能源占总能源消耗的比例提高到20%，并至少占各成员国交通领域能源最终消费总额的10%。该计划成为欧盟加强能源安全、应对气候变化、实现中期减排目标的纲领性文件。

② 建立并完善法律法规体系。依靠特定的法律、法规来规范低

① 《中国减排目标为哥本哈根气候变化大会带来新动力》，http://www.gov.cn/jrzg/2009-12/06/content_1481261.htm。

碳产业的发展，引导其发展方向。在世界范围内，欧盟较早对可再生能源与新能源的研发与利用给予关注。在2001年和2003年，欧盟颁布了《可再生能源电力指令》和《可再生能源交通指令》，以此促进可再生能源电力、生物燃料发展。为落实能源与气候一揽子计划中所提出的新目标，2009年4月，欧盟发布全新的《可再生能源指令》，以最终接替上述两个指令。最早提出建设低碳社会的日本制定了由基本法、综合性能源法及专门的低碳经济法构成的法律体系，比如《循环型社会形成推进基本法》、《废弃物管理与公共清洁法》、《资源有效利用促进法》及《绿色采购法》等。2009年2月，为走出金融危机的阴影，美国出台《美国复苏与再投资法案》，确保将总额达7870亿美元的投资用于新能源的开发和利用。2008年11月，英国议会通过了《气候变化法案》，成为世界上第一个完成气候变化立法的国家。依照法律规定，发展低碳经济成为英国政府的目标。2009年，英国能源与气候变化部公布了能源规划草案，明确提出核能、可再生能源和清洁煤是英国未来能源的三个重要组成部分，也是实现低碳经济的重要途径。中国也陆续制定、颁布了《可再生能源法》、《清洁生产促进法》、《大气污染防治法》、《循环经济促进法》等。正是在实践中逐步完善的法律法规为各国向低碳经济转型提供了有力保障。

③ 确立低碳产业突破方向。发展低碳经济对于任何国家都是一个全新挑战，可谓牵一发而动全身，前景充满未知数。各国都在根据各自的资源条件、产业格局、技术水平等实际情况谨慎筹划、稳步推进。选择适合的产业、行业作为突破方向尤其重要。目前，丹麦风电行业发展在世界上独占鳌头，全球10大涡轮制造商中有5家在丹麦，维斯塔斯公司更是其中翘楚。丹麦制造的风电设备占据世界的40%以上的市场份额。丹麦在风能开发方面的耀眼成绩来自于科学规划、厚积薄发。从气候上看，丹麦多风，具备发展风电的基础条件。丹麦能源对外依赖度一度高达99%。20世纪70年代的石油

危机极大地震动了丹麦，增加了其维护自身能源安全的紧迫感。丹麦政府运用财政、税收等政策，鼓励和扶持可再生能源的研究、开发、应用及推广。为吸引资金进入风电行业，政府为每台风机提供高额补贴，相当于其成本的30%，增强风电与传统电力展开竞争的能力。入网的风电企业还享受返税等优惠政策。在探索风电产业化模式的过程中，丹麦逐步确立起世界上第一套风机技术质量认证、产品认证标准化系统，拟制完成风电并网指南。由丹麦国家实验室确定的风机规格和参数也大多成为世界通行标准。目前，丹麦已成为世界上风能占发电量比例最高的国家。2006年，这一比例达到23%。2030年，将进一步提高到75%。由于对风能等可再生能源的开发利用，丹麦化石能源消费量已经减少36%，并成为欧盟中单位GDP能耗最低的国家。日本于20世纪70年代开始拟定“阳光计划”，大力发展太阳能为主的可再生能源技术。按照规划，到2030年，石油在一次能源供给中比重应从目前的50%降到40%以下，太阳能、风能和生物质能等清洁能源的比重由1%提高到10%，核能的比重由30%提高到40%以上，到2100年实现家庭和运输业二氧化碳零排放。后来，又成立新能源综合开发机构，负责光电产业化管理。在日本政府的直接推动下，光伏电池的生产成本和技术均有很大进步，形成以京陶、夏普和三洋电机为骨干的光伏电池行业，并于20世纪90年代在产量上超过美国，赢得世界首位。目前，日本在此领域依然保持着技术领先地位，并成为最大的光伏设备出口国。据高盛集团分析，到2020年，日本光伏发电装机重总量有望达到108GW，相当于9座核能电站的发电量。①

④ 借助财政、税收手段及市场力量加以扶持。低碳技术从研发、成熟以至大规模商业化或产业化应用是一个漫长的过程，不仅

① 《日本光伏发电量2020年有望达到108GW》，http://www.simuch.cn/program/NewsList/about.aspx?id=255。

投入巨大，且存在诸多难以预知的风险。政府通过优惠或优待政策可以向相关企业、研发部门发出明确的市场信号，共担风险，实现国家产业规划目标。德国、英国、瑞典、丹麦等国征收生态税或环境税。征税对象为燃料、电力、包装等产品，目的在于节约能源与资源，税收收入用于发展可再生能源，优化能源结构，提高企业国际竞争力。比如，德国政府于2001年出台的《可再生能源法》就鼓励利用光伏技术设备发电企业，每输送1千瓦时的电能即可获得32—43欧分的财政补贴。英国于2001年开始征收气候变化税，旨在鼓励企业提高能源利用效率、采用可再生能源，帮助英国实现温室气体减排的国内和国际目标。征收对象是电力、天然气、液化石油气和固体燃料（如煤）等能源供应企业。所征税额以节能环保投资补贴、碳基金等方式返还给企业。在印度第十一个五年计划中，可再生能源市场规模将达到约190亿美元，可再生能源发电能力将在现有基础上增加约15000兆瓦。印度采取政府投资方式建立国家能源基金，以此资助太阳能、核能综合利用技术、混合燃料汽车技术、高能电池技术等的研发。2005年1月，欧盟开始运行"欧盟排放交易体系"，利用市场机制力量促进成员国温室气体减排并向低碳经济转型。这一体系已经成为欧盟气候变化政策的重要支柱。而中国、印度等发展中大国则积极参与京都机制下的"清洁发展机制"，成为项目数和交易量最大的两个国家。

⑤ 积极开展能源、低碳领域的国际合作。技术、资金、人员等在世界范围内流动是全球化时代的重要特征。在低碳经济领域，发达国家和发展中国家处于不同的发展水平。发达国家拥有技术优势，发展中国家对先进技术需求旺盛，是成长迅速的应用市场和合作伙伴。双方各有所需，各有所长。有美国、英国、德国、中国、印度等参加的"主要经济体能源与气候论坛"将促进低碳技术合作作为核心议题。其所制定的技术行动计划涵盖生物质能、低排放燃煤、智能电网、碳捕集与封存、太阳能、风能等十大低碳技术领

域。类似尚在发展中的多边合作机制还有很多，比如欧盟与美国之间的“跨大西洋气候与技术行动”等。但是，目前来看，效果皆不尽如人意。与此同时，双边合作正呈现出向纵深发展的趋势，将获得更为丰富的实质性成果。新能源是中美两国近年来的重点合作领域，2011年发表的《中美联合声明》强调了能源与环境合作的重要意义。两国企业间签署多个合作项目，如通用电气与中国华电公司、神华集团，美国铝业公司和中国电力投资集团之间的协议金额均高达上亿美元。中美清洁能源论坛成为双方开展合作的重要平台，且已经机制化。两国政府共同投资1500万美元成立了中美清洁能源联合研究中心，为两国科技人员在清洁能源技术领域开展联合研究创造便利。节能建筑、清洁煤、清洁能源汽车等成为优先领域。发展良好的多边或双边低碳经济与技术合作机制终将惠及全球。

⑥ 强化、普及公众的低碳意识。低碳经济是综合性的概念，涉及社会生活的方方面面。建设低碳社会、实现低碳生活离不开企业与公众的积极参与。提高公众的环境意识、低碳意识是降低能耗、减少污染、保护环境的重要条件，对于贯彻低碳、环保政策法规，引导公众的低碳、环保实践，建设生态文明与环境友好型社会具有重要作用。2010年上海世博会成为普及低碳意识、践行低碳生活的生动课堂，影响深远。这次盛会从筹备到举办，坚持“一次性投入，可循环利用”的原则。在上海世博会结束时，将60%—70%的碳排放量实现抵销。日本政府将社会公众视为建设低碳社会建设主体之一，强调发挥国民的作用。2003年即在横滨市实施了“G30行动”，由市民与企业共同参与，要求至2010年城市垃圾的产生量较2001年减少30%，以减少城市垃圾，倡导循环利用。结果是提前5年超额完成任务。“10:10行动”源于英国，含义是从2010年起，个人、家庭、学校等所有参与主体承诺，每年将自身的碳排放量减少10%。这一活动在全球得到广泛响应。将分散的社会力量联结起来，有助于形成全社会可持续发展的共识。

尽管各国正在为低碳经济努力，但是在转型的过程中仍将面临若干不确定性因素。比如成本问题，包括经济成本与社会成本。无论是工业化国家，还是正在实现工业化的国家都有着同样的问题。抛弃长期依赖的化石能源为主的传统能源消费结构和经济增长模式转向低碳经济是一个艰难而复杂的问题。低碳技术在逐步成熟并达到商业化应用的水平不仅需要投入大量的资金、人力等，而且前景并不完全明朗。即便是在技术相对成熟的领域，也存在应用成本高企的现象。比如，氢能可以被称为是零碳能源，但其运输、存储、转化等各个环节的成本都比化石能源高，总成本约是汽油的4—6倍。而有效利用氢能则需要大量投入建设氢能源的生产、销售和运输等基础设施。美国新能源专家认为，依照当前燃料电池技术，即使将氢燃料电池汽车的产量提高到每年50万辆的规模，每辆车的成本还是要比烧汽油的车高出6倍多。而建立并维持像加油站一样的燃料补充体系目前尚有许多困难。

发展低碳经济还将面临新能源和可再生能源技术成熟度与安全性的风险问题。核能是一种清洁高效能源。在包括中国在内的许多国家应对气候变化方案中，核能被视为传统化石能源的重要替代能源之一，是达成减排目标的倚重力量。目前，全世界电力供应的约19%来自核电。西方主要发达国家核电占本国总电力的比例分别为法国77%、韩国38%、德国32%、日本30%、美国20%、英国20%、俄罗斯16%。根据政府间气候变化问题专门委员会（IPCC）2010年发布的报告，在各项电力技术中，核电具有最大的温室气体减排潜力，目前因利用核能每年可减少约20亿吨二氧化碳排放。奥巴马就任以来，就一直力图重启因“三厘岛”核泄漏事故而停止三十年的核电建设，实现美国能源结构的优化。近年，中国也一改以往对核能偏于保守的态度，着力发展核电。目前，中国在建核电项目超过30个。然而，在2011年3月的日本大地震中，世界上最大的福岛核电站发生几乎无法控制的严重核泄漏事故，造成核辐射大面积扩散。这一事故举世震惊，各国都在反思和重新评估核能的安全性及其发展前景。迄今为止，各国的反应并不一致。堪称老牌核电大国的德国已决定放弃核能。2011年5月，德国总理默克尔宣布，执政联盟与各联邦州已经就2022年底前核电站关闭退出时间表达成一致。此前，瑞士也表示将在2034年前逐步关闭其境内的全部核电站。

国际能源署发布的《世界能源展望（2008）》估计，如果要将温室气体浓度限制在450ppm二氧化碳当量，2007—2030年间，能源基础设施方面所需投资将超过26万亿美元。[①]这说明低碳产业的发展潜力巨大。但是，各国国情及发展阶段不同，在探索低碳经济的道路上存在极大的复杂性和不确定性。对于英国、德国、日本、巴西等低碳经济领先者的经验和教训当然需要认真借鉴。但是，发展低碳经济需认真筹划，切忌一哄而上。

第四节　国际碳交易概况

碳交易是在国际合作应对气候变化的背景下产生的一种市场机制。在这种机制下，二氧化碳等温室气体排放权被赋予价格，成为可以交换的商品和具有稀缺性的资源。合同方依照特定规则，通过交换排放权达到各自目的，最终促进全球温室气体减排。

1. 碳市场基本情况

《京都议定书》为发达工业化国家规定了减排义务，并设计了国际排放贸易（International Emissions Trading，IET）、联合履约（Joint Implementation，JI）和清洁发展（Clean Development Mechanism，CDM）三种灵活机制，促进减排目标的实现。以此为基础，国际温

① 《世界能源展望（2008）》，http://www.worldenergyoutlook.org/docs/weo2008/WEO2008_es_chinese.pdf。

室气体排放权交易市场（即碳市场）启动。据世界银行于2010年6月发布的《2010年碳市场现状与趋势》统计，2009年全球碳市场交易量达到87亿吨二氧化碳当量，交易额达到1437.35亿美元。[①]

概而言之，国际碳市场分为配额市场和项目市场两大类。

配额市场基于国际排放贸易机制，参与者是《联合国气候变化框架公约》中承担减排义务的附件一国家，即发达工业化国家。买卖双方在“限额与贸易”（cap-and-trade）体制下对由管理者确定、分配的减排配额进行交易。目前，在配额市场中，欧盟排放交易体系（EU ETS）、芝加哥气候交易所（CCX）规模居前，其他还有澳大利亚新南威尔士体系（NSW）、英国排放交易体系（UK ETS）等。新西兰起步虽晚，但进展很快，已经通过《气候变化法案》，指导建立国内第一个温室气体排放交易系统。这也是欧洲之外的第一个“限量排放与交易”体系。2010年，新西兰的碳排放交易机制启动，并明确表示未来将与澳大利亚碳交易机制连接。纽约商业期货交易所（NYMEX）、香港交易所（HKEX）均在研究推出二氧化碳排放权交易合约。在亚洲，新加坡等也宣布将引入碳交易体系，目标是成为地区的碳交易中转中心。为推动市场发展，新加坡政府提供了多项税收等刺激政策，正规的交易平台也于2010年底开始运营。

项目市场基于联合履约和清洁发展机制。在自愿条件下，一方在减排成本较低的另一方投资可减少二氧化碳排放的项目，由此产生的减排额返还投资方，以冲抵其减排义务。联合履约在承担减排义务的发达工业化国家之间实施；清洁发展则由承担减排义务的发达工业化国家与发展中国家合作完成。

---

① 《世界银行报告：2009年全球碳市场达1440亿美元》，http://news.xinhuanet.com/fortune/2010-06/02/c_12169988.htm。

2. 主要交易市场简介

在国际碳交易中，英国、美国、澳大利亚等有少部分排放实体利用政府和民间机构进行志愿性减排（VERs）场外交易。除此之外，绝大部分交易通过市场机制完成。其中，欧盟排放交易体系和芝加哥气候交易所最为重要。

（1）欧盟排放交易体系。

2003年，欧洲议会和欧盟理事会通过决议，建立温室气体排放许可交易制度，即欧盟排放交易体系。该体系是依据欧盟法令，配合国家立法建立在企业层次上的强制性市场化减排机制。2005年1月1日，该机制正式启动，参与者为欧盟成员国的12000多家排放实体。2006年，欧盟排放交易体系的交易量达到8.179亿吨二氧化碳当量，为2005年的3倍，约占世界碳市场交易量的3/4，居全球之首。

该市场依照“限额与贸易”原则运作。除排放配额贸易外，还开展基于清洁发展机制的核证减排量贸易。

①排放配额（EUAs）交易。欧盟依照《京都议定书》确定的减排目标，规定各成员国的温室气体排放量。再由各国分配给国内的排放实体。根据额度的供求展开贸易，限额有余者是市场的供给者，限额不足者则是需求者。如某企业实际排放量小于规定额度，可将多余额度在市场出售。反之，如某企业排放量超出允许额度，则须在市场购买排放额度以规避处罚。交易单位是交易配额，一个配额等于一吨二氧化碳当量（TCO2e）。

②核证减排量（CERs）交易。欧盟成员国通过减排合作项目协助发展中国家每减排一吨温室气体，可在本国获得一吨温室气体排放权。该减排量经“清洁发展机制执行委员会”审核确认形成核证减排量，进入排放体系进行交易。

（2）芝加哥气候交易所。

芝加哥气候交易所（CCX）成立于2003年，是世界上第一个也是北美唯一以温室气体减排为目标和贸易内容的市场平台，其核心理念是“用市场机制解决环境问题”。

芝加哥气候交易所采取“会员治理”模式，成员自愿加入，并承担遵守交易规则的法律义务。会员减排量需经交易所审核确认后方可入市。CCX属于配额交易，超额完成减排义务的会员，可将自己富余的减排额度有偿转让给未达到减排目标的会员。目前，交易所会员约320家，包括工矿企业及州、市政府等排放实体，涉及航空、矿产、汽车、电力、化工、交通、教育等行业。CCX是全球唯一同时开展二氧化碳（CO2）、甲烷（CH4）、氧化亚氮（N2O）、氢氟碳化物（HFCS）、全氟化物（PFCS）、六氟化硫（SF6）六种温室气体减排交易的市场。会员需承诺，在2003—2006年间，每年减少1%的排放量，并保证至2010年总共实现6%的减排量。CCX以每“百吨二氧化碳当量”作为一个交易单位。

2004年，芝加哥气候交易所在荷兰阿姆斯特丹建立全资子公司——欧洲气候交易所（ECX）。2006年，ECX交易量达4.5亿吨二氧化碳当量，占欧盟减排体系交易量的一半。2005年，CCX与印度商品交易所建立伙伴关系。此后，又在加拿大建立了蒙特利尔气候交易所。

目前，已有多家中国企业成为CCX会员。

3. 中国参与碳交易的基本情况

国际碳交易，尤其是清洁发展机制下的项目合作有助于我国推进减排温室气体，获取新能源技术，转变能源结构。近年来，我国在参与碳交易方面表现活跃。

① 积极参与清洁发展机制（CDM）项目，成为CDM市场最大的减排权供应方。作为发展中国家，中国不能将减排权直接出售，需通过清洁发展机制参与碳交易。根据《联合国气候变化框架公约》网站数据，截至2006年底，共有1300多个CDM项目完成或正在审

定，已获注册的项目近500个，预计到2012年，这些项目产生的减排量将达7.5亿吨二氧化碳当量。中国批准了近300个项目，获得注册的约40个。这些项目提供的年减排量为1.1亿吨二氧化碳当量，占整个市场的40%。目前，中国已经以7.53美元/吨的均价出售了约3.9亿吨的碳排放权。

② 采取措施推动CDM项目管理规范化。我国成立国家气候变化对策协调小组，负责CDM相关政策的审议与协调工作，并指定发改委为CDM项目运作的主管机构。2005年，《清洁发展机制项目运行管理办法》正式出台，对CDM项目的管理和实施机构、程序、收益分配等作出规定。2011年3月，中国清洁发展机制基金（CDMF）及管理中心启动，表明政府着手全面推动CDM项目的发展。基金由发改委、外交部、财政部、科技部等组成“基金审核理事会”负责，代表国家对CDM交易中的部分收益以及国际金融组织赠款等资金集中单独管理使用，为在中国培育参与碳交易企业，扩大碳市场，减少温室气体排放提供能力建设和政策建议。

③ 在北京等地组建碳交易平台，为与世界碳交易体系对接做准备。目前碳交易所集中在发达国家，在交易规则制定、价格权等方面均居于先发地位。2008年初，联合国开发计划署与发改委、科技部合作，推动在北京成立碳交易所。目前，中国已经有天津排放权交易所、北京环境交易所、上海环境能源交易所等。其他地方政府和中心城市也希望参与到这一进程中来。作为发展中国家的交易所，有望与欧美碳交易所合作、竞争，进一步扩大中国在碳排放权市场上的影响力。

2010年，全球碳交易的成交额同比增加5%，约为1200亿美元。单位二氧化碳当量的交易价格由11.6欧元升至13.6欧元。但是，碳交易量有所下滑，从2009年的77亿吨二氧化碳当量降至2010年的69亿吨二氧化碳当量，主要原因在于美国“区域温室气体减排行动”（RGGI）遇挫。由于美国联邦气候与能源立法迟迟未能出台，

2009年，RGGI交易量由占全球碳市场交易量的9%降至不足1%。2010年，清洁发展机制下的碳交易项目数增长了1%。[①]

目前，欧洲依然在全球碳交易当中居于主导地位。全球碳交易市场的前景面临诸多不确定因素，我们需要严密观察国际气候谈判的进展以及美国、日本、澳大利亚等股价的相关立法和政策推进情况。

气候变化与谈判之所以复杂，除了自身的原因外，主要在于它不是单纯的环境和气候问题。气候谈判实质上是一场牵一发而动全身的经济、政治利益的博弈。谈判桌上的种种分歧与矛盾，反映的是谈判桌下各国利益的碰撞。气候变暖是大气中温室气体增多、热量被封闭在大气层中的结果。而二氧化碳的排放主要来自于能源、建筑、运输、工业等部门，它们无一不是国民经济的重要部门。要减排必须改造和提升经济结构，改变实现工业化时期的生产和消费方式，改造和关闭不符合环保标准的企业和设备，改进节能减排技术，开发清洁的新能源，这些都要求投入巨额资金。从长远看，发展绿色的低碳经济是21世纪世界经济发展的方向和必由之路，它将引领全球经济的发展，那个国家在未来世界经济的发展中也必将占据领先地位，在有关产品和技术生产、运输、销售中享有规则和标准的制定权。但从近期看，提高产品和企业的环保标准必然要限制现有企业，特别是温室气体排放大户的发展，影响经济和就业。不同国家在气候问题上的博弈既有发达国家向发展中国家转嫁工业化环境代价的问题，也有对绿色经济的认识和理念以及绿色经济发展程度不同引起的利益差异问题，还有同一个国家目前利益和长远利益以及不同的社会经济发展战略引起的矛盾问题，使这种博弈具有非常复杂的内容。当然，在这些矛盾中，目前发达国家和发展中国家间的利益碰撞在气候谈判中占着中心的位置。

---

① 《2010年全球碳交易增至1200亿美元因碳价格上升》，http://env.people.com.cn/GB/13700807.html。

第十二章

气候变化与中国

改革开放30多年来，中国经济成长迅速，保持了年均9%以上的增长率，发展成就举世瞩目。2010年，国内生产总值为397983亿元，约合6.04万亿美元，超过日本，居世界第二位。[①]在这社会转型的关键阶段，与应对气候变化相关的环境、生态、能源等压力日益突出。但是，压力之中蕴含机遇，如果应对得当，顺利完成发展方式的转变，将会给国家未来的成长开拓出新的空间，形成以技术创新、资源节约、环境友好为特征的新的国际竞争力。

第一节　气候变化问题对中国的影响

政府间气候变化专门委员会（IPCC）第四次评估报告指出，全球气候变暖主要是由人类生产和生活大量排放的二氧化碳、甲烷、氧化亚氮等温室气体的增温效应造成的。在全球变暖的大背景下，中国近百年的气候也发生了明显变化。

根据《中国应对气候变化国家方案》，有关中国气候变化的主

① 《统计局：2010年中国国内生产总值（GDP）397983亿元约合6.04万亿美元》，http://www.zgjrw.com/News/2011121/home/484173410201.shtml。

要观测事实包括：一是近百年来，中国年平均气温升高了1.1℃，高于同期全球增温平均值，近50年变暖尤其明显。从地域分布看，西北、华北和东北地区气候变暖明显，长江以南地区变暖趋势不显著；从季节分布看，冬季增温最明显。1986—2005年间，中国连续出现了20个全国性暖冬。二是近百年来，中国年均降水量变化趋势不显著，但区域降水变化波动较大。中国年平均降水量在20世纪50年代以后开始逐渐减少，平均每10年减少2.9毫米，但1991年到2000年略有增加。从地域分布看，华北大部分地区、西北东部和东北地区降水量明显减少，平均每10年减少20—40毫米，其中华北地区最为明显；华南与西南地区降水明显增加，平均每10年增加20—60毫米。三是近50年来，中国主要极端天气与气候事件的频率和强度出现了明显变化。华北和东北地区干旱趋重，长江中下游地区和东南地区洪涝加重。1990年以来，多数年份全国年降水量高于常年，南涝北旱，干旱和洪水灾害频繁发生。四是近50年来，中国沿海海平面年平均上升速率为2.5毫米，略高于全球平均水平。五是中国山地冰川快速退缩，并有加速趋势。

中国未来的气候变暖趋势将进一步加剧。中国科学家的预测结果表明：一是与2000年相比，2020年中国年平均气温将升高1.3℃—2.1℃，2050年将升高2.3℃—3.3℃。全国温度升高的幅度由南向北递增，西北和东北地区温度上升明显。预测到2030年，西北地区气温可能上升1.9℃—2.3℃，西南可能上升1.6℃—2.0℃，青藏高原可能上升2.2℃—2.6℃。二是未来50年中国年平均降水量将呈增加趋势，预计到2020年，全国年平均降水量将增加2%—3%，到2050年可能增加5%—7%。其中东南沿海增幅最大。三是未来100年中国境内的极端天气与气候事件发生的频率可能性增大，将对经济社会发展和人们的生活产生很大影响。四是中国干旱区范围可能扩大、荒漠化可能性加重。五是中国沿海海平面仍将继续上升。六是青藏高原和天山冰川将加速退缩，一些小型冰川将消失。[①]

气候变化问题对一个国家造成的经济、社会、环境等方面的影响将是广泛而复杂的。对于中国而言，以下三个方面的影响值得密切关注。

1. 农业生产与粮食安全

中国只拥有世界耕地总面积的7%，而且持续减少的趋势尚未发生根本改变，而人口却占世界20%。农业对国家稳定与发展的重要意义不言而喻。中国地域宽广，温度、水分、植被、土壤和地貌等生态环境因素复杂，非常容易受到气候变化的不利影响。这种影响的后果不可低估。

我们知道，在自然资源中，气候资源对农业生产起到直接制约作用，决定了农作物生长所需的光、热、水、空气等能量和物质状况，对产量、成熟期、品质以及病虫害的发生有直接影响。温度，湿度、光照等是影响农作物生产的主要气象因子。气候变化导致大气温度、湿度、降水、光照、土壤、病虫害等出现波动，从而影响农业的生产类型、种植制度、布局结构等。这种影响会因为区域、季节等不同而有所差异。

研究表明，全球平均气温在过去100年间升高了0.74摄氏度。与此同时，中国的平均气温升高了1.1摄氏度。而且中国地表的平均温度上升趋势仍将延续，北方地区的温升幅度将大于南方。这样的温升幅度将导致极端气候和天气事件频率增加，使原有相对稳定的农业生产结构、病虫害发生规律、气象规律等发生变化。农业生产的不确定性大幅增加。据统计，近年来，中国农作物受灾面积和绝收面积均呈上升趋势，分别达到了5000万公顷和500万公顷。作为农业病虫害等生物灾害的多发和重发国家，我国每年因此所造成的

---

① 《中国应对气候变化国家方案》，http://www.ccchina.gov.cn/WebSite/CCChina/UpFile/File189.pdf。

粮食损失约4000万吨。大气平均温度持续变暖将会使中国南部、西南部等地区原有农作物适宜温度等环境条件发生改变，生长周期缩短，产量逐步减少。气候变化也正在影响中国的水循环过程和水资源分布和分配状况，农业灌溉等用水保障能力更为脆弱。中国农业因干旱导致受灾面积、粮食产量波动增加。据统计，近年来，每年受旱耕地面积约为2200多万公顷。更值得注意的是，除了北方地区以外，人们印象中风调雨顺、物产丰富的“鱼米之乡”的江苏、安徽、湖南、湖北、江西等长江中下游地区也不断遭遇严重旱情。鄱阳湖、洞庭湖、洪湖等大面积萎缩。根据中国农业部的最新统计数据，湖北、湖南、江西三省早稻和双季晚稻面积总产分别占全国的54.3%和55.7%。不难想见，气候变化给中国农业生产及粮食安全所带来的威胁与挑战。

尽管有研究认为，在未来三四十年内，中国的粮食总产量仍将保持基本稳定。甚至从全国范围看，有些地区还会因二氧化碳增加的暖化效应而有所受益。但是，从长期来看，结果并不令人乐观。稻谷、小麦、玉米等重要农作物产量有可能出现不同的下降趋势。农业及相关行业的生产者和管理者也正在积极采取某些适应性措施，但是如果气候变化趋势得不到根本性减缓，农业生产受灾风险势必加大，未来粮食供应局面可能越来越复杂和严峻。

2. 能源安全与经济发展

在渡过1997年、1998年亚洲金融危机后，中国经济继续呈现高速度的增长。2002年以来，一次能源消费的年增长率都在7%以上，为中国经济总量保持年均9%以上的增长提供了保障。

根据英国石油公司（BP）发布的《世界能源统计报告（2010）》，2008年以来，西方经济陷于衰退，复苏乏力，能源市场起伏跌宕。2009年，全球一次能源消费自1982年以来首次出现下降，降幅为1.1%。2009年，经合组织国家的能源消费下降5%，能源消费总量甚至低于10多年前的水平。与之形成对照的是，非经合组织国家能源消费增长2.7%，其中发展中大国已经成为能源消费增长的主要推动力量。2008年，中国一次能源消费总量增长一度减缓。但是，2009年，则大幅增长8.7%，已占全球消费的19.5%。①

对中国而言，保持一个较高的经济增长速度是尽快实现工业化、城市化，减少和消除贫困、提高民众福利的必要条件。国际货币基金组织（IMF）认为，中国经济总量仍将是二十国集团中增长最快的。2008年，中国的城市化率已达46.6%。据预测，到2050年，中国城市化率会提高到70%—80%。据联合国统计，城市碳排放占碳排放总量的75%。城市居住者的平均能源消耗要比农民高2.5—3倍。虽然中国正在着力调整经济增长方式，但由于“富煤少油缺气”的自然能源资源禀赋，其一次能源消费结构中煤炭比例严重偏高的现状不可能在短期内发生根本性改变。

2009年，世界一次能源消费构成为煤炭29%、石油35%、天然气24%，而中国一次能源消费构成为煤炭71%、石油19%、天然气4%。据国际能源署预计，至2030年，中国才能迎来煤炭消费峰值。2050年，煤炭在消费结构中的比例才有可能下降到约40%。目前，中国已经成为世界第二大石油消费国和第三大石油进口国。自1993年中国成为石油净进口国以来，对进口原油资源的依存度连年上升。2010年，中国原油进口达2.39亿吨，对外依存度接近55%，突破50%的国际警戒线。2009年，国土资源部发布的《全国矿产资源规划（2008—2015）》的结论是，如果中国在地质勘查方面未获新的突破，也没有转变当前“高能耗、高污染、高排放”的经济增长方式，至2020年，中国石油的对外依存度将上升至60%。同样，中国对相对廉价、高效的天然气需求也在增加，对外依存度将大幅

① BP Statistical Review of World Energy，http://www.bp.com/liveassets/bp_internet/globalbp/globalbp_uk_english/reports_and_publications/statistical_energy_review_2008/STAGING/local_assets/2010_downloads/statistical_review_of_world_energy_full_report_2010.pdf.

提高。2000—2009年，中国天然气消费量增速超过15%。“十二五”期间，年增速更将达到25%以上。2009年，中国天然气产量852亿立方米，消费量为887亿立方米。供应缺口还将继续加大，2010年约为200亿立方米，到2020年将达到900亿立方米。[①]来自国际能源署2010年7月的最新统计数据显示，中国在2009年已超过美国，成为世界第一大能源消费国。

尽管水电、核能、风能等清洁能源以及天然气等在中国能源消费结构中的比重正在增长，但在很长一段时间内，中国能源结构的主力仍将是煤炭、石油等化石能源，而且消费量还将持续增长。相应地，温室气体的排放量也将继续上升。英国风险评估公司Maplecroft公布的《气候变化风险报告2009/2010》显示，2009年，中国排放的二氧化碳已经超过60亿吨，与美国相伯仲。[②]按照世界银行的数据估计，2000—2008年间，中国的二氧化碳排放量年均增长率为12.28%，远远高于发达工业化国家。

在这样的形势下，在应对气候变化的国际谈判中，中国政府面临着前所未有的压力。在国内，需要考虑如何在继续保持经济较快增长的前提下，培育并促进健康的可持续发展模式，实现温室气体排放量或能耗强度下降。在国际上，需要考虑如何坚持“共同而有区别的责任”原则，切实履行发展中大国的责任，同时拒绝部分西方国家强加于人、无视中国国情的无理要求。

3. 国际贸易与企业竞争力

围绕《京都议定书》替代协定所展开的国际气候谈判正在紧张进行，各国纷纷提出各自应对气候变化，降低温室气体排放量的目标。在世界贸易组织（WTO）协定、《联合国气候变化框架公约》

---

① 《全国矿产资源规划（2008—2015）》，http://www.mlr.gov.cn/xwdt/zytz/200901/t20090107_113776.htm。

② Climate Change Risk Report 2009/10，http://www.maplecroft.com/themes/cc/.

等文件中都有相关环境条款，各国也正在采取多项国内气候政策与措施，国际间就未来国际气候合作机制协商过程中也达成若干协议，所有这些无疑都将影响有关国家间的贸易格局和各自的国际竞争力。

改革开放以来，中国完成了从进口替代战略向出口导向战略的转变，出口贸易迅速发展。1982年，中国出口额仅为223亿美元，1994年即突破千亿美元大关，达到1210亿美元。2010年，中国对外贸易再创佳绩。货物进出口总额达到29278亿美元，其中出口总额为15779亿美元，占贸易总额的53.89%，贸易顺差1831亿美元。

在经济全球化的潮流下，在政府促进外向型经济发展政策鼓励下，许多中国企业走上了为跨国公司提供加工服务的道路。与此同时，中国积极吸引外商直接投资，建立外商独资、合资或合作企业。2010年，金额达到1057.40亿美元。这些企业利用中国相对廉价的劳动力和原材料，加工和生产产品出口销售至全球市场，获取利润。中国成为最大的“世界工厂”。一方面，在中国自己的出口产品名录中，具有高科技含量和高附加值的产品并不多见。资源、能源密集型和劳动力密集型的产品仍占55%以上。另一方面，发达工业化国家将高能耗产业迁移至中国。这些产品在生产、加工、运输过程中消耗大量能源和资源，所产生的温室气体完全排放在中国，形成大量的“转移排放”。按照最保守的估计，中国每年二氧化碳排放量中也有15%属于转移排放。

中国出口商品具有较显著的价格竞争优势，面对这种冲击，中国的一些主要贸易伙伴国常以各种理由设置壁垒，提高中国产品进入市场的门槛。与此同时，却不愿意考虑转移排放的因素，在国际气候谈判中千方百计向中国施压，要其承担不合理的减排责任。尤其是2008年金融危机以来，以中国为对象的贸易摩擦不减反增，愈演愈烈。其中有不少是以应对气候变化问题为由头的。中国面临两难之境，一方面是能源、资源密集型产品出口快速增长使中国资源环境不堪重负，稀土产品出口即属此例。中国节能减排，降低碳强度难度加大。另一方面，发达工业化国家为维护本国企业的国际竞争力，实行绿色贸易壁垒或其他新形式的贸易保护主义措施。这不仅对中国进出口贸易形成严峻挑战，也对中国企业增强国际竞争力提出更高要求。

设定能效等技术标准。比如，通过国家强制性法规、企业自愿性标准或协议限制或禁止非气候友好型产品、工艺或服务，以此提高能效，发展可再生能源，推动减排，保护生态环境。美国从20世纪90年代初就实行的“能源之星”计划以及欧盟确立的汽车排放标准体系等都属此列。事实上，许多有由发达国家最先制定和执行的减排或能效标准最终成为通行的国际标准。

低碳技术国际合作。按照《联合国气候变化框架公约》等文件的原则和规定，具有减缓和适应气候变化技术优势的发达国家有义务向发展中国家提供技术援助与支持。但是，在实践中，基于研发成本和利润分配等因素，建立所谓双赢的转让机制难度很大。多哈回合关于在环境货物与服务中削减贸易壁垒的谈判也遇到种种困难。

碳关税等边境调节措施。根据“共同而有区别的责任”原则，《京都议定书》为发达工业化国家规定了减排第一承诺期的量化目标。明确的国际减排承诺和相对严格的国内管控措施增加了其企业的运营成本，压缩了利润空间，迫使部分能源密集型产业转移至管制措施相对宽松的发展中国家和地区，形成所谓“碳泄漏”，会引发本国就业机会和税收流失等问题，并改变国际贸易环境。一些发达国家希望通过某种贸易措施使那些未承担量化减排责任的国家，尤其是新兴经济体降低排放，分担成本。

以美国为例，从其国会气候政策辩论中可以看到，在谈及气候政策的贸易影响时，几乎所有的观点都支持未来的气候政策必须要求美国的贸易伙伴，尤其是中国和印度等发展中大国采取相应的气候行动，否则将对其产品实施征收“边境调节税”等措施，以此保护美国企业的竞争力和就业市场。一旦这些要求最终成为美国联邦气候立法条款且单方面实施，势必引发相关国家之间的贸易争端，强化各国的贸易保护主义趋势。而且，世界贸易组织（WTO）各项协议所规定的贸易原则也将因出现气候变化政策有关的某些限制性贸易条款而面临调整压力。

第二节　中国与国际气候合作

中国从一开始就参与了全球气候治理，并作为发展中国家的代表在国际气候谈判中发挥着不可替代的作用，为确立“共同而有区别的责任”等国际气候合作的基本原则作出了积极贡献。随着经济发展，国力增强，中国正与其他发展中国家一道为构建公平、公正、合理的国际气候合作机制而努力。

1. 全球气候治理与中国

中国是当今世界上最大的发展中国家，人口众多，地域辽阔，极易受到气候变化的影响。国际社会携手应对气候变化是全球环境治理的重要议题，离不开中国的参与。随着国力不断增强，中国在构建应对气候变化的国际合作机制方面发挥着越来越大的作用。

早在1972年6月，中国政府即组团出席在瑞典斯德哥尔摩召开的联合国人类环境会议，支持会议通过了《联合国人类环境会议宣言》，以鼓舞和指导世界各国人民保护和改善人类环境。随着中国经济与社会走向开放，中国政府越来越关注环境保护及可持续发展对国家复兴的意义。

在气候变化议题进入国际政治议程的过程中，作为国际社会的一员和最大的发展中国家，中国积极促进各项机制的形成与完善，努力维护发展中国家的权益。1988年，联合国环境规划署和世界气象组织成立政府间气候变化专门委员会（IPCC），要求在全面、客观、开放和透明的基础上，从科学、技术、社会、经济等角度，对气候变化及其影响以及减缓和适应气候变化措施进行科学评估并发布报告，供各国政府决策参考。尽管IPCC报告不直接涉及政策问题，但是这些报告已经成为国际社会开展合作及各国制定本国应对气候变化政策和措施的重要科学依据。第一次评估报告的编撰工作有9名中国专家参与。后来逐渐增加。1996年和2002年，中国的丁一汇院士和秦大河院士分别入选IPCC主席团并担任IPCC第一工作组联合主席。影响广泛的第四次评估报告编写组的460位专家中有28人来自中国。IPCC的第五次评估报告计划于2014年完成，国际气候变化谈判正处于关键阶段。2010年，831名IPCC第五次评估报告作者名单确定，中国有44人入选。在参与IPCC工作的过程中，中国启动了一系列相关研究项目，考察和评估气候变化及其对中国的影响。1989年，国务院环境保护委员会成立了气候变化协调领导小组来组织协调相关活动。

中国支持联合国主导在全球范围内对气候变化问题及早而审慎地采取行动。1990年12月，第45届联合国大会决定成立联合国气候变化公约“政府间谈判委员会”（INC），启动起草公约的谈判。经过15个月的5轮艰苦谈判，终于在1992年达成《联合国气候变化框架公约》。在随后召开的里约热内卢联合国环境与发展大会期间，《公约》正式开放签署。6月，中国政府即签署了《公约》。1993年1月，全国人大常委会审议并批准了《公约》，成为该公约最早的10个缔约方之一。

在谈判中，中国与其他发展中国家以“77国集团+中国”的模式与发达国家展开博弈，努力维护自身发展权益，最终确立了“共同而有区别的责任”等国际气候合作原则，并使之成为《公约》及其议定书以及未来谈判所依据的核心原则。

中国坚持认为：一、从引起气候变化的原因看，发达国家应承担主要责任。西方进入工业化阶段已经200多年，在这一过程中，长期的工业增长和高消费生活方式排放了大量的二氧化碳等温室气体。1990年，发达国家所排放的二氧化碳占全球排放量的3/4。二、应该看到，不同国家之间适应和减缓气候变化能力不同。作为先发国家，发达国家在气候友好型技术和资金等方面具有较强优势。应在减缓全球气候变化、降低温室气体排放量方面承担更多责任和义务。《公约》最终确认，发达国家应采取政策与措施，率先减排，并向发展中国家提供技术和资金支持。三、必须重视公平原则，应将发达国家的"奢侈排放"和发展中国家的"生存排放"严格区分开来，不能以"全球问题需全球解决"为借口，混淆二者的区别。就当前的人均排放量而言，英国风险评估公司Maplecroft发布的能源消费二氧化碳排放指数显示，澳大利亚为20.58吨，美国为19.58吨，加拿大、荷兰、沙特阿拉伯等紧随其后。在名单所列的185个国家中，中国排在第44位，年人均排放量为4.6吨，印度则只有1.2吨。①四、发达国家应落实自身在减排及技术、资金支持发展中国家方面的承诺，拿出政治诚意，不要横生枝节。

1997年，在日本京都召开《公约》的第三次缔约方会议，通过历史上第一个具有法律约束力的、要求定量减少温室气体排放的国际条约——《京都议定书》，前述原则终于白纸黑字地落于纸面。文件规定，在2008—2012年，发达国家将温室气体的排放量在1990年的基础上削减5.2%，发展中国家不承担量化减排义务。中国积极参与《议定书》设计的清洁发展机制（CDM）等灵活履约机制。截至2011年4月1日，中国在联合国清洁发展机制执行理事会成功注册的清洁发展项目为1296个，占43.98%，而中国项目所获得的可核证减排量也上升到总量的55.28%，为该制度提供了有力支持。②

就实质来看，随后的历次谈判几乎可以说都是围绕着"共同而有区别的责任"原则的存废展开。发达国家利用各种由头，以不同

① Maplecroft study identifies UAE, Australia, USA, Canada, Netherlands and Saudi Arabia as worst CO_2 polluters , http://www.maplecroft.com/about/news/emissions_energy.html.

② CDM in Numbers, http://cdm.unfccc.int/Statistics/index.html.

名目向中国等发展中国家施压。就在京都会议上，新西兰也依然提议，发展中国家应在第二承诺期承担量化减排义务。1998年举行的第四次缔约方会议上，中国与其他发展中国家一道拒绝了发达国家提出的发展中国家应“自愿承诺”减排的要求，批评其意在分化当前发展中国家，为某些国家逃避承诺提供便利。类似斗争从未停止，延续至今。2007年底，为达成对于《京都议定书》命运具有重要意义的“巴厘路线图”，中国等发展中国家付出艰苦努力，面对发达国家借第一承诺期结束之际规避、混淆自身责任的企图，坚决维护《公约》及其《京都议定书》原则的同时，要求谈判在联合国框架内循双轨继续进行，推动发达国家尽快拿出政治上的诚意，能够尽快明确2012年后的减排指标，呼吁就《公约》中关于减缓、适应、技术转让和资金问题展开实质性讨论。“巴厘路线图”的达成极为关键，这一标杆性文件对哥本哈根、坎昆和德班等后续谈判进程不至于偏离指向提供了有力保证。

2008年源起于美国的国际金融危机对世界政治与经济产生了深远影响，国际格局正在经历重大调整，大国之间竞合形式与内容趋于复杂，各类国际机制变革重构速度加快，新兴经济体的群体崛起冲击原有世界政治与经济秩序。当前，全球气候治理机制仍在形成过程中，作为新兴经济体中的重要一员，中国也在寻求发挥建设性作用的途径。值得注意的是，为适应变化的形势，在哥本哈根会议之前，中国与巴西、南非、印度携手，协调立场，形成“基础四国”磋商机制，争取在气候问题上的话语权。“金砖四国”在南非加入之后扩大为“金砖国家”机制，在讨论气候变化议题时，不仅能够体现发展中大国的意志，还具备争取俄罗斯的理解与支持的便利。

除了联合国框架之内的行动，中国政府以开放的姿态，参与并推动二十国集团、主要经济体能源与气候变化论坛、亚太清洁发展与气候伙伴计划等各层面的多边和双边气候与能源讨论与合作。中国与美国、英国、德国、法国等之间的清洁能源合作进展良好。据美国皮尤公司的研究报告，2009年，世界各国对清洁能源的投资达到1620亿美元，中国和美国分列全球清洁能源投资榜单的前两名。在清洁能源领域具有合作的巨大潜力和互利前景成为两国共识。近年来，两国签署了《中美能源环境十年合作框架》、《中美能源安全联合声明》等指导性文件。在第二轮中美战略与经济对话所达成的26项具体成果中，近半数属于清洁能源领域，包括从研发到应用的各环节。

联合国框架外的双边与多边合作并不能代替联合国气候谈判这一主渠道下双轨机制的作用，它们对于各国之间在具体问题上的沟通谅解，促进谈判进程起了积极的作用。

2. 中国的气候政策与行动

中国政府和有关部门对于控制温室气体排放问题极为重视。尽管《京都议定书》并没有为发展中国家规定强制性减排义务，但是，中国始终积极采取措施应对气候变化问题，充分展现了在国际事务中负责任的态度。

中国政府提出在2006—2010年将单位国内生产总值能耗降低20%，主要污染物排放总量减少10%。这意味着从2006年到2010年五年间，中国将节省6亿吨标准煤当量的能源，减少14亿吨二氧化碳的排放。在哥本哈根会议前一周，中国再次宣布，到2020年，单位国内生产总值二氧化碳排放比2005年下降40%—45%，并作为约束性指标纳入国民经济和社会发展中长期规划，制定了相应的国内统计、监测、考核办法。长期以来，为实现节能减排和应对气候变化的目标，中国制定并实施了一系列政策与行动。

① 加强管理及协调机构的建设。1998年，为协调和领导气候变化问题的国家立场和政策，国家发展计划委员会牵头成立了“国家气候变化对策协调小组”。2007年6月，该小组升格为“国家应对气候变化工作领导小组”，温家宝总理任组长。2007年9月，为加强应

对气候变化对外工作，外交部成立了应对气候变化对外工作领导小组并任命了“气候变化谈判特别代表”。此外，在科技部、国家环保总局、中国气象局等亦设立了相关机构。

② 相关法规、政策、文件等趋于系统完善。中国批准了《联合国气候变化框架公约》及其《京都议定书》，这些文件是国际社会应对气候变化的法律基础。2004年，提交《中国气候变化初始国家信息通报》，履行了对《公约》的承诺。第二次国家信息通报项目正在实施。中国发布《中国清洁发展机制项目管理办法》，规定了项目申报和许可程序。2006年，科技部等共同编制和发布《国家气候变化评估报告》，作为政府制定气候政策的科学依据。2007年6月，国务院首次制定发布《中国应对气候变化国家方案》，在经济、能源、科技等领域实施一系列应对气候变化的政策。在《能源法》征求意见稿中，减排温室气体成为重中之重，提出“以低碳能源替代高碳能源，有效应对气候变化”。2007年6月，国务院审议并原则通过《可再生能源中长期发展规划》。2007年11月，国务院批准开始实施发改委、统计局和环保总局分别会同有关部门制订的由《单位GDP能耗统计指标体系实施方案》、《主要污染物总量减排考核办法》等组成的节能减排评价考核体系，勾画了中国的“减排路线图”。2009年，中国全国人大常委会通过了积极应对气候变化的决议，根据这个决议的要求，中国有关部门正在研究起草中国应对气候变化法，并修改相关的法律和法规。

③ 推动节能减排技术进步，提高能源利用效率。中国加快实施节能减排重点工程，推进重点领域的节能减排等工作，能源利用效率明显提高。“十一五”的前四年，全国单位GDP能耗下降了14.38%，累计节能约4.5亿吨标准煤，相当于减少排放11亿吨二氧化碳；化学需氧量的排放总量下降了9.66%；二氧化硫排放总量下

降了13.14%，提前一年完成了“十一五”节能减排目标。①

④ 开发新能源和可再生能源，不断优化能源结构。中国一方面提高传统化石能源利用率，另一方面持续加大对新能源和可再生能源研发、推广。截至2008年底，中国可再生能源（包括大水电）和核电利用量约为2.5亿吨标准煤，占一次能源消费比重的8.9%。目前，中国的水电装机容量、核电在建规模、太阳能热水器汲热面积均居世界第一位。根据国家可再生能源发展目标，到2020年非化石能源占一次能源消费比重达到15%左右。据达沃斯论坛的主办机构研究，2010年，全球在风能、太阳能发电等可再生能源开发领域的投资金额为2430亿美元。中国在其中占据37%的份额，位居第一。②

⑤ 加强生态建设和环境保护。土地滥用与森林砍伐是导致气候变化的重要因素。据第六次全国森林资源清查结果，中国人工造林保存面积达0.53亿公顷，人工林面积居世界首位。除植树造林，中国还积极实施天然林保护，退耕还林还草、自然保护区建设等生态建设与保护政策，增强了森林吸收温室气体的能力。据联合国粮农组织统计，2000—2005年，世界平均每年减少森林面积730万公顷，而中国每年增加森林面积405.6万公顷。2007年，中国国家主席胡锦涛在APEC第15次领导人非正式会议上，提出了建立亚太森林恢复与可持续发展网络的倡议，得到APEC成员的积极响应。该网络已于2008年正式启动运行，中国为增加世界森林面积及碳汇做出了积极贡献。

⑥ 积极开展气候变化的相关研究，为决策提供有力支持。关于气候变化的相关科学研究工作取得进展，实施并完成了一系列重大科研项目，如“全球气候变化预测、影响和对策研究”、“全球气候

① 《解振华：十一五前四年单位GDP能耗下降14.38%》，http://env.people.com.cn/GB/11116589.html。

② 《去年全球可再生能源投资达2430亿美元》，http://www.windpower.cn/news/guoji/2011/0512/6372.html。

变化与环境政策研究”、“中国陆地生态系统碳循环及其驱动机制研究”、“中国陆地和近海生态系统碳收支研究”、“中国重大气候和天气灾害形成机理与预测理论研究”等。为充实“基础四国”的合作内容，即将启动气候变化研究基金。

中国制定和采取的气候政策与行动体现了中国对国际社会及国家和人民的责任意识。国际气候谈判尚在进行当中，作为发展中国家，中国反对在下一个承诺期承担与发达工业化国家同样的强制性量化减排目标。但是，这并不意味着中国无视气候变化的危害，拒绝自身的责任和义务。

中国始终主动履行国际义务。作为公约的缔约国，中国认真履行了公约为非附件一国家规定的义务，如编制国家信息通报、开展全民教育等，并且发布《应对气候变化国家方案》，制定了节能减排的具体目标，将其纳入国民经济与社会发展规划，在“十二五”规划纲要中，明确提出将非化石能源占一次能源消费的比重提高到11.4%，单位国内生产总值能耗和二氧化碳排放分别降低16%和17%，森林蓄积量增加6亿立方米，森林覆盖率达到21.66%。中国还尽己所能为应对气候变化能力脆弱的国家提供援助。①2009年，中国为非洲援建太阳能、沼气、小水电等100个清洁能源项目，并加强对南太平洋、加勒比等地区小岛屿国家的气候行动支持。

中国积极采取自主行动，为减排作出了切实贡献。中国仍是一个发展中国家，面临着诸多亟待解决的经济与社会发展问题。但节能减排工作依然取得显著成绩。2006—2009年，中国关停小火电6000多万千瓦，淘汰水泥落后产能2亿多吨，单位GDP能耗逐步下降。1990年至今，累积约减少11亿吨二氧化碳排放量。②中国确定的减缓温室气体排放的目标不曾附加任何条件，也不与任何国家的

① 《中华人民共和国国民经济和社会发展第十二个五年规划纲要》，http://news.xinhuanet.com/politics/2011-03/16/c_121193916.htm。

② 《中国四年内关停小火电6000多万千瓦》，http://gb.cri.cn/27824/2010/01/06/4865s2724432.htm。

减排目标挂钩。

中国坚持“共同而有区别的责任”符合国际法意义上的公平原则，维护了发展中国家合法权益。《联合国气候变化框架公约》称“历史上和目前全球温室气体排放的最大部分源自发达国家”，而发展中国家不仅是受害方，且适应能力薄弱，因此发达工业化国家一方面应率先采取行动，另一方面应通过资金和技术手段帮助发展中国家增强缓和及适应气候变化的能力。在谈判中，中国通过“77国+中国”模式和“基础四国”机制与发达国家展开博弈，切实维护了发展中国家的发展权益，为谈判按照“巴厘路线图”的正确轨道前行作出积极贡献。

气候变化是全人类共同面对的严峻挑战，影响规模和范围之大要求各国携手应对。正在进行的国际气候谈判也将是一个复杂而漫长的过程，期待着国际社会的共同努力与协作，在推动可持续发展的前提下，最终建立一个公正、合理、有效的国际气候合作机制。